憂鬱的熱帶

Tristes Tropiques

by Claude Lévi-Strauss

克勞德・李維史陀◎著　王志明◎譯

本書根據Jonathan Cape Limited一九七三年英譯本，參酌Librairie Plon（Paris）一九五五年法文原版譯出。

本書注腳中標示為「原注」者為法文版原文，「英譯注」為英譯本所加，「譯注」為中文譯者撰寫，其餘則為校訂增補。

修訂過程蒙法文譯者陳文瑤協助，特此致謝。

目錄

第四部 地球及其居民

第五部 卡都衛歐族

第六部 波洛洛族

第七部 南比夸拉族

第八部 圖皮-卡瓦希普族

第九部 歸返

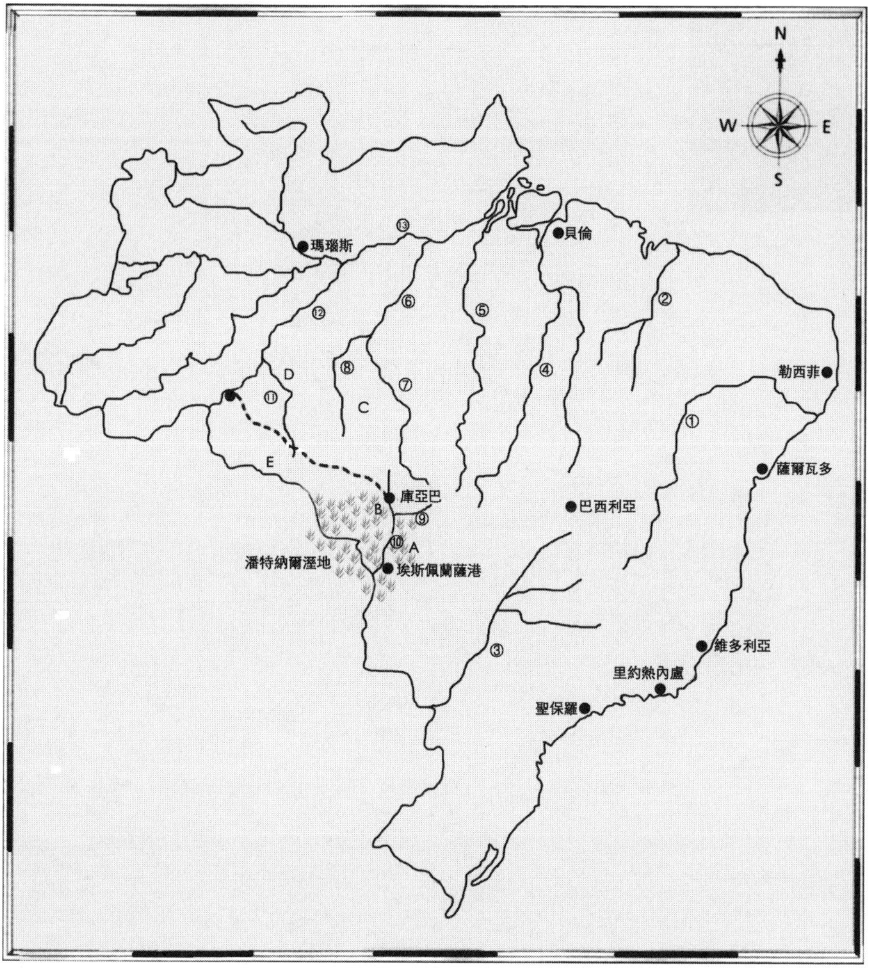

------龍東電報線
①聖弗朗西斯科河
②巴納伊巴河
③巴拉那河
④阿拉瓜亞河
⑤欣古河
⑥塔帕若斯河
⑦特利斯皮里斯河
⑧茹魯埃納河
⑨聖羅倫斯河
⑩巴拉圭河
⑪馬查多河
⑫瑪代拉河
⑬亞馬遜河
A. 卡都衛歐人
B. 波洛洛人
C. 南比夸拉人
D. 圖皮—卡瓦希普人
E. 蒙蝶人

第一部　結束旅行

一、出發

我討厭旅行，我恨探險家。然而，我現在打算講述我自己的探險經驗。話說回來，我是考慮了很長一段時間以後，才終於決定這樣做的。我離開巴西已經十五年了，在這十五年裡，我好幾次都計畫開始進行這項工作，但每次都因為某種羞辱與厭惡之情而無法動筆。每次我都自問：為什麼要不厭其煩地把這些無足輕重的情境、這些沒有什麼重大意義的事件，鉅細靡遺地記錄下來呢？人類學者的專業應該不包含任何探險的成分；探險只是人類學者在工作過程中無可避免的障礙之一，只會使人類學者平白失去幾個禮拜、甚至幾個月的有效工作時間；有時候因為找不著報導人[1]而浪費好幾個小時；有時候是因為飢餓、疲倦，或生病而白費時光；另外還有在原始森林深處生活所無可避免的，像服兵役那樣非進行不可的，一千零一種煩人而又不做不行的雜事，平白消耗光陰，毫無收穫……單是和我們所要研究的對

1 報導人（informant），意指執行田野調查時的訪談對象。嚴格來說，報導人應該長期在當地定居、能使用當地的主要語言或方言，而且能夠提供關於當地的資料。

象接觸，就必須花掉這麼多時間和精力，這並沒有使我們的專業增添任何價值，反而應該視為障礙。

我們到那麼遠的地方去所欲追尋的真理，只有在把那真理本身，和追尋過程裡的廢料區分開來以後，才能顯出其價值。為了能花幾天或幾個小時的時間，去記錄一則仍然未為人知的神話、一條新的婚姻規則，或者一份完整的氏族名稱表，我們可能必須賠上半年的光陰在旅行、受苦和令人難以忍受的寂寞上；但是，再拿起筆來記錄下列這類無用的回憶與微不足道的往事：「早上五點半，我們進入勒西菲港（Recife），海鷗鳴聲不絕，一隊載滿熱帶水果的小船繞行於我們船隻四周。」這樣做，值得嗎？

我自己覺得，這類描述居然相當受歡迎、有市場，真是一件難以理解的事情。描寫亞馬遜河流域、西藏、非洲的旅遊書籍、探險紀錄和攝影集充斥書店，每一本都強烈地要吸引讀者的注意，結果卻使讀者無法評估這些書籍裡面的證據是否有價值。看這類書籍的讀者，其評斷能力不但沒有因這些著作而覺醒，反而要求多來一點這類精神食糧，然後狼吞虎嚥一番。現在，探險已成為一種生意。探險者並不像一般所想的那樣，辛勤工作努力多年去發現一些前所未知的事實；現在的探險不過是跑一堆路、拍一大堆幻燈片或紀錄影片，最好都是彩色的，以便吸引一批觀眾，在某個大廳中展示幾天。對觀眾而言，探險者確實跑了兩萬多哩路這件事，似乎就把他那一大堆其實待在家裡也可抄襲到的老生常談和平淡閒話，都神奇地變成有重大意義的啟示錄了。

從這類有圖為證的演講裡，從這類旅遊書籍裡，我們到底學到什麼呢？我們學到的是：需要幾個旅行箱；船上的狗如何胡來；在東拉西扯的小插曲裡面夾進一些老掉大牙的、幾乎是過去五十年內出版的每一本教科書都提過的知識片段；這些陳舊的零碎知識還被厚顏地（其厚顏的程度，卻也正和觀眾的天真無知相互吻合）當成真確的證據，甚至是原創性發現來獻寶。當然有些例外，每個時期也都有一些真正的旅行者，目前大受讀者歡迎的作者中就有一兩位。但是我的目的不是要譴責騙徒，也不是去讚美真誠者；我的目的是想了解法國特有的某種社會與道德現象。這種現象，在法國也還是最近才出現的。

約在二十多年前，人們很少旅行，普雷耶爾廳（Salle Pleyel）之類的演講廳也不像現在這樣每個禮拜總有五、六次讓人在那裡講述旅遊故事。那時候的巴黎只有一間昏暗冰冷、年久失修的小戲院供人作這類活動。那間戲院位在植物園角落的一棟古老建築物裡面。博物館之友協會（Société des Amis du Musée）當時每個禮拜都在那裡舉辦自然科學演講會，也許還持續到現在。

那間戲院有一架放映機，裝著亮度不足的燈泡，把不太清楚的影像投射在過大的銀幕上，演講者再怎麼努力，都很難看清楚影像的輪廓，聽眾則簡直無法分辨那究竟是畫面上的影像還是牆上的汙跡。過了公告開講時間半小時之後，演講者仍然絕望地在想會不會有人來聽演講？每次演講會都有幾名固定聽眾，散坐在座位上。每次在演講者幾乎絕望的時候，演講廳內就會跑進一大堆小孩子、小孩子的媽媽或保母，把半個廳坐滿。他們有的是要換換環境，有的只是要避一避室外的灰塵與噪音。演講者便向這群蠹朽的鬼魂和無法安靜的小孩所組成的聽眾公開他寶貴的記憶。這些記憶是他經過多少努力，細心辛勤工作而得來的成果。他的記憶受到此時此地的陰冷所影響，就在半明半暗中說話的時候，他可以感覺得到，那些記憶一件一件離他而去，一件一件掉落，猶如卵石跌落古井底部一般。

這就是人類學者歸來的景象，只是比出發時的儀式又更慘澹一些。法美委員會（Comité France-Amérique）在目前改名為富蘭克林・羅斯福大道的那條路上的一棟房子裡面為人類學者餞行，那座房子平時沒人住，請來辦外燴的人會提前兩個小時先去把爐子、盤子等擺好，並且趕忙抽風讓空氣流通，結果席間仍然瀰漫著霉腐的味道。

大家都是在那裡第一次見面，我們並不習慣這種嚴肅的場合，也不習慣這裡處處塵埃且無聊無趣。我們圍著房間中央的小圓桌坐定，房間很大，時間又不多，只夠我們打掃這一小塊設席之處。我們是一群剛開始在各省城中學教書的年輕教師，或許應該感謝喬治・杜馬[2]的突發奇想，將我們從潮溼、偏遠、陰冷，瀰漫著蘭姆酒、陳年爐灰和霉舊地下室氣味的宿舍，一下子移到赤道海洋與豪華郵輪上去。而且，正如旅行者的宿命一般，我們當時不免編織出來的虛幻想像，注定都和日後的種種經驗沒有什麼相似之處。

在喬治・杜馬撰寫他那兩冊《論心理學》（*Traité de Psychologi*）期間，我曾經是他的學生。每個禮拜一次，我記不清是禮拜四或禮拜日早晨了，一群哲學系學生在聖安妮醫院裡的某個房間碰面，正對著窗戶的那面牆上，掛滿心理病患五彩繽紛的畫作。置身於那房間，讓人覺得已經處於某種特殊的異國情調之中。講台上是杜馬強健精瘦的身軀，上面頂著一顆疙瘩瘩的頭顱，好像一大叢浸在海底太久而褪色了的樹根一樣，蒼白的膚色使他的臉和刷子般的白短髮與四處竄長的白山羊鬍呈現一致的調性，這叢長滿根根鬚鬚的怪異漂流物，卻因漆黑如炭的眼珠閃動而一下子變得充滿人味。那對眼珠使整顆頭顱的白色更顯突出，他穿的服裝重複著這種黑白對比：穿漿燙過的白襯衫，領子往下翻，戴著黑色寬邊帽，繫著鬆鬆的黑色蝴蝶結，還有黑西裝。他的課堂演講沒什麼了不得的內容，也從不做任何課前準備。他自己很清楚，光靠他那富於表情的嘴唇，以及不時浮現的微笑，還有最重要的，他那抑揚頓挫而有磁性的嗓音，就已足夠迷住聽眾了。

他的聲音可也真是奇特而魔力十足，不僅帶著他老家朗格多克（Languedoc）附近的口音，而且，在這種方言性特徵之外，還有一種富於音樂性的古老法語腔調；他的聲音與臉孔搭配起來，一起呈現出同樣強烈的質樸和敏銳這兩種感覺，這是典型的十六世紀人文主義者風格。十六世紀的人文主義者既是醫生，又是哲學家，杜馬不論在外形上或心靈上，都是他們的繼承者。

上課的第二個鐘頭，有時候是第三個鐘頭，都用來展示各種心理病患。有些肢體異常靈活的表演者，在這些展示課上做非常特殊的演出；有些是被關多年的患者，早已習慣於此類

2 喬治．杜馬（Georges Dumas, 1866-1946），法國醫師、心理學家，研究領域為「情緒問題」。

展示與表演，知道自己在這種場合裡該幹什麼，他們會表現應有的病徵，或者做某種程度的抗拒舉動，好讓管理他們的人有機會表演馴服技巧。觀眾其實並非完全不知實情，不過仍然心甘情願地欣賞種種技巧純熟的表演與展示。

如果某個學生得到大師的青睞，大師會讓那個學生單獨訪問一名病患。有天早上，我獨自訪問一位身穿羊毛衣服的老婦人，她認為自己就像密封在冰塊中間的一尾爛透的沙丁魚，外表看起來完好無缺，她說，但只要外面的保護層開始溶化，就會支離破碎了。我遇上任何野蠻印第安人時的經驗，都不會比那天早上更可怕。

喬治．杜馬是科學家，他喜歡惡作劇，而且善於提出各種以「批判的實證主義」來統轄的綜合性觀念，但是在我看來，他的實證主義並不高明。他是個極高貴的人，多年以後我看見了關於這一點的明證。那是在第二次世界大戰結束後不久，喬治．杜馬回到他出生的萊迪尼昂村（Lédignan）過著退休生活，當時他已幾乎全盲，還特地寫了一封審慎真誠的信給我，目的只是要明確地向那些在當時政治風潮中首先被迫害的人表達關懷之意。

我一直遺憾沒能在他年輕的時候就認識他。他年輕的時候，膚色深得像「征服者」[3]，對於十九世紀心理學理論所發展出來的種種科學研究的可能性充滿熱情，打算對新世界展開精神層面的征服。他與巴西社會的關係可說是一見鍾情，這是難以理解的奇特現象，兩種相當基本的、存續四百年以來都沒有什麼改變的歐洲成分結合在一起：一種成分來自法國南部的新教家庭[4]，另一種成分則是資產階級極度雅致而稍嫌頹廢的生活——由於受到巴西熱帶環境的影響變得更遲緩。這兩種成分相遇時，一下子就看出彼此的親近關係，幾乎合而為一。喬治・杜馬的錯誤是他從來都不曾明白這種結合的本質非常陳腐，早已不適合這個時代，在整個巴西社會裡，會被喬治・杜馬的魅力打動的就只有那些大地主階級。大地主階級當權了一小段時間，使他們誤信自己代表真正的巴西，他們逐漸把資本轉移到一部分由外資掌控的工業投資上頭，同時想經由城市的議會制度來取得某種意識形態上的保護。我們的學生充滿恨意地稱之為gran fino（上層階級）的正是這些大地主階級。我們的學生有的是新移民，有的是本地小地主的後代，這些小地主當時被全球貿易的波動弄得幾近破產。

最弔詭的是，喬治・杜馬一生中最偉大的成就是創辦聖保羅大學，這間大學讓出身貧寒的學生得以提升社會地位，擔任公務員或管理職。我們的大學計畫最終幫助巴西形成了一群新的菁英群體，而他們在某種程度上厭惡我們，其中一部分原因是，杜馬拒絕承認這群秀異分子其實是「我們創造出來的最有價值的事物」這件事實——法國外交部（Quai d'Orsay）也採取跟他一樣的觀點——即使這群新菁英群體企圖推翻封建地主，事實仍是如此。那些封

3　征服者（Conquistador），源自西班牙語，意指十五至十七世紀之間，抵達美洲、大洋洲、亞洲等地區，並建立殖民地的西班牙及葡萄牙探險家、軍人。

4　喬治・杜馬出生的朗格多克地區位於法國南部，早在羅馬帝國時代就深受羅馬文化影響，在十六世紀時成為新教活動重心。

建地主讓我們得以來到巴西，但是他們這樣做的原因是想藉此披上文化的外衣，同時也因為我們可以為他們提供娛樂。

在法美委員會的晚宴上，無論是我的同事、我自己或是我們的太太，都完全不知道我們在巴西社會的演進過程中將要扮演的非自願性的角色。我們那時候都忙著相互觀察，努力避免在社交場合鬧笑話。喬治·杜馬警告過我們，我們必須有所準備，準備過一種和我們的新老闆同樣的生活，換句話說，我們也要成為汽車俱樂部的會員，要經常光顧跑馬場和賭場。那種生活對習慣於年收入只有兩萬六千法郎的年輕教師來說，是異乎尋常不可思議的。由於願意出國工作的人太少，我們的薪水都增為三倍，即使如此，那種生活還是不可思議。

「最重要的是，」杜馬告訴我們：「要注意服裝。」他接著告訴我們，有一間在巴黎中央批發市場（Les Halles）附近的服飾店，叫做「在珍內特的十字架上」（À La Croix de Jeannette），在那裡可以不用花多少錢就買到合適的服裝。他說這些話的語氣天真無邪，令人感動；他說，在他念醫學院那段年輕時代，就常在那裡買到很過得去的服飾。

二、在船上

無論如何，我們這個小群體從來也沒想到，往後四、五年，自己居然成為海運公司航行法國與南美之間客貨兩用輪頭等艙的全部旅客，鮮有例外。當時我們可以選這條路線上唯一一艘豪華客輪的二等艙，或者沒那麼高級的船隻的頭等艙。一心往上爬的人會選擇豪華客輪的二等艙，自己墊一些錢，目的是期望能在船上和外交大使之類人物打打交道，以謀得某些不見得能兌現的好處。其他人則搭乘客貨兩用輪，航程比豪華客輪多六天，而且會停靠好幾個港口。

不過，搭客貨兩用輪的人在船上幾乎是唯我獨尊。這艘用貨船改裝的客輪，本來預備容納一百至一百五十名乘客，但那時候常常是我們八至十個人享用船上一切設備，甲板、小房間、休息室和餐室幾乎沒有其他人。這是二十年前的事情，我真希望那時候我能真正領略我們所享受到的特權與豪奢。

整段航程有十九天之久，在這段時間內，由於人少，船上所有的空間幾乎完全成為我們自己的王國，整條船就像是跟著我們移動的領地。航行兩、三趟以後，我們已完全習慣海上生活，能叫出船上每個優秀馬賽船員的名字。他們留著八字鬍，穿鞋底堅固的皮鞋，端雞肉和比目魚給我們吃的時候，全身都是大蒜味。船上供餐的分量，像是為諷刺作家拉伯雷（Francois Rabelais）筆下的巨人準備的，再加上我們人那麼少，使食物顯得非常的多。

一種文明的結束是另一種文明的開始，我們現在的世界忽然領會到，或許我們的世界由於人口太多而變得太小——這些毋須多說的現實對我而言，並不是因為看到那些表格和統計數字與革命才深深體會到的，就在幾個禮拜前，我對這些事實有真正切身的感受；離開巴西十五年之後，我想用老方法搭船重訪巴西，藉以重溫逝去的青春時光，我打電話詢問購票事宜，答案是我必須在四個月以前預訂艙位。

我本來以為歐洲與南美洲之間既然已有客機飛來飛去，想搭船旅行的客人一定很少，頂多只有一、兩個怪人罷了，怎知「某種新成分一旦被引進之後，必然會取代舊成分」這種看法純屬幻想。海洋並沒有因為航空事業突飛猛進而變得較為平靜，就像並不會因為遙遠的蔚藍海岸（Riviera）地區蓋了一堆新房子，就讓巴黎近郊稍微恢復其鄉村景觀一樣。

我很快就放棄了這次乘船計畫，在一九三〇年代令人難忘的航行與這次迅速流產的計畫之間，我曾在一九四一年搭船遠航過一次。那次航行的經驗對於未來的世界深具象徵意義，不過當時我並沒有意識到這一點。在德法停戰之後，由於羅維[1]和梅托[2]對我的人類學著作表示極大的興趣，加上在美國的一些親戚熱心奔走，洛克菲勒基金會便將我列入「援救淪陷於德軍占領區可能受迫害的學者計畫」裡，邀請我去紐約的社會研究新學院（New School of

Social Research）任職。問題是怎麼去紐約。

我第一個念頭是告訴當局，我預備回去巴西繼續戰前的研究工作。當時的巴西大使館位於維琪市[3]某棟建築物的一樓，非常擁擠，我去那裡重新申請簽證，親眼看見了一幕短短的悲劇。巴西大使是蘇沙－丹塔斯（Luis de Souza-Dantas），我和他相當熟，但即使我和他完全不認識，他大概也會照樣辦理。大使拿起官印，正要蓋在護照上面，身旁的一名顧問卻冷冷地、有禮貌地提醒他，照新規定他已無權用印了。那隻手僵停於半空中數秒之久，大使用一種焦急的、請求的眼神看著顧問，試著想說服顧問，請他把頭轉向另一邊，裝作什麼都沒看到，好讓大使將懸在半空的官印蓋下去，即使我沒辦法真的進入巴西，但至少可以讓我離開法國。然而一點用也沒有，顧問堅定地盯著大使的手，那隻手最終是落在桌上的文件旁邊。我無法取得簽證，大使把護照還給我，帶著一種無奈、深沉、痛苦的歉然之情。

在法軍敗退的時候（一九四〇年），我自軍中退下來，住在離蒙彼利埃（Montpellier）不遠的塞文山脈（Cévennes）附近。回到那裡以後，我開始打聽是否有辦法從馬賽港離開法國。根據港口一帶的耳語，有條船很快就要航向馬丁尼克島（Martinique）。我一個碼頭一個

1 羅伯・哈利・羅維（Robert Harry Lowie, 1883-1957），澳洲裔美國人類學家，專長為研究北美洲印第安人。
2 艾佛瑞・梅托（Alfred Métraux, 1902-1963），瑞士人類學家，一九四一年時在美國加州大學柏克萊校區任教。
3 Vichy，法國被德國占領期間的傀儡政權政府所在地。

碼頭地問，一間小辦公室問完又到另一間，終於被我打聽出來，即將啟航的那條船屬於海運公司，就是以前曾替法國的「巴西大學援助計畫」提供多年可靠服務的那家公司。一九四一年二月裡一個刮著冰冷寒風的日子，我在一間沒有暖氣、幾乎歇業的小辦公室中，見到該公司的一名工作人員，正是以前負責代表公司不時與我們聯繫的人。他表示是有這麼一艘船沒錯，而且很快就要啟航，不過我卻絕對不能搭乘。為什麼呢？他覺得其中原因並非我所能了解，他也難以解釋，只能說現在一切都和以前不一樣了。現在的情況又是怎樣呢？現在的這趟航程將會又漫長又難捱，他無法想像我可以待在那艘船上，原來他還一直把我當成是負責宣傳法國文化的非正式外交人員。

事實上，我早就覺得自己不久將會被丟進集中營，在那之前的兩年裡，有一年我是在原始森林中度過，另外一年則是在一場混亂的撤退過程中，由一個據點轉移到另外一個據點，從馬其諾防線經過薩爾特（Sarthe）、科雷茲（Corréze）、阿偉龍（Aveyron），一直撤到貝濟埃（Béziers）。在這期間，我搭過運牛車，在羊槽中睡過覺，因此，我覺得這位公司人員的顧慮是多餘的。我可以想像自己又在大海上漫遊，和幾個冒險進行暗盤交易的海員分享簡單的食物，分攤辛勞的工作，在甲板上睡覺，由於日子漫長空虛而變得對海洋有一種可敬的親密感。

我終於拿到一張保羅勒梅赫樂船長號（Capitaine Paul-Lemerle）的船票，但真正的情況要等到上船的那天我才明白。兩列手執輕機槍、頭戴鋼盔的機動保安隊（gardes mobiles）把整個碼頭圍封起來，阻止登船的旅客接觸送行的親友，粗魯地打斷人們的道別，隨口施加侮辱。我們就在兩列機動保安隊監視之下登船。這次啟航一點都不像是孤獨的遠行，而像是遞解囚犯。我們的遭遇已夠奇怪，但更令我吃驚的是旅客的數目。三百五十個人擠在一艘小汽船上面，船上只有兩間小客房，客房裡總共只有七個鋪位。其中一間給三位婦女住，另外一間給四位男士住，我是其中之一。我之所以能分到一個鋪位，全得歸功於M‧B（我在此感謝他），他無法容忍以前是他船上頭等艙的旅客現在居然被像畜牲一般地載運。其他的乘客，男人、女人和小孩全都被擠進通艙，船上的木匠臨時搭建一些鋪位，上頭鋪著草席，既無燈光也缺空氣。四個享有特權的男士裡面有一位是奧地利金屬商人；另一位是年輕的béké（意即有錢的混血兒），戰爭使他與故鄉馬丁尼克島斷絕音訊，他覺得該受到優待，原因很簡單，整船旅客就只有他一個人既不會被懷疑是猶太人，也不是外國人，更不會是無政府主義者；第三個是非常特別的北非人，他強調其目的是去紐約待幾天（這個說法非常怪異，因為搭這條船到紐約得花三個月時間），他的皮箱裡面有幅德加（Degas）的畫。這個人和我一樣是純粹的猶太人，然而他似乎和沿途所有的殖民地、保護地的警察、偵探、憲兵和安全人員都很熟悉，很處得來——其中原因對我而言一直是個解不開的謎。

安德烈‧布勒東[4]和維克多‧塞爾日[5]，屬於那種被憲兵稱為流氓無賴的人。布勒東在

4　安德烈‧布勒東（André Breton, 1896-1966），法國作家、詩人，於一九二四年發表《超現實主義宣言》。

5　維克多‧塞爾日（Victor Serge, 1890-1947），俄羅斯作家、革命家。

一團亂的船艙裡顯得非常格格不入，經常在所剩無幾的空間裡踱來踱去。他身穿厚厚的外套，看起來像隻藍色的熊。在這趟感覺上永無止盡的航行途中，我們交換了不少封信，因此發展出相當持久的友誼，在那些信中，我們討論美學上的美與絕對原創性之間的關係。

至於塞爾日，他以前曾是列寧身邊的人，這樣特殊的地位使我覺得不容易和他親近。而塞爾日的外表看起來像個拘謹的老處女，我再怎麼樣也難以把想像中列寧的同志塞爾日與眼前這個人聯結起來。他的臉形輪廓非常細緻，鬍子刮得精光，口音明淨，舉止輕緩，整個人有種無性別的特質，這種無性別的特質我後來在緬甸邊境的佛教僧侶身上再次看見，這種特質和在法國被認為革命分子應有的那種極度陽剛、顯現超人活力的形象天差地遠。我對這種現象的解釋是，由於文化樣式（cutural types）都是建立在非常簡單的對比上面，在每個社會中都可發現的類似的文化樣式，在不同的社會中卻被用來完成很不一樣的社會功能。塞爾日這種類型可以在俄羅斯扮演革命分子的角色，但如果換一個社會環境，可能就得扮演另一種角色。如果可以運用某種分類格式，把每個社會裡面如何利用類似的人物樣式去扮演不同的社會功能加以分類排比，建立出一套近似的模式出來，那麼跨社會之間的交流會變得容易得多。與其依照職業的性質來安排會議——醫生與醫生開會、教師與教師開會、工業家與工業家開會——我們不如採取其他的安排方式，可以發現個別的人們與他們所扮演的社會角色之間，其實有更細膩的關係。

除了乘客以外，那艘船還載了一批黑貨。在地中海和非洲西岸，我們耗掉很多時間躲在不同的港口裡，顯然是為了逃避英國海軍的檢查。躲在港口裡的時候，持法國護照的旅客有時可以上岸，其他人則得待在船上有限的空間裡乾等。由於天氣熱，而且愈接近赤道愈熱，船上的乘客再也無法老是待在船艙底下，於是甲板慢慢的就變成餐廳、臥室、嬰兒房、洗澡間和日光浴場。但是最難忍受的恐怕是軍中所說的「衛生安排」。船員沿著甲板兩旁的欄杆各搭起兩間小木房，既無窗戶也沒有通風設備，靠海的這兩間給女士使用，靠岸的那兩間給男士使用。一間小木房裡面裝了幾個淋浴用的水龍頭，但只在早晨供水；另一間小木房裡面有個粗製濫造的木槽，四周包著鋅板，木槽直通入海，功用很明顯。我們這些討厭人群、討厭跟別人一起蹲廁所的人只好一大早就起床。由於船搖晃得相當厲害，蹲也蹲不穩，於是，在航行途中，喜愛整潔的乘客開始互相比賽誰起得早，慢慢變成只有能在凌晨三點左右起床的人可以享受一些隱私權；到最後，簡直連上床睡覺都不可能。淋浴的情形也差不多，只是時間晚了大約兩個鐘頭左右。淋浴最大的問題倒不是如何保有一些隱私權，而是在供水不足的情況下，如何擠進人群找到一個空位。由於洗澡的人太多，水龍頭的水好像一下就變成水蒸氣，根本淋不到人身上。無論是上廁所或洗澡，每個人都想越快大功告成越好，因為那些不通風的小木房是由未處理過的、含樹脂的杉木板釘成的，一旦灌進髒水、尿水和海上的空氣以後，便開始在陽光照射之下發酵，形成一種溫溫甜甜令人頭暈噁心的怪味。這種味道再和其他味道混在一起，很快就使人無法忍受，特別是浪大的時候。

在海上航行了一個月以後，我們終於在半夜裡看見法蘭西堡上面的燈塔。看見燈塔的時候，我們最盼望期待的卻不是一頓大餐或是一張有床單的好床可以舒舒服服睡一覺。所有曾經體驗過所謂文明享受的人，過去四個禮拜以來所受的最大痛苦並非飢餓、疲倦、睡眠不足、過分擁擠等等，最大的痛苦不是這些，而是被迫變得又髒又臭，再加上熱，使髒臭變得無法忍受。有些乘客是年輕漂亮的女人，她們和其他乘客已開始眉來眼去，某種情感也漸漸滋長；她們只是出於一時的善意，接受那些男士的注意和關懷，這有點像是累積負債一般。對她們來說，在最後道別之前以最美麗的姿態現身，並不僅是為了賣弄風騷，把自己弄得乾淨漂亮可以說是把舊帳做個了結，還掉這筆債，證明一下基本上她們確實當得起旅途中所得到的注目。當時每一聲出自肺腑的喊叫，喊的並不是傳統的海上故事所描述的「陸地！陸地！」而是「可以洗澡，終於可以洗澡，明天終於可以洗澡了！」這種叫喊除了帶著一點可笑的做作成分以外，也帶有某種病態成分，幾乎每個人都這樣喊。喊叫的同時，每個人都急急忙忙找出最後一塊肥皂、乾淨的毛巾或乾淨的上衣，全都是特意為這個重大時刻預留的。

但是，這個「水療法」的美夢，是把經歷四百年殖民統治下的法蘭西堡所擁有的文明設備想像得過分樂觀了，事實上法蘭西堡的浴室非常有限。更嚴重的是，船上的乘客很快就發現，和他們一靠岸之後的遭遇相比之下，那艘又髒又臭又擠的船簡直變成了一處富於田園風味的避難所。我們上岸後，馬上落入一群患有集體心理疾病的士兵手中，如果當時我這個人類學家不是忙著絞盡腦汁好避掉災難的話，他們的病症倒是非常值得忍受苦難去仔細研究。

大部分法國人都體驗了這一場奇怪又可笑的戰爭，但是幾乎無法找到任何形容詞可以正確地描述馬丁尼克島的駐軍在這場戰爭裡的經驗，他們只有一項任務：看守法蘭西銀行的金塊。這項任務逐漸變成一場惡夢，喝太多潘趣酒（punch）只是形成惡夢的因素之一而已，另外還有更難察覺但同樣重要的因素，包括他們孤懸海外的處境。他們與法國的城鎮相隔如此遙遠，加上此地充斥著海盜故事的歷史傳統，讓他們輕而易舉就可把古老故事裡戴金耳環的獨腳海盜替換成北美洲派來的間諜，或者負有祕密任務的德國潛水艇。結果是某種亢奮情緒把大部分人弄得張惶失措，雖然事實上這裡並沒有發生任何戰事——因為根本就看不見任何敵人的影子。連當地的原住民在言談之間也流露了同樣的心理狀態，只是稍微平淡無奇一些，他們經常掛在嘴邊的話是：「沒有鱈魚了，這個島完蛋了！」有些人則認為希特勒就是耶穌基督本人再度降世來懲罰白種人，因為他們兩千年來都不遵從其教導。

在法德停戰之後，島上的下級軍官不但沒有加入自由法國那一邊，反而覺得他們和維琪政府之間沒有任何衝突。他們打算保持中立，他們的身體和精神狀態，如果以前曾經夠資格參與戰鬥的話，幾個月折騰下來，也早已無法作戰了。他們病態的腦袋想著：把近在眼前可以看得到的美國人當做敵人，用來代替那遠在天邊非常抽象的真正敵人德國人，這倒是相當妥貼穩當。何況，真的有兩艘美國戰艦不停地在港外巡弋。

法國駐軍裡有個聰明的副司令官，他經常在船上吃午餐，而他的上司則故意激起屬下怨恨盎格魯－薩克遜人的情緒。他們需要找些敵人來發洩其侵略性，那種侵略性已醞釀了好幾個月之久，他們需要找些替死鬼來把法國吃敗仗的帳全算上。他們覺得法國打敗仗並非自己的責任，因為他們沒有參與任何戰事；但他們總是覺得有罪惡感（其實他們自己正好代表一種典型：一種不關心、虛妄與幻想的極端典型；這種不關心、虛妄與幻想本身，正是法國戰敗的一部分原因）。就這個觀點來看，我們搭乘的這艘船正好載來一批最適當的人選，好像維琪政府當局准許我們這艘船開往馬丁尼克島，目的就是要給島上這些紳士們送來一船代罪羔羊似的。

島上的駐軍穿著赤道軍服、戴著鋼盔、配備槍枝，在船長室中一個一個審問我們。他們的目的似乎不是在做入境審查，而是痛罵我們每個人一頓來出氣，我們只有聽的分。非法國籍的乘客都被歸入敵人一類；法國籍乘客沒有資格當敵人，不過都因為「背棄自己國家」這種懦夫行為而挨罵。這些士兵罵別人懦夫、遺棄自己的國家等等，實在是非常矛盾；他們自己打從戰爭爆發以來，就一直活在《門羅宣言》的保護之下。

至於洗澡，就提都不必提了。他們決定把所有乘客都關在海灣一角某個叫做「拉札累」（Le Lazaret）的軍營裡面，只有三個人獲准自由上岸：一個是有錢的混血兒，因為他自成一類；另一個是那位神祕的突尼西亞人，他有特殊的證件；最後一個是我，因為船長和我是老朋友，他曾是我在戰前經常搭的那艘船上的大副，這裡的掌權者看在船長的面子上，特准我自由登岸。

三、西印度群島

法蘭西堡在下午兩點是個死城。在城中間有座約瑟芬（Joséphine Tascher de la Pagerie，後來又稱 Joséphin de Beauharnais）的銅像，由於無人照顧，顏色發綠。銅像附近是市場，種了不少椰子樹，長滿野草，還有一些很難相信真有人會住在裡面的破舊簡陋小屋。在一間沒有客人的旅館訂了房間以後，那個突尼西亞人和我仍對早上被兵士盤問的事心有餘悸，馬上跳進一輛出租汽車，直駛拉札累營區，我們要趕快去安慰船上的夥伴，特別是其中兩位年輕的德國女人，她們在船上的時候曾暗示我們，一旦她們能把自己洗乾淨，馬上就會背叛她們的丈夫。就此觀點來看，拉札累的一切只增添我們的失望之情。

我們坐的老福特車用第一檔吃力地往陡坡上面爬的時候，我很愉快地發現好多種以前在亞馬遜河流域時相當熟悉的蔬菜，不過此地的名稱和亞馬遜一帶的名稱不太一樣——亞馬遜地區稱為 fruta do condé 的蔬菜，此地叫做 caïmite（這種蔬菜外形像朝鮮薊或小鳳梨，味道像梨）；巴西稱 graviol 的，此地稱為 corrosol；mammão 則叫做 papaya；mangabeira 則叫 sapotille（俗稱人蔘果）等等。一邊高興地看著這些我曾經很熟悉的蔬果，我一邊想著剛發生過的令人痛苦的一幕，試著把那痛苦的一幕和其他類似的經驗聯結起來。

對船上同行的旅客而言，他們以前的生活大體平靜無波，現在一下被捲入這種大冒險似的旅程裡面，他們遭受到的那種愚蠢與嫉妒怨恨的混合，似乎是一種聽都沒聽說過的、非常特別的、極度異常的現象。事實上，他們把這種現象對他們自己產生的切身影響，以及對虐待他們的人的影響，看成似乎是一種人類歷史上從來沒有過的大災難。但我自己倒是看過這世界的一些現象，前此幾年也曾親歷過一些不尋常的經驗，因此這種現象對我而言並不算完全陌生。我知道當代人類由於人口數量暴增，所要面對的問題也愈來愈複雜，再加上交通與通訊工具快速改進，當代人類的皮膚似乎對愈來愈多的物質與知識交流愈來愈容易過敏，結果就是類似我們早上經歷過的痛苦經驗慢慢地流淌出來。在馬丁尼克這個法國殖民地，戰爭與敗戰所帶來的唯一後果，只是加速推進這種普遍的過程罷了。戰爭與敗戰只是促成一種持久性感染的媒介，而感染本身並不會自地球上消失。某個地方的感染狀況也許會暫時壓下來，但在其他地方會重新出現。一旦社會人群所擁有的空間開始緊縮的時候，愚蠢、怨恨與易於受騙便會像膿瘡一樣地長出來，馬丁尼克島的經驗並不是我所碰到的第一次。

就在不久前，戰爭爆發之前幾個月，從巴西返回法國途中，我路過巴伊亞州的薩爾瓦多城[1]，在那裡的上城區閒逛、看教堂。那地方據說共有三百六十五間教堂，象徵一年裡的每一天，按照每一個不同的日子和季節，而各有特殊的風格和內部裝飾。我完全沉醉於拍攝每棟建築的細節，從一個教堂轉到另一個教堂，一群半裸的黑小孩跟在後面，不停地求我：

「給我們照一張相！給我們照一張相！」他們寧可要我替他們照張他們永遠看不到的照片，而不向我討銅板，我最後被這種動人的求乞方式軟化，答應替他們照張相。照完相以後，往前走了不到一百碼，一隻手突然按住我的肩膀，兩名便衣巡檢人員一直尾隨在後觀察我的行動，現在他們告訴我，我剛剛做了一項對巴西不友好的舉動；他們說，我拍的那張照片如果拿去歐洲的話，可能會被人認為「巴西確實存在黑皮膚的人」這種說法並非毫無根據，而且，更可被用來證明巴伊亞的街頭流浪兒童的確沒有鞋子穿。他們將我逮捕，還好拘留的時間很短，因為我要搭的船很快就要啟航。

我搭的那條船給我帶來接二連三的厄運：啟航之前幾天就有過類似的遭遇，當時我們還停泊在桑托斯港（Santos）。我剛踏上甲板，一位穿著整齊制服的巴西海軍司令官帶著兩名荷槍上刺刀的海軍陸戰隊士兵，把我監禁在我的小艙房裡面。花了四、五個鐘頭才弄清楚是怎麼回事。前一年我在法國的巴西探險隊裡工作，根據協議，探險隊收集的一切物質資料，都得由法國與巴西雙方分享。探險隊的所有工作都歸里約熱內盧國家博物館監督，博物館立刻通知全國所有港口，如果發現我企圖攜帶弓箭、羽毛頭飾等物品離開巴西，而且數量超出法國應該分配到的那一份的話，就要不顧一切立刻把我拘禁起來。可是，在探險結束以後，里約熱內盧博物館改變了主意，要把巴西該分得的那份送給聖保羅的一個科學機構；然後他

1 Bahia，巴西東部的一個州，Salvador為其首府。

們通知我，該給法國的那一份改由桑托斯港出口，而不是里約熱內盧港。可是，他們忘記一年前曾做過不同的決定。沒有收到最新命令的桑托斯港官員，根據過時的指示把我當罪犯拘禁起來，那些早先發布指示的人早已忘掉他們曾發過指示，可是負責執行該項指示的人依然記得要照章行事。

還好，當時每個巴西官員的內心仍然有潛在的無政府主義思想，原因是伏爾泰和法郎士[2]著作思想的片斷曾經遍布巴西森林最深處，成為其民族思想的一部分（有一次在內陸，有個興奮的老人對我大喊：「哦，先生，你是法國人！哦！法蘭西！阿納托爾！阿納托爾！」並用雙臂擁抱我，這是他第一次看見法國人）。基於過去的經驗，我知道，在表面上一定要儘量表示對巴西這個國家的尊重，也特別要對海軍軍官表示敬意；但我也知道，同時必須提出一些切中要害的質疑。這樣做果然有效。心懷恐懼擔憂了幾個鐘頭以後（由於我準備離開巴西不再回去，因此把我的書、私人物品和收集來的民族學資料全部一起裝箱，我真怕啟航的時候那些東西會被留置在碼頭上），我親自用嚴正的語氣向那位官員說明整件事的來龍去脈，這位官員允許我把行李運走，並說是他做出這個明智的決定，以免使他的國家牽扯進國際爭端中而受辱。

我敢採取這麼大膽的行動，可能是受到另一次經驗的影響。兩個月前我被迫在玻利維亞南部的一個大村莊轉機，和維拉醫師（Dr. J. A. Vellard）在那裡待了好幾天，這段期間發生一件事，使南美洲警察顯得非常可笑。在一九三八年搭飛機旅行的情況和現在很不一樣，在南美洲的偏遠地區，文明發展曾跳躍省略過好幾個階段，飛機很快就被當地人當做地區性的公共汽車來使用。那裡以前並沒有公路，人們得花好幾天時間騎馬或走山路才能抵達市集地點。現在他們搭飛機只要花幾分鐘時間（不過飛機常常一誤點就誤上好幾天），就能隨意運送母雞和鴨子。乘客常常被迫蹲在家畜中間，整架小飛機擠滿了赤腳的農民、動物以及其他太重或太大而不方便在叢林山路上搬運的行李和貨物。

等待飛機的時候，我們無事可做，便在街上閒逛，整個村莊的街道在雨季中變成泥濘滿地。因此在一定的間隔就鋪上一塊大石頭，專門給行人走路之用，汽車根本無法通過這種街道。一位巡邏人員發現我和維拉醫師這兩張生面孔，馬上逮捕我們，拘禁起來，直到我們能說清楚為何出現在那裡以後才放行。我們被關在一間有老式豪華家具的房子裡面，那棟房子原本是某位前省長[3]的官邸，四周牆壁貼著鑲版，鑲板前有不少書架，全都有玻璃門，書架上排滿厚厚的精裝書，整間房子充滿書香氣氛。唯一和書無關的，是個玻璃告示櫃，裡頭擺著一面告示，字體很精美，刻在銅板上面，告示的內容可以直譯如下：「嚴厲警告，絕對不准從檔案中撕紙張來做任何特別用途或衛生用途。任何違犯者必受懲罰。」

我在馬丁尼克島的待遇有所提升，我坦白承認有一部分原因得歸功於一位橋梁公路管理

---

2 阿納托爾・法郎士（Anatole France, 1844-1924），法國作家，一九二一年獲得諾貝爾文學獎。

3 在巴西帝國時期（1822-1889），最大的地方行政區稱為「省」，省的最高行政長官為省長（provincial governor）。

局（Ponts et Chaussées）高官的照顧。這位身居高位的官員外表冷淡難以親近，不過他內心真正的想法和一般官僚體系中的人很不一樣。而另外一部分功勞，則是因為我常常去拜訪一家宗教性報紙的辦事處，某個天主教派的神父們——教派的名稱我已忘記——在那裡收藏了好幾櫃子的考古文物，時間遠溯到印第安人時期；我把閒暇時間用來編製那些文物的目錄清冊。

有一天我走進巡迴法庭，正好碰上一場審判在進行；這是我第一次，也是到目前為止最後一次到法庭觀看審判。被告是一位農民，他和人爭吵時一氣之下把對方的耳朵咬下一塊。被告、原告和證人都滔滔不絕地用方言發表他們的證詞；在法庭上講方言顯得非常新鮮詭異，他們的證詞都由翻譯譯成法語給庭上的三位法官聽。法官們都穿著有皮革鑲邊的紅色法袍，式樣奇特的袍子在溼重的空氣中已失去光澤，掛在法官身上好像是沾滿血跡的繃帶，法官們都熱得受不了。他們花了五分鐘的時間就給那位壞脾氣的農民判了八年徒刑，一個人的命運居然這麼隨隨便便地在這麼短的時間裡就被決定，讓我十分驚奇，我沒有辦法教自己相信剛才目睹的這一切確實發生過。一直到今天為止，沒有一個夢——無論它是多麼怪異，多麼不可思議——會讓我覺得比這一幕審判更難以置信。

馬丁尼克島的海軍當局和當地的商人意見不和，這是和我同船的旅客終於獲釋的原因。海軍當局把他們視為間諜或叛徒，當地商人則認為把這批人關在拉札累營區會使當地平白遭受經濟損失（雖然乘客們被關起來也並沒享受免費食宿）。最後商人的觀點獲勝，於是每位乘客便有兩個禮拜的時間可以自由自在地把最後一張法國鈔票花掉。不過，乘客的行動仍然在警察的嚴密監督之下，特別是女客，被誘惑、挑逗、鼓勵與報復所織成的網緊緊纏繞。島上的多明尼加大使館圍滿申請簽證的人，一大堆謠言傳說有船要來拯救我們脫離苦海，小村莊的商人們對大鎮上的商家有那麼多生意感到嫉妒，於是他們要求也要分配到一些逃難者，這就使情況大為改觀。結果是我同船的乘客被迫在內陸的村子裡面度過一天，然後再被換到另一個村子。我不必和他們一起到處遷徙，不過有一次我為了和其他人一道去他們在柏萊山（Mont Pelé）山腳的新住處，讓我有機會——感謝做此安排的警察——在島上走了幾趟令人難忘的路，路上的景觀遠比南美洲大陸更具古典異國情調。那山好似深色的枝狀瑪瑙，被一片閃著銀光的黑沙灘圍繞，山谷中瀰漫著乳白色的霧氣，可以感覺到——傾聽溼氣滴落的聲音，是用耳朵而非眼睛去感受——那些大片、柔軟、多毛的羊齒植物葉子，從活化石一般的樹幹上伸出來。

到那時為止，我的遭遇可以說比其他乘客好得多，不過我仍然深受一個問題所困擾。現在我必須談談那個問題，因為要寫這本書就得先把那個問題解決才行，而解決那個問題卻並非易事。我唯一的財產是一箱和田野工作有關的文件：其中包括語言學和工藝技術的索引卡片、旅行日誌、人類學筆記、地圖、圖表和照相底片，還有幾千頁報告。這箱可疑的東西是靠職業走私者才得以運出法國，同意運這些東西的走私者也冒了相當大的風險。一到馬丁尼克島後，我們所受的待遇使我馬上決定，不論是海關人員、警察或海軍情報官員，絕對不能讓他們看到這箱子裡面的文件。他們只要一看到，一定會把這些文件當做某種密碼指令（特別是那些方言的筆記），或是防衛工事的圖樣，或是入侵計畫（地圖、素描和照片）。我堅決主張我的旅行箱只是過境馬丁尼克島，因此那個箱子可以維持密封，存放於海關的儲藏室。他們稍後告訴我，如果要直接轉運這個箱子，我就必須搭乘外國籍船隻離開（即使是這樣妥協的結果，也花了我不少力氣才爭取到）。如果我打算搭乘法國籍的多瑪爾號（D'Aumale）前往紐約（她不折不扣像艘幽靈船，我的同伴們等這艘船足足等了一個月，終於在一個美好的早晨現身，全船嶄新的油漆，好像來自另一個世紀的巨大玩具），我的箱子就得先正式報關進入馬丁尼克島，才能再運出去。我無法接受這種條件，因此我搭一艘白得不可思議的瑞典香蕉船離開，其目的地是波多黎各（美屬自治領地）。船上只有八位旅客，航程四天，我幾乎回到了以前的快樂時光，安靜得幾乎像是獨自渡海，我盡情享受這個難得的機會。

領教了法國警察以後，我還得領教美國警察。在波多黎各登岸以後，我發現兩件事：我們離開馬賽以後的兩個月時間內，美國移民法已經修改，我身上的社會研究新學院的公文已無法滿足新規定；然後，更嚴重的是，我採取的自保措施，原先只是擔心這些人類學文件會被馬丁尼克島的警察找麻煩，而美國警察則完全證實了我的擔憂。繼我在法蘭西堡被懷疑是被美國收買的猶太共濟會分子之後——我覺得多少有點補償作用——美國警察認為我很可能是維琪政府的密使，甚至可能是德國派來的。我立刻打電報給新學院，要他們設法讓我符合新的移民法規。我等著新學院的回音，同時也等聯邦調查局派遣能閱讀法文的專門人員來（要知道，由於我的筆記內容有四分之三並不是法文，而是記錄著一種幾乎無人通曉的巴西中部方言，真不知道要等多久才能找到適合的專家）。在等待的時候，移民局把我拘留在一間簡陋的西班牙式旅館裡面，費用由船公司支付，每天只有燉牛肉和鷹嘴豆可吃，兩名髒兮兮、鬍子都沒刮好的當地警察輪流日夜看守我的房門。

有天晚上，和我同乘一條船到波多黎各的郭德史密特[4]，在旅館的院子裡向我解釋原子彈的原理，還透露各強權國家正在進行科學競賽（此時是一九四一年五月），贏得競賽的一方將是戰爭的勝利者。他後來成為法國原子能委員會的主管之一。

過了幾天，我的旅伴們全都解決了他們的問題，出發前往紐約。我自己一個人留在聖胡安[5]，身旁跟著兩個警察。他們在我的要求之下，答應隨時跟我去三個我可以去的地方——法國領事館、銀行和移民辦事處。如果想到其他地方去，我必須先得到特別許可。有一天我獲准到大學一趟，跟著去的那位警察很識趣地留在校門外等我，以免讓我覺得受到侮辱。他和他的同伴都覺得無聊，他們有時故意把規定忘掉，主動允許我帶他們去看電影。在登船前兩天我終於重獲自由，可以在島上到處看看，陪我一起走路的是法國領事貝勒（M. Christian Belle），但最令人吃驚的是，他也是研究美洲印第安人的專家。在那種地方、那樣的時刻居然碰見他，實屬奇遇，他告訴我一大堆在南美洲海岸航行的親身故事。不久之前，報紙報導

4 Bertrand Goldschmidt, 1912-2002，法國研發原子彈的第一批成員之一，參與創辦法國原子能委員。

5 San Juan，波多黎各首府。

蘇斯戴爾[6]正在西印度群島一帶遊說當地的法國人，呼籲他們支持戴高樂，那天他抵達波多黎各島，我取得當局特別允許之後，才和蘇斯戴爾見了一面。

因此，波多黎各是我和美國的第一次接觸；我第一次聞到汽車烤漆受熱後散發出來的味道，第一次聞到冬青樹的味道（法國人把冬青樹稱為「加拿大茶」，thé du Canada），這兩種完全不同的味道可以說是美式生活享受的兩個極端，一端是車子，另一端是洗手間，其他東西例如收音機、糖果、牙膏等等則列在兩者之間。在日常用品店裡工作的女店員，穿著水仙花白的制服，棕色頭髮，我試著去猜測，在她們那化妝得像面具一樣的臉孔後面到底在想些什麼。我第一次察覺到典型美國小城鎮的一些特色，也是在波多黎各，不過是從大安地列斯群島（Greater Antilles）這個特殊的角度觀察到的。建築物都相當脆弱，而且都爭著要達成某種惹人注意的效果，結果是使得整個城鎮很像一開始是為了舉辦世界博覽會而搭建的臨時性建物，現在卻變成永久使用。不過，就波多黎各而言，會讓人覺得是這裡是博覽會中的西班牙展覽區。

旅行途中的種種意外事件，經常會引發這類可以做出多元解釋的曖昧不明。由於我最初幾個禮拜的美國經驗是在波多黎各度過的，日後我便經常「在西班牙裡發現美國」。就像幾年以後，我是在西孟加拉省的達卡市第一次參觀英國式的大學校園，校園裡全是新哥德式建築，因此我到今天為止，仍把牛津大學看成是某一種印度，只不過這個印度成功地征伏了泥濘、發霉以及四處蔓生的植物罷了。

我在聖胡安待了三個禮拜以後，聯邦調查局的人終於來了。我立刻趕去海關打開行李箱，那是一個嚴肅的時刻。一位彬彬有禮的年輕人走上前，隨意抽出一張索引卡。他把眼睛瞇起來，兇悍地轉過身來對我說：「是用德文寫的！」原來那張索引卡上記載的是一本德國學者史丹寧[7]所寫的經典著作：《巴西中部的原住民》（*Unter den Naturvolkern Zentral-Brasiliens*，一八九四於年柏林出版）。他是研究馬托格羅索州（Mato Grosso）中心地帶的一位人類學前輩，研究成績相當不錯，年代也相當早。我向調查局的年輕人把事情解釋清楚，他一下就明白了，此後他對我行李箱中的東西再也提不起任何興趣。一切都沒有問題，都OK；我可以進入美國本土；我可以自由行動。

好了，該停筆了，像這樣子的小插曲總是不斷重演，剛剛所說的這些是戰時發生的，我從前曾提過的那些則是戰前的經驗；如果說起我最近幾年在亞洲的旅行，還可以再加上一些最新的事例。如果這類事情發生在今天的話，我這位好心的聯邦調查局探員可能不會這麼容易就感到滿意了，這世界已經變得愈來愈難呼吸。

6 雅克・蘇斯戴爾（Jacques Soustelle, 1912-1990），法國人類學家，第二次世界大戰時支持戴高樂發起的「自由法國運動」。

7 卡爾・馮・德・史丹寧（Karl von den Steinen, 1855-1929），德國醫學家、民族學家、探險家，出版過幾本重要的人類學作品。

四、追尋權力

有件無關緊要的小插曲一直停在我記憶之中，它像個徵兆，猶如某些極端重大變異的預示，透露出一點可疑的味道或風向。

為了能夠深入巴西內陸長期考察，我決定辭掉聖保羅大學的教職，因此比其他同事早幾個禮拜從法國出發返回巴西。這是四年以來第一次整艘船上只有我一個人是學院教師。很巧，那班船正好也是第一次有一大堆乘客；其中有些是外國商人，不過大多數是要前往巴拉圭的一整個法國軍事代表團。他們的存在使船上氣氛完全變了，原本非常熟悉的航程，變得跟以前完全不一樣。軍官和軍官太太們，把航越大西洋看成是前往殖民地探險；換句話說，他們把為一支人數不多的軍隊擔任顧問這件事，看成是去占領一個被征服的國家。為了做好充分準備——至少在心理上——他們把甲板變成閱兵場，船上的文明乘客被他們視為土著，我們完全不曉得如何躲開他們的喧嘩與自以為是的行為，他們把船上的工作人員都弄得坐立不安。然而，這支部隊的主管本人的態度，和他的屬下有極大差別；他和他太太都非常有禮貌，很會替別人著想。有一天，他們跑來我為了躲避吵鬧而選中的一個偏僻角落找我，問些我過去的研究工作以及我此行的目的等等問題。同時，他們還成功地間接讓我了解到，事實上他們也只是毫無權力而又頭腦清楚的旁觀者。他們兩人的言語思想與其他軍人的言行形成異常強烈的對比，使我覺得其中一定暗藏某些隱情；三、四年之後，我偶然在報紙上看到這位軍官的名字，便又想起這次意外碰面交談的事，我了解到他個人的處境的確充滿矛盾。

那或許是我第一次明白一些後來在世界其他地方再度發生的、同樣令人沮喪的經驗所蘊含的意義。旅行——塞滿各種夢幻似許諾的魔法箱子——再也無法提供什麼尚未被玷汙的珍寶了，興奮過度而四處蔓延的文明，已經永遠而徹底地摧毀了大海的沉默。熱帶的香料、人類原始的活力，都已經被意義不明的文明事業敗壞掉了，它斲傷了我們的熱切期待，使我們注定只能獲得一些千瘡百孔的回憶。

玻里尼西亞群島被水泥覆蓋成了停泊在南海中的航空母艦，整個亞洲愈來愈像都市邊緣的髒亂地區，非洲到處可以看見倉促搭建的小城鎮，早在美洲和美拉尼西亞群島的叢林被實際侵入摧殘之前，上空飛來飛去的軍機與民航機已經奪走他們原始的靜謐。在這樣的情況下，所謂旅行可以讓人們「遠離現實」這個說法，除了迫使我們親眼見證人類歷史中更不幸的那一面之外，還有其他意義嗎？我們「偉大」的西方文明，在創造出這許多我們正在享受的神奇事物的同時，也無可避免地引發了相應的弊病。西方世界最為人稱道的成就是「秩序與和諧」，像是用沒人搞得懂的複雜結構建立起來的化工廠，但為了產生這「秩序與和諧」，必須排放出一大堆有毒的副產品，而這些東西正在汙染整個地球。當我們出發去做世界旅行的時候，第一眼看到的，就是我們自己的垃圾被丟在人類的臉上。

因此，我可以了解為什麼那些旅遊書籍裡的種種假象會這麼受人熱愛。這些作品書寫著一些事實上早已不存在的幻象，為何那些幻象被認為還應該存在呢？因為唯有如此我們才有可能不必承認過去兩萬年裡發生的悲劇已無法挽回。我們已經無能為力了，文明已不再是只長在肥沃土地上一兩個受到保護的角落裡精心培育的稀有柔弱花朵，這沃土因為養分充足而曾經長滿各式各樣的植物，那些植物四處滋生看似具有威脅性，卻能給我們的文明花朵注入多樣性及新生命。現在早已不是如此，人類選擇了只留下一種植物，跟種甜菜一樣大批大批地「量產」文明，從此以後，人類只有一種東西可以吃。

在以前，為了從印度或美洲帶回一些像巴西紅木[1]之類今日看來沒有什麼價值的東西，人們得冒著喪失生命的危險，現在看起來相當可笑。胡椒也是那個時代不顧性命才能取得的東西之一，可是在法國亨利四世時期，胡椒非常流行，宮女把它放在隨身攜帶的糖果盒中，像吃糖果那樣地吃。這些東西在視覺上和感官上所引發的奇異感，暖和了視覺、刺激了味覺，給一個向來不曾自覺枯燥乏味的文明帶來一大堆新的感性經驗。我們甚至可以因此說，經過一道雙重逆反的程序，現代的馬可波羅從同樣的地方帶回種種「道德的香料味精」，當我們的社會愈來愈覺得自己正在持續向下沉淪，也就覺得愈來愈需要這些道德刺激品，而今

1 brasil，可製造紅色染料，「巴西」的名稱即由此得來。

日的馬可波羅帶回來的是照片、書籍和旅行故事。

我覺得還有一個更為重要的類似之處。無論是有意或無意，現代的香料味精等調味品都是加工過的。這當然並不是說今日的調味品只是純粹心理層面的而已，而是指不論說故事的人再怎樣誠實，也無法提供真實的東西，因為已經不可能再有真正的旅行故事了。為了使我們可以接受，旅行的記憶都得經過整理篩選；在最誠實無欺的作者身上，這種過程是在無意識的層面上進行，他們用現成的套語和既存的成見來表現、取代真實的經驗。舉例來說，有次我打開一本旅遊書籍，上面描述某一個部族是野蠻人，還保存某些原始習俗，然後用幾章的篇幅粗枝大葉地胡亂描述一番；可是我在當學生的時候就曾花好幾個禮拜的時間閱讀專業人類學者對那個部族的研究，有些是最新的報告，有些是五十年以前那個部族還沒因為接觸白人而患上傳染病，結果死得所剩無幾、成為一群無根遊魂時所做的調查。另外還有某個部族聚落，據說是一位年輕的旅行者首度發現他們，花了四十八小時做完他的研究；但事實上那個年輕人所看到的——這點非常重要——卻是一個被迫遷出他們原來的定居地，被迫搬到一個臨時棲身處的部落，那個年輕人卻天真地誤以為那裡是該部落的祖居地。還有，通常他們都刻意省略不談自己是怎樣接觸到該部族的，以免洩露出原來早已有教會持續和那部落維持聯繫長達二十年之久，或者當地的汽艇可以直駛該部族居住區的心臟地帶這類事實。不過，有經驗的人可以從照片上的一些小細節看出來，因為攝影者並不是每次都成功地避免把所謂「第一次被發現的部族」用來煮東西的生銹汽油罐照進相片裡面。

像前述這些空洞的「發現」，以及人們居然那麼輕易地就肯相信，甚至可以說是鼓勵這一類的發現，甚至少數值得讚賞的個別案例，在某種程度上，使浪費在這類事情上的精力得到少許補償（那些精力可以說是加倍的浪費掉了，因為其結果只能使其所欲掩蓋的頹敗更形擴大）——所有這一切都表示，無論是作者或是讀者大眾，都具有強烈的心理的動機，研究原始民族的某些制度有助於了解這些動機。「了解原始民族」成為時髦的事情，使人類學得到很多有害無益的合作與幫助。人類學本身倒是有助於了解釐清這種時髦風尚的本質。

在很多北美洲的部落裡面，青年人如何通過成年禮考驗，通常深深地影響到他的社會地位。有些年輕人不帶任何食物，自己乘著獨木舟在水中漂流；有些人則自己一個人跑上山去面對嚴寒、下雨和野獸。有時候他們一連好幾天，好幾個禮拜，甚至好幾個月都沒好好吃東西，或只吃粗劣的食物，或者長期禁食，甚至使用催吐劑使自己的身體狀況變得更虛弱。一切行為都被視為與另外一個世界溝通的手段。他們浸在冰冷的水裡很長一段時間；故意砍斷幾個手指關節；或者把削尖的木頭插入他們的背肌下面，木頭上綁上繩子，繩子的另一端綁著重物，然後拖著那重物走路，目的是為了把筋膜劃破。他們即使不採取上述的極端手段，最少也會不斷的做些毫無意義的工作，把自己弄得筋疲力盡，有時候是把身上的毛一根一根地拔掉，有時是把松樹枝上的針葉一根一根地摘下，不然就是在一塊大石頭上面打洞。

進行這些歷練，會使他們進入一種心智恍惚、身體虛弱、精神不穩的狀態，他們希望藉此可以和超自然世界溝通。他們相信，某種神奇的動物會被他們所受的強烈痛苦和他們的禱詞所感動，不得不在他們眼前出現；顯現在眼前的異象，使他們明白他們日後的守護靈是誰，他們可以依照守護靈的名字取名，因此得到特殊的能力，並因此而決定他們能享受的特權，決定他們在自己社群中的地位。

我們是不是能夠因此做出結論：這些土著認為現實社會不能提供給他們任何東西？無論是制度或是習慣，對他們來說都好像是一種一再重複不變的過程，機會、運氣或能力在其中似乎毫無作用。他們可能覺得唯一能改變命運的手段就是冒險進入那些危險重重的地區，社會規範在那裡完全失去意義，社群的需求和保護性規劃也不具有任何作用；親身前往平常的、有秩序的生活之邊緣，進入身體能力無法承受的邊緣，接受身體與精神折磨的最極限。處於這種不穩定的邊緣地帶，一方面是冒著走過頭以致永遠回不來的危險，另一方面則可能從環繞在有組織的社會四周的那些龐大且尚未被利用的力量裡面，取得自己個人可以利用的部分，敢豁出一切的人有可能因此取得力量，可以修改一個除此以外無法改變的社會之秩序。

不過，這種解釋可能還是太膚淺了，因為北美洲平原或高原上的印第安人社會裡，個人信仰並沒有和集體規訓有太大出入。整套辯證過程都源出於整個社群集體的習俗與哲學，個人的信念是從群體中學來，信仰守護靈本身就是一種群體現象，是社會群體本身教育其成員，使他們相信，在社會秩序的架構裡面，他們唯一的希望是努力去試著採取一種荒謬的、幾乎是絕望的辦法來脫離該秩序。

當代法國社會裡面，在讀者大眾與「探險家們」之間，上述追求權力的現象相當風行。我們的青年男女同樣也能自由地去追求打從孩提時代起整個社會從四面八方向他們展示的種種刺激，他們也可以用各種不同的方式來逃避當代文明加在他們身上的種種規範。逃避的方法有時是往上爬，去爬山，有時是往下掉，掉入地球的內部，有時是平面移動，去遙遠的國家旅行。還有，他們所追求的可能是心靈上或道德上的極端，像有些人故意讓自己陷入一些困境，其嚴重的程度，以目前的知識水準來看，幾乎不可能活得下去。

社會對這類冒險行動是否能帶來任何可稱之為理性的結果完全漠不關心。他們既不是在從事科學上的新發現，也不是在創造詩篇或文學。他們的舉動所產生的具體成果非常有限。唯一重要的是他們這樣做的過程本身，而非這樣做可能有的什麼目標。就像前述的北美洲土著那樣，年輕人離開他自己的社群幾個禮拜或幾個月，以便能使自己親歷某種極端的情境（這樣做的人有時候是完全誠實的，有時候則是小心翼翼相當做作，不過土著社會也是一樣，兩種類型都存在），然後回來的時候就擁有某種力量，其表現方式是寫文章登上報紙，或寫些暢銷書，或在擠滿人的演講廳公開演講。這種現象所具有的魔術性質可以從社會的自我欺騙看出來，可以解釋所有這一類的現象。最重要的事實是，這些野蠻民族，只要和他們稍加接觸就可使一個旅行者變得與眾不同，這些寒冷的高山、深陷的洞穴或難以進入的森林——這些地方都是可以得到高貴的、有益的啟示之寶貴地點——所有這些，在不同的意義上，都是我們自己社會的敵人。我們的社會在快要毀滅他們的時候就假裝他們具有高貴的性質，可是如果他們真的有能力成為對手的時候，卻又對他們充滿恐懼與厭惡。亞馬遜森林裡面的野蠻人是敏感而無力抵抗的被犧牲者，他們是被機械化文明逮住的可憐的一群，我甚至可以告訴我自己，我所能做的只不過是去了解正在毀滅他們的命運的真相，但是我不會被那種比印第安人的魔法更站不住腳的魔法所迷惑——在深感好奇的大眾面前展示彩色照片，土著的面具已被摧毀無遺，只剩下彩色照片。或許社會大眾誤以為透過這類照片可以了解野蠻人的可愛之處。傷害野蠻生活還不滿足，甚至渾然不知野蠻生活已被消滅的事實，讀者大眾還覺得需要熱切地用歷史早已消滅掉的人和社會的殘影來餵飽歷史的懷舊食人主義。

身為這類「探險」的老前輩，我會不會是唯一一個除了一把灰燼以外什麼也沒帶回來的人呢？會不會是唯一戳破這類旅行空想的人呢？像神話中的印第安人那樣，我走到地球允許我去到的最遠處，當我抵達大地的盡頭時，我詢問那裡的人、看見那裡的動物和其他東西，所得到的卻是同樣的失望：「他筆直地站立著，痛苦地哭泣、祈禱、嚎叫。但是還是聽不到什麼神祕的聲音。他睡覺的時候，也並沒有被帶往有各種神祕動物的廟堂裡去。他已完全明白確定：沒有任何人會賦予他任何力量、權力……」

以前的傳教士經常說，夢是野蠻人的神，但對我而言，夢卻永遠無法捕捉，像水銀一樣滑出我的手掌。不過，還是可能有一些閃亮的晶體散落於某些地方。像庫亞巴[2]，那個出產過很多金塊的地方；或是在烏巴圖巴[3]，目前是個無人的港口，但兩百年前的西班牙大船曾經持續不斷從那裡滿載離去；或許是在阿拉伯沙漠的上空，泛出像珍珠貝那樣的紫綠色光澤；或許是在美洲，或是在亞洲；在紐西蘭的沙岸，或是在玻利維亞高原，或是在緬甸邊境。我可以隨手挑出一個仍然帶有濃厚神奇色彩的地名：拉合爾[4]。

拉合爾機場位於毫無特色的城市外圍，出了機場就是看不到盡頭的大道，兩旁列著路樹和別墅；旅館是被圍起來的一整排一模一樣的獨棟房子，一樓的門像馬廄門一樣並置排列，讓我想起諾曼地一帶的種馬繁殖場；每道門走進去都是一模一樣的公寓式隔間，前面是客廳，後面是浴室，臥房在中間。兩哩長的大道盡頭是個省城常見的廣場，更多的大道在這個廣場交會，還有幾間店鋪——藥鋪、照相館、書店、鐘錶店。我覺得，在這樣空曠而缺乏意義的空間之中，不可能看見我想尋找的東西。

真正的老拉合爾到那裡去了呢？它遠在這個規劃很差，早已破敗的城市外圍的另一邊，為了去到那裡，我得穿過兩哩長的市集，在市集裡面，有人利用機械鋸把厚如錫板的金片切開，用來製造廉價的首飾，還有小鋪子在賣化妝品、成藥和進口塑膠製品。後來我終於走進一些幽暗的小街道，我經常得將身體貼緊牆壁，好讓手推車通過，有時則是讓路給一群被染成藍紫色的綿羊，或是體型龐大的水牛（每隻大約有乳牛的三倍大，有時候會溫柔地擠到人

---

2 Cuiabá，巴西馬托格羅索州的首府。

3 Ubatuba，位於巴西聖保羅州的一個濱海市鎮。

4 Lahore，位於巴基斯坦的城鎮。

身邊），這大概就是真正的老拉合爾吧？我看到的那些年久失修、破敗不堪的木造結構，這是不是就是我所要尋找的真正的拉合爾呢？那些木雕上的雷紋、雕工的精細處，被胡亂牽拉的電線遮住，很難欣賞。那些電線纏來繞去像是遍布這整個舊城鎮的蜘蛛網。

有時候會有一幅意象、一種回聲，似乎從過去裡冒出來，在小小幾平方公尺的空間裡短暫停留一兩秒鐘：小街道上的金匠銀匠工作時所發出的清澈聲音，像是有一千隻小手臂的精靈心不在焉地敲擊木琴。穿過這些小巷以後，我馬上又置身於寬廣的大街路網裡。這些大街橫穿過一批五百多年的老房子中間。那些老房子在最近發生的暴亂裡受到極大的破壞，不過那些房子在過去就常常遭到破壞，壞了再修，一次又一次，因此看起來好像是一堆年代古老得不得了、難以形容的破舊建築層層疊疊。我四處觀看這些景象，所做的正是一個空間考古學家的本分工作，鍥而不捨地想從殘片遺物中重現早已不存在的地方色彩，不過這種努力是徒勞無功的。

一旦產生了這種念頭，幻想便開始一步一步地布下它的陷阱。我開始希望我能活在還能夠做「真正的旅行」的時代裡，能夠真正看到還沒被破壞、被汙染、被弄亂的奇觀異景的原始面貌；我希望我自己是伯爾尼爾[5]、是塔維涅[6]、是曼紐西[7]……我希望自己能像他們那樣地旅行，而不是像我現在這樣。這類想法一旦開始出現，便可以無止境地延伸下去：在哪個時代去看印度最好？什麼時侯是研究巴西原始部族的最佳時機、可以得到最單純的滿足、可以看見他們還沒有被汙染破壞以前的景象？到底是在十八世紀與布干維爾[8]同時抵達里約熱內盧比較好呢？還是在十六世紀和列維[9]、特維[10]同行比較好？每提早五年，我就能夠多挽救一種習俗、多了解一項祭儀或一種信仰。但是我很熟悉這些相關的人類學紀錄文獻，我明白，如果我活在一個世紀之前，就無法獲得這許多可用來增進知識的材料與研究方法。因此我便陷入一個圈圈裡，無法逃脫：不同的人類社會之間，愈不容易交流就愈能減少因為接觸而引起的相互汙染，但同時會剝奪了讓不同社會的人相互了解與欣賞對方優點的機會，也就無法了解多樣化的意義。

---

5 佛朗索瓦・伯爾尼爾（François Bernier, 1620-1688），法國醫師暨旅行家，曾以十二年時間進行東方之旅，到過埃及、阿拉伯半島、中東、印度等地區。

6 尚・巴蒂斯特・塔維涅（Jean-Baptiste Tavernier, 1605 -1689），法國珠寶商人暨旅行家，多次前往中亞及印度從事商業旅行，撰有幾部暢銷的遊記作品。

7 尼柯洛・曼紐西（Niccolao Manucci, 1639-1717），義大利旅行家，曾經在蒙兀兒帝國的宮廷裡工作，寫下對此帝國非常詳盡的記載。

8 路易斯–安東尼・布干維爾（Louis-Antoine de Bougainville, 1729-1811），法國海軍軍官，在一七六六至一七六九年之間完成法國人的第一次環球航行。

9 尚・德・列維（Jean de Léry, 1536-1613），法國牧師暨探險家，一五七八年前往巴西，撰寫了詳盡的航行探險紀錄。

10 安德烈・德・特維（André de Thevet, 1516-1590），法國神父暨探險家，遊歷過埃及、中東及印度等地，亦曾前往巴西採集許多動植物及民族學標本。

簡而言之，我只有兩種選擇：可以像古代的旅行者那樣，有機會親見種種奇觀異象，卻幾乎看不出那些現象的意義，甚至對那些現象深感厭惡加以鄙視；不然就作個現代的旅行者，到處追尋已不存在的真實的種種遺痕。無論選哪一種，我都只會是失敗者，而且輸得很慘，比最初看起來還慘，當我抱怨永遠只能看到昔日真實的一些殘影時，卻可能對目前正在形成中的真實毫無知覺，因為我還沒長出足以理解它的能力。幾百年以後，就在現在這個地點，會有另外一個旅行者，他絕望的程度和現在的我不相上下，為那些我應該看見了卻沒能看懂的現象的消失而深深哀悼。我受到雙重病症所擾：看得到的一切都令我大為反感，同時不斷地責怪自己沒能看到更多應該看得見的現象。

很長一段時間，我對這樣的兩難困境感到無力，但我覺得這池渾水正開始沉澱，困惑現在逐漸消散，精巧的結構愈發清晰。因為，隨著時間過去，「遺忘／忽略」反覆篩洗我的記憶，除了磨耗它之外，從記憶片段中浮現出來的深層結構，讓我獲得了較為穩固的立足點，看出較為清晰的模式，一種秩序取代了另外一種秩序。我與我所凝視的目標之間被斷崖深峽隔開，時間——這個摧毀大師——開始在其中堆起破磚碎石，銳角被磨平了，既有層序完全瓦解：不同的時間和不同的空間交會碰撞、堆疊並置或者翻滾轉換，就像老化的星球地震時撼動地層使其錯位；有些在遙遠過去意義不明的小細節，現在凸聳如山峰；在我過往經驗中建立的階序也都消解無蹤，一些看起來毫不相關的、發生在不同地方的、源自於不同時期的事件，一一從眼前滑過，突然間就形成了像是創造者精心設計出來的某種結構，超出我過去所能想像的。「每一個人，」夏多布里昂寫道：「身上都繫著一個世界，由他所見過、愛過的一切所組成的世界，即使他看來是在另外一個不同的世界裡旅行、生活，他仍然不停地回到與他相繫的那個世界去。」[11]時間以想像不到的方式拉開了我和生命之間的裂隙；我過去曾在世界各地四處追尋，可是當時並不了解其意義，也無法看清其精髓，必須經過這二十年之久的沉澱篩洗，我才能夠建立起與這些早期經驗的聯結，將兩個世界聯繫起來。

11 弗朗索瓦－勒內・德・夏多布里昂（François-René de Chateaubriand, 1768-1848），法國作家、政治家、外交家、法蘭西學院院士。這段文字取自他的《美洲與義大利之旅》（*Voyages en Amérique et en Italie*）十二月十一日條下所記。

第二部 | 行腳小註

五、回顧

一九三四年秋天的某個禮拜日，早上九點鐘的一通電話決定了我一生的職業。打電話的人是布格列[1]，當時他是高等師範學院副院長。過去幾年，他看起來對我印象不錯，不過保持著一定的距離，因為我並不是師範學院畢業的，即使我是的話，也並不屬於他非常熱心為之安排升遷機會的小圈子。一定是他想不出有其他更合適的人，才會打電話給我，因為他單刀直入：「你是不是還想要研究人類學？」我的回答是：「是，毫無疑問，我想。」「那麼你就去申請到聖保羅大學教社會學課程。聖保羅市周邊到處都是印第安人，你可以利用週末去研究他們。不過，你必須在今天中午以前給喬治．杜馬一個肯定的答覆。」

巴西、南美洲在當時對我並無多大意義。不過我現在仍記得非常清楚，當我聽到這個意想不到的提議時腦中浮現的畫面。我想像著一幅和我們的社會完全相反的異國景象，「對蹠點」（位於地球直徑兩端的點）這個詞對我而言，有比其字面更豐富也更天真的意義。如果

1　希利斯坦．布格列（Célestin Bouglé, 1870-1940），法國哲學家，一九三五年擔任高等師範學院院長。

有人告訴我，在地球相對的兩端所發現的同類動物或植物都會有相同的外表的話，我一定覺得非常奇怪。我想像中的每一隻動物、每一棵樹或每一株草都非常不同，熱帶地方一眼就可看得出其熱帶的特色。在我的想像中，巴西的意思就是一大堆七扭八歪的棕櫚樹叢裡藏著造型古怪的亭子和寺廟，我認為那裡的空氣充滿焚燒香料所散發出來的氣味。這種嗅覺上的幻想應該是因為在潛意識裡我知道**Brésil**（巴西）和**grésiller**（燃燒時的嘶嘶聲）的發音是如此地接近，一直到現在每次我想到巴西的時候，我最先想到的還是焚燒中的香料。

事後考察的結果，這些想像的意象並不見得是那麼隨便任意。我後來學到，在日常觀察中無法看出任何情境的真相，而是要在一種有耐心的，一步一步慢慢來的蒸餾萃取過程中去尋找。譬如語音上的類似使我想到香料這件事實，可能鼓勵我這麼做：當我還無法清楚地解釋某個象徵的時候，便自然而然地運用雙關語作為解釋工具。探險應該不是單純在形式上走過一段很長的距離，而應該是一種深入的研究：一段一閃即逝的小插曲，一小片地表景象，或是一句不經意聽到的話語，可能就是了解及詮釋整個區域的唯一關鍵所在，如果缺少那個關鍵，整個區域可能就永遠不具備任何意義。

布格列當時所說的「有一堆印第安人」這句話，給我帶來其他的問題。我想他是被墨西哥市或德古斯加巴城（Tegucigalpa）誤導了，誤以為聖保羅像它們一樣是個土著城鎮，至少城鎮周邊住滿土著。布格列是哲學家，曾寫過一本書叫做《印度的種姓制度》（*The Caste System in India*）。他從來沒想過是不是最好先去印度一趟，親眼看看那裡的真實情況（這本著作的一九二七年版序文裡面寫著「事件變易不居，制度永遠長存」這樣的豪語），他不認為土著人民的生存條件本身會對人類學研究有重大的影響。更重要的是，大家都知道他並非唯一對此毫不關心的官方社會學家；事實上，像他這樣的例子今天還是存在。

無論如何，當時我自己也非常無知，便相信了那些可以很方便地納入自己計畫裡面的幻想，特別是連喬治・杜馬自己對這個問題也並沒有清楚的概念。在土著社會還沒有完全被消滅以前，杜馬曾到過巴西南部，更重要的是，那時候他喜歡和獨裁者、封建地主和文化藝術贊助者廝混，這類人並不能就這個問題給他任何啟示。

因此，當馬格利特[2]帶我去參加午餐會的時候，我大吃一驚。我在餐會上聽到派駐巴黎的巴西大使發表官方觀點：「印第安人？哎啊！親愛的先生，他們在幾年前就全都不見了。這是我國歷史上很悲哀、很可恥的一段。但是十六世紀的葡萄牙殖民者是一群貪婪殘忍的人。他們具有那個時代常見的野蠻性，這實在也怪不得他們。他們把印第安人捉來，綁在砲口上，然後轟成碎片。印第安人就是這樣不見了。社會學家可以在巴西發現很多非常有趣的事情。但是印第安人嘛，忘掉算了，你一個也看不到……」

現在我回想起這段話，覺得實在是不可思議，即使是出自一九三四年的上層統治階級口中，還是不可思議。當時巴西的菁英分子容不得任何人提起印第安人或是巴西內陸的原始情

2 維克多・馬格利特（Victor Margueritte, 1866-1942），法國小說家。

況（令人欣慰的是現在已有所改變了），不過他們倒是肯承認，有時甚至自己說出來，他們的長相之所以會帶些異國情調，是因為他們的曾祖母可能有印第安人血統，不過他們絕對不願意承認他們的長相之所以有些奇特是因為滲入黑人的血統。在葡萄牙帝國統治的時代，這些菁英分子的祖先們倒是覺得有黑人血統並不是什麼需要掩飾的事情。以巴西駐法大使蘇沙－丹塔斯來說，他毫無疑問擁有印第安人血統，很可能也以此為傲。但他是旅居海外的巴西人，而且在十幾歲的時候就來到法國，早已忘記他自己國家的真實面貌。在他的記憶裡，真相早已被一種盛行的官方理想化看法所取代。在他還記得的一些細節裡面，我想他喜歡貶薄一下十六世紀的巴西人，以免觸及他父母那一代男人最喜歡的某種娛樂，或許他年輕的時候也還做過那種娛樂活動。那種娛樂是到醫院去收集天花患者的衣服，然後把那些帶有天花病菌的衣物和其他禮物一起掛在印第安人經常走過的小徑上。這種娛樂活動造成相當可觀的成果：一九一八年版地圖上的聖保羅州，面積和法國差不多，其中三分之二的區域被標示為「只住著印第安人的未知地帶」；等到一九三五年我去聖保羅的時候，除了少數幾戶印第安人會在禮拜天跑到桑托斯海灘去賣所謂的特產以外，那附近連一個印第安人也沒有。值得慶幸的是，雖然一九三五年的聖保羅州幾乎看不到印第安人，但是再往內陸走個三千公里，是還可以找到一些。

在結束關於這段時期的追憶以前，我必須暫停一下，再眷戀地望一望那個我曾經利用機會窺探過一下的世界。由於馬格利特的關係，我才得以認識那個世界（就是他介紹我與巴西大使館的人認識）。我還是學生的時候，曾替他工作一段時間，日後也一直維持著友誼。那時的工作是負責出版他的一本書——《人類的祖國》（*La Patrie Humaine*），工作內容包括替他將親筆簽名本送給一百多位巴黎名人（他堅持送書的時候必須說是大師所贈）；此外，我還得寫新聞稿、向書評撰寫人建議有哪些片段或許他們可以用得上等等。我一直對他記憶鮮明，不只是因為他對我總是非常客氣有禮，還因為他本人和他的著作所形成的矛盾對比（這種事情最容易給我留下難以磨滅的印象）。他的作品看起來既天真又粗糙，雖然其中也含有相當溫厚的情感，最值得回憶卻是他這個人本身。他的臉孔具有哥德式天使雕像常見的那種女性陰柔迷人和細緻感，一舉一動又帶有本能的高貴性，這就使他的缺點——愛慕虛榮是其中之一——不至於令人厭惡或令人詫異，因為這些缺點都似乎變成是他特殊的性情與智識能力的一些表徵而已。

他的住所是一間老式的中產階級公寓，非常寬敞，位在巴黎第十七區，現在他仍住在那裡，眼睛幾乎看不見東西了，太太非常辛苦地照顧著他。他太太本人，年齡使她那一度曾被稱讚為「豪爽」的個性變成醜陋與易怒（身體上的特徵與道德上的特徵，只有在年輕時才會被相互混淆）。

他很少見客，因為他相信沒有年輕人能欣賞他的長處，也因為他曾被官方圈子拋棄過。但最主要的原因是，他把自己的架子抬得那麼高，他覺得愈來愈難找到可以溝通的人。我一直無法確定，這到底是自然而然產生的結果或是他刻意選擇這麼做。他和少數幾個人共同創立一個國際傑出人士聯盟，只有五、六個成員，其中包括蓋沙令[3]、雷蒙特[4]、羅蘭[5]，我想愛因斯坦也曾加入過一段時間。這個聯盟的基本關係是，每位成員每次出版一本書的時候，散居世界各地的其他盟友馬上稱譽那本著作為「人類天才的最高表現之一」。

　　但是最令人感動的地方，是馬格利特想獨立肩負起整個法國文學遺產重擔時所表現出來的那份天真。他那文學世家的出身對這項抱負相當有幫助：她母親是馬拉美[6]的表姊妹，因此他裝模作樣時可以用不少掌故和回憶做後盾。他提起左拉、龔古爾、巴爾札克和雨果的時候，好像他們是他的叔叔伯伯或祖父母，而且都把遺產交給他保管似的。當他很不耐煩地大聲說：「他們說我的作品沒有風格，巴爾札克呢？他有什麼風格？」的時候，人家會以為眼前這人是帝王世家後裔，好像他是在展現他祖先那有名的熱情奔放的脾氣，以便為自己的錯誤開脫似地。凡人似乎應該把那些事情看做是被官方認可的、對當代歷史的一些大變動的解釋，而不只是一些個人的特徵，因此也就應該很高興能夠看到那樣的脾氣還可在一個活生生的人身上出現。比他更有才華的作家不在少數，不過，他們很少能夠像他那樣自然而然地對自己的職業懷有這樣貴族式的想法。

3 赫曼・葛拉夫・蓋沙令（Hermann Graf Keyserling, 1880-1946），斯拉夫裔德國哲學家。

4 瓦迪斯瓦夫・斯坦尼斯瓦夫・雷蒙特（Władysław Stanisław Reymont, 1868-1925），波蘭小說家，一九二四年諾貝爾文學獎得主。

5 羅曼・羅蘭（Romain Rolland, 1866-1944），法國作家、樂評家，一九一五年諾貝爾文學獎得主。

6 斯特凡・馬拉美（Stéphane Mallarmé, 1842-1898），法國詩人、文學評論家。

六、一個人類學家的成長

我念哲學的目的，並不是因為我真的喜歡念哲學，而是能藉以參加法國中學教師資格鑑定考試，此外，當時選修過的其他科目我都不喜歡。在高中的最後一年念哲學班，也就是最高級班時，我有點傾向於某種理性主義一元論（rationalistic monism），覺得自己能夠支持這種理論並為之辯護；因此我非常用功，想進到羅德里格斯[1]任教的那一班，當時他被譽為「進步分子」。沒有錯，他那時候是S.F.I.O.[2]的激進分子之一，不過他所教的哲學也只不過是柏格森主義[3]和新康德主義的某種混合罷了，令我大失所望。他非常熱切地宣說那些枯燥無味的教條觀點，整堂課激動地手舞足蹈，我從來沒有看過這麼天真的信念和這麼貧乏的知識

---

1 古斯塔夫·羅德里格斯（Gustave Rodrigues, 1871-1940），法國哲學家。

2 譯注：S.F.I.O.是Section Française de l'Internationale Ouvrière的縮寫，即工人國際法國支部。「第二國際」於一九〇五年建立法國支部，一九一七年起分裂為共產主義法國支部和工人國際法國支部，前者規模較大。

3 昂利·柏格森（Henri Bergson, 1859-1941），法國哲學家，一九二七年諾貝爾文學獎得主。

能力結合在一起，蔚為奇觀。一九四〇年德軍進入巴黎時，他自殺了。

在他的課堂上，我第一次學到，任何問題，不論是多麼微不足道或嚴肅重大，都可以用同樣的一種方法解決，這種方法就是把對那個問題的兩種傳統看法對立起來。第一種看法利用常識做為支持的證據，然後用第二種看法來否定第一種看法；接著，證明以上兩種看法都不夠完整，並提出第三種看法說明前面兩種看法的不足之處；最後，藉著搬弄名詞，將兩種看法變成同一個真實的兩個互補面——形式與內容、容器與內容物、存有與外表、延續與斷裂、本質與存在等等。這樣的學術答辯很快就變成純粹是在搬弄文字，靠的是一點使用雙關語的能力，用雙關語取代思考；諧音、相似音、曖昧歧異，逐漸成為聰明機巧地翻弄知識的基礎，這樣的知識翻弄被認為是良好的哲學推論的表記。

在巴黎大學念五年書的收穫，也就是學到這類頭腦體操的技巧。這種頭腦體操的危險性是顯而易見的；首先，維持智識平衡的技巧是如此地簡單，可以適用於任何問題上。為了準備考試，準備接受法國中學教師資格筆試和超級折磨人的口試（包括先準備幾個小時以後，隨機抽題接受口試），我和同學們設想出各種奇奇怪怪非常不可思議的題目。我有自信，只要給我十分鐘時間準備，我就能夠對公共汽車與有軌電車的優劣比較發表長達一小時的演講，而且這講詞會具備完整的辯論架構。這種方法不但是一把萬能鑰匙，它還使人相信，只要做些細微的調整，思想上一切豐富的可能性全都可以簡化成一種幾乎相同的模式。這有如將所有音樂化約成單一旋律，只要樂師了解那首旋律可以用高音部或低音部演奏就好。由此觀點來看，我們的哲學訓練使我們的智力獲得鍛鍊，卻使心靈枯竭。

「真正的知識增長」與「知識架構複雜化」被混淆，我覺得這樣還會產生更嚴重的危機。我們被要求去得到一種動態的綜合結論，方法是從最不完備的理論下手，一步步地推導出最微妙精細的理論為止；但這樣做的同時，由於我們的老師都沉迷於歷史性的研究方法，我們還得解釋後者如何由前者演變而來。基本上，這樣的體系並不是要發現什麼是真什麼是假，而是要了解人類如何慢慢克服一些矛盾。哲學不是科學研究的僕人與幫手，哲學只是意識對意識自身所做的某種美學上的沉思。哲學被認為是經過幾世紀的演進，隨著解決平衡和論證的問題、發展更細密的邏輯，構建出愈來愈高深宏大的結構，哲學技巧的完美程度，或是內在的連貫性程度，被視為其有效與否的判斷標準。哲學教學有點像是某種藝術史教學法：宣稱後起的哥德藝術一定優於較早期的羅馬藝術；就哥德藝術本身而言，又認為後期的火焰哥德要比原始哥德更加完善；但做此宣稱的同時，卻根本不提美或不美的問題。記號與記號所指涉的對象沒有發生任何關係，因為根本沒有任何指涉對象存在。專業技巧取代了真理。經過幾年這樣的訓練後，我發現自己仍衷心深信少許單純的信念，和我十五歲時幾乎一致。或許我已經更加了解這些智識工具的不足之處——在我需要用到的時候，它們至少還有些工具性價值——而現在的我不再有被這些工具的內在複雜性所誤導的危險，也不會沉迷於這些工具的完美精巧而忘掉它們實際的用途。

不過，我懷疑我會那麼快就決定放棄哲學而改學人類學，可能還有一些更私人性的理由使我對哲學感到厭惡，因而尋求一種逃避之道。我在蒙德馬桑（Mont de Marsan）中學愉快地教過一年書，一邊教一邊準備教材，接著我被調到拉昂（Laon）。到了拉昂之後，學期一開始，我就痛苦地發現，從此以後得一輩子重複教同樣內容的課程。我的心靈組成中有一項特殊的性質——無疑是一種弱點——就是我很難對同一個題目專心兩次。一般說來，中學教師資格鑑定考試被看做是一種非人的試煉，任何人一旦通過了，只要他願意，就可以一輩子安安穩穩過日子。對我而言，情形正好相反。我第一次參加考試就順利通過，是同年考生中年紀最輕的，而且，準備那些原理、理論、假設等等，並沒有使我覺得精疲力盡。我的折磨來得比較慢，教了一年書以後，我發現自己根本沒有辦法再上台講課，除非每年都讓我教新的課程。當我必須為學生口試的時候，這問題變得更加尷尬：由於題目是隨機抽出的，我完全不能確定考生到底應該怎樣回答才算正確，連最笨的學生似乎都能把該說的答案全都完整說出來。似乎只因為我曾一度用心思考過這些題目，它們就這樣從眼前消失不見了。

我現在時常這麼想，人類學之所以會吸引我，是因為人類學研究的文明和我自己特殊的思考方式之間有一種結構上的共通之處，而我自己（當時）覺察不到。我沒有興趣明智地在同一塊土地上年復一年的耕耘收穫、收穫耕耘，我的智力是新石器時代式的，猶如原始的燒墾農業，不時在未曾探索過的地方放火，使那些土地得到養分，從而收穫一些作物，然後遷移到別的地區去，把燃燒過的大地拋在身後。不過，在那時，我還沒能自我察覺到這種較深層的動機。我當時對人類學一無所知，從來沒上過人類學的課。當弗雷澤爵士[4]最後一次

——我想大概是一九二八年吧——來巴黎大學發表重要的演講時，雖然我知道這件事，但從來沒有想過要去聽講。

不過，我從很小的時候開始就有蒐集異國珍奇特產的嗜好。但那只不過是一種古董收藏者式的興趣，全看我能買得起什麼而定。到了十幾歲的時候，我仍然不曉得將來到底想做什麼。克雷松[5]是最早教我哲學的老師之一，他是第一個建議我該學什麼的人，他說學法律最適合我的性情。我想起他的時候，心中充滿感激，因為他那錯誤的建議裡面有一部分是對的。

由於他的建議，我放棄了高等師範學院的考試，註冊成為法律系學生，同時準備高中哲學科教師資格考，因為這樣子最輕鬆。法律系的教學方式籠罩在一種奇怪的宿命之下，在精神上，當時的法學和神學很接近；但另一方面，由於當時開始實行的一些改革，法學又漸漸地和新聞學接近；結果便使法學陷於兩者之間，看起來無法給自己找到一個兼具「堅定」與「客觀」的基礎；要堅定就失去客觀，要客觀就無法那麼堅定。法學家本身是社會科學家的研究對象之一，我覺得這就像一隻動物試著向動物學家解釋如何操作魔術幻燈一樣[6]。很幸

4 詹姆斯・喬治・弗雷澤爵士（Sir James George Frazer, 1854-1941），蘇格蘭人類學家。

5 安德烈・克雷松（André Cresson, 1869-1950），法國哲學家。

6 Magic Lantern，發明於十七世紀，是投影機、幻燈機、電影放映機的前身。有一則相關典故是「猴子與幻燈機」的故事，比喻遺漏關鍵，導致他人不知所云：一隻跟著主人表演的猴子，趁著主人不在，召集了一堆動物來看免費秀。牠把幻燈機擺好，先是講了一堆冗長的開場白，接著煞有其事操作機器，並口沫橫飛描述場

運的是，在那時候，只要花幾個禮拜的時間把那些教科書背熟就可以通過考試。法律課所教的東西沒有什麼內容，但更令我厭惡的是那些學法律的學生。我不曉得現在的情況是否仍然一樣，但在一九二八年左右的一年級新生可以分成兩類，甚至可以說是兩個不同的種族：一類學法律和醫學，另一類學人文和科學。

無論「外向」與「內向」這樣的字詞是多麼乏味，用來形容這兩類不同的學生倒是非常合適。外向學生「年輕」（純粹是習慣上用來指稱某個年齡階層的那種意思）、吵鬧、富侵略進取性、急著展現自己（即使用最粗俗的方式也無所謂）、在政治上傾向於當時的極右派；內向學生過分早熟、彬彬有禮、害羞、通常是左派，他們的目標是獲得自己亟欲加入的成人社會階層之認可。

很容易就可以解釋為何存在這種對比。外向學生唸書的目的是要進入專門的職業領域裡，他們的行為是在慶祝自己從高中解放出來，而且已在社會功能結構中取得了某種位置。他們處於高中學生那種尚未分殊化的身分與將來要從事的專門工作之間的過渡時期，這種過渡時期使他們覺得置身於邊緣情境，可以享受兩種身分所能享有的一切特權。

人文和理科學生的普遍出路——教書、研究及其他雜七雜八的工作——在性質上與法科、醫科學生相當不同。選擇文理科的學生並沒有告別童年，相反的是設法要留在那裡。教書是使成年人能一直留在學校裡面的唯一職業。文理科的學生有個特徵，就是傾向於拒絕群體生活的要求，某種像修士一樣的傾向，促使他們暫時或永遠地躲入研究工作裡，全心全力保存和傳播那些不受時間流逝所影響的人類遺產。對於未來的學者和研究者而言，他們的企圖只能用宇宙的尺度來衡量，要他們相信自己做出選擇就是給了某種承諾的話，就大錯特錯了；即使他們認為這裡頭有所承諾，並不意味著他們接受某個特定位置以及認可這位置的職責，也不意味著他們接受這個承諾為個人帶來的機運和風險；他們並非處於某個「職業領域」內部，而是站在外部立場做出論斷，好像他們並非其中的一分子那樣；他們的承諾事實上只是他們持續拒絕承諾的某種特殊形式。從這個觀點看來，教書和做研究不能和專門職業訓練相互混淆。教書和做研究的偉大和不幸，在於它可以是避難所或者傳教站。

一邊是專門職業，另一邊是意義不明確的、可以是傳教也可以是避難的活動（通常兩者兼具，但總會偏向其中一邊），人類學則處在非常特殊的位置，屬於這個對比中的後者裡面裡最最極端的一種。人類學家自己是人類的一分子，可是他想從一個非常高遠的觀點去研究和評斷人類，那個觀點必須高遠到足以使他忽視個別社會、個別文明之特殊情況的程度。他必須在長期與自身族群隔絕的環境下生活和工作，歷經如此徹底而劇烈的環境改變之後，使他染上一種長久不癒的無根性；最後，他變得感到無處可以為家，他在心理上已成為殘廢。人類學像數學或音樂一樣，是極少數真正與生俱來的使命之一，即使從來沒人教導過，就可

景，但是現場沒有任何動物看得出任何端倪，大家竊竊私語，眼前仍只有一片漆黑，因為猴子根本忘了把幻燈機打開。（專職法文譯者陳文瑤提供）

以在自己身上發現它。

除了這些獨特的特質和社會的看法以外，另外還有些誘因純然屬於智識上的本質。一九二〇到一九三〇那十年間，心理分析理論開始在法國流行。心理分析理論讓我覺得，我們學來建構哲學論述和教導學生時所用的「靜態的對立」（static oppositions）——理性／反理性、智識／情感、邏輯／非邏輯——都只不過是一種不必要的智識遊戲罷了。首先，在理性之上存在著一個更重要也更實在的範疇，就是「意義」，它是理性這個範疇的最高存有模式，但是我們的老師們卻提都不提它，無疑是因為他們對柏格森的《論意識材料的直接來源》（*Essai sur les Données Immédiates de la Conscience*）較感興趣，甚於索緒爾[7]的《普通語言學教程》（*Cours de Linguistique Générale*）。其次，佛洛伊德[8]的著作使我明白，「對立」並不以我們在哲學課上所學的那種方式存在，因為正是那些表面上看起來最情緒性的行為、最不理性的作法、所謂原始思維的表現等等，才是最有意義的。揚棄柏格森式的信仰、揚棄那種混淆了「存有與事物」（beings and things）的循環論證方式，我做出以下的結論：存有與事物都可以維持其各自的價值而不必失去其清晰的輪廓，那輪廓界定了存有與事物之間的相互關係，也使它們各自具備可被辨認了解的結構。知識的基礎不是棄絕一切關係，也不是以物易物；知識實際上只是選取那些真正的面向性質，也就是選取那些和我的思想本身的性質吻合的性質特徵。原因並非像新康德學派宣稱的那樣，並非因為我的思考會對所思之物產生無法避免的影響，因為我的思想本身也是事物之一；思想既然是這個世界的一部分，也就具有這個世界所具備的本質屬性。

我和同一代的人經歷過類似的智識成長過程，不過我的經歷還有一點不一樣，這是因為我自小就對地質學懷有濃厚興趣。我認為最寶貴的回憶之一，並不是那些到巴西中部一個前所未知的區域去探險的經驗，而是在朗格多克地區的石灰岩高原上遠足的經驗，遠足的目的是找尋兩種不同地層之間的接觸線。那種經驗和隨意散步或到處看看很不一樣，那是一種追尋，對不明就裡的旁觀者而言可能毫無任何意義，而我認為那就是智識本身，包含其中所牽涉的一切困難和所能提供的一切快樂。

每一處地景乍看之下似乎雜亂無章，每個人都可以自由賦予它任何自己想要的意義。但是，在農耕的影響、地理上的無規律性[9]、從史前時代開始至今變化多端的地表高低起伏之上，有著無疑是在上述各種現象之先的、支配那些現象的、可以充分解釋那些現象的「最宏大的意義」（the most majestic meaning of all）。在我今天只能看到一片荒原的地方，這裡的一條淺淡模糊的線紋，或者是在形狀與質地上有著幾乎難以察覺的差異的岩石碎片，都是以前曾有兩個海洋先後存在於此的證據。我無視一切障礙——陡峭的懸崖、山崩地、灌木叢或

---

7 弗迪南．德．索緒爾（Ferdinand de Saussure, 1857-1913），瑞士語言學家，被視為「符號學」之父。

8 西格蒙德．佛洛伊德（Sigismund Schlomo Freud, 1856-1939），奧地利心理學家、精神分析學家。

9 李維史陀在此將「深層的、古遠持久的地質現象」和「表面的、隨時變動的地理現象」區分開來。

耕地——也不管什麼道路與藩籬，一心追尋遠古歲月凝結遺留的痕跡，我的行動看似毫無意義可言，但是這樣固執己見的唯一目的，就是為了重新尋覓「總意義」（master-meaning），「總意義」可能模糊不易理解，但是相對於總意義而言，其他意義都只是某種局部或扭曲的轉換。

奇蹟有時候的確會出現。譬如，當你忽然發現，在一個隱蔽的縫隙兩邊，居然並生著兩種不同種屬的綠色植物，靠得非常之近，而每一種都選擇了最適合自己的土壤；或者是，可以同時在岩石上發現兩個菊石的遺痕，看到它們微妙而不對稱的迴紋，這些迴紋以它們自己的方式證明兩個化石之間存在著長達幾萬年的時間距離，在這種時候，時間與空間合而為一：此刻仍然存活著的多樣性與不同的年代相重疊，並且加以保存延續。思想和情感進入某種新的維度，在這裡頭，每一滴汗，每一個肌肉動作，每一息呼吸，全都成為過往歷史的象徵，當我的心神領悟到此中意義時，歷史發展的過程就在我體內重現了。我覺得自己沉浸於更濃烈的智識裡，最終，不同的世紀、相隔遙遠的地方，都以同一種聲音呼應對話。

我開始熟悉佛洛伊德的理論時，很自然地把他的理論看做是「應用地質學方法來分析個人」。不論是地質學或心理分析，研究者起初都覺得自己面對的是完全無法了解的現象，為了掌握、挖掘某個非常複雜的現象之成因，研究者必須具備極度細膩的特質，像是敏感、直覺和鑑別力等等。除此之外，在那些看似無法理解的一團現象裡所找出來的秩序，既不會是臨時權宜性的，也不會是偶然任意性的。地質學家和心理分析家所研究的歷史很像似，而和歷史學家所研究的歷史不同，前兩者是要具體呈現物質世界或心靈世界的某些基本特徵的歷時性，比活人畫[10]還更進一步，我認為「啞謎猜字」（charades）更能簡明地比喻那樣的過程：解讀每一個手勢或動作，猶如確切的永恆真實在時間中開展呈現——在心靈層次上重現——但是在別的領域中則如法律般明確。在所有的這類情境中，對美學的渴望被喚醒，直接引導我們獲得知識。

當我十七歲時，有次在度假中認識一位年輕的比利時社會主義者——現在是比利時駐外大使，他引導我認識馬克思主義。馬克思是個偉大的思想家，更令我快樂的是，閱讀他的作品，使我第一次接觸到從康德到黑格爾這條哲學研究的思想進路——我接觸到全新的世界。從那時候開始，我對馬克思的欽佩始終不變，每次我要考慮一個新的社會學問題時，幾乎都要先重讀幾頁《路易・波拿巴的霧月十八日》[11]（*The 18th Brumaire of Louis Bonararte*）或是《政治經濟學批判》（*Critique of Political Economy*）。附帶一提的是，馬克思的著作之品質和他是否準確地預言了某些特定的歷史發展完全沒有關係，他延續了盧梭的思想，證明社會科學的基礎並不是建立在各類事件之上，正如物理學的基礎並非建立在感官所能覺察到的材料

---

10 tableau vivant，由活人扮裝呈現的靜態畫面，裡面的人物不動也不說話。

11 譯注：法蘭西共和曆的第二個月，大致從陽曆十月二十二至二十三日開始，直到十一月二十一至二十三日結束。

上。做研究的目的，是為了建造一個模型，要研究其性質，要研究在實驗室的條件下會產生哪些不同的反應，以便日後能以觀察所得的結果來解釋經驗世界裡實際發生的事情，後者可能和預測的情況非常不同。我覺得馬克思已經很清楚地證明了這一點。

在現實的另一個層面上，我覺得馬克思主義的方法和地質學、心理分析的方法相同（此處專指佛洛伊德式的心理分析）。這三門學問都闡明了「理解」就是把一種「事實」化約成另外一種「事實」；闡明了「真實的事實」常常不是最顯而易見的；闡明了真理的本質早已存在於它小心翼翼維持的不可捉摸性裡頭。這三門學問都要面對同一個問題，就是「感覺與理性之間的關係」這個問題，而三者的目標也都一樣：想達到一種「超理性主義」（super-rationalism），把感覺與理性整合起來，同時又不使兩者失去其各自原有的一切特質。

因此我反對當時剛出現的形上學新潮流。我反對現象學的理由是它企圖假設「經驗與事實之間是連續不斷的」。我同意真實可以涵蓋經驗、解釋經驗，但是我從上述三個靈感源泉學到：在這兩者之間的轉換是非延續性的、斷裂處處的過程；我也學到，為了掌握事實，必須先將經驗排斥在外，稍後再把經驗重新整合進一個不帶任何感性（sentimentality）成分的客觀綜合裡。至於那些最終變成「存在主義」的知識活動，我不覺得它們可以算是一種合理的思考形式，原因是存在主義過度縱容對於「主觀性」（subjectivity）的種種幻想。把個人的焦慮提升為嚴肅的哲學問題，太容易導向一種「女店員式的形上學」[12]，這種東西或許可以拿來跟不了解哲學的人聊聊，但是這樣做非常危險：在科學尚未發展到可以完全取代哲學之前，哲學仍有其任務，而存在主義帶有容許人們隨便看待哲學之任務的危險。哲學的任務是了解存有與它自身的關係，而不是了解存有與我自己的關係。現象學與存在主義並沒有消滅形上學，只是提供了兩條逃避形上學的詭辯途徑。

馬克思主義與心理分析都是「人的科學」，前者以社會整體為研究對象，後者則研究個別的人；地質學是「物質科學」，但是它的研究方法與研究目標會結成歷史的果實。人類學在它們之間開創其研究領域：因為人類的存在——人類學認為人類的唯一限制是空間因素——為地質史意義下的地球所經歷的種種轉變賦予新的意義，而此意義是無數社會（有如地質作用的無名力量），以及無數個人（心理分析的對象）累積無數個世代持續不斷運作的結果。人類學帶給我智識上的滿足，它將世界的歷史和我自己的歷史這兩個極端聯結起來，同時顯示出兩者共通的動力。人類學以研究人類為其目標，使我得以免除疑慮，因為人類學不是研究專屬於某個單一文明特有的事物——那些特殊事物在外來觀察者的注視下都會化為烏有，不復存在——人類學研究的是不同人群之間的差異與變化，因此對全人類都深具意義。最後，人類學滿足了我前面提過的那種永遠在躍動、深具侵略性的個性，因為人類學確實提供我一堆永遠取之不竭的研究材料，習俗、禮儀和制度樣式之繁多，永遠研究不完。人類學

---

12 Shop-girl metaphysics，李維史陀後來也沒有清楚解釋過什麼是「女店員式的形上學」，從上下文來看，可能是指過度耽溺於個人處境問題、似乎人人都能說上兩句的廉價思考。

使我的個性和生活之間得到和諧。

情形既如上述，而我居然對人類學的訊息一直置若罔聞，看來是件相當奇怪的事。其實我還在學校中渾渾噩噩的那幾年裡，法國最重要社會學家的著作早已不停地向我傳播這個訊息。然而，一直等到一九三三至一九三四年間，我才如獲天啟般地理解了這個訊息。那是因為我偶然讀到羅維所寫的《原始社會》（*Primitive Society*）一書，它在當時已不是什麼新書。此書對我的啟發，不是從書本上摘取一些觀念，然後立刻把那些觀念變成哲學思考；這本書描述了羅維在原始社會的親身經驗，並且藉由親身參與涉入，指出那些經驗的意義所在。這本書使我的心靈得以逃出那種眼光淺短的、土耳其浴似的氛圍，在那裡面，我的心靈被哲學思考的反覆練習所囚禁，一旦進入自由的天地，頓時覺得新鮮而充滿活力，像城市居民遷移到山上一樣，我沈醉於遼闊的空間中，驚訝地審視環繞四周的財富、各式各樣的事物。

我就此開始接觸英美人類學，從此保持密切而持久的關係。起先是透過書本的遠距離接觸，接著是則是親身投入，結果引來嚴重的誤解。首先是在巴西時，聖保羅大學裡的教授期待我加入他們的行列，講授他們偏好的涂爾幹式社會學。他們的傾向有兩個主要的理由，一方面是實證主義的傳統在南美洲仍然深具活力，另一方面是他們想為溫和的自由主義提供哲學基礎，寡頭政權通常正是採用溫和的自由主義來做為攻擊人權的武器。抵達巴西時，正是我公開反叛涂爾幹，並且反對把社會學用來做任何形上學用途的時候，那時我正努力要擴展自己的視野，毫無任何興趣再去建造監獄的圍牆。從此之後，我常常被人批評為過度尊崇英美思想，甚至已經奴化了，這種批評完全是胡說八道。事實上，目前我可能比任何人都更忠於涂爾幹社會學的傳統，法國以外的人對這點都非常清楚。另外，我樂意宣稱對我造成影響的美國學者是：羅維、克魯伯[13]和鮑亞士[14]，他們的思想和早已過時許久的詹姆士學派[15]或杜威學派[16]的美國哲學之間，我認為是差上十萬八千里；和目前被稱為「邏輯實證論」（logical positivism）的哲學之間的差異，最少也是十萬八千里。這三個人有的是在歐洲出生，有的是在歐洲接受學術訓練，有的是受教於歐洲教授，他們代表著很不一樣的思想：他們代表一種知識層面上的「綜合」（synthesis），反映出四個世紀之前哥倫布抵達美洲以後才得以出現的種種綜合[17]：把一種可靠的科學方法與新世界所提供的獨特實驗領域結合起來的綜合。他們三個人從事人類學研究時，不但可以利用當時最好的圖書館設施，而且可以很容易就走出他們任教的大學去研究土著社會，就像我們可以很方便就去到巴斯克（Basque）地區或蔚藍海岸一帶那樣。我在這裡稱讚的不是一個知識傳統，而是一種歷史情境。能夠實地去研究那些

13 阿爾弗雷德．路易斯．克魯伯（Alfred Louis Kroeber, 1876-1960），美國人類學家。

14 法蘭茲．鮑亞士（Franz Boas, 1858-1942），德裔美國人類學家、語言學家，被視為美國人類學之父。

15 威廉．詹姆士（William James, 1842-1910），美國哲學家、心理學家，實用主義先驅者之一。

16 約翰．杜威（John Dewey, 1859-1952），美國哲學家、教育家，實用主義的代表性人物。

17 哥倫布橫渡大西洋，使歐洲舊世界與美洲新世界的人群、物種、制度……等等事物相遇、綜合，而這三位人類學家則是提出知識的綜合。

仍然未被認真研究過的社會，而且是保存得相當完好、一切破壞才剛剛開始的社會，那一定具有異乎尋常的方便和優點。讓我說個小插曲來表明我的意思。某個加州的原始部落，整族被屠殺，只剩下一個印第安人奇蹟般地活了下來。他在幾個稍大的城鎮附近活了好多年，沒有引起任何人的注意。他仍然敲打石片製造狩獵用的箭鏃，可是動物逐漸全消失了。有一天，有人在某個城郊邊緣發現這個印第安人，全身赤裸，即將餓死。後來他到加州大學當打雜工人，安詳地度其餘生。

七、日落

事實上，正是這樣過於深長的思量，讓我在一九三四年二月的某個早晨搭上從馬賽前往桑托斯的船隻。此還有無數次的啟航，全都在我的記憶中混成一體，只有少數幾件事比較特殊：首先，法國南部的冬天充滿某種很不一樣的歡愉氣氛；天空的顏色淡藍，比平常更難以捉摸，空氣凜冽刺人，那是一種超出耐受力的刺激，猶如極渴的時候大口吞下冰凍的氣泡飲料。與此形成對照的，是港邊熱度過高船隻的走道上瀰漫著的強烈味道，那是海洋的味道、船上廚房煮東西的味道和新油漆味的混合。我也記得在夜裡感到的滿足和平靜，甚至可以說是一種安詳的幸福感。朦朧中意識到的引擎聲、海水拍打船殼聲，帶來了這樣幸福的感覺，好像移動的本身就創造出某種在本質上比靜止更完美的平靜；的確，有時在夜裡忽然察覺到船已停靠在某個港口而驚醒的時候，靜止不動反而帶來不安全、不舒服的感覺。漸漸習慣並視之為自然而然的情況，一旦有所變動，總是令人感到不安。

這些航班沿途停靠很多港口。航程中第一個禮拜的白天幾乎全都花在岸邊裝貨卸貨，到了晚上才開航；每天早上醒過來，船已停靠在下一個新港口：巴塞隆納—塔拉哥納—瓦倫西亞—阿利坎特—馬拉加，有時會繞去加的斯（或者走另一條航線：阿爾及爾—奧蘭—直布羅陀），再經由卡薩布蘭卡前往達喀爾[1]，從這裡開始直接橫渡大西洋。有時候直駛里約熱內盧和桑托斯港，偶爾會在航程末段慢慢循著海岸航行，沿途停靠巴西的勒西菲、巴伊亞、維多利亞等港口[2]。一路上空氣漸漸變得溫暖，西班牙的山脈漸漸消失於地平線之下；順著非洲海岸，沿岸一帶地勢太低，到處都是沼澤，很難直接看見陸地，連續好幾天看到的都是海市蜃樓奇觀，像小丘或海崖。整個經驗正好與「航行」相反——我們所搭的船不再是一種交通工具，而是一個居住的地方，一個家，在她前面是一座轉動的世界舞台，這舞台在每一天早上暫停轉動，讓我們看到一幅全新的布景。

不過，當時我還不懂人類學的研究觀點與方法，無法充分利用這些好機會。在那以後我學習到，對某個城鎮、地區或文化這樣匆匆一瞥，可以有效地訓練觀察力，因為停留的時間很短暫，便不得不盡力集中精神。極為短暫的觀察有時候甚至可以讓人捕捉到一些特質，那是在其他情況下即使經過很長的時間也無法看到的。但是當時我覺得（人文以外的）其他現象更為迷人，帶著生手的天真，每天我都站在空蕩蕩的甲板上，興奮地望著那片我從來沒有看過的那麼寬廣的地平線，花上好幾分鐘的時間極目四望，觀看日出日落的完整過程，猶如大自然巨變之起始、發展與結束。如果我能找到一種語言來重現那些現象，如此千變萬化又如此難以描述的現象的話，如果我有能力向別人說明一個永遠不會以同樣的階段與順序再度出現的獨特現象，那麼——當時我是這麼想的——我就能夠一口氣發現我這一行裡最深處的祕密：不論我從事人類學研究的時候會遇到如何奇怪特異的經驗，我還是可以向每一個人說明白它們的意義和重要性。

經過這麼多年以後，我懷疑自己能夠再有這種如蒙恩典的感覺。我還有機會重新體驗那樣的悸動時刻嗎？那時候我手捧筆記本，記下每一秒鐘所看見的景象，期望有助於將那些變動不居、一再更新的形態凝結記載下來。我現在還是深深執著於這種企圖，還是經常發現自己的手仍然在這麼做。

船上記事

科學家把黎明與黃昏看成同一種現象，古希臘人也這麼想。在他們的文字裡，黃昏與黎明都用同一個字來表示，只是在字前加個形容詞來表明是指早晨或晚間。這種混淆充分顯示他們的主要興趣是理論性的玄想，同時也暴露出他們傾向於忽略事物的具體形象。在某個特定的時刻裡，地球當然很可能是擺盪於陽光所照及的區域與陽光所照射不

---

1 巴塞隆納（Barcelona）、塔拉哥納（Tarragona）、瓦倫西亞（València）、阿利坎特（Alicante）、馬拉加（Málaga）、加的斯（Cádiz）、阿爾及爾（Alger）、奧蘭（Oran）、直布羅陀（Giberaltar）、卡薩布蘭卡（Csablanca）、達喀爾（Dakar）。

2 勒西菲與維多利亞（Victoria）為港口名；另一處應該是指巴伊亞州的薩爾瓦多（Salvador）。

到的地方或陽光將再照射到的地方之間，這種擺盪的動作本身是個無法分割的運動。然而事實上，任何兩種現象的差異，都沒有白天與夜晚的差異那樣大。清晨是前奏曲，黃昏則是序曲，後者出現於結尾而非開頭，猶如老式歌劇。太陽的狀態預示了即將到來的天氣；如果一大早會下雨的話，陽光是黯淡微弱的，如果會放晴的話，則是如玫瑰色的、輕淺澄澈。但黎明只是一日氣象的起始，宣示了將會下雨還是放晴，並不保證一整天都是如此。日落則是另外一回事；日落是一場完整的演出，開場、中段和結尾全部具備。日落奇觀似乎重演了過去十二個鐘頭內發生過的爭鬥、勝利及失敗，只是規模小了一點，速度也放慢了一些。這就是人們比較在意日落而較少留心於日出的理由；黎明只是在溫度計或晴雨計所顯示的狀況之外提供補充訊息；在比較原始的社會中，黎明則是為月亮圓缺、鳥類飛翔或潮汐漲落作補充。日落則把籠罩人類身體的風、寒、熱、雨等等聯結成神祕的結構，使人的精神提昇。人類意識的運作方式也可從這些稀疏的星群排列中看出端倪。當天空開始因日落而現出瑰麗色彩的時候（法國的劇院習慣上在要開演時會敲三響，但有些劇院是以突然亮起腳燈表示即將開演），農夫在鄉間小路上駐足，漁夫任由船隻飄浮，原始人則坐在相對失色的篝火旁瞇著眼凝望。回憶往事是人類的重要樂趣之一，但是如果記憶真正照本宣科什麼都重新來過的話，很少有人願意再經歷一次他們津津樂道的那些疲倦與痛苦。記憶是生命本身，不過是另外一種性質的生命。因此，當太陽落向平滑如鏡的水面，好像某個天上的小氣鬼終於降下施捨時，或者是當如圓盤的落日使山峰顯現輪廓，猶如帶有鋸齒邊的堅韌葉片時，人最能夠在倏忽即逝的冥想幻覺中接受那些幽暗力量、霧氣、閃電等等之啟示，接受那些他整天暗自感到在體內交戰不已的力量之啟示。

因此，人類靈魂內部一定進行過非常罪惡的爭戰，不然的話，外表上發生的那些平淡無奇的事情，應該不會引起如此壯觀激烈的大氣層的展覽才對。整天都沒有發生什麼值得記的事情。快下午四點的時候——也就是太陽開始失去外表輪廓的清晰，但仍然維持住光度的時候，一片金色的光使所有東西變得模糊，這片金色光芒好像是為了遮掩某種準備工作而故意聚集起來似的——門多查號改變航向。海潮微微漲起，使船隻輕輕搖動，每搖動一次，就使人覺得更熱一點，不過船改變航向時所行走的弧度很難察覺得到，很容易就會把方向的改變誤以為只是正常的搖晃程度稍微增加而已。事實上，沒有人注意到航向已改變。在大海中航行，從A航行到B，應該是最接近純粹幾何學式的位移了。沒有風景可以告訴人們已經沿著緯度線慢慢走了多遠，或已穿過等溫線，已越過等雨線。在陸地上移動五十公里路，有時候就好像到了另外一個星球，但是在大海中走個五千公里，景觀也沒什麼改變，至少在沒有經驗的人看來是如此。不必憂慮行程，不必管方向，對弧形地平線後面那片看不見的陸地不具任何知識，像這一類的問題都不會騷擾到旅客的心思。他們似乎覺得自己是被關在某個狹窄的空間幾天的時間，目的是要越過特定的距離，因此可以替他們的特權贖罪，他們的特權是從地球的一端被運到另外一端，一點都不必動用自己的四肢。不過即使想動用四肢也有困難，他們都變得虛弱，因為他們上午睡覺，用餐漫不經心，吃東西早已不能帶來感官的享受，而只是一種消磨時間的方式，每頓飯只要能吃上一大段時間，就可以填充一下空虛的日子。

更重要的是，沒有任何人做任何努力。人們當然知道在那個大盒子底下是船的引擎，有人在那裡工作，使引擎繼續轉動，但他們不要任何人去探望，乘客們也沒想到要去看他們，船上的職員也不想告訴乘客任何事情，乘客也沒有什麼話要對船上的職員說。人們只能在船上懶散的踱來踱去，有的船員在通風器上加些新油漆，幾個穿藍色工作服的人在頭等艙的走廊上推著一塊溼布，這是海哩漸漸減少的唯一證明，溼布輕輕的打著生鏽的船身所發出的聲音隱約可聞。

下午四點五十分的時候，西方似乎被一種複雜的結構所充滿，那個結構的底部是完整的水平狀，像海洋一樣。那個複雜的結構好像是經由某種無法理解的運動從海中分裂開來，一層厚厚的看不見的水晶體插入大海和那個結構中間，把兩者分隔開來。鈎在那個結構的頂端，懸掛入天空深處的方向，好像是反向的地心引力所造成的，是飄搖擺動的鷹架，膨脹的金字塔和空虛的泡沫，被雲朵所構成的框架夾住不動，但這些東西看起來不像雲彩，這些東西的外表光滑，有球根狀的突起，好像鑲上金屬雕刻過的木頭那樣。這個混亂一團的龐然大物把太陽遮蓋起來，顏色相當暗，相當突出，只有幾處地方顯得明亮，在其頂端可以看見一道道火舌升起。在天空的更高處，許多斑駁的金黃線條慢慢地變成漫不經心扭絞在一塊的曲線，本身似乎不屬於任何物質，只是純粹的光線而已。

往北邊的地平線望去，看見的是主結構變得愈來愈狹窄，在四散的雪片中往上升，在這些後面，在很遠的地方，慢慢出現一條粗線，頂端火紅；最接近仍然看不到的太陽的那一邊，陽光使這些殘留的結構顯出比較明顯的邊線出來。北方更遠處，各種不同的形狀漸漸消失，只剩下一條色帶，黯淡平直，溶入海中。

在南方，那條色帶重新出現，四周圍滿石板狀雲，好像天文上的石柱群（dolmens）似地，立在支持它們的那一大片結構的冒煙頂端上。

完全背對著太陽，直接看著東方，可以看見兩群雲體重疊，雲體的兩端向外延伸，看起來好像突出於光線之外，因為陽光在它們後面照亮了整片小丘狀的、膨脹的、稀薄的堡壘，閃閃發光，好像珍珠，閃著粉紅的、紫色的和銀色的光。

在另一面，在西方，在天上那些星羅棋布的暗礁背後，太陽緩慢前行；在太陽往下墜的每個不同階段中，一兩條陽光會刺穿那黑暗的結構，或者會沿著一條路線射出來，在光線出現的時候，把阻礙物切成一堆圓圈形的片片，大小不同、亮度各異。有時候，陽光會縮回去，好像拳頭緊握起來那樣，好像雲製的手套只願容許一兩個堅硬發亮的手指出現那樣。有時候，一隻灼熱的章魚會從蒸氣的洞穴跑出來，然後又重新縮回去。

日落有兩個不同的階段。首先，太陽好像建築師。然後（當太陽光只是反射光，而非直射的時候）太陽變成畫家。太陽從地平線消失以後，光馬上轉弱，形成的視覺平面每一秒鐘都更為複雜。白天的光線對透視構成妨礙，但在白天與黑夜的交界地帶，可以形成天賜的奇幻建築。黑暗一降臨，一切又都平淡無奇，好像某些色彩美妙的日本玩具一樣。

日落的第一階段開始的正確時間是五點四十五分。太陽已低垂，但還沒觸到地平線。太陽在雲體結構底部出現的那一剎那，光芒如像蛋黃濺射般照在仍然與之相連接的雲體上。短暫的光芒四射之後緊接著就是收束：太陽四周變得黯淡，在海平面與雲體底端之間的空間，一整片迷濛的山脈出現，一下子閃閃發亮不可名狀，一下子陰暗而稜角嶙峋。與此同時，本來平坦稀薄的雲體變成渾厚洶湧。那些堅實黑暗的形體緩慢的移來動去，背景是寬廣一片火紅地帶，慢慢從地平線上往天空的方向延伸，色彩繽紛的階段於焉開始。夜晚的龐大結構慢慢消失。在白天裡占據西方天空的龐然大物看起來好像是一塊金屬，其背後照著亮光，先是金黃，然後朱紅，最後是桃紅。已經變形最後終於要消失的雲體，開始被那亮光所熔解、所灼燒，被一群鬼火牽引上升。

天際突然出現許多霧靄，組成種種網絡；這霧靄好像是以海平面的、傾斜的、垂直的、甚至漩渦的各種方式散往各方。太陽光慢慢減弱的時候（好像小提琴的弓從不同的角度移動、接觸不同的絃一樣），也就把每個霧靄網絡輪著爆炸成七顏八色的彩帶，那些彩帶幾乎可以說是每個個別霧靄網絡的專有質性，但同時卻又完全是任意隨機的質性。在個別霧靄網絡剛出現的時候，其輪廓清晰、明確、脆而易碎，好像玻璃絲那樣；

然後慢慢消解，好像是因為暴露於一個充滿火焰的天空，熱度太高，顏色慢慢黯淡，也就失去本來的個性，往外延伸，愈來愈稀薄，最後終於消失。一個霧靄網絡消失的同時，另外一個剛剛形成的霧靄網絡出現。到最後只剩下模糊的藍色互相撞擊，就像是不同顏色、不同濃度的液體，被一層一層的倒進一個透明的碗裡，雖然看起來層次分明，卻慢慢的混合起來。

然後就很難再繼續觀察遠方天空上的景觀了，那些景觀似乎每隔幾分鐘，甚至幾秒鐘就重複出現。太陽在西方一碰到地平線的時候，在東方很高的天空上，突然出現以前看不到的雲層，有紅紫色的斑點。所能看到的雲層很快擴大，出現新的細節和色調，然後很快的又暗掉，從右到左的黯淡下去，好像有人拿著抹布慢慢的堅定的將之抹掉。幾分鐘以後，清澄的天空重新出現於雲層的堡壘之上。天空轉成紫色，雲堡則漸呈灰白色。

在太陽所在的那個方向，一塊新的色帶從原先的那色帶背後出現，原先的則變得好似一塊均勻而模糊的水泥。新出現的色帶散出火光。當它的光彩開始暗下去的時候，留在天空深處的斑駁效果，到目前為止仍未演出，現在開始漸漸擴大。天空的底部漸成金黃，四處迸發；天空的頂部，本來一直閃閃發光，變成棕色、紫色。同時，好像是那些斑駁紋跡被放在顯微鏡下面看那樣：可以看見原來是由數不盡的微小光絲所組成，那些光絲像骨架一般的支持著天空。

現在，太陽直射出來的光線已完全消失。天空剩下一片粉紅與黃色：蝦紅、鮭紅、亞麻黃、草黃；然後可以看到這些豐郁的顏色也開始消逝。天空的景觀又重新以各種白色、藍色、綠色再創造一遍。然而地平線還是有些角落享受著自己的無法持久的但卻獨立自在的生命。在左邊，一面本來看不見的面紗突然出現，像是幾種神祕的綠色的隨意混合；顏色漸漸轉紅，起先是深豔的紅色，然後暗紅，紫紅，炭黑，最後，整個面紗變成只不過是一張粗糙的紙張上面一個炭黑的斑記罷了。在其後面，天空呈高山植物的黃綠色，那條色帶則仍然漆黑，輪廓完整清晰。西邊的天空上，細小水平狀的金黃線條仍然閃閃發光一兩分鐘，但北方則夜晚已經降臨：那些小丘狀的堡壘變成是石灰抹過的天空底下一些白色的突起而已。

白天消逝，夜晚來臨所經歷的這樣一系列幾乎是完全相同，但又無法預測的過程，是最神祕的事情。沒有任何事情比這個更為神祕。它要標記很突然的在天空出現，充滿焦灼、不確定性。沒有人可以預測任何一個特別的夜晚會採取什麼樣的形式降臨。經由某些不可理解的煉金術，每種顏色都成功的變成其互補色，雖然我們知道，畫家如果想取得同樣的效果，必須使用一瓶新顏料，把顏料擠進他的調色盤上面。對夜晚而言，它可以調出來的顏色無止無盡，夜晚只是一個虛幻的奇觀之開始：天空由粉紅變成綠色，但是其真正原因只不過是某些雲彩在我沒注意到的時候變成鮮紅，對比之下，使天空看起來像是綠色，雖然天空的顏色一定也是粉紅，不過色調太淺，無法和新出現的非常強烈深厚的顏色相抗衡罷了。不過天空的顏色轉變並沒引起我的注意，因為由金黃變成紅色比由粉紅變成綠色更不會引人驚訝。結果是，夜晚好像就偷偷摸摸的來了。

於是，夜晚便開始用金黃與紫紅的負色來取代原來由金黃與紫紅所形成的景觀，溫暖的色調被白色與灰色所取代。夜晚的照相底片上面慢慢出現大海上面的海景，一幕龐大無比的雲彩銀幕，出現於大海上面的天空，慢慢的消失，變成兩座平行的半島，一個平坦的沙灘海岸有時會在一個搖擺不定的低垂的平面上出現，其箭頭射入海中。白天的最後幾道光芒從一個斜度很大的角度射到雲朵的箭頭狀尖端上面，使之非常突出清楚好像堅固的岩石一般，使整個幻象變得更為可觀。這些雲朵看起來就像那些用光亮與陰影雕塑出來的那樣，好像太陽已經不能把它閃閃發光的雕刻刀在斑岩、花崗岩上面，而只能在薄弱、霧氣樣的東西上面雕刻，不過即使是在衰敗下落的時候，太陽仍然維持它原有的風格。

天空慢慢變得不那麼擁擠塞滿，在那一片海岸景觀般的雲彩後面，可以看見海灘、珊瑚礁、成群的小島嶼、沙堆等慢慢成形，全都被寧靜的天空之海所掩沒，天空之海在漸漸消逝的雲朵形成的龐然物上面撒上無數的峽灣與內陸湖泊。由於環繞著那些雲朵箭鏃的天空看起來像海洋，由於海洋通常反映天空的顏色，天空的景觀就成為某個遙遠的地面景觀的再現，太陽在那個遙遠的地方會再下落一次。此外，只要看一下天空底下的真正的海洋，整個海市蜃樓的幻象即刻消失：海洋既不是正午時一片灼熱的平面，也不是晚餐後所出現的那種美妙、緩緩動盪著的平面。光線，現在幾乎是水平照射，只把正對著它們那一面的海浪側面照亮，其他的則在陰影之中。海水因此顯得非常突出，陰影清晰濃厚，好像是用金屬材料打製出來的那樣。所有的透明性全部消失。

然後，經由一個很平常，但又一直是無法覺察得到的急速的轉變，夜晚又變成白天。一切全部改變。天空，靠近地平線的地方一片漆黑，再往上一點則呈病黃色，最高的地方一片藍色，馬上就要出現的白天把殘剩的一些雲朵逼得四散逃竄。這些雲朵很快就成為一些空虛易敗的影子，好像布景裡的房屋，燈光一熄，馬上顯露出它們急就章、臨時性的脆弱本質，使人可以看清楚它們所創造出來的幻象，並非它們自己有何可觀，只不過是燈光、視線所玩出來的魔術罷了。不久以前，它們還生活鮮躍，每時每刻變化無窮；現在則凝結在一個痛苦的、無法改變的形式裡面，在天空裡面，當天空漸漸轉暗的時候，會很快的使它們與天空難以區分。

第三部 | 新世界

八、赤道無風帶

在塞內加爾的達喀爾，我們向舊世界道別。在還沒看見維德角群島（Cape Vert Islands）之前，我們抵達事關人類命運的北緯七度線，一九四八年哥倫布如果繼續往前直航的話，就會發現巴西；但他在此改變航向，因此在兩個禮拜以後，奇蹟般地於千里達島（Trinidad）和委內瑞拉海邊靠岸。

我們漸漸接近昔日航海者極度恐懼的赤道無風帶，南北兩半球各自的風系都吹不進這片海域，所有的帆下垂好幾個禮拜之久，沒有一絲風吹動它們。空氣凝滯，使人覺得是被關在一個封閉的空間裡面，而非置身大海；深色的雲朵，沒有風去擾亂其平衡，只受到地心引力的影響慢慢地解體，彷彿墜落在海面上。這些雲朵如果不是那麼沉滯的話，它們那迤邐的尾端可能會在光亮如鏡的海面上留下痕跡。看不見太陽在哪裡，天空是墨水般的青黑色，光線間接投射在海面上，顯得海面比天空更明亮，有種油質的、不刺眼的光澤。空氣與水的明暗對比整個倒反過來，如果將眼前的景觀上下顛倒，讓天空與海洋調換位置，就會是較常見的海上景觀。由於光線比較暗，各種自然要素比較沉靜，使地平線看起來比較近，偶爾可以看見地平線上有海龍捲懶散地移動著，好像一些模糊的短圓柱，使海面與陰霾天空之間的距離顯得更短。在這上下兩個平面的夾縫中，船隻急切地向前航行，好像如果不趕快利用這一段短短的時間逃走，就會被壓碎似地。海龍捲有時會撲向船隻，狂暴的氣流改變著自己的形狀，奪占船上所有空間，用它潮溼的鞭稍抽打甲板。越過船身之後，海龍捲又恢復了先前所見的形狀，呼嘯聲隨之平息。

海上看不到任何生命的跡象。前方原本有海豚黑色的背脊起伏，比船首激起的水花泡沫更穩定更有節奏，現在牠們已優雅地引著海浪的白色波峰撤退了，地平線不再被海豚噴出的水柱劃開，海水也不再那麼藍，成群的船蛸[1]不見了，不再看見它們纖柔的紫粉紅色腕膜外展如帆。然後，當我們去到深邃汪洋的彼岸時，昔日航海家見過的神奇景象是不是依然在那裡歡迎我們到來呢？近代航海者行經這片尚未被探索過的海域時，他們所想的並不是「發現新世界」，而是想印證遠古的歷史，他們堅信亞當與尤利西斯確實存在過[2]。當哥倫布第一次橫越大西洋抵達西印度群島時，他或許曾以為自己看見了印度，不過，他更確信的是自己再次發現了地上的天堂。從那時到現在，四百年過去了，仍然無法完全消除新世界隔絕於舊世界之外長達一、兩萬年的巨大時間斷裂。有些東西還留著，不過是以另一種方式存在，我很快就了解，雖然南美洲不再是什麼人類墮落之前的伊甸園——得益於這裡神祕的氛圍——它依然具體展現著某種黃金時代，對有錢人來說尤其如此。南美洲得天獨厚的地位猶如積雪在陽光下消融，至今只剩下少少的可貴的一小片；同時，只有享有特殊恩寵的少數人可以進入這一小片區域，也因此而讓它變質了：以前是永恆的，現在成為歷史的；以前是形上學的，現在變成社會學的。哥倫布瞥見的地上天堂還是會繼續存在，同時也會變質，變成富人豪奢生活的禁臠。

赤道無風帶上方青黑如墨的天空，鬱悶無比的空氣，並不僅僅表示赤道就在眼前，也具體呈現出兩個不同的世界開始正面接觸的道德氛圍。在新舊世界之間這一片毫不快樂的海洋，還有平靜無比的天氣——其唯一目的似乎是讓邪惡勢力獲得重整旗鼓的喘息空間，生出新的力量——這是兩個如此極端相異的地區之間最後一道神祕的界限。這兩個地區，由於各自的條件、狀態，使它們如此不同，那些首先意識到其中巨大差異的人因此無法相信兩邊的居民是同樣的人類。一整塊幾乎沒人碰過的大陸，突然暴露於一群已經無法滿足於自己大陸的貪婪無厭者面前，人世間的一切都被這「第二次原罪」弄得天翻地覆，上帝、道德、律法……無一能免於質疑。所有事物都以一致並且矛盾的形式呈現，證明了那些事物真的存在，卻同時瓦解了它們的意義：伊甸園、上古黃金時代、青春之泉、亞特蘭提斯、赫斯珀里得斯[3]、

1　船蛸是一種遠洋章魚，在熱帶及亞熱帶的海水表層活動，學名為*Argonauta*。

2　亞當（Adam），舊約聖經創世紀裡的人物；尤利西斯（Ulysses），希臘羅馬神話中的人物，曾參加特洛伊戰爭，亦稱為奧德修斯（Odysseus）。

3　赫斯珀里得斯（Hesperides）是希臘神話中看守位於極西之地，屬於女神赫拉的金蘋果聖園的仙女。

神祐群嶼[4]……人類發現它們真的存在；但是對於天啟、救贖、習慣與法律這些東西的看法，卻受到新世界裡一群更純潔更快樂的種族的挑戰（這群人當然並不真的是更純潔或更快樂，這種錯覺來自深植於我們心中的愧疚感）。人類從來沒有承受過如此重大的考驗，而且這種經驗絕不會再發生第二次——除非有一天我們發現幾百萬哩以外另一個星球上住著會思考的生物。我們至少在某一方面比昔日航海者更有利：我們知道新舊世界之間的距離是有限的，可以相互往來，而早期的航海者則充滿恐懼，怕自己一直往前航行的結果是落入虛空無有之中。

有一些事件可以讓我們理解十六世紀那些探險先驅所面對的必然的、普遍的、無從逃避的困境。在以前稱為伊斯帕尼奧拉島[5]的地方，即今日的海地（Haiti）與聖多明哥（Santo Domingo），當地原住民在一四九二年的總人數約為十萬人左右，一個世紀以後，人口銳減到只剩兩百人，有些人死於天花及其他疾病，但更多人死於他們對歐洲文明的恐懼與厭惡。當時一個接一個的調查委員會被派往該地，研判其原住民的本質：如果他們真的是人類的話，他們會不會是舊約上所說的「失蹤的以色列部族」的後裔呢？他們會不會是騎大象去到那裡的蒙古人呢？或者是馬多克王子[6]在幾個世紀以前帶去當地的蘇格蘭人呢？他們到底一直都是異教徒？還是失去了信仰的天主教徒？哪些是接受聖多瑪斯（Saint Thomas）洗禮過的人？他們真的是人嗎？或者只是一些古怪可怕的生物或野獸呢？西班牙君主斐迪南五世[7]的態度即是如此，他在一五一二年將整批白人女奴運到西印度群島，唯一的目的是防止西班牙男人與原住民婦女通婚，因為原住民「完全不算是理性的生物」。當拉斯・卡薩斯[8]提議禁止強迫勞動，殖民者的回應與其說是憤憤不平，倒不如說是難以置信：「那麼，」殖民者們大喊：「我們是不是被迫連運輸用的動物都不能驅使？」

當時派遣的調查團裡面，最有名也有名得很有道理的是由天主教聖耶柔米修會（Order of Saint Jerome）修士所組成的那一團。這一團人值得一提的原因有二：一是他們誠實謹慎的態度，這種態度在一五一七年以後的殖民擴張活動中再也看不到；二是這個團反映了那個時代的人之心態。他們的調查過程很像某種心理社會學計畫，用最現代的研究設計方法，要求殖民者回答一系列問題。這次研究的目的是想發現，依據他們的意見，這些印第安人到底能不能像卡斯提爾（Castille，西班牙中部地區）的農夫那樣有能力獨自生活。這個調查團所

---

4 神祐群嶼（Islands of the Blessed），古希臘傳說中的至福之地，被神選中的人可以在此過著幸福的日子。

5 Hispaniola，又稱為「西班牙島」。

6 馬多克王子（Prince Madoc）是民間傳說中在一一七〇年就航行到美洲的威爾斯王族。

7 這裡指的是贊助哥倫布橫越大西洋的天主教徒斐迪南二世（Fernando II el Católico, 1452-1516），當時的西班牙帝國由幾個王國組成，他在不同的王國裡有不同的稱號：阿拉貢國王斐迪南二世、卡斯提爾國王斐迪南五世、西西里國王斐迪南二世、那不勒斯國王斐迪南三世。

8 巴托洛梅・德・拉斯・卡薩斯（Bartolomé de las Casas, 1474 or 1484-1566），十六世紀西班牙道明會教士。致力於保護西班牙帝國治下的美洲印第安人，控訴虐害他們的西班牙殖民者。

得到的結論都是否定的。「在不得已的時候，或許這些印第安人孫子輩的後代可以獨力生活，但是，目前他們的能力實在太低，說不定他們的孫子輩能否獨力生活都有問題。只要看看他們一見到西班牙人就逃走，沒有報酬就不肯工作，他們反常的程度到了無緣無故把自己所有的東西平白送給別人的地步。他們甚至拒絕驅逐被西班牙人割掉耳朵的族人。」他們做出一致的結論如下：「把這些印第安人都變成人類奴隸，好過聽任他們像野獸一樣自由自在……」

又過了幾年以後，有關巴西土著的資訊增加了一些，使以上結論更為有力，歐提茲（Ortiz）在一五二五年向皇家印地安事務最高會議（Royal and Supreme Council of the Indies）演講時說：「他們吃人肉，毫無任何公義的形式；他們赤身裸體、吃跳蚤、吃蜘蛛、吃幼蟲……他們沒有鬍子，如果臉上偶爾長些毛，便迫不及待把它們拔個精光。」

根據奧維耶多（Oviedo）的證詞，同一個時期在附近的另一座島嶼（波多黎各），印第安人把白人捉來活活淹死。淹死以後幾個禮拜之內，印第安人派警衛看守那些屍體，目的是要看看這些白人的屍體會不會腐爛。比較一下這兩種截然不同的研究方法，可得到兩個結論：白人相信社會科學，印第安人則相信自然科學；白人認為印第安人是野獸，印第安人則懷疑白人可能是神。這兩種態度所表現的無知程度大致相等，不過印第安人的行為顯然表現了更高的人性尊嚴。

欠缺融會貫通這些知識的能力，說明了他們值得憐憫的辨別力問題。早期的探險家對他們所看到的一切事情都覺得大惑不解。皮耶・戴伊[9]那本《世界的影像》（*Image of the World*）中，提到一個新發現的異常快樂的種群，稱為「幸福族」（gens beatissima），這個種群由小黑人、巨型生物以及無頭人組成。皮耶・馬提[10]則引述過各種怪異的動物：長得像鱷魚的蛇、牛身象鼻的動物、牛頭四腳的魚，背部像龜殼，上面有數以千計的疣，還有吃人的提布龍（tyburons）怪獸。但是，這些所謂的怪獸，只不過是巨蟒、貘、海牛或河馬以及鯊魚罷了（鯊魚的葡萄牙文是Tubarão，即「tyburons」）。但是，在另一方面，看起來相當神祕卻又被視為自然而然的事情，哥倫布解釋為什麼他會突然改變航向，因此沒能到達巴西。他在正式的報告中提到一些極不可能出現的情況，那種情況從他報告以後一直到現在沒再發生過，而且在一個永遠溼氣極重的地區很不可能發生。他報告說，一陣焚燒似地熱氣使人無法檢視船艙，水箱和葡萄酒箱都因此爆炸，穀物儲藏室突然燃燒，臘肉和乾肉被烤了一個禮拜之久，陽光異常強烈，船員以為自己將被活活炙死。在那個快樂的時代，任何事情都有可能發生，無疑就像今天我們可以相信有飛碟！

我們現在航行所經過的地點，差不多就是當年哥倫布看到美人魚的地方。事實上，他是

---

9 皮耶・戴伊（Pierre d'Ailly, 1351-1420）。

10 皮耶・馬提・德安吉拉（Pierre Martyr d'Anghiera, 1457-1526），出生於義大利的西班牙人，曾被任命為負責西班牙美洲殖民地的行政官員。

在加勒比海附近看到的，也就是第一次航行快到尾聲的時候，其實在亞馬遜河三角洲以外的地方也可以看到牠們。哥倫布寫道：「三隻美人魚把身體露出水面，看起來雖然沒有圖片所畫的那麼美，但她們的圓臉毫無疑問的是人臉。」海牛的頭是圓形的，乳房在身體前面；母海牛餵奶的時候，會用前肢把小海牛緊緊抱在胸前，將母海牛看成美人魚一點都不奇怪。特別是那個時候，人們將棉花樹描述並畫成「綿羊樹」，也就是一棵不長水果卻長綿羊的樹，掛在樹上的那些綿羊，背上的毛都長到可以剪毛的程度。

同樣的，拉伯雷在他的《巨人傳》第四冊裡面，很可能是根據一些去過西印度群島的航海家所說的故事，而對今日人類學家稱之為親屬制度（kinship system）的現象大肆嘲諷，他根據一些欠缺根據的資料任意發揮，因為事實上很難找到什麼親屬制度會讓老頭子稱小女孩為「父親」。在前述的所有例子裡面，十六世紀的思想缺少某種比知識更重要的要素：一種科學思想不可或缺的要素。十六世紀的人很難體會宇宙的和諧安排；就像一個農民可以看到義大利繪畫或非洲雕刻的外在表徵，卻無法從美學層面體會其中深具意義的和諧性，因此不可能分辨出波提切利[11]真跡和偽作之間的區別，也看不出帕胡因[12]雕像與廉價垃圾之間的差別。美人魚和綿羊樹所代表的不僅僅是某種客觀事實上的誤認；在智識上，這些例子應該算是缺少鑑別力的明證；這些例子表現的是一種心智上的缺陷，雖然在其他方面很有天分，也表現出相當的教養，可是卻缺乏觀察能力。然而這些缺點並不構成譴責他們的充分理由，相反的，我們應該為他們在帶有如許缺陷的情況下仍能取得那麼多成果而尊敬他們。

由歐洲啟程開往北美洲或南美洲的船隻甲板，是讓我們這些現代人在此祈願的萬神殿，比勒南[13]在雅典見到的那座更好。我們無法再像勒南那樣只崇拜一個小區域文明裡冰冷蒼白的女神；航海者、探險家和新世界的征服者，太空時代之前最徹底的探險之門在人類面前開啟了。在這些英雄之外，另一群人承擔了打開這扇門的後果；我的思緒移向那些殘存至今的倖存者，他們是最後的防衛者，承受著如此光榮卻又殘酷的責任，讓這扇探險之門維持敞開。我指的是印第安人，他們的事例，透過蒙田、盧梭、伏爾泰和狄德羅等人的著作，實質上充實了我在學校所接受的教育內容。休倫人（Hurons）、易洛魁人（Iroquois）加勒比人（Caraïbes）和圖皮人（Tupi）——現在我就要去面對他們！

哥倫布看到的第一片閃閃發光的東西，他誤以為是海岸，事實上是一種在日落到月升之間的空檔產卵的海生閃光蟲，在這種距離還不可能見到陸地。不過，那一個在甲板上度過的失眠夜晚裡，我在等待美洲現身時所看到的，確實是大陸上面的亮光。

在那前一天，我們就意識到已經抵達新世界了，雖然實際上還看不到；船轉向南，沿著

---

11 桑德羅．波提切利（Sandro Botticelli, 1445-1510），文藝復興早期的佛羅倫斯藝術家。

12 帕胡因人（Pahouin, Pamue, Pangwe），又稱芳人（Fang），分布於非洲中西部。

13 約瑟夫．歐內斯特．勒南（Joseph Ernest Renan, 1823-1892）法國哲學家、作家，專研中東古代語言及文明。

卡博迪聖阿戈斯蒂尼奧[14]到里約熱內盧之間的海岸線平行航行，但我們離陸地還太遠，最少要再過兩天，才算真的接近美洲海岸。也不是因為大型海鳥出現而讓我們以為航程已接近終點——叫聲尖銳的熱帶鳥類或是凶暴的海燕，它們會高速飛行攻擊塘鵝，強迫塘鵝把獵獲物吐出來——由於這些海鳥經常飛離海岸很遠，哥倫布曾因這個誤會而付出相當代價，他以為已經成功渡過大海了，而事實上他的船才走到大西洋中間而已。至於飛魚——牠們用尾巴拍打水面，胸鰭外伸展開，飛向空中，好像一片藍色鏡面上到處閃爍的銀點——近幾天以來已經愈來愈少見了。

愈來愈接近新世界的旅行者，對這個狀況的感覺，和「巴西」這個字眼在巴黎所引起的種種聯想，可說是南轅北轍。這種感覺很難向不曾親身經歷過的人描述。

首先，幾個禮拜以來聞慣了的大海氣味似乎不再那樣自由流動，那氣味好像被一堵看不見的牆擋住，無法再吸引旅行者的注意力。旅行者轉而注意到另一種相當不同性質的味道，他無法根據以往的經驗來定義或描述這氣味：有點像森林中的輕風與溫室的氣息不斷交替，是植物界最基本的原質，帶有一種特別的新鮮性，其濃度高到幾乎要導致某種味覺中毒，又像是一段段強有力樂曲的最後一個音符，被特別突出地演奏出來，目的好像是為了把各種水果香氣組成的章節，既分離開來，又融合在一起。如果一個人曾經先在某間巴西鄉下酒館裡吸過那種捲成繩狀的黑色甜味菸草辮之後，再把臉埋進一顆剛剖開的熱帶紅椒裡去，就可以了解上述的感覺。這種菸卷用菸葉製成，先讓菸葉發酵再捲成幾碼長的繩卷。這些相當接近的味道混合起來，可以使人體認到曾經獨自保有其祕密長達數千年之久的那個美洲。

但是，當第二天下午四點，新世界終於在地平線上出現的時候，那巨大而厚重的景像看起來跟它的氣味是相稱的。長達兩天兩夜的時間，一片碩大無朋的海崖清晰可見，看起來龐大的原因並非因為它很高，而是因為它不斷重複同樣的型態，很難辨識出個別崖壁的起點和終點，只看見一連串陡峭的崖壁結成連綿的鎖鏈。這些海崖的光滑石壁突出海面幾百公尺，形成各種奇異的形狀。類似的景觀有時候可以在沙灘上被海浪沖壞的沙堡殘骸上看見，但是沒有人會相信這類景觀居然以如此龐大的規模存在，至少在我們居住的星球上似乎不可能。

「巨大」是美洲給人特有的印象，而且隨處可見，無論是城鎮或鄉野。我在巴西沿岸感覺到這一點，在巴西中部高原上也感覺到，在玻利維亞的安地斯山脈，在科羅拉多一帶的洛磯山脈，在里約熱內盧的郊區，在芝加哥郊外或在紐約的街道上，都可以感覺到這種巨大的印象。不論是在何處，都同樣有力；任何一個特定的景觀都會讓人想起其他的景觀，街道就是街道，山脈就是山脈，河川就是河川。這種異樣陌生的感覺，是因為人和周邊景物的尺寸相差太大，以至於完全不可能共用某種度量標準。等到一個人漸漸習慣了美洲以後，就會不知不覺地做出各種調整，使人和環境之間重新建立某種正常的對應關係；人本身幾乎覺察不到自己做了這種調整，其過程就像飛機降落時會使人在心理上微微一震那樣，只能勉強感覺

14　卡博迪聖阿戈斯蒂尼奧（Cabo de Santo Agostinho），巴西伯南布科州的一處港口。

到一點點。但是兩個不同世界原本缺乏可資比較的共用度量標準這件事，影響到我們所有的判斷，同時加以扭曲。那些堅持說紐約很醜的人，只不過是一種感官錯覺的受害者而已。他們還沒學會用另一種尺度去衡量新世界，依然把紐約當作一個城鎮，因此大肆批評紐約的街道、公園、紀念建築。當然，客觀上來看，紐約是個城鎮，但是具有歐洲式感受力的人卻使用歐洲景觀的尺度去觀察紐約，那是一種很不一樣的尺度。事實上美洲景觀所呈現的是一種比歐洲更為龐大寬廣的體系，我們完全缺乏可與之相比擬的事物。紐約的美和它是一個城鎮毫無關係。只要我們放棄既有的觀念，馬上就可領略到，紐約的美在於它把城鎮完全轉化成為人工景觀，不再適用一般的城鎮規則，唯一重要的價值在於那些燈光所映射出來的，富麗如天鵝絨的性質，遠方建築物的輪廓明確清晰，摩天大樓之間令人驚嘆的險峻絕壁，以及嚴肅陰鬱的樓間谷地，其中點綴著五顏六色的車子，像花朵一般。

做了以上的陳述以後，再回過頭來描述里約熱內盧，使我覺得相當尷尬。人們經常稱讚里約熱內盧很美，但我卻無法動心。其中原因實在也很不容易說明白。我覺得里約熱內盧這個城市與其周邊環境的比例失衡。糖麵包山（The Sugar Loaf Mountain）、駝背山（Corcovado）[15]以及其他備受讚譽的自然景觀，在一位正要進入海灣的旅行者眼中看來，像是一張缺牙少齒的嘴巴裡凌亂凸起的牙根——這些突起的部分經常被厚重的熱帶霧氣籠罩著——這些山太小，跟無比遼闊的地平線一點都不協調。如果想觀賞海灣，最好是從陸地這一側的高處往下看，俯瞰海灣時所見的景觀正好和在紐約給人的感覺相反，在里約熱內盧，大自然本身看起來好像是一片尚未完工的建築工地。

同時，單憑眼睛所能見到的景觀，根本無法看出里約熱內盧海灣有多遼闊。船行的速度緩慢，必須小心避過海灣裡面的大小島嶼，從長滿樹木的山坡上面忽然吹下來的氣息和涼快的感覺，使人早早感到好像已經具體接觸到花卉及岩石，旅行者預先嘗到這片大陸的特性，雖然實際上還看不見它們。這使人又想起哥倫布的描述：「樹很高，好像碰到天頂；如果我沒弄錯的話，這些樹終年不會落葉；我曾在十一月的時候看見這些樹葉新鮮油綠得像是西班牙五月的樹葉；有些樹甚至正在開花，有些則結著果實……只要一轉身，到處都聽得見夜鶯的歌聲，同時有數千種不同的鳥類為牠們伴唱。」這就是美洲；這塊大陸造成一個無法逃避的巨大影響。它的存在，由里約熱內盧海灣霧濛濛的地平線在黃昏時刻生趣盎然的種種活動跡象組合而成；但是，對於一個新來者而言，那些活動、形狀和亮光並不代表某個省分、村莊與城鎮；它們也不代表某座森林、草原、河谷與景觀；它們也不表示生活其中的人們的活動與工作，那些人相互之間是陌生的，因為他們都各自侷限於自己的家族與職業之中。整個景觀構成一個既殊異又綜合的整體，環繞在人四周的，並不是無數的個別生命與事物，而是渾然一體的、令人驚嘆的存在：新世界。

15 駝背山上豎立著一座巨大的耶穌基督塑像，因此又稱為基督山。

九、瓜納巴拉灣

里約熱內盧港的海灣直伸入城市心臟，船靠岸的地方，一側是市中心區，另一側就像傳說中的伊蘇城被海浪全部吞沒一樣[1]。在某個意義上來說，這是事實，因為第一個殖民據點只是個堡壘[2]，位於一個多岩石的小島上，船隻靠岸前必定會經過這座島。這個島的名稱源於建立據點者的名字：維萊加格農[3]。我沿著里約・布蘭柯大道（Avenida Rio-Branco）行走，這一帶原來是圖皮南巴族（Tupinambá）印第安人的村莊，但現在我口袋裡裝的是列維的著作，人類學者的聖經。

列維差不多就是在三百七十八年前的今天抵達此地。另有十個日內瓦人與他同行，都是

---

1 伊蘇城（Ys），英國和法國都有「沉沒城市」的傳說，在法國的版本裡稱之為「Ville d'Ys」，位於布列塔尼半島上。

2 科利尼堡（Fort Coligny）。

3 尼古拉・迪朗・德・維萊加格農（Nicolas Durand de Villegaignon, 1510-1571），法國海軍將領，在巴西建立了第一個法國殖民地，後來被葡萄牙人奪走。

新教徒。他們是應維萊加格農之邀而來。維萊加格農在瓜納巴拉灣（Guanabara Bay）住了不到一年就改信新教。他以前和列維是同學。維萊加格農是個很奇特的人，他嘗試過各種職業，也曾經歷各式各樣的戀愛故事。他曾和土耳其人、阿拉伯人、義大利人、蘇格蘭人打仗（將蘇格蘭女王瑪麗．斯圖亞特拐去嫁給法蘭西斯二世的人，就是維萊加格農），也和英格蘭人打過仗；他曾在馬爾他（Malta）和阿爾及爾（Algiers）打仗，也參加過義大利戰爭中的塞利索爾之戰（Battle of Cerisole）。他後來的主要興趣似乎是軍事建築，那時候他充滿冒險的一生似乎快到尾聲。對軍事建築這行業失望的結果，使他決定前往巴西定居。但是到巴西以後，他的一切構想還是脫離不了流浪成性無法止息的本性，充滿野心。他到巴西的主要目的，本來是去建立一個殖民地，但同時他也一定是要設法自己建立一個王國。他的首要目標是為正在法國飽受迫害的新教徒提供一處避難所。維萊加格農是受過洗的天主教徒，但思想上可能是自由派。他取得了科利尼[4]和洛林地區（Lorraine）紅衣主教的支持，替他要建立的殖民地四處招兵買馬，對象包括天主教徒與新教徒在內；有時候則在公開場合招募流氓、浪人及逃跑的奴隸。最後，在一五五五年七月十二日，他找到了六百個人，讓他們登上兩艘船。船上的成員五花八門，來自社會上各種角落，包括剛出獄的人，這些人就是維萊加格農招募到的拓荒者。不過，他忽略了兩件事：女人和補給品。這兩艘船啟航時出了不少差錯，兩度被迫返回迪耶普港（Dieppe），最終在八月十四日成功出發；不過，很快又碰上其他問題。非洲西北岸的加那利群島（Canary Islands）爆發戰事，水源受到汙染，發生壞血病。維萊加格農的船於十一月十日在瓜納巴拉灣靠岸。在那個時候，法國人與葡萄牙人為了取得土著支持，已經競爭多年。

當年法國在巴西海岸享有的特殊地位，有不少值得注意之處。法國勢力最晚在十六世紀初就已抵達此地，當時派出了幾支探險征服隊，其中最著名的是一五〇三年由龔維爾[5]率領的那一次。龔維爾在那次探險結束後，從巴西帶回一個印第安人女婿。幾乎是同一個時期，卡布拉爾[6]在一五〇〇年發現聖克魯斯島（Santa Cruz）。不過，我們或許應該把時間再提前一些——早在十二世紀的時候，就有人將某個出產紅木染料的神祕大陸稱為「巴西」（Brésil），並且小心守護這個祕密。此外，還有很多像ananas（鳳梨）、manioc（木薯）、tamandua（小食蟻獸）、tapir（貘）、jaguar（美洲豹）、sagouin（狨猴）、agouti（刺豚鼠）、ara（南美大鸚鵡）、caïman（凱門鱷）、toucan（南美巨嘴鳥）、coatii（南美浣熊）、acajou（桃花心木）……這些法文名詞都是直接源於各種印第安方言，並非由西班牙語或葡萄牙語轉化而來，因此，迪耶普的人傳統上認為第一個發現巴西的人是庫辛[7]，他立刻就用「巴西」

4 加斯帕爾・德・科利尼（Gaspard de Coligny, 1519-1572），法國軍人、政治家，胡格諾派的重要人物。

5 龔維爾（Binot Paulmier de Gonneville, 15th-16th），生卒年不詳，十六世紀初的法國航海探險家，曾經被人們遺忘，直到十七、十八世紀才又被人提起。

6 佩德羅・阿爾瓦雷斯・卡布拉爾（Pedro Álvares Cabral, 1467-1520），葡萄牙航海家。

7 尚・庫辛（Jean Cousin），十五世紀法國航海家，據說在一四八八年就發現了新世界。

為這片土地命名，比哥倫布首航還早四年，這或許也有幾分真實。庫辛的船員中有個人姓平松（Pinzón），哥倫布住在帕洛斯鎮（Palos de la Frontera）幾乎要放棄航行計畫時，就是平松家族的一員鼓勵哥倫布，使他重燃希望，繼續推動計畫。哥倫布首次航行時，擔任平塔號（La Pinta）船長的是另一位平松[8]，每次哥倫布在考慮是否必須改變航程時，都先和平松商量。另外，在哥倫布放棄了南向路線因而沒有發現巴西的第二年，另一位平松[9]首先抵達巴西海岸，成為被正式承認發現巴西的第一人，他抵達的地點是卡博迪聖阿戈斯蒂尼奧。不過這個問題將永遠得不到滿意的答案，因為迪耶普港保存的航海紀錄都在十七世紀消失了，包括庫辛的航行記，消失的原因是英國人砲轟所引起的一場大火。不過，在我抵達巴西大地的那一刻開始，便禁不住想起四百年前那些令人難以置信的事件和悲劇性的意外，那是當時法國人與印第安人之間親密關係的見證：來自諾曼地的通譯，在巴西和土著過著一模一樣的生活，娶印第安人為妻，變成食人族；這位可憐的史塔登[10]，有好幾年在驚恐裡生活，覺得自己隨時可能會被活活吃掉，可是每次都走運活下來。由於他的紅色鬍鬚跟伊比利半島人非常不一樣，他想藉此冒充為法國人，以免被吃掉，可是勾尼昂王（King Quoniam Bébé）告訴他：「我已逮過五個葡萄牙人，全都吃掉了，他們都想冒充法國人，全都是在撒謊！」法國人與印第安人之間一定早有某種持續性的關係存在，一五三一年，那艘拉佩勒琳（La Pélerine）號返回法國時，才會除了載回三千張豹皮和三百隻各種猴子之外，還帶了六百隻「已懂得幾句法語」的鸚鵡。

維萊加格農把科利尼堡建在海灣正中央的一個島上；築堡工人是印第安人，提供食物給殖民者的也是印第安人；不過，印第安人很快就對這種有去無回的供應關係感到不耐，他們放棄自己的村落，集體逃走。其後，饑荒與疾病成為堡壘中的家常便飯。維萊加格農開始露出他專橫的本性，當罪犯集體反抗的時候，他便實施集體屠殺。堡壘中的傳染病很快就傳進大陸，仍然忠心的少數印第安人都被感染，八百人死亡。

維萊加格農當時正受困於某種精神危機，不太關心人世的俗務。長期和新教徒共處的結果，他改信新教，於是請求喀爾文派些傳教士到巴西去教他有關新教信仰的事情。因此，一五五六年，喀爾文教派派出一支探險隊，列維就是這支隊伍的成員。

從此刻開始，歷史的發展異常曲折，很奇怪的是，到現在為止居然還沒有小說家或電影編劇善加利用這段事蹟。一小群法國人，為了逃避宗教紛爭，為了想建立一個天主教徒與新教徒可以在自由寬容的政府之下共存的新社區，歷盡艱險，最後卻發現他們抵達的地方陌生得像另外一個星球。他們對當地的地理環境一無所知，對當地的土著也一無所知，沒有辦法

8 馬丁・阿隆索・平松（Martín Alonso Pinzón, 1441-1493），在哥倫布首航中擔任平塔號船長。
9 文森特・亞涅斯・平松（Vicente Yáñez Pinzón, 1462-1514），在哥倫布首航中擔任尼尼亞號船長。
10 漢斯・史塔登（Hans Staden, 1525-1579），出生於漢堡，受過良好的教育，一五四七年從諾曼地登船前往新世界探險，一五五二年落入食人族手中，直到一五五五年才返回。

栽種植物來養活自己，身染各類病痛與傳染病，一切生活所需必須仰賴一個語言不通且充滿敵意的社會來供給，他們知道自己已陷入自造的羅網之中。天主教徒和新教徒都企圖說服對方改宗，他們不把精力用來求生，一連幾個禮拜都在討論下列問題：最後晚餐的真義到底是什麼？奉獻用的葡萄酒是不是應該先摻水？聖餐與洗禮都引發極為激烈冗長的爭辯，爭辯完畢以後，維萊加格農有時候被說服改宗，有時候又回歸他原來所信的天主教。

事情鬧得不可開交，最後派使者去歐洲請教喀爾文，要求他仲裁那些引起爭論的問題。使者派出以後，爭論更加劇烈，維萊加格農開始失去理智。列維留下的紀錄中寫道，他可以從維萊加格農所穿的衣服顏色推知他的情緒，以及他震怒時可怕的程度。最後，維萊加格農變成反對新教，要讓新教徒餓死。新教徒再也不能在島上的社區中扮演任何角色，便搬到大陸去住，和印第安人結盟。法國人與印第安人之間的那種田園詩一般的關係，促使列維完成了人類學經典著作：《巴西大陸之旅》（*Le Voyage Fait en la Terre du Brésil*）。這個故事的結局甚為悲慘，受過種種折磨以後，日內瓦人最後搭上一艘法國船返回歐洲。在回程中，他們不能再像上一次前往巴西的途中那樣，仗著裝備整齊，可以沿途向遇到的船隻「刮油水」，也就是搶劫；船上的人這趟一直餓著肚子，他們把猴子吃掉，把鸚鵡吃掉。那些鸚鵡非常珍貴，有個印第安婦人，是列維的朋友，要人家用一門大砲來換，才肯交出她的鸚鵡。船上的老鼠賣到四枚埃居幣[11]一隻。後來斷水，最後在一五五八年抵達布列塔尼（Brittany），一半的人已經餓死。

島上的殖民社會也開始在恐怖與判處死刑的氛圍中解體。島上所有人都痛恨維萊加格農，有些人視他為叛徒，有些人視他為叛教者，印第安人很怕他，他自己很怕葡萄牙人，最後他終於放棄夢想。一五六〇年，在維萊加格農的侄兒布瓦・勒・孔德（Bois le Comte）指揮之下，科利尼堡被葡萄牙人攻陷占領。

我在里約熱內盧做的第一件事，就是隨意到處走走，企圖重新捕捉些上述古老故事的情調。後來我有機會真正體驗到其中一部分，是國家博物館為了紀念一名日本學者，在海灣頂端一帶籌畫了一次考古試掘，我參加了。我們的汽船停靠在多沼澤的海岸，停泊地點附近有一艘棄船，生滿了銹。那艘船當然不會是十六世紀的，不過，一艘被棄置的生銹破船，使那片空間增添了不少歷史氣氛，那艘破船是此地唯一可以替時光飛逝做見證的東西。遠方的城鎮消失在低垂的雲霧與從清早就下個不停的細雨中。黑色汙泥裡有不少螃蟹，熱帶紅樹林外形腫大，看不出到底是蓬勃生長還是衰敗的跡象。汙泥與紅樹林後面，可以看見幾間孤立小屋的側影，看不出是屬於哪個時代。再遠一點，山坡頂端被白色霧氣籠罩。我們剛接近樹林，便看到此番前來的目的了——最近有農民在這裡的砂礫石坑發現一些破陶片。我摸摸那厚厚的陶片，毫無疑問是圖皮人的作品，因為陶片最外一層白漆邊緣飾以精細的紅色和黑色格狀紋飾，據說這種紋飾可以迷惑那些到處尋找藏放甕中的人體殘骸的惡鬼。起先人家告訴

11　埃居幣（écu），法國在一二六六年至一六四一年之間鑄造的一種金幣。

我，車子可直接開到這個遺址，因為離城鎮中心不過五十公里，不過降雨可能會阻斷道路，迫使我們停留一個禮拜之久，這樣的話，就使我們與這個憂傷地無法改變的過去更為接近了。列維可能在這些地方待過，消磨那些煩人的等待時光，他可能看過那些動作敏捷的棕色的手，拿著刮刀，沾上黑漆，來創造那些「像格狀紋飾、像同心結以及其他數以千計的各種可愛圖案」。那些正是目前我想從風化了的破陶片背面辨認的圖案。

第一次去里約熱內盧，還是很不同的。那是我生平第一次前往赤道另一邊的熱帶，一個新世界。我當時想，會有什麼樣的跡象來顯示這種轉變呢？會聽到什麼樣的新聲音來證明此事呢？哪一個我未曾聽過的音符會首先進入耳朵呢？草率的第一印象：里約熱內盧對我而言像一間超大的沙龍（solan）。

我穿著比平時更輕便的衣服，在彎彎曲曲、用黑白石子鋪成、高低不平的道路上閒逛。我看見大道兩旁又窄又暗的小街道有幾點特色：建築物與道路之間的界線不像歐洲那麼明顯。無論商店櫥窗的裝飾如何精緻複雜，店面都直接延伸到街道上，使人很難分辨到底身在店內還是店外。街道不只是做為交通之用，也是人們生活的場所。這些街道既繁忙又安詳，比歐洲的街道擁擠，也維護得更好，終於讓我找到一個比較的標準：從一個半球到另一個半球，從一塊大陸一種氣候帶到另外一個，首先只不過是把歐洲商店櫥窗那層薄薄的玻璃取消；在歐洲，那層玻璃只是以人為的手段來創造同樣的效果。我對里約熱內盧的第一印象，覺得它像露天式的米蘭拱廊街[12]、阿姆斯特丹畫廊（Galerij）、巴黎的全景廊街（Passage des

Panoramas）或聖拉查車站大廳（Gare Saint-Lazãre）。

通常，人都把旅行視為空間的轉換，但是這種觀念還不夠完整。旅行不但在空間中進行，同時也伴隨著時間與社會階層結構的轉變。任何印象，只有同時與這三個座標聯繫起來才顯出意義。不過，空間本身即有三個座標，所以，如果想完整描述任何旅行經驗，必須要同時使用五個座標。我在巴西一上岸，馬上感覺到這一點。我已來到大西洋對岸，在赤道的另一邊，同時非常接近南回歸線。有很多事情都足以說明這一點：天氣恆常溼熱，不必再穿毛衣，房子與街道之間沒有明顯的分界（我後來發現，這種分界是西方文明的一種常態）。不過我很快就明白，取而代之的是人與叢林的分界；如果是在我們那樣完全人文化了的地理景觀中，人與叢林之間並沒有這樣清楚的分界。此外，還有椰子樹、新品種的花卉、在咖啡館前面成堆的綠色椰子，椰子剖成兩半，內有甜汁，散發隱藏著的新鮮味道。

我同時也注意到其他變化：我以前貧窮，現在變得富有，首先是因為我的收入狀況已經改善，其次則因為當地物產的價格極低。一個鳳梨只賣二十蘇（sous），一把香蕉賣兩法郎；在義大利人開的店裡，一隻烤好的雞才賣四法郎。好像是兒歌裡面的「塔定太太的豪華飯店」（the palace of Dame Tartine）。最後，抵達一個新港口時的那種開放心態，那些使人覺

12　譯注：埃馬努埃萊二世拱廊街（Galleria Vittorio Emanuele II）是位於米蘭主教座堂廣場北側的帶頂棚拱廊街，兩條玻璃拱頂的走廊交匯於中央的八角形空間，頂上是玻璃圓頂。

得有義務要善加利用的不求自來的機會，形成一種曖昧情況，很容易使人暫時放棄平日的自制，忽然間意氣風發，揮霍為快。當然，也有可能發生恰好相反的狀況。法德停戰後，我抵達紐約，一文不名，就有這種經驗。但是，不論是增加還是減少，不論你的物質狀況改善或變糟，除非是奇蹟發生，否則旅行不可能不在這方面帶來一些變化。旅行不僅僅是把我們帶往遠處，還使我們在社會地位方面上升一些或降低一些。它使我們的身體換到另一個空間，同時，不論是更好或更壞，也使我們脫離自己原來的階級脈絡，唯有親身體驗才會知道自己的社會地位發生了什麼樣意料之外的變化，這變化了的社會地位決定了我們對眼前環境的觀感。

以前的旅行者接觸到和他自己的文明極不一樣的文明時，那種文明給他的第一印象是一切都極為怪異。過去幾個世紀以來，這樣的例子變得愈來愈少。無論是到印度或美國，現代旅行者覺得驚奇的程度小到連他自己都不願意承認的地步。現代旅行者可以自由選擇的地點只有以下兩種差別：那裡被歐洲入侵多久了？那裡的機械化（西方文明化）程度有多高？說是要追求異國情調，結果只是在追求一個他早已熟悉的發展型態的不同階段而已。現代旅行者就像是古董愛好者，但由於數量有限，不得不拋開他所收藏的黑人藝術，降格以求，在他四處旅行時的各地跳蚤市場裡，為古怪有趣的舊貨討價還價。

這一類的區別，事實上可在每個城鎮的中心覺察出來。就像不同的花卉在特定的季節開放一樣，一個城鎮裡的每個區域都帶有該區域成長的年代遺痕，顯示它發展的最高程度及其衰落的過程。在城鎮成長衰落的型態裡面，有其年代次序，也有巧合成分。以巴黎為例，瑪萊區[13]在十七世紀達到頂峰，現在已衰退；第九區是較晚開花的品種，在第二帝國時代達到極點，現在則是一些破敗的建築，住在這裡的是像昆蟲這樣較卑微的生物，在這裡可以找到適合牠們那些規模有限的活動之場所。第十七區則凍結於它那破產了的豪華富麗之中，好像一株巨型菊花在大限已過之後，仍然高傲地昂著它衰敗的頭。不久以前，第十六區輝煌燦爛，現在它鮮豔的花朵被辦公大樓與公寓建築所掩蓋，慢慢變成與其他的巴黎城市邊緣地帶沒什麼差別。

當我們比較地理上與歷史上相差甚遠的城鎮時，這些年代更迭方面的差異，還要加上變遷速率的不同，而使情況更為複雜。一離開里約熱內盧的市中心那種明顯的十九世紀末二十世紀初的面貌，馬上就看到安靜的街道，長長的大道兩旁種著棕櫚樹、芒果樹、修剪整齊的紅木樹和古色古香的別墅各有自己的庭院。這些街道和建築令我想到拿破崙三世時代的尼斯（Nice）或比亞里茨（Biarritz）。後來我看到加爾各答（Calcutta）的住宅區時也有這種感覺。熱帶地方的城鎮，與其說是深具異國風味，不如說是過時的風景。這些城鎮植物固然在一定程度上顯示它們的風貌，但是某些建築上的細節與生活的方式，使旅行者感覺到自己並不是去到遙遠的地方，而是在不知不覺中時光倒流。

13　Le Marais，意為沼澤，橫跨今日的巴黎是第三區與第四區。又譯為瑪黑區。

里約熱內盧的建造過程和一般城鎮不同。它首先沿著海灣一帶平坦的沼澤地修建，然後往內陸發展，從那些環繞著海灣的陡峻山丘之間穿出去，好像扭動著手指鑽進一隻很緊而又不甚合適的手套那樣。狹窄的城區沿著花崗岩壁的底部發展，有些長達二、三十公里；這些花崗岩壁陡到長不出植物；偶爾會在一個突出的岩角上面，或是一個深邃的岩罅裡面長出一片樹林，雖然離城鎮如此之近，但由於人無法抵達該處，那些樹林是真正的處女地。飛越這些涼爽深邃的狹長地帶的時候，使人覺得好像已經碰到了那些樹枝，飛機在青翠蔥鬱的織錦間滑行，然後降落地面。雖然里約熱內盧附近到處都是山，但這座城市對這些山簡直不屑一顧，一部分的原因是山頂缺水。在這方面，里約熱內盧和孟加拉灣的吉大港（Chittagong）正好相反；在那裡，那些圓椎形的小山丘，聳立於多沼澤的平原上，綠茵中可見到橙色的泥土閃閃發光，幾乎每一座小丘頂端都有一座孤獨的別墅——一座富人的堡壘——使他可以避開逼人的悶熱和沼澤的髒亂。里約熱內盧正好相反：那些小圓球狀的山頂，由整塊如鑄鐵般的花崗岩鑄成，反射出強烈的熱氣，使峽谷底部循環的空氣永遠無法上升。也許目前的都市化已把這個問題解決了，不過，在一九三五年，居住地點的高度就標示出社會地位的高低：住得越高的人，社會地位越低，一點都錯不了。窮人住在高陡山坡上面的貧民窟（Favellas），當時那裡住的是黑人，穿著洗得乾乾淨淨的舊衣服，譜出生動的吉他旋律，每逢嘉年華會，從山上下來，連人帶曲，集體侵入城鎮。

城鎮不僅依高度而變化，也隨距離變化。走進那些建築於兩山之間的狹窄城區以後，整個景觀便有郊區的特色。里約熱內盧布蘭柯大道盡頭的博塔弗戈區（Botafogo），仍然是市內的高級城區之一，但是過了佛朗明哥區（Flamengo）以後，會使人以為是置身巴黎的訥伊區（Neuilly）。科帕卡瓦納隧道（Copacabana Tunnel）附近一帶，二十年前很像是聖但尼（Saint Dennis）或布爾日（Le Bourget），不過略帶一些粗獷的味道，有點像第一次大戰前的法國郊區。科帕卡瓦納當時還只是個小小的鄉下城鎮，有各式各樣的手藝行業與小商店，現在到處都是摩天大樓。

我對里約熱內盧的最後印象是在我最後離開之前不久，我到駝背山山坡上的一間旅館去看幾個美國同行。要到那裡得搭乘相當簡陋的電纜車，軌道建在不穩固的岩石上面，車廂給人的感覺介於修車廠與避難山屋之間，沿途檢查站上有虎視眈眈的管理人員，他們看起來又有點像是遊樂園的招待。我搭著這種纜車穿越骯髒多岩石的荒地，有時幾乎垂直地爬上懸崖，得到的獎勵是在山頂上發現一座建造於帝國時代的平房建築，規模不大，牆壁用灰泥與黃土塗過。吃晚餐的地方是一個權充陽台用的平台，從平台望去，看見一堆水泥房子、廉價的別墅與其他城市建物。望向遠方，倒是沒有這種雜湊紊亂景觀中常見的工廠煙囪，而是一片閃亮的、絲緞般光滑的熱帶海洋，海面上一輪碩大無朋的明月。

我走回船上。啟航時燈火通明閃爍，行進時激起波浪起伏反射著燈光，彷彿在巡閱一條海上花街。傍晚時分，一場雷雨，遠方的水域閃亮如巨獸之腹。同時，殘雲遮住了月亮，雲被風吹成鋸齒、十字架和三角形。這些奇形怪狀的雲朵彷彿自內部發光，在黑色的天空上，看來好像是熱帶的北極光。在這些黑煙似的雲間空隙，微紅的月亮不時部分現身，被遮住，又出現，好像在空中飄浮流過的一盞苦悶的燈籠。

十、穿越回歸線

里約熱內盧與桑托斯之間的海岸，深具熱帶景觀那種夢幻般的美。沿岸山脈的最高峰超過兩千公尺，斜斜延伸入海，形成了許多小海灣和島嶼，細沙灘的邊緣長著椰子樹，或是百花怒放的蓊鬱森林。沙灘周邊圍繞著沙岩或花崗岩，只能從海面這一側進入。每隔一百哩左右就有一個小港口。港邊那些破敗的十八世紀房屋，以前曾經是船主、船長或副總督層級的豪華宅第，現在住著漁夫。安格拉杜斯雷斯（Angra dos Reis）、烏巴圖巴（Ubatuba）、帕拉蒂（Parati）、聖塞巴斯蒂昂（São Sebastião）和維拉貝拉（Villa Bella），這些地方在巴西王國時代曾經是黃金、鑽石、黃玉、貴橄欖石（chrysolites）等珍寶的集散地。那些黃金寶石從米納斯吉拉斯州（Minas Geraes）的「總督礦山」（general mines）挖出來之後，用騾隊沿著山脈駝運幾個禮拜，運到集散地。現在重訪那些山脊小徑，實在很難想像這些小徑上的交通曾經那麼繁忙，熱鬧到有人可以靠撿拾運貨牲口沿路掉落的蹄鐵即可謀生的程度。

布干維爾曾描述過採礦與運貨時的注意事項。黃金被挖掘出來以後，得立刻送到每個礦區設立「基礎交易所」（Foundation Houses）的地方，例如死亡之河（Rio dos Mortes）、薩巴拉（Sabara）或塞魯（Serro Frio）。在這裡馬上先徵收皇家稅，該歸礦主的金子都製成金條，上面註明重量與標號，還有國王的徽記，然後交給礦主。從礦區到港口之間的中點建有一個主倉庫，在那裡重複檢查一遍。那兒的軍官帶著五十個士兵，負責抽取五分之一的稅金，每個人、每隻載貨的牲畜都抽稅，由國王與負責的軍隊瓜分。因此，由礦區出發的騾子隊經過檢查站的時候，都會停下來接受「非常徹底的檢查」，這一點都不奇怪。

然後，個別商人把金條拿到里約熱內盧的鑄造廠去換成「半多布隆金幣」（half doubloon），每個半多布隆金幣值八西班牙披索（spanish piastre），還得讓國王抽取八分之一充做鑄造費。布干維爾寫道：「這個鑄幣廠……是世界最好的鑄幣廠之一，有各種設備，用最快的速度鑄造。由於黃金從山上運下的時間與葡萄牙開出的船隻抵達港口所需的時間相同，鑄造過程必須迅速，快得令人吃驚。」

開採鑽石的制度比黃金還嚴厲。根據布干維爾的描述，簽合同的人「必須明確登載發現的每一粒鑽石，而且所有鑽石都交給國王指定的專人。他馬上把鑽石放進鐵箱子，用三道鎖鎖起來。他鎖一道，總督鎖一道，皇家財產監督官（the provador of the Hacienda Reale）鎖第三道。鎖好之後，連同開鎖的鑰匙一起放進另一個鐵箱子，加封條，封條上有負責上鎖的三人的簽名。總督沒有權力檢查箱子的內容。他的工作是把這個上了封條的箱子再放到另外一個堅固的箱子裡，把他自己的官印封條貼在鎖上，箱子送往里斯本。這個箱子在國王面前打開，讓國王挑他中意的鑽石，挑好以後，依照協議的價格，付錢給簽合同的人。」

曾經這麼熱鬧活動的地方，曾經在一七六二年一年之內，運輸、檢查、鑄造及運送一百一十九阿羅巴[1]（略多於一噸半）黃金的地方，現在幾乎毫無痕跡可尋。那一片海岸又回復到從前伊甸園似的狀態。唯一的遺跡是幾座寂寞的豪華房屋，在它們前面曾有無數西班牙大帆船（galleon）停泊過，海灣激起的浪花依然輕輕拍打著屋子的牆壁。人們也許會相信，除了幾名從高原下山來的赤腳印第安人以外，沒有任何其他人知道這些令人驚奇的森林、無人海灣和險峻岩石的存在。但是，事實上，就在兩百年前，這些地方工廠林立，鑄煉出現代世界的命運。

飽食黃金以後，世界開始渴望糖，糖則吞食奴隸。首先是礦業衰退——為了取得煉礦所需的燃料，森林已被毀滅了——接著奴隸糖業也被放棄了，因為全球市場開始大量需求咖啡，聖保羅和它的港口桑托斯充分反映出這個轉變，它的財富先是黃色的，接著是白色，最後變成黑色。桑托斯港在這一連串的變化中成為國際貿易中心之一，但是其景觀仍然維持著質樸的美感。我搭乘的船隻進港時緩慢地經過海灣內的島嶼群，彷彿置身於一條綠色通道裡，一伸手就可摸到植物，這是我第一次感受到的熱帶印象。里約熱內盧的茂盛植物都藏身於山頂難以抵達的隱祕處，在這裡較為質樸的環境中，人們有機會與大自然建立實質接觸。

桑托斯的腹地是一片淹水的平原，上面有不少珊瑚礁小湖和沼澤，數不清的河流穿插其

1　Arroba，由葡萄牙人帶到巴西使用的重量單位，每一阿羅巴約為十四．八公斤。

中，還有海峽和運河，其景觀恒常被一層珍珠般的霧氣籠罩而顯得模糊，看起來好像地球本身剛在創世的第一天出現。香蕉園的顏色是人們所能想像出來的最新鮮、最柔和的綠色；我的記憶經常把這種綠色和恆河三角洲上黃麻的綠金色聯想在一起，但是這種綠色比黃麻的色調更顯眼。和黃麻那種明亮華麗的綠金色相較之下，蕉園綠的細緻柔嫩、不穩定、脆弱感，呈現出萬物之始的氛圍。車子在香蕉樹叢間行駛，香蕉樹像是巨大的蔬菜，而非矮小的樹木，它的樹幹充滿汁液，蕉葉又大又多又有彈性，上百根手指從葉子底下粉紅—紫褐色的巨型蓮花中伸出來。半小時後，車子爬升到海拔八百多公尺，駛向山脈高處。沿著海岸，隨處可見峻峭的斜坡藏護著人跡難至的原始森林，其茂密的程度只有往內陸的亞馬遜谷地走幾千哩才可見到差堪與之比擬的森林。車子在連「髮夾彎」都不足以形容的彎角吃力地鳴叫，道路沿著一條連綿不斷的螺旋線往上延伸，路上的霧氣令人想起其他地方的高地，我有充分的時間可以觀察那些樹林，全都一層一層的排列著，像博物館中的標本那樣。

這裡的森林和西方的森林不一樣，最大的區別是樹葉與樹幹之間的明顯對比。樹葉顏色比較深，它的綠色讓人聯想到礦物的色調，而非植物的，特別是玉石和電氣石（tourmaline），比較不像翡翠與橄欖石（peridot）。而樹幹呢，好像是聳立於一片深綠葉子背景前面的白色與灰色的骨架。由於山路離森林邊緣太近，我無法觀察整座森林，無法把森林當做一個整體來思考，便把注意力集中於細節部分。那些比歐洲所見的更為繁茂的植物，其枝幹和葉子看起來像是用金屬切割成的，對自己的形貌充滿自信，其外形可以經得起時間的考驗與摧殘。

在外來者眼中，熱帶的自然似乎和我們所熟悉的那種自然分屬兩個截然不同的範疇。熱帶的自然顯示了更高程度的永久性，其存在也更叫人無法忽略。就像盧梭[2]所畫的異國情調的風景一樣，畫中每一樣活物都是主體，同等重要。

以前，我也曾有過類似的印象。那是我第一次去普羅旺斯地區度假時發現的，在那之前我都是到諾曼地和布列塔尼一帶度假。那些以前我覺得模糊無趣的植物相被另一種植物相取代，每一種植物都似乎具有特別的意義。這種感覺就像是突然被人從一個普通的村落送到一個考古遺址上面去一樣，遺址上面的每一塊石頭，不僅僅是一座屋子的一部分，而且是歷史的見證。我在多岩石的地面上興奮地踩來踏去，唸出地面上所見的每一叢植物的名字：麝香草（thyme）、牛至草（origan）、迷迭香草（rosemary）、羅勒草（basil）、岩薔薇（cistus）、月桂樹（sweet bay）、薰衣草（lavender）、草莓樹（arbouse）、山柑（caper-plant）或乳香黃連木（lentisk）。它們每一種都是植物王國裡的貴族，承擔著各自特殊的使命。我意識到它們汁液的濃烈氣味是一種更為實在的植物生命形式的證明與理由。普羅旺斯地區的植物以氣味向我表明的意義，熱帶植物則用形態來表明。普羅旺斯的植物世界是氣味的、習俗的、食用植物和民俗植物的標本庫；叢集的熱帶植物則像是傑出舞者組成的舞團，所有舞者都停格

2 亨利・朱利安・費利克斯・盧梭（Henri Julien Félix Rousseau, 1844-1910），法國後印象派畫家，曾擔任法國海關官員，因此經常被稱為 Douanier Rousseau。

在它們最生動的姿態，像是企圖表達它們對生命無所畏懼，除了地層深處汩汩湧出的泉水之外，沒有任何事物可以擾動這場靜止的芭蕾。

我們抵達最高點時，景觀全然不同；熱帶的潮溼熱氣已消失不見，岩石間交錯纏繞的藤蔓植物也不見了。剛才在上升過程中可以欣賞到的從山腳延伸出去遠方那一片閃閃發光的遼闊海洋，已經看不見了，取而代之的是在另一個方向那一大片光禿不平的高原，連綿不斷的山脊與山谷羅列於變幻莫測的天空下。一場布列塔尼半島式的霧雨開始落下。雖然我們離海仍然很近，但我們所在的地方已高出海平面一千公尺，這片高原就從這個高度開始如階梯般層層展開，靠海岸這邊是最高最難爬上來的部分，整片巨大的階地朝著北邊的亞馬遜盆地緩緩下降，延伸了兩千公里遠才降到海平面高度，途中只有離海岸五百公里的博圖卡圖山脈（Serra de Botucatu）還有離海岸一千五百公里的馬托格羅索高地（Chapada do Mato Grosso）這兩處斷層破壞了它緩緩下降的地平線，必須穿越這兩處地帶才能再看見像剛才見過的那種海崖森林。巴西的最主要地區——在大西洋、亞馬遜與巴拉圭之間——是一塊由（南方）海岸附近開始慢慢降低高度的桌狀台地：一塊長著矮樹、被叢林和沼澤圍繞的多皺摺的跳板。

侵蝕作用對眼前荒蕪的地貌有重大影響，不過人類必須為其中混亂殘破的景象負主要責任：首先是清理一片土地來種植東西，用了幾年以後，土壤變得貧瘠，被咖啡樹稍落下的雨水沖走，然後轉移地點，到另一塊豐饒的處女地重新種植。在舊世界中，人與土地之間所建立的那層小心翼翼、互相取予的關係，那種經年累月互相調適的關係，從來未曾在新世界出現過。在新世界，土地被虐待，被毀滅。那是一種強取豪奪式的農業，在一塊土地上取走所有可以取走的東西以後，再移到另一塊土地去奪取一些利益。拓荒者抵達、利用的地區被稱為「邊緣」是有道理的。他們幾乎是一清理出一片可種植的土地的同時，也把那塊土地毀了。他們注定只能占有一道不斷遷移的地帶。這種地帶一方面蝕毀原始森林，另一方面留下一片片已喪失價值的土地。像森林火災一樣，這種農業的大火吞沒消化掉它自己賴以存在的東西，這種農業大火在一百年的時間之內燒遍整個聖保羅州（State of São Paulo）。十九世紀中葉的礦工率先點火，他們放棄了枯竭的礦區，由東往西遷移，我稍後就在巴拉那河（Rio Parana）對岸看見這種大火，正輾過一片混亂的被砍下的樹幹和一些被連根拔起的家庭。

由桑托斯到聖保羅去的道路，穿越過一些最早經歷上述過程的地區之一。它看起來像一個考古遺址，呈現了一種早已過時的農業方式。曾經長滿樹木的小山和坡地，現在只覆蓋著薄薄一層粗硬的雜草，使其輪廓異常分明。偶爾可以看出那些原本種咖啡樹木的土壟所形成的虛線。在山谷裡面，樹木再次占領地面，但已不再是高貴的原始森林了；它只是 capoeira，也就是再生林，由一片連綿不絕的瘦削樹木構成。有時候可看見日本移民的小房子，他們企圖用古老的方法使土地復甦，以便種植蔬菜。

歐洲的旅行者面對這種地理景觀會感到不安，因為他無法用習以為常的觀念去描述。由於歐洲的地理景觀已被人類的需求和慾望馴服，因此我們並不清楚何謂真正的原始自然。這裡的原始景觀有時看起來充滿野性，可能有兩種原因，若不是因為我們歐洲人與自然互動時的節奏較為緩慢，就是因為這裡的山林情況更複雜，因此人類在幾個世紀以來，並沒有發展出一套有系統的應對方針，只是採取種種權宜之計；這些臨時方案並未經過深思熟慮，在外來者眼中，它們普遍具備了原始特色的性質——雖然他們的應對方式事實上是由一系列欠缺遠見的努力和決定所造成的，卻被視為是自然景觀原始風貌的一部分。

但是，即使是歐洲最粗獷的地理景觀，仍然具有某種秩序，以普桑[3]的畫作為例，就曾十分完美地表達出這種秩序。只要你走進多山的地區，觀察旱坡與森林之間的對比；觀察森林如何從平原地區開始，一層一層往上升，不同的山坡，由於某些特殊樹種數量特別多而呈現出獨特的顏色。這種莊嚴的和諧，只有在美洲旅行過的人才能了解，那並不是自然景觀的自然面貌，而是人與地理環境之間長期互動的結果。人們很天真地讚嘆人類自己過去努力所得的成果。

在美洲有人居住的地區——不論是北美或南美都一樣（不過，安地斯高原、墨西哥和中美洲是例外，那些地方的人口密度較高，人類的勞動也持續不斷較為久遠，使其狀況和歐洲相近）——只有兩個選擇：自然被完全征服，變成露天工廠而非農業區（西印度群島的蔗田，或美國大農業地帶的玉米田，就是露天工廠）；不然就是我以下列舉的一些例子所呈現的情況，人在一塊地域內居住相當時間，長到足以把該地毀掉，但卻沒有長久到能夠發展出一種緩慢的、持續性的共生關係，使那塊地區具有自然人文景觀的尊嚴。像聖保羅的近郊、紐約州、康乃狄克州，甚至是洛磯山區，我漸漸認識到一種比歐洲更野性的自然景觀，那些地區由於人口密度較低，耕作的程度較粗放，其景觀卻又缺少任何真正的活潑生氣，結果是一種受殘虐破壞的狀態，而不是真正的原始景觀。

這些足足有一個省分那樣遼闊的地區，目前是一幅殘敗景象，但以前曾有人居住過，雖然只住了一段很短的時間。住了一段時間以後，那些人繼續遷徙，留在背後的是一片受傷的地景，隨處可見人類以前活動的遺痕。在這些戰場上，這些他曾與一片陌生的土地搏鬥了數十年的戰場上，一種千篇一律的植物相正慢慢在一片混亂中重新出現，這些植物很容易使人產生錯覺，過去那些爭鬥的模式與記憶，被保存在它們偽裝出來的無邪外表底下。

3　尼古拉・普桑（Nicolas Poussin, 1594-1665），十七世紀法國重要畫家。

十一、聖保羅市

有些人戲謔地將美國定義為一個直接從野蠻進入衰頹的國家，中間沒有經過文明階段，我想這種說法更適合用來描述新世界的城鎮。新世界的城鎮從新鮮直接進入衰敗，中間沒有成熟期。有一個巴西女學生第一次到法國，不久後淚眼汪汪跑來看我，她覺得巴黎那些因歲月而顯得陰暗的建築物很髒。她評斷城鎮的唯一標準，是看它有多明亮、多乾淨。但是那些能使人在面對紀念性建築物時引起的超越時間的沉思，那些最漂亮的城市所擁有的亙古常新的生命，那些不僅僅是單純為了滿足都市生活功能，而且還能觸發沉思與懷想的建築物，都是美洲城鎮所不具備的性質。新世界的大都市，無論是紐約、芝加哥或聖保羅（常被人拿來做比較的城市），令我印象深刻的，並不是這些城市都沒有什麼歷史的痕跡；缺乏歲月的痕跡，正是這些城市的意義裡不可或缺的一部分。不像那些歐洲觀光客，如果不能多看到一間十三世紀的天主教堂就滿心不高興。為了理解不同的文明形式，我很樂意去適應一種沒有時間維度的系統，但這相對使我犯了另一種錯誤：由於這些城鎮是新的，它們之所以存在以及其合理性都是源於其新鮮性，我覺得它們如果不能永遠保持新貌就不可原諒。歐洲的城鎮，歷經幾個世紀的時光流逝而使其更為迷人，歲月卻只會給美洲的城鎮帶來衰敗。理由不只是因為後者是新建的，理由是當初建造時就準備很快又要重建，因此建築簡陋隨便。建造新市區時，並沒有將它視為整個城市構造不可分的一部分；新市區太俗麗、太新、太歡樂，它們更像是大型遊樂場裡面的攤子，或國際博覽會場的展覽館，只建來使用一段短暫的時間。那段時間一過，遊樂場關閉，巨型的便宜貨開始頹敗，立面裝飾逐一剝落，雨水與黑煙留下汙穢的痕跡，形式過時，各地舊建築在新興建築風潮下被拆毀，原先的規劃消失無蹤。新世界與舊世界城鎮的對比，並非新城鎮與舊城鎮之間的對比，而是演化週期很短促的城鎮與演化週期很漫長的城鎮之間的對比。有些歐洲城市慢慢地衰落，變得遲鈍麻木；新世界的城市則在一種慢性疾病的長期煎熬之下狂熱地活著，它們永遠年輕，但從不健康。

我在一九四一年第一次去紐約和芝加哥，在一九三五年第一次去聖保羅，令我印象最深刻的，倒不是這些地方是如此的新，而是這些地方過早的老化。這些城市沒有長達十個世紀的歷史並不令我吃驚，最令我瞠目結舌的是發現這些城市有很多區域居然已存在五十多年，且破敗殘跡隨處可見而不以為恥。它們唯一能引以為傲的就是它們的年輕，一種一瞬即逝的特質，不論是城鎮或生物都一樣。生銹的舊鐵、像消防車的紅色有軌電車、桃花心木裝潢的酒吧裡面有擦得閃亮的銅欄杆、無人居住的街道上的磚造倉庫、街道垃圾只交給風來清掃、蓋成大教堂般的證券股票交易所與辦公大樓底下幾間簡陋的教堂、溝渠、吊橋與天橋構成一片交錯的峽谷、一大堆陰暗的建築物聳立其間；城鎮越疊越高，因為新建築就蓋在殘剩的舊建築上。這就是芝加哥，美洲形象的最佳代表。新世界深以一八八〇年代的芝加哥為傲是有道理的；在它不停追逐更新重建的過程中，唯一值得稱道的就那麼短短五十年的時間，五十年對我們歷史悠久的社會來講是太短暫了，但由於它缺乏時間的深度，也就足以提供一個可以對那一閃即逝的青春眷戀不已的機會了。

在一九三五年，聖保羅市民很驕傲地說：他們的城市平均每一個小時就蓋好一棟新房子。那時候他們說的一棟房子，指的是獨門獨戶的家屋；我相信建築的速度目前仍然一樣，不過，現在的一棟房子大概是指整棟公寓或辦公大樓了。城市發展的速度太快，要拿到一張準確的地圖幾乎不可能，每個禮拜必須新印一份修訂版才行。有人說，如果你搭計程車去一個約了人在幾星期後見面的地址，可能會發現建商還沒把那棟建築蓋好。情況就是如此，但是回想起這些幾乎是二十年前發生過的事情，就像看一張褪色的照片一樣。這些回憶或許有些記錄性的價值；我把這些記憶寫下來，就算是給市政府的檔案室用吧！

那時候人家都說聖保羅是個醜陋的城市。市中心的建築物過分虛有其表，過分老式，裝飾貧乏而虛假，整棟建築因結構過於粗糙而顯得更糟糕。建築物上的雕塑和花卉裝飾用石膏製成，而不是石頭，石膏上面塗了一層黃色，用以做出古色古香的感覺。整體看來，城鎮建築給人的印象是粗製濫造、千篇一律、顏色混亂，建築師使用油漆的目的不僅是保護建築物，而且要遮掩其缺陷。

至於那些石造的建築，大都是一八九〇年代的豪華風格，不過所使用的材料過分厚重；

而且這些建築的裝飾較貧乏。其他地方所見的種種裝飾圖案，那受壓抑被扭曲的形狀，讓人想起瘋瘋的瘡痂。過分花俏的顏色使得陰影更顯黑暗，街道太窄，那薄薄的一層空氣無法營造氛圍，結果使人覺得不夠真實，好像在眼前的不是一個城鎮，只是一個有立體感的視覺陷阱[1]，臨時搭建起來給電影或舞台劇背景用的。

然而我倒從來不認為聖保羅是醜陋的。聖保羅是個野性城鎮（wild town），就像所有美國的城鎮那樣，唯一的例外是華盛頓。華盛頓既不具野性，也未被馴服，只是被朗方[2]關在輻射狀街道所形成的牢籠裡而心煩意亂。而聖保羅在那時仍未被馴服，建在一個支脈向北延伸的台地上面，位於兩條小河交匯之處——安罕加保河（Anhangabaú）與塔曼度阿特河（Tamanduateí），兩者最後都流入鐵特河（Tietê），巴拉那河的支流之一——聖保羅原先只是印第安人地域裡面的一個傳教據點，早在十六世紀的時候，葡萄牙的耶穌會士就想把原住民聚集起來，將文明的好處介紹給他們。在一九三五年站在面向塔曼度阿特河的山坡上面俯視布拉斯（Braz）與佩尼亞（Penha）等工人住宅區，仍然可以看到幾條省城的小街道，可以看見長滿草的方形廣場，四周是些瓦頂白牆有細鐵柵窗戶的矮房子。廣場一側有間簡樸的小教堂，唯一的裝飾是建築的正立面上端以雙層支架撐起的巴洛克式山牆。往北更遠的地方，鐵特河的銀色河水流過許多低窪地——那些沼澤漸漸被改造成城鎮——兩旁是一系列不規則的郊區建築。在那後面就是商業中心，其風格與企圖仍然維持著一八八九年博覽會時候的樣子。主教座堂廣場（Praca da Sé）像是建築工地或廢墟。還有著名的三角區（Triangle），聖保羅以此區自豪的程度，與芝加哥看待它著名的洛普區（The Loop）一樣。聖保羅的三角區是個商業區，位於迪雷塔街（Direita）、聖本篤街（São Bento）與十一月十五日街（Quinze de Novembro）三條街交會之處。這些街道到處都是招牌，擠滿商人與上班族，他們所穿的深色西裝不僅表示遵從歐洲與北美洲的標準，而且還感到相當自豪，他們的城市雖然位於赤道，但由於位在海拔八百公尺的高處，使他們免於熱帶氣候之苦。

聖保羅市一月的雨季並不是「來臨」，而是由四周的溼氣凝聚而成，好像到處都是的水蒸氣凝結成雨點，急促濃密地落下來，雨滴又好像因為必須穿過與它們成分相近的蒸騰熱氣而受到阻攔，並不像歐洲的雨那樣垂直或斜著落下來，而是像一種蒼白的閃爍物，數不清的水珠穿過一層潮溼的空氣傾瀉而下，好像稀薄的木薯粉湯所形成的小瀑布。雨勢也不會因為烏雲移開而停止；雨停的原因，是因為洩掉一定量的水分以後，靜止停滯的空氣就消去了原來過飽的溼氣，然後放晴，一片片淺藍出現於淡黃色的雲彩之間，先前降下的雨水正如阿爾卑斯山的激泉流過街道。

在台地的最北端，大型的築路工程正在進行，就在聖約翰大道（Avenida São João）的起點。聖約翰大道是一條幾公里長的快速道路，沿著鐵特河和往北去的舊路修築，通往伊圖

1 trompe-l'oeil，在二維平面上畫出三維空間的視覺效果。

2 譯注：皮耶．查理．朗方（Pierre Charles L'Enfant, 1754-1825），法裔美國人，建築師、華盛頓的城市規劃者。

（Ytu）、索羅卡巴（Sorocaba）和坎皮納斯（Campinas）的種植園。這條路的起點是台地支脈的前端，然後沿著山坡往下跑，穿越拆毀建築所形成的廢物堆。右側是弗洛倫西奧迪阿布雷烏街（Florencio de Abreu）直通往車站，兩旁都是敘利亞攤販。敘利亞人開的商店為內陸居民提供各種便宜貨物，沿路有些安靜的店鋪，還有手工藝者在製造馬具——不過，還能維持多久呢？——皮製馬鞍、厚棉織馬毯、鑲銀邊的鞍轡，這些手工藝品的銷售對象是住在叢林附近的莊園主人和他們的跟班。這條大道接著繞過一棟摩天大樓——當時全聖保羅只有這麼一棟，尚未完工——粉紅色的馬蒂內利大廈（Predio Martinelli），穿過伊麗榭區（Campos Eliseos），以前是有錢人的住宅區，此處上過漆的木造房屋頹敗不堪，花園裡面長滿尤加利樹和芒果樹；接著是工人居住的聖伊菲熱尼亞區（Santa Ifigênia），旁邊是風化區，妓女在有閣樓的小屋窗口裡招攬客人。最後，在城區的邊緣是佩爾迪濟斯（Perdizes）和阿瓜布蘭卡（Água-Branca）等中下階層的住宅區，此區的路也還在修築，要連接到西南方更蒼翠更有貴族氣息的帕卡恩布山坡（Paca-embu）。

台地越往南邊高度越高，不算寬的街道逐步上升，在頂端山脊附近與波里斯塔街（Avenida Paulista）會合，兩旁是些以前算規模龐大的住宅，半個世紀以前住著百萬富翁，其建築風格使人想到賭場附近的酒館。在最頂端東側的街道俯視平原，俯視帕卡恩布的新市區，一棟棟別墅散布於彎彎曲曲的街道兩旁，中間點綴著藍花楹樹的紫藍色花朵，兩旁是長滿草的小丘和黃褐色的泥土堆。但百萬富翁早已離開波里斯塔街，隨著城鎮擴大的過程，他們跟著搬下去，住在山南那些街道彎彎曲曲的安靜住宅區裡面。他們住的是加州型的大房子，用含雲母的水泥蓋成，配上鍛鐵打造的欄杆，遠遠地座落於寬廣的庭院深處，隱約可見。那些庭院是從附近的矮樹林裡開闢出來給有錢人建築華廈用的。

水泥建築旁邊就是放牧乳牛的草地，一整個區域像海市蜃樓般突然出現，兩旁建有宮殿般大房子的街道會突然在峽谷前中斷，在峽谷裡面，在香蕉樹與滿溢的汙泥水流之間有不少竹構泥牆的小房子，房子裡面住的是黑人，像里約熱內盧那些山坡上的居民一樣。滿溢的汙泥水流不只是他們飲用的水源，也是他們的陰溝。山羊在山坡上奔跑。有一些地段被規劃來融合這城市所有的特色，舉例來說，在兩條通向海邊的街道末端，有一條橋橫跨安罕加保河的深谷，那也是城鎮的主要大道之一。下面有一個英國式的公園：草地上面有雕塑與涼亭，同時也有城鎮裡面的主要建築，沿著兩片山坡垂直上升，埃斯普拉納達大旅館、汽車俱樂部、負責電力和公共交通的一家加拿大公司的辦公室。這些建築造型各異，在一種凝結的混亂中互相瞪視。這些不相調和的建築物，好像一大群哺乳動物在傍晚時分齊集圍繞著一處水源，猶豫不動好幾分鐘的時間，因為他們都被一種比恐懼更為急迫的需求所驅策，不得不暫時與敵對的種屬混雜在一塊。動物的演化速度比城市生活的演化要慢很多；如果我今天還能看到同樣的景象的話，我可能會發現雜交的種群已經消失，被一群更具活力更為同質的摩天大樓種屬踩在腳下，摩天大樓座落於河岸兩旁，而河流本身可能都已化為水泥的汽車大道。

住在這種水泥叢林裡面，聖保羅市的菁英分子就像他們心愛的那些蘭花之類的花卉一般，本質上是一種遠比他們自以為的更欠缺活力的異國風味的植物。植物學家說熱帶植物比溫帶更為多樣，有時候一種熱帶植物只存在少數幾個個體。當地的上層階級把這種特殊化傾向推到極致。

任何社會的大小都是有限制的，而聖保羅能分配給這些菁英分子的「有用」角色並不太多。所有適於現代文明的職業、品味與興趣，都可以在聖保羅找到，不過每一種都以一個人為代表。我們這些朋友實際上並不是非常的「有用」，他們擔任某些角色的原因並不是因為這些角色本身很重要，而是可有可無。有的是天主教徒、自由主義者、擁護波旁王朝的正統主義者、共產主義者等；或者，換一個層面來看，美食家、書籍收藏家、名種狗或名種馬愛好者、傳統畫家、現代畫家等；還有地方史專家、超現實主義詩人、音樂家與畫家。這些職業都不是因為真正想要更深入了解某一領域的知識而存在；如果有兩個人——由於搞不清楚狀況或者出於嫉妒的蓄意——居然進入同一個或非常相似的兩個領域裡，他們唯一的念頭就是把對方毀掉，堅持而且兇狠。然而，鄰近的不同領域之間也常會進行文化交流，展示極度的相互尊重，原因是每個人不只是想要維護他自己的專業，而且還要把社會學的圓舞曲跳到完美的地步，這種社會學圓舞曲的表演似乎給聖保羅社交圈帶來無止無盡的歡樂。

必須承認的是，有些角色的確演得異常生動活潑，這得感謝那些得到大筆遺產的富人，他們有天生的吸引力和後天培養的臨機應變，兩者融合起來，使得在聖保羅的客廳裡消磨時間成為非常愉快又非常令人失望的休閒活動。不過，由於必須迫使每一種社會功能都有人擔任，才能使聖保羅這個小天地完善圓滿，使偉大的文明遊戲能繼續下去，結果便造成不少矛盾現象：共產主義者事實上可能是當地封建大地主的巨額財產承繼人；一個非常道學的社交圈可能會縱容其成員之一——但也只能有一個，因為總得有個前衛詩人——在公共場合帶著情婦出現。有些功能只能靠一些人臨時權充：犯罪學家是個牙醫，他說服警方用下巴骨的石膏模型來取代指紋做為證明身分的方法；一個保皇主義者以畢生之力去收集全世界的皇室家具，他的客廳四壁都是盤子，只留下一些必要的空間放保險櫃，保險櫃裡收藏的是諸位女王侍女的來信，表示她們會多加留意他所尋求的高貴陶瓷。

這種社會層次的特殊化，伴隨著對各式各樣知識的興趣。受過相當教育的巴西人會生吞活剝各種指南手冊和平庸作品。法國的部長們本來可以明智地設法了解其中原因，而不是在國外自誇法國無可比擬的優越性。很遺憾地，即使在那個年代，法國的優越性也並不在於日益衰退的科學創造性，而是在於還有很多法國學者仍有能力把一個困難的問題說得淺顯易解，但是對於解決那些問題，他們自己的貢獻極為有限。在這一點上，南美洲之偏好法國，有一部分原因是因為兩者之間有一種默契，這種默契的基礎是「兩者均為消費者傾向，還會協助對方成為消費者，而不是生產者」。巴西敬佩的法國名人——巴斯特、居禮、涂爾幹——都才剛過世沒多久，這點倒是很足以構成法國大占巴西便宜的理由，法國為這些好處所付出的利息實在是微不足道，可是巴西卻更加高興，因為這些揮霍無度的消費者寧可花錢而不願投資，法國所做的只不過是使他們免於因為知道自己擁有多少資產而煩惱。

即使只是扮演知識掮客的角色——當時的法國正逐漸淪落成這種貨色——似乎都幹得很吃力，想到這點不免令人悲從中來。我們法國人探討科學與知識時，似乎仍然是十九世紀延續下來的那種心態的奴隸。十九世紀的時候，每個知識領域的範圍有限，一個具備傳統法國知識分子特質的人——接受博雅教育、思路敏捷清晰有邏輯，加上良好的文字能力——就能夠完全掌握整個知識領域；光憑個人之力的工作，就足以重新檢視整個知識領域，然後提出他自己新的綜合結論。不管喜不喜歡，現代科學與學問不再容許這種手工藝人式的研究方法了。以前可以靠個別的專家替他整個國家贏取榮耀，現在卻得靠整群專家合作才行，這正是我們缺少的。在這個時代，私人圖書館和私人藏書只能收容某些有特殊意義的書籍，但是法國的公立圖書館既狹小又沒聲譽，也沒有研究助理，甚至連給讀者坐的椅子都不夠，不但無助於研究工作，反而阻礙研究。簡而言之，目前的科學與智識創造是一種集體性事業，研究者多半是一些沒沒無聞的人，而對於從事這種研究工作，我們的準備可說是嚴重不足到了極點，我們過分地把注意力放在讚美我們那些老一輩名家輕易獲得的成就。這些老一輩名家的風格令人無從挑剔，可是他們自己在沒有樂譜可以彈奏的情況下，又能相信光憑完美風格還可以再撐多久呢？

比較年輕的一些國家已經得到教訓。以巴西為例，他們以前也曾經有過一些不太多的個人取得的輝煌成就——歐幾里得・達・庫尼亞[3]、奧斯瓦爾多・克魯斯[4]、查加斯[5]和維拉—羅伯斯[6]——一直到最近為止，文化一直是富人的玩藝兒。寡頭執政者覺得有必要培養一種公民的、俗世的公眾意見來制衡教會與軍隊的傳統影響力，他們決定要讓更多民眾可以享受文化，因此創建了聖保羅大學。

我仍然記得，我初抵巴西參與創立大學的時候，對巴西籍同事的低微地位抱持著同情而厚道的憐憫。看著這些待遇極低的教授不得不另外打零工以求溫飽，我以屬於一個擁有長遠文化歷史的國家而自豪，在我自己的國家裡，專業人員既有安全感又受人敬重。當時我完全沒想到，二十年之後，我勤勉的學生們在大學擔任教授，而那些大學裡有些部門的教師編制比我們自己的還多，設備也更好，有完善的圖書館可使用，我們自己如果有那種圖書館設備，該是多麼令人高興。

不過，這些擠入我們講堂的年紀不等的男女學生，混合著熱情與懷疑的心情，必須補足一大堆課程時數才能真正趕上大學生的水準。他們之中有些是急著要取得文憑的年輕人，以便爭取需要那些證書才能擔任的職務；有的已經是律師、工程師和有地位的政治人物，覺得他們不久之後就必須和擁有大學學位的人競爭，而他們自己以前並沒有明智地把學位唸完。

3 歐幾里得．達．庫尼亞（Euclides da Cunha, 1866-1909），巴西新聞記者、社會學家、作家。
4 奧斯瓦爾多．克魯斯（Oswaldo Cruz, 1872-1917），巴西醫學家。
5 卡洛斯．查加斯（Carlos Chagas, 1879-1934），巴西醫學家。
6 海托爾．維拉–羅伯斯（Heitor Villa-Lobos, 1887-1959），巴西作曲家、指揮家、大提琴家。

所有學生都染有一種具破壞性的，自以為深知世故的心態，部分是源於早已過時的所謂十九世紀巴黎生活的法國傳統，這個傳統由幾個巴西人帶回祖國，他們像極了梅亞克和阿勒維[7]創作的滑稽歌劇裡面的人物，但主要的是一種特殊的「社會疏離」的症狀，那種社會疏離發生於十九世紀的巴黎，而聖保羅與里約熱內盧當時正在以自己的方式重新上演一次：我指的是城鄉差距的擴大，城市的發展犧牲了鄉村，使得剛進入都市化的社區和居民不願意和粗獷的質樸有任何瓜葛，那種鄉村質樸的天真在二十世紀的巴西是以鄉下蠢蛋（caipira）為代表，就像在巴黎上演的通俗喜劇[8]裡面是以來自阿爾帕容（Arpajon）或夏宏頓努（Charentonneau）地區的人物為代表一樣。我還記得一個例子，具體表現了這種頗值得懷疑的幽默。

聖保羅市中心有很多條街道往外延伸。那些街道長達三、四公里，但仍然維持一種鄉村的外觀。在其中一條街道中央，義大利移民豎起一尊奧古斯都（Augustus Caesar）的雕像。這雕像有真人一般大小，是某個古代大理石雕像的複製品，雖然不見得有什麼藝術價值，但在一個沒有任何東西足以用來紀念發生於二十世紀以前的任何歷史事件的城市裡面，有這樣一座雕像總是值得稱讚。然而，聖保羅人覺得，雕像的那隻舉起來行羅馬式敬禮的手臂表示的意義是「這就是卡里多（Carlito）[9]住的地方」。那隻敬禮的手所指的方向正是卡洛斯．佩連拉．德．蘇莎（Carlos Pereira de Souza）的住宅所在。他是一個有影響力的政治人物，曾擔任過部長。那間房子是寬敞的平房，用磚與泥建成，外面刷上一層灰色的石灰，二十年下來那層石灰日漸剝落，房子上面有卷軸形裝飾和圓形花窗，顯示殖民地時代的豪華氣派。

一般人認為奧古斯都穿短褲，不過這只能算是半個笑話，因為大多數路過此處的人從來沒聽說過羅馬人的短裙。這類笑話在雕像落成典禮後不久就傳開了。在當天下午奧迪翁（Odeon）戲院兩場「豪華」級的放映場次裡，那些笑話又被重複多遍，大家一邊說一邊互拍肩膀，樂不可支。聖保羅的中產階級創造了每週放映一場票價較貴的電影給他們自己看的慣例，免得接觸到那些下層群眾。他們藉著關於奧古斯都雕像的笑話來報復一下那些豎立雕像的義大利移民。聖保羅的中產階級認為，都是因為自己太大意，才讓那些在半個世紀以前來到巴西街頭賣領帶的義大利移民，現在居然也有他們自己的貴族階級，擁有街道兩旁最醒目奢華的住宅，並且出錢豎起奧古斯都的雕像。

我們的學生想要學習所有的知識，但是不論他們學的是什麼，都覺得只有最近最新的理論才值得熟記。他們對知識史上過去的偉大成就毫無興趣，對於那些昔日成就，他們所知道的也僅止於道聽塗說，因為他們不讀原典，永遠只對剛出爐的東西興致勃勃——用烹飪來描述他們也許不如用流行時裝來得貼切——他們對觀念和理論本身並沒什麼興趣，那只是他們

7 昂利・梅亞克（Henri Meilhac, 1830-1897），呂多維克・阿勒維（Ludovic Halévy, 1834-1908），兩人都是法國劇作家，長期共同創作。

8 巴黎市內的聖殿大道（Boulevard du Temple）上劇院林立，且以上演通俗喜劇居多，這些劇院因此又被稱為「大道劇院」（théâtre du boulevard），同時也成為通俗喜劇的同義詞。

9 名叫 Carlos 的人經常會被暱稱為 Carlito。

取得聲望的工具，最重要的是哪個人搶先聽到那些觀念和理論。與其他已經知道那些觀念和理論的人分享討論，就好像是穿一件別人已穿過的時裝赴宴一樣，屬於相當丟臉的事情。而在另一方面，他們又激烈地競爭，閱讀一大堆流行雜誌、八卦期刊和速成指南，比賽著看誰能夠最早擁有知識領域的最新說法的壟斷權。我和同事們都是經過嚴格學院訓練的人，常被這種現象弄得很尷尬。我們在學生時代被訓練成只能對那些完全成熟的觀念表示尊重，現在卻要面對學生的攻擊，他們一方面對過去一無所知，另一方面卻又比我們早了好幾個月取得最新資訊。然而儘管他們對學問並沒有興趣，對方法論毫無概念，可是又覺得博學多聞是他們的責任，結果是，不論寫的是什麼題材，他們的論文千篇一律都以人類大歷史做開頭，從人猿時代講起，然後引幾句柏拉圖、亞里斯多德和孔德[10]，結尾時引述一下那些產量多到誇張的作者所說的話。那些浮誇的多產作者的文字最受歡迎的原因是他們晦澀難懂，其他人曾經剽竊過其想法的機會很小。

這些學生把大學視為十分誘人但有毒的水果，他們沒見過世面，大多是窮苦出身，沒有任何到歐洲去的希望。上層階級人士把我們遠道請來教導他們，而學生基於下面兩種理由深深厭惡上層階級的人：首先，上層階級代表菁英統治分子；其次，上層階級自己過的是一種世界性的生活方式，這種生活方式使他們比那些不得不困在自己國家裡的人占便宜，而這種生活方式同時也使他們和自己國家的生活與期望隔絕。我們和上層階級來往，因此受到懷疑，但我們又是帶來知識果實的人，因此學生有時候迴避我們，有時候討好我們，有時候輿味盎然地聽我們講課，有時候則置若罔聞，如聾似啞。教授的影響力，可從跟隨學生數目的多寡來衡量。不同的學生群之間，以他們喜愛的教授為名義彼此競爭聲望和地位，教授有時成為受益者，有時成為受害者。葡萄牙文的homenagens就是向老師表示敬意的儀式，通常以午餐會或茶會的形式舉行。這些儀式所費不貲，也因此使之更為感人。教授的地位和他們專長學科的聲望，在這些儀式中像股票證券一樣的起起落落，所依據的標準是聚會地點的昂貴程度、與會人數多寡，以及同意參加聚會的社會名人或官方人物的重要性。由於每個主要國家在聖保羅都有「使館」——代表該國家的餐館飲食店，例如英國的茶店、維也納或巴黎的點心店、德國的啤酒館等等，選擇在那裡聚會本身就有很多微妙的含意。

如果我以前那些可愛的學生裡面有人現在是我可敬的同行，讀到上述幾段文字的話，我希望他們不要生氣。當我想起他們的時候，照他們的習俗，想到的是他們的教名，那些教名在歐洲人聽起來不免怪異，不過從教名種類之繁多來判斷，他們的父母毫不遲疑地從人類歷史的所有階段裡挖掘出了可愛的名字——Anita、Corina、Zenaïda、Lavinia、Thaïs、Gioconda、Gilda、Oneïda、Lucilla、Zenith、Cecilia、Egon、Mario-Wagner、Nicanor、Ruy、Livio、James、Azor、Achilles、Decio、Euclides、Milton等等。我想起早期那段充滿實驗性的時期時，一點都沒有嘲笑的意思；完全相反，那段時期讓我明白，發展程度的時間落差其

10 奧古斯特・孔德（Isidore Marie Auguste François Xavier Comte, 1798-1857），法國哲學家、社會學家。

實不是什麼長期穩定的優勢。想到那個時候的歐洲，把它和今天的歐洲比較一下，再眼看著這些年輕的巴西人，在幾年的時間內就彌補了知識上的大幅差距，那種差距原來都被認為會使發展延遲好幾十年的。我因此漸漸了解，社會如何形成與衰退的道理；我同時也了解到何以教科書上都說巨大的歷史變動是無名的力量在難以言明的方式下發生作用的結果，也可以在某個清澈明朗的時刻裡，由少數幾個有才具的年輕人以活力充沛的堅決信心去推動。

第四部｜地球及其居民

十二、城鎮與鄉野

在聖保羅市居住，想成為「禮拜天人類學家」是可能的，但倒不是因為在郊區有很多印第安人可做人類學研究。事實與原先人家告訴我的情報有很大的出入，因為郊區居民大都是敘利亞人和義大利人。最接近聖保羅的一個有點人類學觀察價值的地方，是十五公里外一個落後的村子，住在那裡衣衫襤褸的居民有金色頭髮和藍眼珠，這些體質特徵洩露出他們是德國人後裔這件事實。一八二〇年代，幾群德國移民在巴西最不具熱帶特質的地方定居，住在聖保羅附近的移民已和當地貧窮的農民融合，無從分辨；再往南一些，在聖卡塔琳娜州（Santa Catarina State）的小鎮，例如若茵維萊（Joinville）和布盧梅瑙（Blumenau）等地方定居的人，則使這些小鎮仍然帶有十九世紀的氣氛。那些小鎮周圍長滿智利杉樹，鎮上房子的屋頂尖而斜，街道都是德國名稱，蓄著大仁丹鬍的老人坐著抽瓷頭的長菸斗。

聖保羅附近還有一大堆日本人，但很難接近他們。他們是整批辦理進來的移民，由移民公司提供旅費，保證抵達之後有地方住，然後把他們分配到內陸的農場去。那些農場既是村落也像軍營，有學校、工廠、醫院、商店和娛樂場所，一切公共設施都齊全。這些移民在那裡住了很長一段時間，完全與世隔絕，這種孤立有一半是自願的，有一半則是整體移民制度鼓勵的結果。他們慢慢歸還欠移民公司的錢，剩下來的則交移民公司代為保管。移民公司會在很多年後送他們回日本，使他們可在祖先的土地上安享餘年，至於那些時間未到即死於瘧疾的人，公司會負責把遺體運回日本。整個龐大計畫組織的重點是使這些移民不覺得他們已經離開日本。但是這樣做的理由是不是純粹基於財務、經濟或人道上的考慮，則不無疑問。

想要到「海外移住組合聯合會」（Kaigai Iju Kumiai）或「巴西拓殖組合」（Brazil Takahoka Kumiai）等公司的辦公室去非常困難，想要到那些農場去看看，或者進去那幾乎是另一個世界的整套的旅館、醫院、磚窯、鋸木廠等等可以使整個殖民區域自給自足的地方，更是難上加難，這證明整個移民計畫背後還有更深一層的計畫。那個計畫產生兩個互相關聯的結果：一是在那些經過仔細選擇的地點建立完全孤立的移民據點；二是在開墾農業用地的同時，也費心地做了一些考古工作，考古工作的目的是要強調，前哥倫布時期遺址的出土物和日本新石器時代遺物的某些相似處。市中心工人住宅區市場的一些店主是有色人種，或者，更正確地說——因為在一個種族如此複雜，而且直到最近還完全沒有任何種族歧視，鼓勵各種族群通婚的國家裡，「有色人種」這個名詞實在沒有什麼意義——在市場裡面可以試著去區分黑白混血的 mesticos、白人與印第安人混血的 caboclos，以及黑人與印第安人混血的 cafusos 之間的差異。至於他們所賣的貨物則風格殊異，毫無混合的跡象：印第安人賣的 peneiras 就是典型的印第安人篩木薯粉的篩子，那是用竹子做成的格子花樣的手工藝品，周圍有一圈竹條：abanico（扇子）也是印第安人傳統手工藝品，這種東西頗值得研究，製作的材料是一片棕櫚樹葉，把原本分散會透風的葉子編織成一片嚴密的平面，用力搖動的時候可以搧風，這需要相當的巧思。由於編織扇子的方法很多，棕櫚葉也有很多種，把不同的編織法與不同的棕櫚葉結合起來，可以創造出各式各樣的形狀，而每一種扇子就代表對同樣一個技術問題的不同解決方案。如果收集這些不同形狀的扇子，就等於是收集了對同一個技術問題的很多種不同解法。

棕櫚主要有兩種：一種棕櫚的小葉片整齊對稱地分布於葉幹兩側；另外一種的小葉片散開如扇形。第一種棕櫚葉有兩種編織方式：把所有葉片都折到同一邊來編織；不然就是幾片葉子幾片葉子分組編織，直角交錯，然後再把一組的頂端穿插到另外一組的底端，再反過來穿插編織。用這些方法可以編出兩大類的扇子：翅膀形與蝴蝶形。蝴蝶形的扇子還可以分成很多種形狀，在編織過程中同時使用上述兩種方法，最後編織出來的扇子有的像湯匙、像球棒、像花圈、像一種巨型的扁平髮辮。

聖保羅的市場裡面還有另外一種很吸引人的東西，是叫做figa或fig的吊飾。這種東西的形狀像一隻握拳的手臂，拇指從食指與中指之間突出來，這是古代地中海地區的一種吉祥象徵，其造形代表的很可能是性交動作[1]。在市場裡面賣的那些figa，有的用黑檀木製成，有

1 Figa這種吉祥物源於非洲，先傳入地中海地區，十七世紀時再傳到巴西。性交造型象徵了富饒和生產之意。

的是銀製的小護身符，有的則大如商店招牌，雕刻粗糙，顏色俗豔。我當時住的房子位於聖保羅市的頂端，是一九〇〇年代羅馬流行的建築樣式，牆壁粉刷成褐色。那時候我在天花板掛了不少figa，像花環一樣有趣。進入房子之前要穿過一片素馨花，素馨花之後是一座老式花園，我請屋主在花園的一端種一棵香蕉，讓我有身在熱帶的感覺。幾年下來，這棵象徵性的香蕉樹已繁殖成一小片香蕉園，我因此可以收穫自己的水果。

古代figa，出土於龐貝城，拇指前端已失落。

最後，在聖保羅的郊外有些鄉野民俗值得觀察記錄，五月節慶時，每個村莊都用綠色棕櫚做裝飾，一切按照葡萄牙傳統方式進行：重演摩爾人和基督徒之間的紀念戰役；舉辦「卡塔瑞內塔號」[2]紀念遊行，船用紙板糊成，上面有紙帆；到遙遠的教堂去朝聖。那個教區收容了許多痲瘋病患，在那裡到處都可聞到「品卡酒」（pinga）的味道，品卡也是用甘蔗釀造，但和蘭姆酒很不一樣，有時直接喝，有時會加青檸檬汁來喝。在品卡酒氣味中，混血的吟唱者穿著及膝的靴子和廉價的漂亮服飾，帶著相當的醉意一面敲鼓一面互相挑戰比賽唱些諷刺歌曲。此外還有一些信仰和迷信，記載下來也相當有趣，例如躺在金戒指上面可以治療針眼，或是把所有食物都分為不可相容的兩類，一種是熱性食物（comida quente），一種是冷性食物（comida fria），吃錯了會生病，另外還有其他各種有害的混合——魚和肉類，芒果和酒類，或香蕉和牛奶等等。

不過，在比較內陸的區域，更有趣更值得注意的不是那些地中海區域傳統的殘留，而是一個正在成形的社會所喜愛的那些特殊的社會模式。要研究的題目仍然沒變，仍然是過去與現在的問題，不過古典人類學研究一直都想用過去來解釋現在，而這些地方卻是仍然變易不居尚未定形的現在，似乎正在重現歐洲文明演化過程的一些很古遠的階段，就像是墨洛溫王朝[3]時代的法國，你可以眼看著遍布大型莊園的鄉村裡湧現出市鎮和城郊來。

正在形成中的各種社區，和現代的城鎮不一樣。現代的城鎮，其原有的特色都已被抹殺，很難在裡面看出其形成過程的特有歷史，所有城鎮都變得愈來愈相像，只剩下一些行政上的區別。此地的情形正好相反，每個城鎮都可個別加以研究，像植物學家研究植物那樣，從其名稱、外觀與結構，可以看出個別的城鎮是屬於人類創造出來加進大自然裡的哪一個城鎮界裡面的哪一科[4]。

在十九和二十兩個世紀裡面，拓荒者所建立的邊緣地帶慢慢由東往西，由南往北移動。

---

2 這個故事源於一首葡萄牙古詩，描述一艘叫做卡塔瑞內塔號（Nau Catarineta）的船，在一五六五年的航行中迷失方向，也耗盡了食物，必須抽籤犧牲船員，此時又遇到惡魔現身誘惑，幸而得到上帝的幫助，最後順利抵達目的地。

3 Mérovingiens，或稱梅羅文加王朝，存續時期間為西元五世紀至八世紀。

4 此處借用了生物分類法裡的「界、門、綱、目、科、屬、種」層級概念。

在一八三六年左右，聖保羅州只有北方——也就是里約熱內盧與聖保羅市之間那一帶——真的有人久住，並且漸漸往此州的中央地區移動。二十年之後，殖民據點開始在東北的摩吉安納（Mogiana）和波里斯塔（Paulista）一帶建立起來；到一八八六年的時候，移民已深入阿拉拉夸拉（Araraquara），索羅卡巴（Sorocabana）和西北地區。在後面這些地區，一直到一九三五年左右，人口和咖啡產量增加的速度相當，而在北方開發比較久的那些地區，咖啡減產要比人口減少早上五十年。人口減少的現象直到一九二〇年代以後才出現，然而早在一八五四年，已有很多失去利用價值的咖啡莊園被人遺棄。

這種用後即棄的空間利用方式，和與之相應的歷史演化一樣都無法留下恆久的痕跡。只有那些沿岸的大城鎮，例如里約熱內盧和聖保羅，其城市擴張的基礎穩固，看起來倒退不了：聖保羅的人口在一九〇〇年的時候有二十四萬，在一九二〇年有五十八萬，在一九二八年有將近一百萬，現在則早已超過百萬。但是，在內陸地區，另外一種城鎮出現又消失；不同的省分在同一時間內有的人口增加，有的在減少。居民遷來移去，總數雖並不見得增加，但所形成的社會形式卻有不同；城鎮化石與城鎮胚胎並存供人觀察，讓人可以在極短的時間裡，在人力所及的範圍內，研究到種種令人驚訝的演變轉型，好像古生物學家比較不同的地質層，以便研究出生物演化歷經數百萬年時間的不同階段一般。

一旦離開沿岸一帶，必須記住的是，過去一個世紀以來，巴西的變化多而發展少。

在帝國統治時期，整個國家人口稀少，但分布相當平均。沿岸城鎮的規模一直不大，內陸城鎮則遠比現在更具活力。有一個常被人遺忘的歷史弔詭：交通設施欠佳時，愈原始的交通工具愈有優勢。除了騎馬以外別無選擇的時候，人們可以毫不猶豫地在旅途上花費幾個月的時間，而不只是幾天或幾個禮拜，毫不猶豫地前往只有騾子才去得了的地方探險。當時整個巴西內陸的生活，速度雖然緩慢，但穩定地進行著；河道上有定期航班，一小段一小段地走，整個行程長達幾個月；像庫亞巴（Cuiaba）與戈亞斯（Goyaz）之間的那條路，在一九三五年已被完全遺忘，在一百年前卻是交通頻繁，騾隊來來往往，每一隊騾子的數目在五十頭到兩百頭之間。

除了一些最偏遠的地區以外，整個巴西中部那種從二十世紀以來遭受忽略的情況並非本來就一直如此：這是沿岸地區人口和商業成長所付出的代價，是沿岸地區發展現代式生活的結果。內陸地區由於較難開發，便往後倒退，沒有辦法依照自己緩慢的腳步往前走。同樣的，開始使用汽船以後，距離被縮短了，那些曾經聞名世界的沿途停靠港口一一退出舞台；我們不得不問，搭乘飛機旅行使我跳過的那些以前會停留的地方，是不是將出現同樣的結果？無論如何，幻想機械進步會帶來相應補償也沒什麼害處：將清靜和遺世獨立交還給少許地區，以交換這世界被機械進步大舉摧毀的隱祕性。

聖保羅州的內陸及其鄰近地區，具體而微地說明了上述這些轉變。很多巴西沿海及河岸的城鎮最初都是用以維持省區治安的軍事要塞性質聚落，它們現在當然都已衰微或者蕩然無存：里約熱內盧維多利亞；建築在一座小島上的弗洛里亞諾波利斯（Florianopolis）；建在岬角的巴伊亞和福塔雷薩（Fortaleza）；亞馬遜河岸的瑪瑙斯（Manaus）和奧比多斯（Óbidus）；還有馬托格羅索州的維拉貝拉（Vila Bela），在瓜波雷（Guaporé）附近仍可看見它的遺跡，不時有些南比夸拉（Nambikwara）印第安人會去住。它以前是個以「叢林隊長」[5]聞名的駐軍城鎮，位於玻利維亞邊界，也就是在一四九三年教宗亞歷山大六世所畫的那條象徵性的界線上面，畫那條線是為了解決西班牙王室與葡萄牙王室之間的領土爭執，而當時新世界仍未被發現。[6]

在北邊和西邊，仍可看到一些現在已無人居住的礦鎮，還有已經頹壞的古蹟——十八世紀誇張搶眼的巴洛克式教堂建築——這些教堂仍然相當華麗可觀，和周圍的一片廢墟形成對比。礦坑還在開採的時候，這些城鎮曾經充滿活力，現在則陷入休止狀態，不過在扭曲的圓柱間，每個空隙每個轉角，每一面有卷軸裝飾的山牆，每一座披著服飾的雕像，卻都似乎很急切地想要保存一些已破落的財富的蛛絲馬跡。挖掘地下礦藏所付出的代價是毀壞自然，特別是那些被砍伐來提供燃料給煉礦爐的森林。城鎮則像一場大火那樣，在消化完他們自己生存所據的資源以後，枯竭敗滅。

聖保羅還令人想起其他歷史事件；譬如十六世紀以來耶穌會教士與莊園主人（fazenderos）之間的鬥爭，兩者各自擁護不同的殖民方式。耶穌會教士在他們所控制的土地範圍內，堅決地要把印第安人從其野蠻的生活方式中拉出來，把他們組織成一種受耶穌會控制的公社生活型態。在聖保羅州內的一些邊遠地區，這類最早期的村落仍可由其名稱看出來：奧蒂亞或米邵[7]等。這些村落規劃得相當寬敞，功能安排也有特色：教堂在中央，前面是一片長方形廣場，地面的泥土都夯得平坦堅實，現在已長滿雜草，廣場四周的街道交會處均呈直角，街道兩旁以前是土著小茅屋的地方都蓋了低矮的房子。那些熱帶莊園的主人，十分嫉妒教會所擁有的世俗勢力，教會不但壓低他們所能徵收的租稅，而且迫使他們不能使用奴隸做苦工。他們組成各種懲罰性的征服隊，破壞原住民與教士之間的聯繫。教士與莊園主之間的競爭，

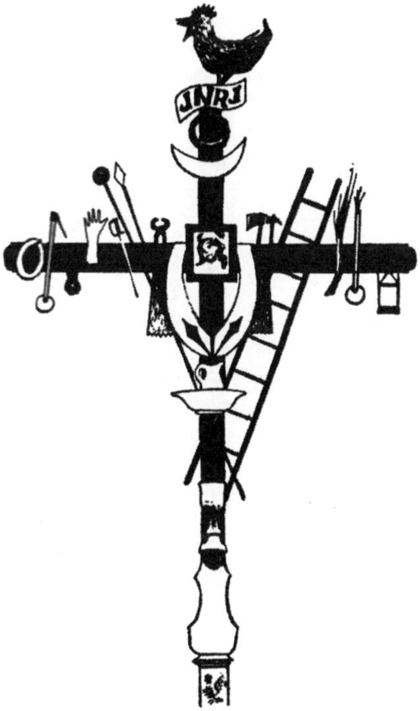

耶穌受難十字架。出土於聖保羅州鄉間，飾有各種代表受難的裝飾。

5 叢林隊長（capitão de mato）負責指揮武裝成員進入叢林搜索逮捕逃跑的奴隸。

6 哥倫布於一四九三年完成第一次航行之後，歐洲各國知道了美洲的存在，新一波殖民地爭奪戰勢必展開，教皇為避免過多爭端，於是劃定一條界線，此線以東屬葡萄牙，以西屬西班牙，稱之為「教皇子午線」。當時美洲絕大部分地區都還沒被歐洲人發現，因此這條線其實帶有強烈的空想成分。

7 Aldeia和Missão在葡萄牙文中意為「村莊」和「使命」。

使巴西的人口結構分布具有一項特質：在最貧瘠的地區，仍保留著從奧蒂亞時代沿襲下來的鄉村生活方式；而在那些眾人爭奪的土質肥沃之地，居民除了依附地主過活以外別無選擇，住在規格一致的茅草或泥土小屋裡，以便主人能隨時監視。即使是現在，在一些鐵路沿線仍然沒有任何社區生活存在，每隔一定的距離就建一個車站，按照字母順序取名——巴爾基納（Barquina）、費里西達德（Felicidade）、利茂（Limão）、馬瑞里亞（Marilia）等等（在一九三五年左右，保利斯大公司已用到P這個字母開頭的車站名稱）——整條鐵路數百公里之內只在某些稱為「莊」的地方停車——巴納納爾莊（Chave Bananal）、孔塞桑莊（Chave Conceiçao）、埃莉薩莊（Chave Elisa）等[8]……，這類車站就是為莊園服務的，當地住民圍繞著莊園居住。

在另一方面，有些莊園主人為了宗教的理由，會把土地獻給教區，結果成為教堂財產，受某個聖人保護的鎮區。另外有些鎮區的創建則是基於俗世的理由，有的莊園主決定成為「人口繁衍者」（povoador，populator），甚至成為「城鎮栽培者」（plantador de cidade）。在這類例子中，他會用自己的名字為城鎮命名，叫做保羅市（Paulopolis）或奧蘭迪亞（Orlandia）等等；有時候為了政治上的理由，則以名人做為城鎮保護者，取名為普魯登特總統城（Presidente Prudente）[9]、科內利烏普羅科皮烏[10]或埃皮塔西奧佩索阿[11]等等……這些城鎮的生命週期雖然短促，仍然不時更改名字，每次改名都代表城鎮發展的一個新階段。剛開始的時候可能只是有個非正式的名稱：舉例來說，荒野中出產馬鈴薯的地方會被叫做「馬鈴薯」

（Batatas）；如果某個地方缺乏燃料用以煮食，或許會叫做「生豆」（Feijão-Cru）；有的地方叫做「無鹽」（Arro-Sem-Sol），因為到達那個地方之前可能存貨都已用盡。然後，有一天，某個上校——只要是重要的地主或政治人物都被稱為「上校」（coronel）——想要在他所掌握的那幾千畝土地上建立自己的權威，他就去招募人員，有時候是雇用，有時候則把一些流浪漢捉來，於是「生豆」就變成「萊奧波爾迪納移民鎮」（Colônia Leopoldina）[12]或「費南多市」[13]。隨著時間的消逝，這些由個人野心或一時興起而憑空創造出來的城鎮，可能衰敗、消失：剩下來的只不過是一個名字和幾間小屋，人口愈來愈少，飽受瘧疾和鈎蟲肆虐。不過，有時候這樣建立起來的城鎮會生根，發展出某種集體意識，設法忘掉它起初不過是某位個別人物的玩物或工具而已。從義大利、德國和其他五、六個國家剛剛移民來的新人口，也許會覺得有需要扎下自己的根，便從字典裡重新找一個名字，通常是圖皮語的名字，認為這樣改了城鎮的名字以後，會給城鎮帶來某種始自前哥倫布時期的悠久形象：塔那比（Tanabi）、

8 葡萄牙文的chave與英文的key約略同義。

9 普魯登特・巴羅斯（Prudente e Barros, 1841-1912），曾任巴西總統。

10 這個地名用來紀念科內利烏・普羅科皮烏上校（Coronel Cornélio Procópio），他死於一九〇九年。

11 埃皮塔西奧・佩索阿（Epitácio Pessoa, 1865-1942），曾任巴西總統。

12 這個地名用以紀念萊奧波爾迪娜公主（Princesa Leopoldina, 1847-1871）。

13 這個地名用來紀念費南多・柯斯塔（Fernando Costa, 1886-1946），巴西農業學家、政治家。

沃圖波蘭加（Votuporanga）、圖龐（Tupã）或艾莫雷（Aymoré）……。

河岸城鎮則在鐵路出現以後步向死亡，不過其遺跡仍偶然可見，做為一個已消失的週期之見證。一開始的時候，河岸上會蓋幾間小茅草亭子，蓋一間小客棧，讓駕獨木舟的人有地方安心過夜，不會被印第安人偷襲。汽船引進以後，每隔三十公里左右出現一個柴火港（portos de lenha），以便那些煙囪細窄的船隻可以補充所需的木材燃料。最後，在每一段可以航行的河道兩端出現河港，在那些由於急流或瀑布而無法通過的地點，則有船隻搬運站。

在一九三五年的時候，有兩種聚落仍然保存著傳統的外觀，也保有一定程度的生命力。一種是在道路交會處的村落，稱為pouso[14]，另一種則位於叢林出入口，稱為boca de sertão[15]。當時貨車已開始取代騾隊或牛車隊等老式的交通工具，貨車使用跟騾隊或牛車隊一樣的小徑，由於路況很差，幾百公里的路程都只能用一檔或二檔行駛，結果行進的速度和載貨的畜牲差不多，也得在同樣的地方停留，穿著沾滿油漬工作服的司機和一身皮衣的趕牲口者（tropeiros）坐在一起喝酒。

那些小徑的實際情況和傳言所說的大不相同。其起源有很多種，有的是以前貨運隊走的舊路，用來輸出咖啡、甘蔗、酒和糖，並運入鹽、米、豆和麵粉。這些道路的中途，就在叢林密草中間，會設一些「登記站」（registro）：一座木造的馬欄，旁邊有幾間小屋，一名服儀不整的農民代表某個值得懷疑的權威當局索取過路費。既然有登記站，就表示另外還有一條更為隱密的小徑，專門用來逃避路費，叫做免稅路（estradas francanas）。最後，還有騾子路（estradas muladas）和牛車路（estradas boiadas）。在牛車路上，常可聽見那種單調煩人的牛車聲，接連不斷響個兩、三小時，不習慣的人會被弄到發瘋，那是牛車慢慢接近時，車軸磨擦車身所發出的聲音。這些牛車是古代地中海地區的設計，從史前時代以來就沒什麼改變，十六世紀的時候傳進巴西。車身很笨重，兩旁有用籐編護欄，車身直接放在車軸上面，車軸兩端連著沒有輪轂的輪子。拉這種車的動物，為了克服車軸與車身間嚴重摩擦所耗掉的力量，要比花在把整輛車子往前拉還多得多。

此外，那些小徑的路面情況，主要是由動物、汽車和卡車沿著大致相同的軌跡隨意重複輾壓的結果，每次上路的時候都盡量依據當時的雨

14 pouso，葡萄牙文，意為「著陸點」、「上下車的地方」、「碼頭」。

15 boca de sertão，葡萄牙文，意為「荒野的出入口」。

牛車軸部詳圖

勢、泥土狀態和植物生長情形，找出最方便的路徑來走。路上形成一個由凹溝和凸坡所組成的迷宮，有時候匯集在一起變成一段寬達百碼左右的道路，好像是叢林深處突然出現公路，讓我想起法國塞文山脈夏季上山放牧時羊群走的山路；有時候又岔開成幾條路，通往地平線上每一個方向，使人無法知道這些邁諾斯迷宮[16]般的路線到底是選哪一條比較好，才不會走了三十幾公里以後發現迷失於沙地或沼澤荒草裡面，白白浪費幾個小時，又耗力又危險。在雨季時，這些小徑都變成無法通行的黏糊糊泥巴河。雨季結束以後，第一輛開進小徑的貨車會在潮溼的路面上留下凹陷的車轍，經過三天乾燥後便堅硬得像水泥一樣，隨後上路的車子不得不將輪子放進這些凹槽往前開。如果輪距規格和車底高度正好和第一輛貨車一樣，這倒沒多大問題。如果輪距規格一樣，可是底盤較低，有時就會發現半路上車子突然懸空，卡在一塊突起的小土堆上面，得用鶴嘴鍬把它鏟掉。如果輪距不同，只能讓一邊的輪子放進凹槽裡面，另一邊的輪子則在較高的路面上，就這樣傾斜著開好幾天，隨時都有翻車的危險。

我仍然記得有一次在這種小徑長途旅行的經驗。庫爾坦[17]為那次旅行犧牲了一輛嶄新的福特。莫局埃[18]、庫爾坦和我三個人決定開著那輛福特，一直開到不能再往前開的地方去。那次旅行的終點在阿拉瓜亞河畔（Rio Araguaya）一間卡拉亞印第安人（Karaja）的小屋前面，離聖保羅一千五百公里；回程途中，前輪的避震彈簧斷掉，引擎直接壓在車軸上面開了一百公里，然後請一個村子裡面的師傅手工打造一根鐵條，把引擎吊起來，又開了六百公里。但是，讓我記憶最深刻的是在一片黑暗中連續開幾個鐘頭，心中相當焦急，因為不曉得我們所選的那道車轍是不是會害我們走錯路。聖保羅州與戈亞斯州的邊界一帶沒什麼村落，在黑暗中焦急地開了一段路以後，一座好像鑲著許多星星的pouso突然出現在眼前。那些星星是電燈泡，由小發電機供電。事實上，發電機的噗噗聲在過去幾個小時之內早已隱約可聞，不過一直無法把它和夜間叢林的其他聲音區分開來。小客棧有時候有鐵床，有時候有吊床，我們在黎明時分醒來，在城鎮熱門旅遊區閒逛，或者說那是個廣場，有房子和店舖，還有很多行商和小販——零售商、醫生、牙醫、甚至巡迴律師。

可以想像這樣的城鎮在市集時的熱鬧情形。數以百計的農民全家出動從遙遠的地方趕來，一趟路要走上好幾天，不過這是他們一年一次的機會，可以賣一頭小牛、一隻騾子、一張貘皮或美洲豹皮；出售幾袋玉米、稻米或咖啡，然後買一塊棉布，一些鹽、燈油和來福槍子彈。

城鎮後方是一片高地，上面覆蓋著矮樹叢，偶爾長幾棵灌木。近年造成的侵蝕——大約是半個世紀之前開始砍伐森林——使高原表面出現一些痲子，好像是小心翼翼用鑿子鑿出來的一樣。一、兩碼的高度差別顯示出台階地的起點，也代表剛開始形成中的峽谷。有一條溪

16 原文使用Ariadne做比喻，她是希臘神話中的克里特公主，協助忒修斯斬殺邁諾斯迷宮裡的牛頭怪。
17 雷內．庫爾坦（René Courtin, 1900-1964），法國經濟學家，《世界報》（*Le Monde*）共同創辦人。
18 尚．莫局埃（Jean Maugüe, 1904-1990），法國哲學家，曾與李維史陀一起在聖保羅大學任教。

流，相當寬但不深，比較像是一股溢流的洪水，而不像是有自己河道的溪流。旁邊不遠處有兩、三條平行道路穿過幾片植披茂密的區塊，這些植披區塊環繞著一座瓦頂的房子，褐色的百葉窗支架，紅褐色土地的反光，使那座房子用石灰粉刷過的閃閃發光乳白色牆壁顯得更為耀眼。一般人住的屋子後面都有草地，地面上的粗草被家畜啃得很短。那些屋子看起來好像是加了蓋的市場，因為屋子前面是沒有窗格的大窗戶，經常打開。為了即將舉行的市集，市集組織者準備了不少飼料，像甘蔗葉或棕櫚嫩葉，用草繩一把把綑起來堆放在一起。趕集的人在一朵朵草料堆之間靠著牛車搭營，那些牛車的車輪周圍綴滿釘子做裝飾。在旅行途中，新編的籐邊和用繩子固定的牛皮頂蓋就是臨時的遮風擋雨設施，來到市集地點時，則用棕櫚葉或白棉布靠著牛車後面搭起篷帳，在露天下煮米、黑豆和臘肉：沒穿衣服的小孩在牛群間嬉戲，牛嚼食著甘蔗葉，柔軟的葉桿從牛嘴垂下，好像噴著綠色的水。

幾天以後，所有人都走了，趕集的人全都回到叢林裡面，留下 pouso 在陽光下打瞌睡。鄉野生活只剩下每個禮拜天有人騎馬來到 Villas de Domingo 喧鬧一番——那地方在其他日子並不開放——來到這個兩條小徑交會的十字路口，只有幾間小房子和一個喝酒的地方。

十三、前線地帶

從沿岸地帶往北走，直到碰上亞馬遜河流域連綿不斷的森林區邊緣之前；或者往西走，沿路一樣是一片延伸到巴拉圭沼澤地的矮樹林，同樣的景象在巴西內陸一再重複出現。越往內陸深入，村落愈來愈少，村落之間的距離愈來愈遠，有時候是一大片遼闊的空間，稱為「乾淨的草原」（campo limpo）；有時候是一片長滿矮樹叢的地帶，稱為「髒草原」（campo sujo）；有時候則是稱為cerrado或catinga的兩種不同的矮樹林[1]。

朝著巴拉那州的方向愈往南走，離熱帶就愈遠，火山形成的底層土及其所在的緯度使地理景觀和生活方式出現很多變化。在這些地方，可以看見原住民的聚落，在離文明中心不遠的地方，也可看見最現代化的內陸文明樣式。因此，我到巴西以後所做的頭幾次旅行觀察，便選擇巴拉那州北部地區。

巴拉那州與聖保羅州以巴拉那河為界，河岸對面是大片溫和潮溼的松柏樹林，只要花二

1 東北部以catinga居多，cerrado主要分布於戈亞斯州和米納斯吉拉斯州。

十四小時左右就可抵達，但因為它們長得非常茂密，使莊園種植者長久以來望之卻步。一直到一九三〇年，這片森林仍然原封不動，只有小群小群的印第安人在裡面遷移不定，還有幾名拓荒先鋒，通常是貧困的農民在裡面清出小塊土地種玉米。

我到巴西的時候，這地區正開始開發，主要是因為政府劃出三百萬畝地給一家英國公司開荒，條件是該公司必須修築公路和一條鐵路。英國人計畫把那片土地分割成小塊，轉賣給東歐和中歐的移民，但保留鐵路所有權，認為運輸農產品能使鐵路維持營運。在一九三五年之前，整個計畫進行得還不錯，鐵路也一步步深入叢林。一九三〇年初，鐵路只有五十公里長，年底增加到一百二十五公里，一九三二年增加到二百公里，一九三六年已有二百五十公里。每隔十五公里建一座車站，車站旁清理出一片一公里見方的土地，準備發展成城鎮。沿線也出現了居民點，從最早的隆德里納（Londrina）有三千居民開始，接著是諾瓦丹齊格（Nova Dantzig）有九十位居民，羅蘭迪亞（Rolandia）六十位住民，最後是阿拉篷加斯（Arapongas），在一九三五年的時候只有一座房子和一位居民，他是一名法國中年人，穿著第一次世界大戰留下的綁腿，戴草帽，想要在荒野裡面發一筆財。專門研究這片拓荒前線地帶的蒙別格[2]告訴我，在一九五〇年，阿拉篷加斯已有一萬人口。

騎馬或搭乘貨車沿著新築公路往內陸走，這些新路都在拓荒前線地帶的邊緣，像高盧地區的羅馬道路那樣，幾乎看不見任何人煙。在狹長的地帶，一邊是路，另一邊則是順著峽谷流動的河水。墾植工作都從靠近河邊的低地開始，再沿著山坡慢慢往上爬，不過，象徵文明的公路仍然被森林包圍著。山上較高處的森林在幾個月或幾年之內還不會有什麼變化，然而，在河谷附近，在那些砍伐下來的樹幹和樹頭之間，那些紅色或紫色的新闢土壤上，第一次的收穫已經出現。冬雨會把樹幹和樹頭都腐爛成肥沃的腐殖土，不過馬上會被水沖刷掉，與原本要為森林補充養分的土壤一起被沖下山坡，森林被伐，已經沒有樹根可以抓住這些土壤了。十年、二十年或三十年之後，這片「迦南地」（land of Cannan）很可能變成一片乾燥的不毛之地，一處荒頽的景觀。

在目前，移民們心裡只想到這難得的富饒樂土；波莫瑞人[3]或烏克蘭人還沒有時間蓋房子給家人住，暫時和牲口一起在河岸旁木頭搭成的小棚屋宿營，對眼前神奇的土壤滿懷熱情。這土地太肥沃了，像野馬一樣，得先馴服它，才能種玉米和棉花，不然的話，棉花和玉米會一直瘋狂地長枝生葉，永遠不開花結果。一個德國農夫帶我們去看他用幾粒種子種出來的那片檸檬園的時候，喜極而泣。使這些北方人感到驚喜的不只是土壤如此肥沃，更可能是因為親眼見到這些以前只在傳奇故事裡讀到的異國果物。這一帶地區位於熱帶與溫帶交界處，幾碼上下的高度差別就有明顯的氣溫差異，他們因此可以種所有的東西，老家的植物和美洲的植物都種在一起。能夠耽溺於這種農業娛樂使他們很高興，把小麥和甘蔗、亞麻和咖

2 皮耶・蒙別格（Pierre Monbeig, 1908-1987），法國地理學家。

3 譯注：波莫瑞（Poméranie）是位於波蘭西北部的一個地區。

啡……都種在自己的土地上。

這些年輕的城鎮全都是北歐風貌，新移民與老移民住在一起。日耳曼人、波蘭人、俄羅斯人等等，義大利人比較少，他們大約在一個世紀以前曾集體移居到巴拉那州的南部庫里奇巴（Curitiba）附近。那些房子用木板或只稍微修整過的樹幹來建造，很像中歐和東歐的房子，使用四個車輪都有輪幅的敞篷馬車，而不是伊比利半島形式的牛車。此地急速成長中的前景，也比像牛車這類令人意想不到的遠古遺存物更令人興奮。本來什麼都沒有的空間，一天一天地具備城鎮的架構。像胚胎細胞分裂一樣，這些地方在轉變過程之中漸漸形成各種專業化的群體，各有自己的功能。隆德里納早已是組織完整的城鎮，有大街、商業中心、手工藝區和住宅區。但是，是什麼樣的神祕力量使原本的無人地帶出現羅蘭迪亞、阿拉篷加斯這樣的城鎮呢？某一類住民被迫前往一個地方，另外一類被迫前往另一個地方，每個地方都承擔著特定的功能。在這些任意在森林深處劃出來的長方形空間裡面，街道都成直角交叉，乍看之下一模一樣；他們只是一些幾何線條，沒有自己獨特的性格。然而，還是有主要街道與次要街道的區別；有些街道與鐵路或公路平行，有些是直角交叉；前者和商業動線方向一致，後者則橫過商業道路，且形成阻礙。商家店舖都選擇前者，因此交通繁忙；私人住宅或某些公共建築物則選擇後者，或被迫沿著後者興建。中央與兩旁、平行與垂直，這兩種對比結合起來產生四種類型的城鎮生活，塑造未來居民的個性；鼓勵一些人、挫折其他人，促使成功或導致失敗。更重要的是，城鎮居民有兩類：喜歡群居的人住在城市化程度最高的地帶；不喜群居的人注重個人自由。這個差異衍生出新的對比，使第一類對比的情況更加複雜。

最後，我們還得考慮很多城鎮中都存在的那些神祕因素。那些因素把城鎮往西推，使城鎮的東區落入貧困或衰敗。這些因素可能只不過是宇宙律動的一種表現，從人類出現以來，這種律動使人類在潛意識中相信，和太陽行進的方向一起行動是好的，逆著太陽行進的方向則是壞的；跟著太陽走表示秩序，逆著太陽走表示混亂。我們早已放棄太陽崇拜，也早已拋棄那種把魔力、顏色與特質等等聯結到羅盤上不同方位的習慣。但是，無論我們的歐幾里德式心靈如何地不認同這些與空間有關的觀念，我們還是沒有辦法避免重大的天文與氣象現象對某些領域產生難以察覺但又無法抹殺的影響。我們也無法改變下列的事實：對所有人而言，由東往西的方向都代表進展，北半球溫帶地區的居民把北方看做寒冷與黑暗之所在，南方則是炎熱與光明。這些想法，在個人的理性行為上根本看不到痕跡，但是城鎮生活提供了奇特的對照。城市代表著文明最複雜最菁華的面貌，在一片小小的空間裡吸引集中了一大堆人，再加上城市發展出不同階段所歷經的漫長時間，提供了一個使各種潛意識心態得以沉澱的熔爐，那些心態若單獨出現的話就很難察覺，但由於很多人基於相同的理由以相同的方式具體地表現出同樣的心態，就會形成重要的影響。譬如使城鎮由東往西成長、貧富差距沿著東西方向軸走向兩極化，這種現象簡直無從理解。除非我們承認，由於城鎮和顯微鏡一樣，具有把微小物件放大的長處（或說是限制），因而能在集體意識的公告欄上，把我們那些到處竄動的、微生物群體似的、古老而仍然活生生的迷信顯示出來。

但是，這些真的是迷信嗎？我把那樣的選擇視為一種智慧，野蠻人本能而自然地實踐它，而現代世界拒斥這種智慧，我認為這才是真正的瘋狂。野蠻人經常不費吹灰之力使其心靈平靜，如果我們願意接受人類經驗真正的定位，能夠認知我們無法完全逃脫其模式與規律，我們將可以免除掉多少的負荷、哀傷和無用的憤怒！空間有它自己的值（value），猶如聲音和花卉具有顏色和重量。找尋其間的對應，並不是詩意的遊戲，也不是惡作劇（某批評家評論蘭波[4]的十四行詩〈母音〉（Voyelles），竟敢說這些關係是戲法、是惡作劇。藍波這首詩目前已是語言學家的經典教材，他們認為詩的基礎不在於個別音節的調性，那些調性會因人而異，詩的基礎在於音節與音節之間的關係，而這些關係的種類相當有限）；這個領域完全沒有人研究過，頗有希望作出意義重大的發現。像審美家一樣，魚把氣味區分成淺與濁，蜜蜂把亮度按重量區分，重的是黑暗，輕的是光亮；那麼，畫家、詩人或音樂家的作品，就像野蠻人的神話與象徵一樣，也應該被看做是我們人類真正共同具有的、最基本的、也是唯一的知識——如果不是一種更高級的知識的話。科學知識和科學思想只不過是尖銳的刃端，因為不停地在事實這塊磨刀石上面研磨而更具切刺力，不過要以喪失事物的本質為代價。科學思想之所以如此有效，原因在於具有深深切刺進去的力量，只要切刺得夠深入，就能使整個知識工具隨之前進。

社會學家可以協助我們全面而具體地深入闡釋這些人類行為。社會生活的重要表現和藝術品有些相同的地方，他們都是在無意識的層次形成發展出來，社會生活因而是集體的產物，藝術品雖然是個人的產品，情況還是如此。兩者之間的這項差別是次要的，而且只是表面的，因為社會現象是公眾所造成的，藝術品則是為公眾而創造；公眾就是社會生活與藝術的共同衡量標準，同時決定兩者的創造條件。

因此，我們常常把一個城鎮拿來和一首交響曲或一首詩做比較，這種比較並不全然只是比喻，事實上，城鎮和交響曲或詩都是同性質的事物。城鎮可能還比藝術品更寶貴，更值得珍惜，因為它就站在自然與人造物的交界點上。城鎮事實上是由一群動物組成的社會，一群動物把他們的生物史侷限在其界限之內，同時又因為他們是能思考的動物而產生種種動機和目的去改造城鎮；因此，無論是在發展過程或是形態上，城鎮同時是生物上的生殖、有機的演化與美學的創造。城鎮既是自然裡面的客體，同時也是文化的主體；它既是個體，也是群體；是真實，同時是夢幻；是人類最高的成就。

在巴西南部的這些違反自然的人造城鎮，以背後那股潛在的頑固決心做出規劃，使街道產生特別的功能，不同的城區擁有各自的風格；而所有這一切之所以能存在，代表的既是原來創建它們的想法之延續，同時又和原來的想法矛盾，這就使那股決心顯得更值得注意。隆德里納、諾瓦丹齊格、羅蘭迪亞與阿拉篷加斯，這些城鎮的出現，都是一群工程師與金融家

4 尚・尼古拉・阿瑟・蘭波（Jean Nicolas Arthur Rimbaud, 1854-1891），十九世紀法國天才詩人。

共同決定的結果，而這些城鎮都已逐漸靜靜地進入本應就如此發展的多樣化狀態，就像庫里奇巴在一個世紀以前變成的那樣，或是目前戈亞尼亞（Goiânia）可能再演變成的那樣。

庫里奇巴是巴拉那州的首府，在政府決定創建它以後才出現在地圖上。城市所在地是向一位大地主買來的，政府再將它再劃分區塊，廉價出售，以吸引人流進入。稍後也使用同樣的方法創造了米納斯吉拉斯州的首府貝洛奧里藏特（Bello Horizonte），至於戈亞尼亞，政府下的賭注更大，因為最初是想將它建成巴西聯邦共和國的首都。

從巴西南部沿岸到亞馬遜河之間直線距離三分之一左右的路途，有一大片高原，在過去兩百年來完全被人遺忘。在貨運商隊與汽船的時代，有可能在幾個禮拜之內穿過這片高原，由礦區抵達北方。在抵達阿拉瓜亞河以後，旅行者可以搭船沿河而下直抵貝倫（Belém）。這種老式省城的生活方式，只在戈亞斯還可看到，戈亞斯是戈亞斯州的首府，離海岸一千公里，幾乎與海岸地帶完全隔絕。從長滿棕櫚的不規則翠綠山脊上俯視，矮房子之間的街道穿行於花園和廣場的邊緣，教堂窗戶裝飾得十分華麗，前面有馬在吃草，那些教堂建築既像穀倉又像鐘樓，有柱廊和粉刷過的牆壁與山牆，總是用像蛋殼顏色的白漆一再粉刷，還在邊緣塗著淡黃、褐色、藍色或粉紅色的漆作為裝飾，使人想起伊比利半島田園風光的巴洛克風韻。一條河在多青苔的河岸之間流過，一部分河岸被藤類、香蕉樹與生長於被棄置的房子之間的棕櫚樹壓垮；不過，這些茂盛的植物似乎並不是想把那些房子變得更像廢墟，而是要為那些房子頹破的前牆增加一點沉默的尊嚴。

我不知道應該感到高興還是遺憾，行政當局後來決定放棄戈亞斯，放棄這裡的農民、放棄這裡卵石鋪成的街道，放棄它老式的魅力。戈亞斯太小，太古老。在當時的新構想裡要建立的龐大計畫，必須要找一塊全新的處女地才行。往東一百公里的一片台地，上面只長些粗草和多刺的矮樹，好像被一場傳染病襲擊過，把其中的動物全部毀滅，並使植物無法長大，這片台地正好合適。沒有鐵路、道路通往那裡，只有幾條牛車才能走的小徑。在那個地區的地圖上面，畫一個象徵性的正方形，每邊一百公里長。這就是未來的聯邦區所在，聯邦首都要建在正中央。由於台地的表面平整，建築師無須費心就可以把整塊地當做描圖板來使用，在地面上標示出城鎮規劃；劃出界線，在裡面各個不同的地區劃出住宅區、行政區、商業區、工業區，甚至有個娛樂區。娛樂區對一個拓荒前線城市來說很重要。有一段時間，在一九二五年左右，用類似方式建立的馬瑞里亞，新建的六百間房子裡面，將近一百間是妓女戶，其中大部分是年輕法國女人[5]，她們和法國修女是十九世紀的法國海外事業中最活躍的角色。法國外交部[6]很清楚這一點，因為它還在一九三九年把其祕密資金中相當可觀的一部分用於傳播所謂不規矩的雜誌。巴西最南部的一州是南里約格蘭德州（Rio Grande do Sul）。如果我說南里約格蘭德州立大學的創建，和那間大學的偏愛法國教授，這些事實都和一個獨

5　原文為 francesinhas，是一種葡萄牙甜點，同時意指「法國小女人」。
6　法國外交部位於奧賽碼頭（Ouai d'Orsay），因此常以奧賽碼頭一詞來指稱法國外交部。

裁者年輕時曾在巴黎認識一位妓女有關，我想我的一些同事們大約不至於反對。那個年輕的妓女，使這位未來的獨裁者對法國文學與法國的自由發生興趣。

各種報紙每天都報導一大堆戈亞尼亞市創建的消息。城市的細部規劃都刊了出來，好像那城市已有百年歷史似的，在規劃圖的旁邊列舉城市居民將會享受到的種種好處，道路、鐵路、供水系統、下水道、電影院等。如果我沒記錯的話，剛開始的時候，在一九三五到一九三六年之間有一段時期，想買地的人只要支付法律手續費用，就可免費取得土地。民事律師和投機者是最早的一批居民。

我在一九三七年去過戈亞尼亞。在一片無邊無際的荒原上，既像無人之地也像戰場，在密密麻麻的電線桿和測量椿中間，有一百間左右的新建築，零散分布在各個方向。最大的一間是旅館，它是一個水泥方塊，由於四周一片平坦，看起來像是機場塔台，又像小堡壘；這間旅館使人很想把它形容為一座「文明的堡壘」，但不是比喻式的形容，而是字面意義的形容，就其所處的環境而言，這樣的形容充滿反諷的意味。以這種形式將沙漠占為己有，實在是最野蠻最無人性的行為。這些粗糙怪異不可愛的建築物和戈亞斯州完全不相容；無論是歷史，或是時間的消逝，或是習俗，都無法填滿其空虛，也無法軟化其僵硬；它像車站或醫院一樣，只是個過路站，而非久居之地。只有懼怕某種大災難即將臨頭，才能讓人有理由住進這類水泥塊房子裡面。某種大災難事實上已發生了，而我們四周的一片沉寂、毫無行動，正是災難後不祥的餘波。卡德穆斯[7]，文明的傳播者，種下了巨龍的牙齒，在這一片被怪獸的吐息燒焦了的土地上面，期望看到人類竄長出來。

7 Cadmus，希臘神話中的人物，腓尼基王國的王子。

十四、魔毯

今天想起戈亞尼亞那座大旅館，想到它和其他旅館有相似之處。記憶中的其他那些旅館，是在豪奢與貧窮對比的貧窮這一端見證了人類與世界的種種關係裡的荒謬——或者應該說，日漸強加在人類身上的這些關係。我在喀拉蚩（Karachi）這個同樣是人類隨意創造出來的城市裡面，重新發現戈亞尼亞旅館——不過放大到了不成比例的程度。喀拉蚩市，由於政治上的算計和有系統有計畫地把許多社區連根剷除的結果，在一九五〇年以前的三年之內，人口由三十萬人激增至一百二十萬人；和戈亞尼亞市一樣，喀拉蚩也是位於一片沙漠裡面，那片乾旱地帶從埃及一直延伸到印度，把我們地球的一大塊剝掉一層有生命的表皮。喀拉蚩就位在這片乾旱帶的東端。

喀拉嗤本來是個漁村，英國殖民者來了以後才變成一個小港市和貿易中心，在一九四七年被升為首都。城區的長長街道兩旁排列著集體式的與獨棟的軍隊宿舍一般的建築物；那些獨棟的建築是官員與軍官的私人住宅，住宅與住宅之間種著一些耐旱植物，成群的難民露天而宿，在柏油路面上過著苦難不堪的生活，路面被嚼檳榔的人弄得血跡斑斑，與此同時，帕西人[1]百萬富翁則忙著蓋巴比倫宮殿式旅館給西方生意人居住。從清晨到黃昏，連續幾個月不停，一隊衣著襤褸的男男女女（在信奉伊斯蘭教的國家，隔離婦女與其說是宗教習慣，倒不如說是資產階級地位的象徵，社會裡最窮困的人甚至沒有性生活的權利），每個人都扛著滿滿一桶一桶剛攪拌好的水泥，他或她把水泥澆進板模裡面，回頭走到攪拌水泥的工人身旁，停都不停再裝一桶扛走，如此反覆不停。建築物的每一間廂房幾乎在尚未完工以前就啟用，因為一個房間連餐費在內每天的租金要比一個女工一個月的工錢還要高；用這種辦法，蓋一間豪華旅館的成本可在九個月之內回收。因此，監工並不在乎澆灌出來的每一個水泥塊是否排列整齊，只要工作進度夠快就好。這種情形，大約從古波斯帝國的省區總督（Satraps）強迫奴隸拌泥堆磚來修建他們搖搖欲墜的宮殿那時候開始，到現在並沒多大改變；整排扛水泥桶的婦女，鷹架上的天空映襯出她們的側影，事實上真的可以當那些宮殿橫梁雕飾的模特兒。

喀拉蚩市與原住民的生活區隔著好幾哩路（後者在這片沙漠上面本也就是殖民活動造成的人為產物），由於一種教人無法忍受的、季風似的但又從來不曾散去的溼氣，使那段路簡直難以通行，更嚴重的是對下痢（惡名昭彰的「喀拉蚩肚子」）的恐懼，使一群生意人、工業家和外交人員在酷熱與煩悶之中無所事事，那些充做臥室的空無一物的水泥隔間又熱又煩悶，當初的設計似乎不只是成本上的考慮，更重要的是希望關在裡面動彈不得幾個禮拜或幾個月的人類標本離開之後可以馬上進行消毒工作。想到這裡，我的記憶馬上飛過三千公里的距離，把上述的景象與另一個景象聯結起來。另一個景象與迦梨女神廟[2]有關，這是加爾各答最古老也最受崇拜的聖地。在一個不流動的池塘沿岸，在一種滿是畸形與無情的商業剝削氣氛中（印度大眾的宗教生活正是以無情的商業剝削為動力），在那些充斥著宗教性彩色照片和彩繪石膏神像的市場攤位不遠的地方，有一間「休息室」（Rest-House），那是一間宗教活動組織者建來給朝聖者住的現代建築。它是一間長方形的水泥大廳，分隔成兩半，一邊給男人住，另一邊給女人住，兩邊都有一排排未經粉刷的水泥平台，那就是床鋪。他們要我欣賞排水溝與水龍頭裝置。住在裡面的朝聖信眾一起床就被帶去進行種種崇敬膜拜，例如請求治好其潰瘍、口炎、疥癬或潰爛等等疾患以後，將整座建築用水管沖洗得乾乾淨淨，等待另一批朝聖者來過夜。沒有任何一個地方——或許除了集中營以外——人類與屠夫刀下的肉塊相像得如此徹底。然而，這還只是用來暫時住宿的建築而已。再往東走一段，在納拉揚甘傑（Narayanganj），種黃麻的工人在一個巨形的蜘蛛網裡面討生活，那蜘蛛網由白色的纖維組成，從牆上垂掛下來，漂浮於半空中。他們工作完畢以後回去的住處是coolie lines，這是一種沒有照明也沒有地板的磚造槽房，每個槽房住六到八個人；這些磚槽並排形成狹小的街道，排泄物就在街道路面流向中間低窪處，每天用水沖洗三次以清除汙穢。現在社會進步，

1 寫作Parsee或Parsi，是遷徙到印度的波斯人後裔，信仰瑣羅亞斯德教。

2 Goddess Kali，常見造型是長著四隻手的黑色兇神，腳下踩著她的丈夫濕婆。迦梨與時間、新生有關。

逐漸用「工人住宅」取代這類住處，而工人住宅就是兩、三個工人共用一間三英尺乘四英尺的牢房。四周都用牆圍起來，入口有武裝警察守衛。公用的廚房和餐廳全都是未經粉刷的水泥房間，可以用水清洗。在這樣的廚房裡面，每個人生自己的火，然後蹲在地上，在黑暗中吃飯。

當我第一次在法國朗德（Landes）地區教書期間，我去訪問過當地專門用來快速養鵝的場所：每隻鵝都關在一個窄窄的箱子裡面，整隻鵝變成一條消化管，跟印度的這種情況完全一樣，不同之處只有兩點：我看見的不是鵝，而是男人與女人；還有，這些人不是被養肥，而是被餓瘦。但是，在這兩種情況裡，餵養者都只容許在他管理之下的生物進行一種活動，在養鵝場裡的那種活動是餵養者喜歡的，在印度的工人居住區則是無法避免而不得不如此。那些黑暗不通風的方塊格子既不適合休息，也不適合休閒，不適合愛，它們只是與所有人共用的下水道的連接點，它們正符合一種人類生活的觀念，把人類的生活化約成純粹只是執行排泄功能。

哎，可憐的東方！在達卡（Dacca），那個神祕的城市，我訪問過若干戶中產階級家庭。有些像紐約第三街的古董店那樣豪華，屬於相當有錢的人所擁有，擺滿了籐製台桌、花邊的茶桌布和瓷器，和法國白鴿林市[3]郊區的大房子不相上下。另外一些房子比較老式，像我們最窮的農民的小屋，在滿地泥濘的小院子的一端煮飯，用的是夯土製作的爐灶；在另一方面，家境良好的新婚夫婦則住在三個房間的公寓裡，這些公寓建築和戰後重建時期塞納河畔沙蒂隆（Chãtillon-Sur-Seine）或吉沃爾（Givors）所建的那些廉價公寓沒什麼兩樣，只是達卡的公寓裡面房間水泥都沒粉刷（浴室也一樣，只有一個水龍頭），家具也很少，像小女孩的臥室一樣。有一次，我蹲在水泥地板上，在從天花板用花線垂掛下來的一盞光禿禿燈泡所發出的微弱光線下——啊，簡直是天方夜譚——我吃了一頓晚餐，充滿津津有味的老祖宗時代的美味。我用手指抓東西吃：首先是Khichuri，這是用大米和小扁豆（英語稱為pulses的一種豆類）煮成的，小扁豆有很多種類，顏色各異，市場可以看到整袋整袋放在店前。接著是烤雞（nimkoma）、多油帶水果味的燉大蝦（chingri cari）、一種燉雞蛋（dimer tak）沾黃瓜醬（shosha），最後是用米和牛奶煮成的甜點（frini）。

當時我是一位年輕教師的客人，在場的還有他的小舅子。小舅子當晚同時扮演跑堂、下女和小孩的角色，主人的妻子也在場，那時她正從面紗中解放出來。她好像一隻沉默的受驚小鹿，不過她先生為了「強調」她最近所得到的自由解放，不停地對她冷嘲熱諷，毫無風度，使我覺得和她一樣尷尬。由於我是人類學者，他強迫她從小衣櫃中把她的內衣褲拿出來，以便我能看清其中的每一件。他急切地想證明自己非常敬重西方習俗，如果稍加鼓勵的話，他一定會要她在我面前脫光衣服，而事實上他對西方習俗一無所知。

因此，我可以看見一個亞洲在我眼前逐漸成形，一個工人住宅和廉價公寓建築的亞洲。

3 白鴿林（Bois Colombes），位於巴黎西北郊區的一座城市。

這個未來的亞洲，摒棄掉任何形式的異國情調，可能在被遮掩了五千年以後，又和亞洲人在西元前三千年就發現的那種單調乏味、卻又異常有效率的生活方式聯結起來。這種生活方式被發現以後，蔓延到全世界，在新世界曾做短暫停留，以至於我們以為它是美洲特有的生活方式；然而早在一八五〇年，這種生活方式又重新邁開往西走的腳步，先抵達日本，繞了地球一圈以後回到起源地。

在印度河河谷，我在最古老的東方文化冷峻的遺址中漫步，這遺址歷經幾個世紀的來來去去，歷經風沙、洪水、戰火和雅利安人入侵，仍然存在：在摩亨佐－達羅[4]和哈拉帕[5]，一些堅硬的磚塊和陶片露出地表。這些遠古的人類居住點形成令人不安的奇觀。所有街道都是筆直地直角交叉；有工人住宅區，每一間都一模一樣，磨穀工坊、鑄造與雕刻金屬的工坊、製造陶杯的工坊，破碎的杯子殘片散落地面；政府的穀倉占地好幾條街（或許我們可以說，把時間與空間易位）；公共澡堂、水管、下水道等；堅實卻不美觀的住宅區。見不到紀念碑或大型雕塑，不過在地下十碼到二十碼之間，掘出了一些浮誇的小擺設物和矯揉過度的珠寶飾品，代表一種完全不具神祕感也非基於沉深信念的產品，目的只在滿足富人的誇飾所需及感官之娛。這整個遺址令造訪者想到現代大城市的優點與缺陷；它預示了後來較進步的西方文明模式，那種模式的典範是今日的美國，連歐洲都得師法。

在此不免使人想到，歷經四、五千年的歷史之後，輪子又轉了回來——城鎮的、工業的、資產階級的文明最早出現於印度河谷的城鎮，這種文明的內在願望，在歐洲進入蛹期準備階段，歷經長期的內部繁複化以後，注定要在大西洋彼岸達到頂峰。當舊大陸還年輕新鮮的時候，它已經預示了新世界的特色。

因此我不信任膚淺的對比，不信任表面的風景如畫；它們可能無法持久。我們所謂的異國情調，其實只是意味著兩種文化、兩個社會在發展節奏上的不對等，這種差距可能會很明顯地持續幾個世紀，並且會暫時掩蓋住雙方可能彼此聯結的命運：例如亞歷山大大帝與希臘的一些國王抵達亞穆納河畔[6]，或是塞西亞人[7]和帕提亞帝國[8]，羅馬海軍到越南沿岸探險，或是蒙古皇帝宮庭顧問中充斥各色人等。我們如果搭飛機穿越地中海，往埃及方向飛，首先令我們驚訝的是棕綠色的棕櫚樹叢和綠色的海水，海水綠得使我們會覺得將之形容為尼羅河水亦毫不為過，還有淡灰褐色（羊毛本色）的沙、紫色的河泥，交織形成一首色彩的交響樂；但是，從空中所見的村落配置狀況使我們更為吃驚：它們無視聚落的邊界，任意蔓延，呈現出房屋和狹小街道雜亂交錯的東方特徵。我們在此處看到的現象，正好與新世界完全相

4 摩亨佐–達羅（Mohenjo-Daro），印度河古文明重要城市，約於西元前二千六百年建成，位於巴基斯坦的信德省。

5 哈拉帕（Harappa），位於巴基斯坦旁遮普省拉維河流域的古印度文明的遺跡。

6 亞穆納河（Yamuna River），又名朱木納河（Jumna），是印度北部重要河流。

7 塞西亞人（Scythian），西元前五至四世紀在歐亞草原和中亞一帶活動的遊牧民族。

8 帕提亞帝國（Parthia），目前常用的名稱為安息帝國（Emperâturi Ashkânián），位於古波斯地區。

反；在新世界，不管是西班牙人或盎格魯－薩克遜人，不論是在十六世紀或是在二十世紀，都相當偏好幾何形的居住規劃。

過了埃及以後，從上空看到的阿拉伯，只有同一主題的變奏，主題就是沙漠。首先，在乳白色的沙中出現像頹圮的紅磚堡壘那樣的岩石；其他地方有複雜細緻的圖案，像樹枝的拋物線，甚至像海藻或水晶，這都是沙漠乾谷（wadi）的詭異行為所形成。沙漠乾谷不但不會把水匯流成溪，反而把水流散成眾多的小小逕流。再往前的地表似乎被某種龐大的怪獸踩踏過，盡其力量急促地把地面壓乾。

沙漠的顏色是多麼誘人！它呈現出生命的色彩：桃子的紅、珠貝的白、新鮮生魚的虹彩。在亞喀巴（Aqaba，約旦南部的海港），豐盈的水體反映著天空冷峻的藍色，不宜人居的岩脈地形沒入鴿子頸下羽絨的灰白色之中。

黃昏時，沙逐漸消失在霧中。這霧，本身即是歸順在大地上的天沙，對比出天空那種明澈的藍綠色。沙漠起伏的輪廓融入夜色之中，成為一大片質地均勻的玫瑰色，此時的沙漠看起來比天空更柔軟。沙漠對自己而言也變成了沙漠。慢慢的，霧氣布滿各處，剩下來的就只有夜。

飛機降落在喀拉蚩之後沒多久，曙光出現，遼闊無垠的塔爾沙漠[9]微微發亮；然後，小群的田地跟著出現，中間仍隔著一大片沙漠。隨著光線逐漸明亮，那些耕種過的地塊便連接起來，成為一片綿延不斷的平面，上有粉紅與綠色光澤，好像某些古老織毯上面細緻斑駁的顏色，這塊老織毯已被使用到露線脫線的地步，又一再不知厭倦地加以綴補。這就是印度。田地的形狀並不規則，但整體看來，那麼多的形狀與顏色，並沒有任何不整齊的地方。無論如何把田地分成群，都會形成一個平衡的樣式，好像曾經花不少心血，以整體的觀點去畫出這些小塊小塊的輪廓似的。村落、田地和樹木環繞的水塘這三種主題一再重複出現，整體景觀幾乎就像保羅・克利[10]的地理想像畫，有種過度精緻化的傾向，極端又任性的講究。

飛機在德里著陸或起飛的時候，可以讓人一覽那個浪漫的印度，頹破的廟宇點綴於生動的綠色矮樹叢中間。然後看見洪水為患。水體非常凝滯厚重，飽含泥沙；更像是一條條的油浮在由泥土所形成的另一種形式的水體上面。飛機飛過比哈爾邦[11]的岩石山岳和森林，然後是三角平原的尖端。每一寸土地都種著東西，每一塊田都像是一顆金綠色的珠寶，油亮發光，因為上面覆蓋了一層水。田地四周是一圈毫無瑕疵的深色邊緣，沒有任何尖銳的轉角；所有的邊都磨平磨圓，可是又能全部吻合在一起，好像活組織裡的細胞一樣。快到加爾各答的途中，小村落的數目激增，其中的小房子好像是堆在綠色巢穴裡的螞蟻蛋，有些屋頂的深紅色屋瓦使這一切更為生動。飛機在暴雨中降落。

9　塔爾沙漠（Thar Desert），又稱印度大沙漠，位於印度西北部。

10　保羅・克利（Paul Klee, 1879-1940），德裔瑞士畫家。

11　比哈爾邦（Bihar），位於印度東北部，傳說為佛教起源地。

加爾各答再過去是恆河三角洲。恆河的水流是如此曲折、如此寬廣，比較像是一隻大怪獸而不像一條河。舉目望去，整個鄉村地區全部被水所淹沒，除了那些黃麻田，從空中望下來，形成多苔的綠色方塊，其綠色由於如此清爽新鮮而顯得更為醒目。樹木環繞的村莊在水中湧現，好像一大隊小船所載運的花束那樣。

夾在無人之沙與無土之人的中間，印度具有一種非常曖昧的景觀。從喀拉蚩飛到加爾各答所花的八個小時裡面，我得到的印象是，印度絕對和新世界沒有任何關聯。它既不像美國中西部或加拿大的那種嚴格的棋盤格式，全由規模一樣的小單位組成，農舍建築蓋在每一個單位的固定地方，而且都建在同一邊；印度更沒有熱帶森林所具有的那種深厚的絲絨一般的綠，那些熱帶森林才剛剛被開發，拓荒前線大膽地侵入一些地點。當歐洲人看到這塊印度的大地，分割成小小塊，種得連一畝都不剩，一開始的感覺是覺得熟悉，然而，顏色的色調互相混成，田園的不規則輪廓被一再調整，界線模糊不清，好像粗糙地縫在一起那樣，這一切都是同一塊織物的一部分，但是，如果和歐洲景觀常見的那種比較明晰的形式與顏色做個比較，就會覺得前者是一塊翻了面的織物，暴露出來的是底面。

這當然不過是比喻，但也相當符合歐洲與亞洲兩者和他們的共同文明之間的關係位置（同時也符合歐洲自己和其美洲後裔之間的關係位置）。至少，在物質方面，歐洲與亞洲似乎各自代表相對的兩面；一個是一直成功，另一個是一直失敗；兩者好像在進行同一項事業，一個取走所有的好處，另一個只能撿拾貧困與苦痛。其中一個的人口不斷增加帶來農業工業的進步，因為資源增加快過消費者數目的增加（但還能維持多久呢？）；另一個則從十八世紀以來，同樣的革命卻沒增加多少財富，而每個人所能分到的不斷減少。歐洲、印度、北美與南美可以說是表明了地理環境與人口密度的所有可能的結合方式。亞馬遜森林地帶的美洲是一塊貧窮的熱帶地區，但人口數很少（一種因素在一定程度上補救了另一種），南亞也是一塊貧窮的熱帶地區，但人口太多（一種因素使另一種因素更加惡化）；至於溫帶地區，北美洲資源富足，人口相對的稀少，和歐洲形成對比，歐洲的資源相對的有限，人口數目字則相當大。但是，不論怎樣去看這些明顯的道理，南亞永遠是殉道的大陸。

十五、人群

不論我們思考的是舊世界木乃伊化了的城市，還是新世界仍在胚胎中的城市，我們經常把最高的價值——不論是物質的或是精神的——和城市生活聯想在一起。但印度的大城鎮只不過是貧民窟。在印度，我們深以為恥的那些東西，視為一種癲癇症的東西，是城市現象，只不過這現象化約為最基本的表現方式罷了：一大堆個別的人聚在一起，他們存在的唯一理由是為了成百萬成百萬地擠在一起，不管生活條件如何。髒臭、混亂、人擠人、人壓人；殘壁、矮屋、泥濘、灰塵；牛糞、小便、膿汁、排泄和潰爛……我們期望城市生活為我們提供有組織地防備的這一切東西、我們不惜代價去怨恨去拒斥的這一切事情、共同居住的這一切副產品，在印度都絲毫無礙於他們這樣群聚。這些事情似乎變成了一種自然環境，印度城鎮就是需要這種環境才能繁盛。對每一個人而言，任何一條街道、人行道或窄巷都可以是家，他在那裡生活起居，甚至直接從濃稠的穢臭裡撿食物。這些穢臭不但沒有令他厭怨，反而具有一種家中之物的地位，因為是由這麼多人流滲、排泄出來，又有許多人踐踏過、摸過。

我在加爾各答住的旅館，陷在牛群重圍裡，還有禿鷹停在窗欄上。每次走出旅館，我馬上變成一幕芭蕾的主角，如果不是那情形過分淒慘的話，我一定會覺得好玩。各種修為到家的演員輪番上場：擦鞋的撲倒在我腳下；一個小男孩奔向我；一個跛子拉開衣服展示他的殘肢，讓人看個清楚，嘴裡呻吟著：「一個安那[1]，爸爸，一個安那！」；一個皮條客說：「英國妞，很棒的……」；一個賣木簫的人；一個新市場的搬運工乞求我什麼都買，不是因此他可以抽頭，而是他跟著我跑，可以賺幾個安那餬口。他把貨物一一列舉出來的時候，一臉貪婪，好像都是他自己要的禮物似的：「皮箱？襯衫？水管？」

然後是一大群小角色：替人力車、馬車、計程車拉生意的人，各種交通工具多得不得了，一、兩碼就一輛，在路上排排等待。問題是車夫怎麼知道誰要坐？我也許非常尊貴，不屑答理他們呢……那一大堆商人、店東和街頭叫賣的小販就甭提了，有人走來，對他們簡直就是帶來一次天堂的許諾，因為你說不定就會向他們買個什麼東西。

任何人如果覺得好笑或厭煩，應該想想，這兩種反應都跡近褻瀆。批評這些奇形怪狀的手勢和扭曲變形的舉動，都毫無意義，取笑更是犯罪；它們是什麼，就應該看成什麼——那是生死鬥爭的臨床症狀。只有一個原因促成這種充滿絕望的行為，就是飢餓這個無時或忘的牽掛；這種牽掛，迫使鄉村住民湧入城市，使加爾各答的人口數在五年之內由兩百萬增加到五百萬；難民擠進車站，雖然他們坐不起火車。你在夜間經過，可以看到月台上睡滿了人，裹著白棉布，那白棉布今天是衣物，明天就是裹屍單；乞丐隔著一等車廂的鐵窗格與你四目交接時眼神淒涼的原因也是飢餓。那些鐵窗格，就像那些蹲在踏板上面的武裝士兵一樣，是為你防備一個人的無言祈求而設。如果你任由同情勝過謹慎，而給那些無望的人一些施捨的希望，那個人很容易一下子就變成一群嚎叫的暴民。

一個在熱帶美洲居住的歐洲人，會被某些事情所困惑。他觀察到人和其地理環境之間有一些新的和奇怪的關係；人類生活的各方面不斷提供他思考的素材。不過人與人之間的關係並無任何新奇形式，看得出來和他向來習慣了的形式是一樣的。在南亞，情況相反，現實似乎不是遠遠不夠，就是遠遠超過人對世界與對人所應有的要求。

日常生活似乎是對人類關係概念的不斷否定。這裡的人什麼都可以給你，一切都說包君滿意。他們自稱百技精通，其實一竅不通。結果是，你發現你沒有辦法相信別人具有由誠意、由能夠履行協議和自律的能力構成的人性品質。人力車夫說可以帶你去任何地方，其實他可能比你更不曉得路線。在這種情形下，很難不發脾氣，而無論你心裡有多少道德上的不安，想到搭人力車，為了由人來拉著你而歉疚，但你還是很難不把他們看得低人一等，因為他們以如此無可理喻的行為，使你不得不這樣看待他們。

到處都是乞丐，更令人不安。你不敢坦然與人對看，來求得和另外一個人類建立接觸的小小滿足，因為你只要讓眼神稍微停頓一下，都會被解釋為弱點，可因此向你懇求施捨。乞丐叫喊：「主人！」（sa-HI-b）的聲調，像極了我們在責罵小孩子時所說的：「得啦！夠

1 安那（anna），印度貨幣單位，目前一印度盧比為十六安那。

啦！」（vo-YON-s!）[2]，都是把音量漸增，而把最後一個音節的聲調降低。乞丐就好像是在說：「明明白白，逃不掉的，我是在向你乞討，憑這事實，我就要定你了。你到底在想什麼？怎麼不拿個辦法出來呢？」完全接受現狀，連請求都免了。剩下來的只是對一種客觀事實的認定，認定他和我之間有一種自然關係，在這關係裡，就像物理世界的因果效應一樣，施捨要以同等的必要在他與我的關係之中流動。

這裡所發生的情形沒什麼兩樣，你非常希望承認對方具有某些人性品質，但他的態度迫使你否認，這就使人與人之間建立起關係的那些最基本的條件，全被扭曲；社會遊戲的規則被動了手腳，使人不知從何著手。把這些不幸的受苦者視為與自己平等，他們會抗議這樣做是不義的；他們不願成為與你平等；他們乞討，他們求你傲慢地將他們踩在腳下，因為只有擴大你和他們之間的差距，他們才能期得小小的捐助（bribery）[3]。差距越大，所期能乞得的就越多；他們把我抬得越高，期望就越高，期望自己能求得相當可觀的好處。他們並不要求任何生活的權利；生存這件事實本身，他們並不認為值得施捨，只有他們向有權勢者卑屈頌讚才值得得到施捨。

因此，他們從來就沒想到要把自己視為與你平等。但是，這樣不斷地施加壓力，即使施壓的是人，你還是無法忍受，無法忍受他們用盡一切巧計要騙你，要占你上風，要用罪惡感、謊言和偷竊，來從你這裡得到一點東西。然而一個人怎麼硬得起心腸來？當——這一點是無法排除的——所有這些行為方式全都是形式不一的祈求動作、更因為他們對待你的基本態度就是一種祈求，而且令人無法忍受，即使你是被硬搶一頓，即使情況是如此全面絕對地無可忍受，結果是，雖然對頭腦如此混亂不清覺得可恥，我還是忍不住要把這些難民——從我的豪華旅館的窗戶可以聽見他們整天在大門口不停地哭泣嚎叫；他們只是哭泣嚎叫，而不是設法把我們趕出這些可以住好幾個家庭的房間——和那些在喀拉蚩的樹枝上呱叫不休的黑身灰首烏鴉聯想在一起。

人與人之間的關係墮落到這種地步，歐洲人的心靈一下子是無法理解的。我們把階級差異看做鬥爭或緊張，好像本來的或理想的情況是使這些矛盾衝突得到解決，不復存在。但是，「緊張」一詞在這裡全無意義。沒有一種事情是緊張的，因為所有曾處於緊張狀態的東西，很久以前就都掙斷了。從一開始，斷裂就存在，好時光並不存在，有時候人們會提起「好時光」，想發現點痕跡，或是懷舊地想回過頭去，但好時光並不存在，斷裂從一開始就在那裡，這就使你只剩下一個信念：你在街上所見的這些人絕不可能被拯救。即使你散盡所有，還是沒有把握能使他們的命運改善一點點。

即使我們想用緊張這個觀念來思考，所得到的結論也一點都不會更樂觀。用這種思考方

2 Voyons為法文，大致為英文的come on之意。

3 英譯注：法文原文bribe，意即一點點、一小部分。李維史陀在英譯本中補白：「英文的bribery（賄賂）一詞實在恰當得很。」

式，我們便不得不承認，一切事情都處於如此緊張的狀態，不可能出現任何均衡。整個體系的情況已完全無法挽回，除非一舉摧毀。從一開始，我們就發現自己跟這些祈求者互不平衡。我們不得不拒斥這些祈求者，我們拒斥他們，並不因為我們鄙視他們，而是因為他們用崇拜敗壞我們，他們想要我們變得更堂皇，更有力，因為他們瘋狂地相信，只有把我們抬高百倍，他們的處境才能有些微改善。這一點相當能說明所謂亞洲式的殘酷的根源。那些燒死遺孀、處決、酷刑，還有那些以造成無法治療的傷口為目的的外科手術用具，這一切可能都是一心想要凸顯那些鄙賤的關係的心靈發明出來的，卑下的人自我作賤來抬舉上位者，反之亦然。極端豪奢與極端貧困之間的鴻溝把人性層面毀壞無存。其結果是產生一種社會：那些什麼都得不到的人，藉著期望一切東西而苟活（《天方夜譚》中的精靈所代表的典型東方白日夢），而那些占有一切東西的人什麼也不給。

情形既如上述，使我們傾向於將某些人際關係視為——往往是錯看成——西方文明所特有的人際關係，於是，與這些「西方式關係」差異極大的人際關係，我們覺得有時候是「非人類的」，有時候是「低於人類的」，好像小孩子的行為一樣，也就沒有什麼奇怪了。最少在某些方面，這些人對我們表現出——雖然其實是悲劇——相當童真稚氣的模樣。首先，他們望著你，對著你笑的那種吸引人的神情；其次，他們到處坐臥，採取任何姿勢，地點和場合是否合適漠不關心，不由得你不注意；他們喜歡小玩藝兒和廉價飾物；他們行為天真而放縱（男人手拉手到處走，蹲下來當眾小便，含著陶煙管，把甜甜的菸吸進去）；他們相信證言與證書的神奇力量；他們深信任何事都有可能，於是司機（或者你雇用的任何人）會提出獅子大開口的要求，但只要得到所求的四分之一或十分之一，馬上就滿意了。有一次，東孟加拉的總督到吉大港（Chittagong）山區慰問那些深受疾病、營養不良和貧窮所苦，還受伊斯蘭教徒惡毒迫害的土著，也請通譯問他們：「你們有什麼苦處嗎？」想了相當長一段時間以後，他們回答：「天氣太冷……」

到印度去的每個歐洲人，不管他喜不喜歡，都會被一小群叫做「搬運工」的男跟班包圍。他們那麼急切地要為你服務，能不能用種姓制度來解釋？是不是由於社會不平等的傳統？還是由於殖民者長期以來要求服務所造成的？我說不上來。反正，他們的諂媚奉承很快就造成無法忍受的氣氛。必要的話，他們會躺在地上讓你跨過，他們建議你一天洗十次澡——如果你擤鼻涕、吃水果、弄髒手指，都要洗澡。每一次，他們都在場，乞求你發號施令。他們這種焦急的屈服裡面含有一些性的成分。如果你的行為不符他們所望，如果你不在一切情況下都像他們以前的英國主人那樣行事，他們的宇宙就塌了下來：什麼，不吃布丁？晚飯後才洗澡，而不是先洗再吃？一定是世界末日到了——他們臉上寫滿失望。於是，我不得不即刻改變我原來的想法，放棄我平常的習慣，放掉難得的機會。我不得不吃一顆硬得像石頭的梨，吞下膠狀的乳糕，因為如果我要求自己真正想吃的那片鳳梨，會害別人心靈崩潰。

我在吉大港的「電線房子」（Circuit House）[4]待了幾天。那是一間木造宮殿，外形像瑞士別墅，我的房間長九公尺、寬五公尺、高六公尺。房間裡有不下十二個開關，天花板的燈、壁燈、反射燈、浴室、更衣室、鏡子、電扇……等等，都各有一個。毫無疑問，這是孟加拉電燈公司的孟加拉。某些印度大人物（maharajah）把這一大堆電器設備裝設起來，供日常私人照明之用。

有一次，我讓車子在市區南端一間看起來還可以的店鋪門口停下來——那輛車連司機都是地方長官[5]提供的——招牌寫著「皇家理髮、高級剪髮」等等。我準備進去，司機一臉驚惶地看著我：你怎麼可以到裡面坐？他的主人如果和僕人同一種族的人並坐一道，就會喪失階級地位，連帶使僕人司機喪失地位，這對司機在自己人心目中的傷害太嚴重了。我洩了氣，只好任其安排一場為較高階級的人理髮的儀式。結果是我坐在車內等了一個鐘頭，等到理髮師剪完其他客人，把他的工具包起來，然後跟我們一道搭我的雪佛蘭回「電線房子」。我一走進這間有十二個開關的房子，跟班馬上開始放洗澡水，以便剪完頭髮以後，我可以立刻洗淨那雙勞動者的手摸過我頭髮所造成的汙染。

這種態度在印度根深柢固。這個國家的文化傳統鼓勵每一個人在與他人相處的時候，舉止要像帝王一樣，只要他有辦法找到或發明出一個比他地位更低的人。跟班要我對待他的態度，就像他會對待一個屬於「賤民階級」（scheduled castes）的普通勞動者那樣的態度：賤民階級也就是最低的層級，英國行政機構把賤民階級視為應受到特殊保護的群體，因為傳統習俗幾乎不認為他們有做人的權利。而的確，人們會思考賤民到底算不算人，這些掃地者和倒夜壺者，他們這兩項責任使他們整天蹲著，有時候用雙手，或者用小刷子，收拾臥室前台階上的灰塵，有時候他們猛敲房子後面廁所門的底部，要裡面的人趕快用完所謂「便桶」的龐然大物：似乎是在身體凹折成兩段，在蟹行穿過院子拖走主人的「貨物」這樣的行為裡面，他們發現了一個肯定自身特權、取得某種地位的手段。

僅僅獨立和時間並不足以掃除這種奴隸習性。有天晚上在加爾各答，我得此感觸。我在星星戲院看完一場神話為主題的孟加拉戲，名叫《烏爾波西》。那時我才剛抵達加爾各答，在戲院所在的郊區有點不辨方向，僅有的一輛沿街攬客的計程車先被一個當地中產階級家庭叫住，但司機不肯載他們，相當激烈的吵了一番，一再出現「主人」這個字眼。司機似乎在強調說，那個家庭和一個白人搶叫計程車，有失禮數。大大表示不滿以後，那家人摸黑走路回家，計程車載我回住處。也許司機盤算著一筆比較可觀的小費，但以我懂的一點點孟加拉語去了解，整個爭吵的主題完全與此無關：他爭的是，必須尊重傳統秩序。

那天晚上我本來幻想已經克服某些隔閡，因此，經過計程車這件事，更覺得難過。演戲的地方是一間很寬敞而破舊的大廳，像穀倉，又像戲院，我是唯一的外國人，但和當地的觀

4 這是印度特殊的稱呼，真正的意思就是指「旅館」。

5 此處特指英國派駐於殖民地的地方長官（district commissioner）。

眾完全混雜在一起，他們是很有尊嚴的當地商店店主、商人、薪水階級和公務員，其中很多都由太太陪伴，太太們矜謹的模樣似乎說明她們並不常出門。他們對我全然漠不關心。經過白天一整天的經驗以後，這倒令我相當舒服；不管他們的態度是如何不在乎，或者正因為他們不在乎，這樣的態度在我們之間建立起一種並無突兀的兄弟情誼。

那場戲本身，我只了解少許片斷，是百老匯大場面、音樂喜劇和奧芬巴哈（Offenbach）[6]的混合。有一些喜劇橋段，一些女僕人的戲分，還有溫馨的愛情場面。故事內容是說一個失戀男子跑去喜馬拉雅山裡面當隱士，一位目露凶光的神拿著三叉戟，使他免為一名大鬍子將軍所害；最後是一隊歌女，既像駐軍城鎮的妓女，又像寶貴的西藏偶人。中場休息時，茶和檸檬水盛在可以隨手丟棄的黏土杯子裡給人喝——和四千年前哈拉帕的習慣一樣，那些碎片現在仍隨地可見——同時揚聲器播送著喜樂俗氣的音樂，有點像是中國曲調和一種快速狐步舞（paso dobles）的混合。

那個演男主角的軟體舞師（jeune premier）衣服穿得很少，把他的鬈髮、雙下巴和多肉的身材暴露無遺。看著他扭動身體，我想到幾天前在本地報紙副刊上讀到的一句話。我照引原文，以顯出其英國—印度韻味：……and the young girls who sigh as they gaze into the vast blueness of the sky, of what are they thinking? Of fat, prosperous suitors……（這些年輕的少女凝視著藍天在嘆息，她們心裡在想什麼？肥胖多金的追求者……）追求者要肥胖，令我吃驚。不過，看台上那個自滿的英雄故意抖動肥疊的肚皮，想到走出劇院就會看到的餓得半死的乞丐，在一個和飢餓這麼接近、這麼熟悉的社會裡，我明白了吃得飽滿肥胖所具有的詩意價值。附帶提一下，英國人對此特別有深刻體悟：要讓土著覺得他們是超人，最有效的辦法，是讓土著相信他們需要比普通人更多的食物。

我曾經和一個當地土王（rajah）的弟弟，一個公務員，到沿緬甸邊境的吉大港山區旅行。他那麼用心地要僕人讓我猛吃東西，我大吃一驚。大清早，我吃palancha，也就是在床上用茶點（這裡的「床」，只是我們過夜的土著小屋裡面用竹子編的潮溼地板）；過兩個鐘頭，吃一份豐富的早餐；然後是中餐；五點，再吃豐盛的茶點；最後是晚餐。我吃這麼多頓飯，而那些村裡人一天只吃兩餐，米飯加南瓜。最有錢的家庭，再加一點發酵過的魚醬調味。我很快就受不了，身體上受不了，道德上也受不了。我的旅伴是個貴族佛教徒，在英印學院中成長，極以他那遠溯四十六代的家譜自豪（他把他那間相當簡單的房子稱為「王宮」，因為他在學校裡學過，王子住的房子叫「王宮」）。他無法相信我要對飲食有所節制，有點大吃一驚：「難道你不是一天吃五頓？」沒有，我並不一天吃五頓，舉目四望都是瀕臨餓死的人時，我尤其不吃五頓。他接著問了一大堆問題，因為他以前從未接觸過英國人以外的白人。法國人吃什麼？法國人一餐裡有些什麼？兩餐隔多長時間？我盡力回答，好像一個誠實的土著回答一個人類學家的問題。一字一句，我都能猜想他心裡面的掙扎。他對世界的

6　賈克・奧芬巴哈（Jacques Offenbach, 1819-1880），法國作曲家。

整個觀念都在改變：一個白人原來也可以只是人。

然而，在印度，要創造一個人類社區，所需要的又如此之少。一個手工藝者在路邊把工具和幾片鐵皮攤放面前，獨坐竟日。他專注地做一些很卑微的工作，為自己和一家人謀食。什麼樣的食物呢？在露天廚房裡，把碎肉壓在竹棍上面，放在炭爐上烤；乳狀物滴進圓錐形的鍋子裡；用葉子捲繞起來的檳榔；金黃色的穀粒在熱沙中烤。一個孩子用缽盛著一些鷹嘴豆，有個人買了一大匙，蹲下來就吃，對過往行人完全視若無睹，像他稍後以同一姿勢小便一樣。用木板釘成的路邊小茶屋，無事可做的人花幾個小時喝奶茶。

要活著，所需也非常少：一點空間、一點食物、一點歡樂、幾樣用品或工具；這是微小的生活。但是，在另一方面，這裡似乎又不缺乏靈魂；街上的忙亂中，人們眼神的專注深沉之中，在討論瑣事的熱烈裡，路過的陌生人所得到的那種有禮貌的微笑，還有——在伊斯蘭教地區——微笑外帶「額手問安」（salaam，右手掌貼前額，低頭）裡，都有靈魂。這些人如此安然切合宇宙，只有靈魂的品質可以解釋。的確，這個文明，一張祈禱用的跪毯就代表一整個世界的文明，地上畫個方塊就是膜拜之地。他們生活在街上，各自展示的貨品就是各自的宇宙，人人滿足地專注於自己的手藝，而周圍是蒼蠅、路人，以及由理髮者、抄寫者、美容師與手工藝者組成的熙熙攘攘。為了生存下去，每個人必須和超自然保持一種非常強烈又非常切身的關係。這可能是穆罕默德教和此地其他宗教的一個奧祕：每個信徒都覺得時時刻刻舉頭三尺有上帝。

我記得在克利夫頓海灘（Clifton Beach）的一次散步。海灘在離喀拉蚩不遠的印度洋邊。走過兩哩沙丘和沼澤之後，是一片長長的黑沙灘。那天海灘上幾乎沒有人，不過，在祭典的日子裡，人群坐著駱駝拉的車湧來，駱駝打扮得比主人更俗豔。海色綠白，太陽正西沉；一切亮光似乎從沙中海中升起，天空像是背光。一個老人，包著頭巾，向鄰近正在烤肉串的餐廳借來兩張鐵椅子，搭起他自己的一間小清真寺。沙灘上只有他一個人，他在禱告。

十六、市場

並非蓄意為之，我思索的焦點很自然地就從巴西中部轉移到南亞；從最近發現的土地轉移到最早出現文明的土地；從人口最稀少的地方轉移到最稠密的地方——如果孟加拉的人口密度確實是馬托格羅索或戈亞斯的三千倍的話。重讀我前面所寫的內容，我發現其間的差異還要更深。在美洲，我最先注意到的是觀察自然景觀與城鎮景觀，而這兩種事物都是由其形狀、顏色和特殊構造所界定，使他們像是獨立於占用其中的生命體之外的存在。在印度，自然景觀和城鎮景觀這些相對宏觀的事物已經消失，已經被歷史毀滅，淪落為物質的或人類的塵埃，這塵埃已成為唯一真正存在的東西。在美洲，我所看到的首先是物質的世界，而在印度，我只看到人類。一個社會學意義上的秩序，經過幾個世紀的耗用毀損，正在崩壞之中，被各式各樣的私人人際關係取代，人類的密度無所不在地插進觀察者與解體中的被觀察對象之間。在這種前提下，「次大陸」（sub-continent）一詞——印度也常以此自稱——就有了一層新的意義，不再是單純地指稱亞洲大陸的一部分，次大陸似乎是指一個沒有資格稱為大陸的世界，因為，其循環達到極限以後的解體，已經毀壞了那個在過去曾把幾億個人類成員組織起來的架構；他們現在都在歷史所創造出來的空無中游蕩，被最基本的那些恐懼、受苦、飢餓等動機逼迫，往所有的方向流散。

在熱帶美洲，最重要的特徵就是地廣人稀，即使是在他們群居形成的較稠密社區，每個個人都還是被放進他們新形成的組織那些「強制劃界」的模式裡面。不論內陸的生活水準是如何低落，即使是在生活條件不佳的城鎮裡，這裡的人類也很少會淪落到會痛苦嚎叫的地步。在這塊土地上，不需要多少東西即可生活，人開始劫奪這塊土地只不過是四百五十年前的事，而且只掠奪了某些特殊地區。但是，在印度，生活的基本條件已不復存在，印度早在五千年甚至一萬年前就已是一個農業與製造業國家。森林已不見蹤影，沒有木材，動物堆肥被用來充當煮食的燃料，而不能肥沃土地；可耕地受到雨水侵蝕，土壤流失到海裡；飢餓狀態的牲牛，繁殖的速度比人類緩慢，全靠不可吃牛肉的禁忌才得以延續種群。

空曠無人的熱帶與人口過剩的熱帶之間的基本差異，只要比較兩者的市集和市場，就可以最鮮活地表現出來。在巴西、玻利維亞或巴拉圭這些地方，社會行事曆上的重要日子強調生產仍然是個人活動；每一個小攤子都反映出其經營者的特性：像在非洲一樣，女性攤販在市場上售賣她家庭式生產活動的少許剩餘：幾粒蛋、一把青椒、一把蔬菜或花朵、兩三串野果種子串成的項鍊，包括紅色帶黑斑的「山羊眼」（goat's eyes）或灰色閃亮的「聖母淚」（our lady's tears），都是利用閒暇收集串起來的；一個自製籃子或一件陶器，或者是在非常複雜的交換循環過程中不斷轉手的幾件古老辟邪物。這些小件貨色，每件都是藝術品，表達了各種不同的品味和活動，也表達了各種品味與活動所特有的均衡感，這兩點是人們仍然享有的自由的最有力證據。如果過往的人聽到有人高聲招呼他，那叫喊聲也不是要用一具殘廢的軀殼或骨瘦如柴的人體那樣的奇景來使他吃驚、不知所措，也不是要求他救活一命，叫喊招呼只是為了請他「買一隻蝴蝶」（tomar a borboleta）——或者買一些稱為Jogo do Bicho的彩票，[1]這種彩票以動物圖案代表數字，因此又稱為「動物遊戲」（the animal game）。

在親身拜訪以前，我們就已聽說過所有有關東方市場的一切，不過有兩件事我們倒是不熟悉的——人的密集程度與髒亂。對此兩者沒有任何辦法可以憑空想像，只有親身經歷才能明白。親身經歷所帶來的衝擊馬上使人了解到真實的一個基本層面。在那樣一個蒼蠅黑壓壓，人群擠來擠去的氣氛中，我們看見一個自然的人類情境，一種慢慢分泌出我們稱之為文明的東西的情境，從迦勒底[2]文明的烏爾城[3]，直到腓力四世[4]的巴黎，中途經過帝國時代的羅馬。

我到過各式各樣的市場、加爾各答的新市場和舊市場、喀拉蚩的孟買市場（Bombay

---

1 這種彩票盛行於巴西，但被官方視為非法。最初是為了推廣剛開幕的里約熱內盧動物園而舉辦的行銷活動，以二十五種動物圖案代表一到二十五的數字，但很快就變質為賭博遊戲。

2 迦勒底（Chaldees）文明，屬於古代兩河流域文明的一部分，位於今日的伊拉克南部及科威特。

3 烏爾城（Ur），古代兩河流域文明的重要聚落，位於今日的伊拉克境內。

4 腓力四世（Philippe IV le Bel, 1268-1314），法國卡佩王朝第十一任國王。

Bazaar）、德里的市場、阿格拉（Agra）的沙巴爾（Sabar）和庫那利（Kunari）市場、達卡一系列的市場，一家一家的人擠住在攤位與手藝者工作店之間的坑坑洞洞裡面；吉大港的里阿祖定市場（Riazuddin Bazaar）和卡屯甘傑（Khatunganj）市場、拉合爾城門前的那些市場：阿那卡里市場（Anarkali Bazaar）、德里、沙爾（Shah）、阿爾密（Almi）和阿克巴里（Akbari）、白沙瓦（Peshawar）的沙達（Sadr）、達伯加里（Dabgari）、錫爾奇（Sirki）、巴久里（Bajori）、甘傑（Ganj）和卡蘭（Kalan）市場。阿富汗邊境開伯爾山口（Khyber Pass）的鄉村市集、緬甸邊境的蘭加馬蒂（Rangamati）市集，在這些地方我看過水果市場和蔬菜市場，成堆的茄子、紅蔥頭、裂開的番石榴等，混成一陣強烈的番石榴味道；鮮花市場裡的賣花者把玫瑰、菊花和金銀箔絲、天使髮絲紮在一起；乾果商人的展示鋪，褐色、茶色的小丘以銀色紙張為背景；堆積成山的青椒，散出乾杏與薰香草的強勁氣味，足以使人的嗅覺翻騰不已。我看過烤肉者、煮乳餅者與製薄餅者（nān或chapati兩種薄餅）；賣茶者、賣檸檬水者、棗子中盤商等，把他們的貨品堆成黏黏的、由漿果和卵石狀的果實組成的小山丘，看起來像是恐龍的排泄物；製糕餅者，常有被誤以為是賣蒼蠅者的危險，把他們的工具直接放在糕餅上；補鍋匠的鐵鎚聲百碼之外清晰可聞；編籃者和編繩者，他們黃色綠色的草；製帽者把像薩珊王朝國王（Sassanid Kings）所戴的帽子，編了金屬線的圓椎形卡拉帽（kallas）與頭巾布穿插陳列；織品店掛著長長的剛染成藍色綠色的布料，還有布卡拉式樣（Bokhara style）的鬱金色、粉紅色人造絲圍巾；櫥櫃製造者、雕木者和床鋪上漆者；磨刀者扯著皮帶轉動砂輪；廢鐵市集和其他人分開，一板一眼毫無笑意。賣菸草者成堆的金色葉子，有時是整堆赤褐色的中東菸草（tombak），還有成把成把的陶製菸管（chillum）；賣木屐者，數以百計的木屐堆得像酒店的酒瓶那樣；賣手鐲者、賣鈴鐺者，貨品散放地上像剛剛剖腹取出的紫色、藍色玻璃腸子一樣；製陶者的商店，橢圓形，上過漆的陶土水瓶排成幾排；用含雲母石的泥土捏成的罐子，有的是褐色的土器畫成棕色、白色與紅色，帶著蟲形的裝飾記號；陶碗串在一起，像念珠一樣；賣麵粉者整天在篩麵粉；金銀首飾製造者在秤小片小片的金銀，其店面卻還沒有鄰近的錫店那樣光鮮；印花布者以敏捷的、一致的動作在白棉布上印下精緻的花紋圖案；鐵匠在露天下工作。所有這一切，形成一個熙熙攘攘、井然有序的世界，在這世界的頂端，小孩子的風車形成一座五彩繽紛的森林，風車都是放在小棍棒上面，其葉片飛翔顫動一如在風中搖曳的樹葉。

即使是鄉村地區也會出現同樣可觀的景象。有次我搭機動船在孟加拉的河流上旅行，船停靠在布里甘伽河（Buliganga）中央一座小島上，河的兩岸種著香蕉和棕櫚樹，樹蔭底下白瓦屋頂的清真寺好像浮在水面一樣。上千艘小船和舢板停靠在附近，表示此地正在舉行「哈特」（hat），即鄉村市集。雖然看不見任何永久性的建築，一個真真實實的城鎮已經存在，雖然只會存在一天。一大群人在泥土地上擺設攤位，每一類的貨品、生意都各有其界線分明的地區：稻米、牲畜、竹竿、木板、陶器、織物、水果、檳榔、漁網等。小島四周的水道交通繁忙，好像液態街道一樣。剛買來的乳牛，一隻隻站上所屬的船隻被運走，過程簡潔，牛站在船上面無表情，河兩岸的風景看著載牛船馳駛而去。

這一帶的鄉下十分輕鬆安詳。一整片綠油油的植物，摻雜些水仙的藍，舢舨滑行在沼澤和河流中，一切都令人舒適欲眠；使人覺得很想就這樣一任自己自在地腐爛，像那些古老的紅磚牆那樣，那些被大榕樹擠得變了形的紅磚牆。

但是，這一片祥和裡面，也有些令人不安之處。這景觀並不是平常的景觀，水太多了。每年固定的大水氾濫時，蔬菜減產、魚獲減少，造成逸出常軌的生活狀況。水位高的時候也就是飢荒季，連牲畜也餓成皮包骨，因為平時提供養分的海綿一樣的風信子草被大水毀掉。這一帶的居民是一群奇怪的人，生活在水中的時間似乎比在空氣中更久，他們的孩子幾乎一會走路就懂得如何駕他們的小船玩。在泛濫季節，由於燃料短缺，乾黃麻渣居然在這個地方賣到每兩百桿兩百五十法郎的地步，而一般人一個月不過收入三千法郎（單位均是舊法郎）。

然而，必須進入他們的村落才能了解這些人的悲慘情況。他們的習俗、住居方式和生活方式，很接近最原始的社群，然而同時也能舉行和現代百貨公司同等複雜的市集。不到一百年前，他們的白骨散於鄉村各處。他們本來大都是以紡織為業，殖民政府當局為了將市場保留開放給曼徹斯特來的棉紡織品，嚴禁他們繼續從事祖傳的紡織工藝，使他們飢餓、死亡。現在，每一寸的可耕地，即使是那些有半年之久都浸在洪水中的土地，都種著黃麻，這些黃麻初步加工以後便運去納拉揚甘傑和加爾各答的工廠，甚至直接運去歐洲、美國；結果是，這些不識字的、衣不蔽體的農民，其每日生活所需仍然依賴世界市場的波動，依賴方式雖有些不同，但其不穩定則無兩樣。他們雖然可以，而且也實際在捕魚，當作主食的稻米卻全得靠進口；為了彌補他們從農作所得的少許收入——只有很少數的人擁有些土地——他們把日子花在各種教人看了心酸的工作上面。

德姆拉（Demra）這個村莊幾乎是建在湖中央，一些小土丘突出水面，上面種些樹，樹林間建了些小屋子，整個村莊就是幾個水中的小土丘結連成的岌岌可危的網絡。在這些小土丘上面，全體住民——連幼小的孩子也不例外——天一亮就起床忙碌，以人工手織從前達卡著名的穆斯林面紗（muslin veils）。離此不遠的蘭加邦達（Langalbandh）一帶，整個地區都在做西方世界男人襯衫和睡衣所用的珍珠鈕釦。畢德雅雅（Bidyaya）或巴迪亞（Badia）是一個船民種性（caste），他們長年住在舢舨上面的茅草屋裡面，收集含有珠母層的河蚌來賣；帶著汙泥的貝殼在村落中堆得到處都是，好像寶藏一樣。浸過酸液之後，那些貝殼被敲成一片一片，再用手搖砂輪磨成圓型；然後把每一個圓片放在座台上修整，所用的工具是一把被固定在木軸前端的鈍頭銼刀，用弓形裝置操作不停地往復旋磨；再用另外一種類似但比較尖銳的工具鑽出鈕釦的四個洞。小孩把製好的鈕釦縫到覆有一層錫箔的紙板上面，每片縫十二顆，這就是在歐洲的省城鄉鎮布店中看得到的珍珠鈕扣。

在巨大的政治變動使亞洲國家獲得獨立以前，這個小規模工業供應了印度和太平洋島嶼市場，也提供工人生計，雖然事實上他們一直都受「大老闆」（mahajans）剝削，大老闆是供應原料和製造鈕釦所需的產品的中間商與借貸階級。由於市場緊縮，原料與製造所需的用品價格增加五、六倍，該地區的產量由每週六萬籮（每籮十二打）減少到每個月五萬籮，同時付給生產者的單價又降低四分之三，幾乎是在一夜之間，五萬人發現他們本來就低得可憐的收入又減少到只有以前的一小部分。然而，即使其生活方式原始，但是他們的人口數目、產品數量以及成品外觀等事實都使人無法把他們看做是真正的手工藝者。在熱帶美洲——巴西、玻利維亞和墨西哥——「手工藝」一詞仍可用在金屬、玻璃、羊毛、棉布或編草等類工作上面，原料是當地的，技巧是傳統的、工作是在家庭作業情況下進行的；製作者的品味、習性與要求決定了產品的目的與形式。

在孟加拉，中世紀型態的社區被一把推入工業時代，受到世界市場波動左右。他們自始至終都是「異化」（alienation）的犧牲品。對德姆拉的紡織者而言，那些從英國和義大利進口的絲線原料完全是陌生外來的；對蘭加邦達的鈕釦製造者而言，有一部分原料是陌生的，他們用當地的珠貝，但化學劑、紙板和錫箔紙則是外來的。整個地區的生產計畫完全依照外國規格來制定，這些不幸的工人自己根本買不起那些衣服，更別提鈕釦了。在一片蔥綠景觀背後，在平靜河道兩旁排列著的鄉村小屋背後，可以窺見一座抽象的工廠輪廓，就好像是歷史和經濟力量聯合起來建立的——該說是強加上的——其發展過程中最悲劇性的階段就在於這些哀苦無告的犧牲者身上：把中世紀的物質匱乏和疫病、早期工業時代的那種瘋狂剝削，以及現代資本主義的失業與投機，全都加在一起。十四世紀、十八世紀和二十世紀聯手，強烈嘲弄著這些落在熱帶大自然背景中的田園風光。

是在世界的這一部分——每平方公里人口密度有時超過一千人——我才完全了解到熱帶美洲（在某種程度上是說整個美洲大陸）由於完全無人居住或是人口相當稀少而享受到的歷史特權。「自由」不是一種法律上的發明，也不是一種哲學思想的征服成果，更不是某些比其他文明更正確恰當的文明才能創造、才能保有的東西。自由是個人及其所占有的空間之間的一種客觀關係的結果，一種消費者與他所能運用的資源的客觀關係的結果。而且，很難說資源豐富就可以彌補空間不足的缺陷，也不能保證說一個富裕但人口過多的社會不會被本身的人口密度所毒害，像有些麵粉寄生蟲，遠在他們的食物吃用殆盡以前，就釋出毒素互相殘害。

一個人必須很天真或不誠實，才會認為人們能夠完全不受其生存處境的影響，自由地選擇其信仰。非但不是政治制度決定社會存在的形態，而是社會存在的表現樣態為意識形態賦予意義。意識形態只是一組記號（signs），只有在其所指的事物確實存在的情況下，才構成一種語言（language）。在目前，東方與西方之間的誤解主要是語意上的問題：那些我們想在東方廣為宣揚的觀念，或是「指涉者」（signifiers）所要指涉的指涉物（signifieds），不是性質不同就是根本不存在。在另一方面，如果可能使情況改變的話，即使改變後的架構可能是我們西方人認為無法忍受的，對於目前的犧牲者而言，也不會有太大的差別。他們不會自覺到是在被奴役，而相反的，如果他們漸漸走向強制勞動、食物配給和思想統制，他們會覺得是獲得解放，因為他們可因此得到工作、食物和一定程度的知識生活。我們只根據其表面而視之為剝削的各種形式，在既存的現實面前都可以獲得合理的解釋。

熱帶亞洲與熱帶美洲之間的對照，在那些都還可以找到補救方法的政治與經濟問題之上還有一個問題：人類在有限空間內不斷增加。我們不得不想到，就這點而言，歐洲的位置是處於上述兩塊大陸之間。印度在三千多年以前嘗試用種姓制度來解決其人口問題，把量轉化成質，也就是把人群分門別類以使他們可以並存。印度甚至從更寬廣的視野去思考這個問題，把種姓制度延伸到人類之外，延伸於一切生命形式。素食原則和種姓制度一樣，目的是為了防止社會群體和動物種屬互相侵犯，為了保證每一群人或物種有其自己特殊的自由，方法是強迫其他種群放棄保有些許衝突的自由。這項偉大實驗的失敗是人類的悲劇；我的意思是，在歷史的發展中，不同的種姓並沒有發展到由於互相有別因而維持平等的狀態——此處的平等指的是相異相別者之間沒有任何共同的準繩——一個有害的、同質性的因素被引進該制度中，使不同者之間可以互相比較，結果是造成一個有高低層次的階層。人類可以共存，只要他們能互相認為他們雖然不同，但都具有同樣程度的人性，但人類也能夠藉由否認其他人也具有同等程度的人性而共存，只是其結果是建立一個上下從屬的體系。

印度的重大失敗可以給我們上一課。當一個社會人口太多的時候，不管其思想家們如何天才，只有使某些人淪為奴隸才能讓這社會存續下去。一旦人類開始覺得他們受到地理、社會與心理習性所壓抑，無法伸展的時候，他們就有被誘採取簡單解決辦法的危險：認定同類的一部分沒有做人的權利。這樣做使其他人獲得多幾十年的時間有些活動空間。然後，就必須再把更多同類摒除在外。從這個觀點去看歐洲過去二十年來所發生的事情，也就是人口在一個世紀內增加一倍的最後結果，那些事情也就不再是什麼某個國家的越軌、某種教條或某群人的異常了。我把那些事情看做是我們已進入一個有限的世界的前兆，就好像南亞早我們一千年或兩千年即已面臨的那樣，除非做些重大的決定，我不認為我們能避開和南亞相同的命運。人有系統的貶低其他人，愈演愈烈，我們如果辯稱近幾年發生的事件只代表一種短暫的汙染，我們就是犯了言行不一和盲目無視的罪惡。

在亞洲，使我害怕的是我們自己未來的一種可能性，也就是亞洲目前正在經歷的狀況。在印第安人的美洲，我很慶幸他們還活在一個與他們擁有的世界相符的時代，還能享有名符其實的自由的滿足，無論這時代會變得多麼短暫。

第五部　卡都衛歐族

十七、巴拉那州

露營者，到巴拉那露營去吧。不過，想一想，還是別去。把你們那些沾油漬的紙張、打不破的瓶子、錫罐等等留給歐洲最後的那幾個風景區吧！把整個歐洲的風景讓你們營地的垃圾蓋滿吧。但是，在這些地方終於被摧毀以前的這段短暫時間內，尊重那激起純淨的水花泡沫，在開拓前線區邊緣沿著紫色花崗岩階梯奔馳而下的洪流。不要踐踏火山苔蘚淡淡的新綠；小心別侵入那片無人居住的大平原，別越入那片潮溼的針葉樹林，那片樹林從藤類植物與羊齒植物的糾纏中衝往空中，所形成的形狀正好和我們的樅樹林的形狀相反；樅樹頂端形成圓椎狀，這些針葉樹的樹枝卻沿著樹幹一層層的六角形平面，一圈圈地疊上去——其井然有序的格局一定會使波特萊爾[1]又驚又喜——最後一層則成一個巨大的繖花形。這是一片處子般莊嚴的自然景觀，似乎把石炭紀（carboniferous era）的面貌之一部分保存數百萬個世紀不變，而由於其海拔高度和遠離熱帶，使其得以不變成像亞馬遜那樣的茂密叢林，具有一種

1　夏爾．皮耶．波特萊爾（Charles Pierre Baudelaire, 1821-1867），法國象徵派詩人。

無法解釋的次序與華美，除非我們把它歸因於一個比我們自己更明智、更有力的種族之遠古習俗所造成的結果，那個種族的消失使我們得以進入這一片現在已經荒廢沉寂的溫帶林原。

是在這地方，我第一次接觸原住民。當時我由一個正在執行巡視任務的「印第安人保護部」（Department for the Protection of Indians）地區官員陪著，在海拔一千公尺處眺望提巴吉河（Rio Tibagy）兩岸。

這地方最初被發現的時候，整個巴西南部地區的原住民各社群均有密切的關係，在語言文化上是近親，整個群體的集體名稱叫做「杰」群（Ge group）。他們很可能是被一些剛到不久的說圖皮語的入侵者趕往西邊去的。他們與說圖皮語的人有衝突，說圖皮語的人當時已占據整個沿海岸地帶。退入難以進入的地區以後，南巴西的杰族比圖皮族多活了好幾個世紀，因為後者很快就被殖民者殺光。在巴拉那與聖卡塔琳娜等南部州的森林裡面，小群小群的野蠻人一直活存到了二十世紀；可能有一些在一九三五年還存在，但因過去數百年受到激烈的迫害都躲起來了；不過大部分都被巴西政府圍捕，在一九一四年左右，成立幾個保留區。起先，曾試圖要把他們整合入現代生活裡面。在聖熱羅尼穆村（São Jerônimo），也就是我當成研究基地的地方，有個鐵匠鋪、一間鋸木廠、一間學校和一家藥局。斧頭、刀子、鐵釘等一類的用具定期送到邊區前哨站。分發一些衣物和毯子。這一切嘗試在二十年後全都放棄。讓印第安人自生自滅的「保護服務」（Protection Service）正反映出它本身被公共權力機構忽視的情形（從那以後又恢復其一定程度的重要性了）；結果是，無論如何，等於鼓勵印第安人自己重拾一些主動，迫使他們去掌握自己的事務。

在他們與文明的接觸過程中，原住民只留下了巴西政府提供的衣物、斧頭、刀子和針，其他方面的實驗全部失敗。替他們蓋了房屋，但他們繼續露宿；想使他們定居於村落裡面，他們繼續遷徙不定；他們把床剖開當材燒，睡在地上；任憑政府送的整群乳牛隨意遊蕩，因為原住民覺得牛乳和牛肉都令人作嘔。機械操作的杵被棄置腐蝕，繼續用手舂東西。這種機械杵，操作著由一個可搖擺的容器，一根桿子上下運動就會自動填滿和傾空該容器，這是一種在巴西很常見的工具，稱為「莫久洛」（monjolo），是葡萄牙人從東方進口到巴西去的。

因此，讓我大失所望，提巴吉印第安人既不是完全「真正的印第安人」，更重要的是，根本不算是「野蠻人」（savages）。但是，把我對未來經歷所抱持的天真幻想的詩意抹去以後，他們倒是讓我這個人類學的入門者學到慎重與客觀。雖然我發現他們遠沒有我所希望的那麼未受外界影響，他們又遠比他們外表給人的印象要神祕許多。他們是二十世紀下半葉觀察者所能看到的絕大多數社會學情境的最佳範例：他們是那些被人家強把文明加諸其頭上的「原始人」，然而一旦人們（尤其指官方）認為他們面臨的危險已經被克服以後，就再也沒有人對他們有任何興趣。他們的文化是自己創造的混合物，一部分是還能抗拒白人影響的古老傳統（比方說，仍然相當普遍的剉齒和鑲齒的習俗），一部分是從現代文明借過來的；研究這種混合物，不論這幅異象畫中各部分是如何具有缺點，所能得到啟示被證明為並不比研究我後來碰到的原始印第安人更少。

但最重要的一點是，自從這些印第安人又被丟回去自生自滅以後，現代文化與原始文化之間那種表面的平衡起了倒反的變化。古老的生活方式和傳統的技巧從過去裡重新出現，如果忽略那些仍然在當前生活中使用著的相似品會是一種錯誤。在原住民的房子裡面發現磨得漂漂亮亮的石杵，和上了琺瑯的錫盤子、廉價的湯匙，偶爾甚至發現縫紉機的骨架殘骸。我在想那些漂亮的石杵等東西的起源地會是何處？可能是以物易物換來的，在一片靜默的森林裡面，和同一種族的其他族群換來；和那些極具攻擊性，使想要定居的移民對巴拉那的某些地區仍然止步不前的族群交換來的。如果我能知道那個退休後住在政府住宅區的一位年邁印第安勇者（bravo）的生命史的話，可能就可以回答這些問題。

那些引起這些猜想的器具，仍保留在各部族裡，見證那個印第安人仍然沒有房屋、沒有衣服、沒有鐵器的時代。那些古老的技術也是在半清楚的記憶中保存著。印第安人對火柴很熟悉，火柴很貴重且不容易到手，不過他們還是寧願用兩片軟棕櫚木互磨或旋轉來生火。以前政府分發給他們的老式槍枝和手槍常可看見，掛在無人居住被荒棄的屋子裡面，在森林中打獵的人則用弓和箭狩獵，認為這方法很牢靠，就像那些從來沒見過火器的社會一樣。經由這種方式，古老的生活方式，在被官方主動快速的試圖遮掩之後，繼續緩慢穩定的往前推進，好像我在窄窄的林間小徑上遇見的印第安人旅行隊伍一樣，他們離開被丟棄的村落，任由屋頂倒塌。

有兩個禮拜的時間，我們在幾乎難以辨識的小徑上騎馬前行。我們每天要趕的路程很長，森林極廣，經常走到夜深，才能抵達一間可以休息的小屋。馬到底如何在黑暗中找路前進？特別是我們頭上三十公尺之處高高覆蓋著一個光線難以穿透的植物穹頂，使黑暗更為加深，我實在不曉得馬怎麼認路。我只記得被我們的坐騎緩步前行不斷顛簸好幾個小時。有時候，在走下陡峻的山坡時，馬會把騎者往前摔出，那時必須及時抓住農民式馬鞍的高鞍頭；如果從底下升起一陣清涼和一陣吵鬧的嘩啦嘩啦聲，就表示我們正越過小溪。然後，往後一斜，馬會東歪西倒地爬上對面河岸，此時在黑暗中很難弄清楚馬兒這種失控舉動的真正性質，好像是在設法連人帶鞍全都摔掉似的。一旦重新獲得平衡以後，必須注意的是小心不要喪失那種奇妙的預感，使你雖然是盲目前進，仍能把頭低下來，常常是只及時低下頭來，不被那些低垂樹枝敲到。

不用多久時間就可聽見在遙遠的地方有一種難以錯認的聲音；這次不會是美洲

巴拉那州的原始森林

虎的吼聲，那吼聲從入夜以後一直可以聽見，那是狗吠聲，表示不遠處就有休息的地方。幾分鐘以後，我們的嚮導會改變方向，我們就跟隨他走進一小塊清整過的地段，那裡會有用剖成兩半的樹幹圍起來做的牛欄。兩個穿著薄薄的白棉布的人會在小屋前面走來走去，小屋是茅草頂，用鬆散放置的棕櫚樹幹組合而成。他們就是主人；通常丈夫是葡萄牙裔，太太是印第安婦女。藉著浸在石蠟中的燈芯的光照，很快可以把屋內的情形觀察完畢：踩踏得結實的泥土地面、一張桌子、一條用木板做的睡覺用長凳、幾個當椅子用的木箱、舊汽油桶和用過的錫鑵就是廚具。我們不久就會把吊床的繩子穿過牆上的裂縫掛起來，或者我們會到室外去睡在帕依奧（païol）上面，那是為了保護玉米使不受雨淋的門廊。聽起來或許有些奇怪，但一堆帶葉子的乾玉米可當做一張相當舒服的床；長橢圓形的玉米會一根捱著一根，整個一堆會隨人體形狀而變形。晒乾的玉米那細細的、甜甜的草香味道有神奇的催眠作用。但是到了黎明時刻，會被寒冷與潮溼弄醒；乳白色的霧蓋在這片清理過的空地上面，迫使人趕快走進屋內，屋內的灶正在無窗住宅的恆久昏暗之中燒得火紅，住宅的牆幾乎就是透雕細工的隔板而已。女主人煮咖啡，咖啡豆已先用大量的糖炒到黑得發亮，也準備「嗶波卡」（pipoca）——爆玉米花摻培根。我們把馬牽來，上鞍，再出發。幾分鐘以後，滴水的森林把小屋四面封閉起來，小屋幾乎已不存在。

聖熱羅尼穆保留區大約有三十萬畝地，住著四百五十名土著，分成五、六個小村落。在出發以前，我已在保護站看過統計數字，知道瘧疾、肺癆和酒精中毒所導致的災難。在前此十年的時間內，所有新生嬰兒總數在一百七十個以下，而嬰兒死亡數目卻有一百四十人之多。

我們去看了聯邦政府所建的木造房子，在溪流沿岸每五到十棟住宅組成一個小村落。我們也看到印第安人有時自己建的比較孤立的房子，這些是用棕櫚樹幹圍成方形木柵，用籐固定，上覆葉子做屋頂，只在四角綁牢於牆上。最後，我們也看到用樹枝搭成的雨蓬內部，有時候一家人寧可住在裡面，放著隔壁的空房子不用。

居民圍著一堆日夜不息的火。男人通常穿件破爛的襯衫和舊長褲；女人穿件棉洋裝，不穿襯衣，有時候只用一條毯子裹著腋部以下；小孩赤裸。所有的人都戴草帽，我們在整個旅行途中也戴寬邊草帽，這是他們唯一的手工藝品，也是唯一的收入來源。不論年齡大小，男女兩性都明顯的是蒙古人種：短短的寬平臉部、顴骨高、眼狹長如刀切、黃皮膚、黑色直髮，婦女有時留長髮有時剪短髮，很少或無體毛。全家用同一個房間，他們在裡面無時無刻都在吃烤番薯，番薯放在熱灰燼中烤，然後用長長的竹鉗挑出來。他們也睡在同一個房間，鋪一層羊齒植物當睡墊，或睡在玉米葉編的蓆子上面，每個人都把腳朝向火堆。在半夜，剩下的一點火星及鬆鬆地組在一起的樹幹，對於海拔一千公尺的凍寒提供不了多少保護。

印第安人自己造的房子就只有這樣一個房間，即使住進政府所建的房子，他們也只使用裡面的一間房間。每戶印第安人的全部財產都四散在地板上面，亂成一堆，這使我們的嚮導們很驚愕，他們是來自鄰近偏鄉的白人印地安人混血兒。印第安人的財產是巴西製造的產品與當地手工藝者自製品的糾結不清大混合。前者通常包括斧頭、刀具、琺瑯盤子、金屬容器、破布、針、線等，有時候還有幾個瓶子，甚至一把雨傘。家具也同樣簡陋：幾只瓜拉尼人（Guarani）做的矮凳子，白印混血兒也用這種凳子；大小不同的籃子，用南美洲經常看到的斜紋編法（twilled technique）所編製；麵粉篩、木臼、木或石杵、幾件陶器；最後，一大堆各式各樣形狀做不同用途之用的容器，都用一種稱為abobra的葫蘆掏空晒乾所製成。要擁有這些很普通的東西中的任何一、兩件，都是相當困難的事情。見到他們的時候，分給每一成員戒指、項鍊、廉價胸針等等飾品，有時並不足以建立起想要的友善關係。即使是拿出完全不成比例的一大堆巴西銀幣（milreis）要跟對方交換一件價值甚低的用具，並不能使該用具的主人心動。他會說他不能沒有那樣用具，如果是他自己製造了那用具的話，他會很樂意地把它交出來，但是那是很久以前他從一位老婦人手裡得來的，而只有她知道怎麼做那種用具，如果他把那用具給我們，那他用什麼來代替？當然無法找到那個老婦人。她去哪裡了呢？他不曉得，同時他會用手隨便朝森林指一指。無論如何，對於一個在瘧疾發作的老人，他離最近一家白人開的商店有一百公里之遠，即使是我們身上所有的巴西銀幣都給他，有什麼用呢？令人覺得深以為恥，居然要從一個這樣的老人身上奪走這樣一件小用具，失去那用具對他是無法彌補的損失……

但是常常出現另一個不同的故事。我可能問一個印第安婦人，可不可以把她的鍋子賣一個給我，她會回答可以。不幸的是，鍋子不是她的。那是誰的？一陣沉默。她丈夫的嗎？

不。她兄弟的？不，也不是她兄弟的。她兒子的？不是她兒子的。鍋子是她孫女的。孫女總是任何我們想買的東西的擁有者。我們看看孫女，她只有三、四歲，蹲在火堆附近，全神貫注於不久以前我套在她手指上的戒指，因此我們開始和這個小女生進行冗長的談判，她父母完全不置一辭。她對一隻戒指外加五百個巴西銀幣無動於衷，但對一枚胸針加四百銀幣有興趣。

卡因岡（Caingang）族印第安人種少量食物，不過他們的主要職業是捕魚、打獵和採集野果。他們捕魚的方法，是對白人捕魚方法的拙劣模仿，生產力不高：他們用一根有彈性的樹枝，線上綁巴西魚鉤，穿一片葡萄乾當餌，有時候用一塊破布當做魚網。狩獵與採集決定了他們在森林中的遷徙生活；整個家族會一連失蹤好幾個禮拜，沒有人曾

卡因岡族陶器

經跟他們到那些複雜的林中小徑及祕密的藏身所去過。有時候我們會碰到一小群人公開出現在林中小路上，但又馬上隱入森林中不見。男人走在前面，手中拿著「波多克」（bodoque），這是一種射鳥的彈弓，背上斜披著藤製彈筒，裡面裝著乾泥土做的彈子。婦女跟在男人後面，她們背著放了家族所有財產的籃子，用布帶或寬樹皮帶纏在前額上面來背那些籃子。小孩和家庭用品都放在籃中。我們把韁繩拉緊，他們幾乎一點都沒緩下腳步，會交換幾句話，然後森林又是一片沉寂。但我們知道下一間房子，像很多其他房子一樣，會空無一人。但會空多久呢？

他們的游獵生活可能持續幾天或幾個禮拜之久。打獵季和採這些果子——橘子、樹葡萄（jaboticaba）和棉豆（lima）——需要全家人四處遷徙。但我們不曉得在森林深處他們是用什麼樣的建築物來遮風擋雨，也不知道他們把弓箭藏在何處——只偶然發現過幾件樣品，是被遺棄在房子的角落而意外被撿到的——也不知道在那段時間內，他們回到什麼樣的傳統裡去，舉行什麼儀式或有什麼樣的信仰。

在他們的原始經濟中，種植農作是最受忽略的一種生產技術。有時候在森林深處，會發現一片土著清理過的土地。在高聳的樹牆之中，會有幾平方碼的綠色種植物——香蕉、番薯、木薯和玉米。玉米要先在火邊烘乾，然後由婦女，單獨一人或者成雙成對的用臼把它敲碎。玉米粉有時就直接吃，有時和動物脂肪混合做成硬餅。黑豆是他們的食品之一，野獸和半圈養的豬是肉類的來源。肉都是插在樹枝上用火烤。

也得提到「可洛」（koro），一種淺白色的蟲，常常大量出現在某些腐爛中的樹幹裡面。吃這種蟲受到白人恥笑以後，印第安人加以否認，不會承認喜歡吃這種蟲。但你只要走進森林裡面就可找到松樹的殘跡，二三十公尺高的樹被風暴打倒，後來被砍成片片斷斷的一堆殘骸。支解大樹屍體的就是找可洛的人。如果你突然到一間印第安人的屋子去，你可能會瞥見一碗美味蟲子蠕來蠕去，但馬上就被藏起來。

情形既是如此，要想參與一場尋找可洛的活動便很不容易。你得像陰謀者一樣做長遠的計畫。有個發燒的印第安人，整座被暫時遺棄的村落就剩他一個人，似乎是好下手的對象。我們把斧頭放在他手上，搖撼他，推擠他。但毫無用處，他似乎不知道我們要他幹什麼。想著我們可能又要失敗一次，我們便拿出最後的說辭：我們想吃些可洛。我們成功地把這個可憐的犧牲者拉到一棵樹幹旁邊。他只砍了一斧，就讓樹幹深處數以千計的小格子暴露無遺。在每個格子裡面都有一隻胖胖的、乳白色的生物，頗像蠶。我得遵守諾言。那印第安人面無表情地看著我把我的收穫物斷頭；蟲身噴出一種白色的油脂物，我遲疑一陣以後終於嘗試；它具有黃油的稠厚和細緻，味道像椰子汁。

十八、潘特納爾濕地

經歷這次「成年禮」（initiation）以後，我就可以做真正的探險了。大學放假期間正好有一次機會。巴西大學放假是在雨季的十一月到三月之間。即使雨季不很理想，我還是計畫和兩個土著社群建立接觸：一個是卡都衛歐（Caduveo）族，在巴拉圭邊境，其人口可能已減少到只有以前的四分之一，而且幾乎沒有人研究過他們；另外一個是被知道得比較多，但仍然頗具研究價值的波洛洛（Bororo）族，在馬托格羅索州中部。此外，里約熱內盧的國家博物館建議我應該順道去半路上的一個考古遺址做勘察工作，知道那遺址的存在已有相當一段長時間，但一直沒有人有機會加以調查。

從那以後，我經常在聖保羅與馬托格羅索之間旅行，有時候搭飛機，有時候搭貨車，有時候坐火車和搭船。在一九三五至一九三六年之間，我先搭火車再乘船沿河而走。前面提到過的那個考古遺址離埃斯佩蘭薩港（Porto Esperança）的火車終點站不遠，在巴拉圭河（Rio Paraguay）左岸。

這一趟令人疲倦的旅行沒什麼值得多敘述的。第一段路是乘西北鐵路（Noroeste Railway）

去巴烏魯（Bauru），位在拓荒前線中心；在巴烏魯改乘馬托格羅索夜車，途經該州的南部。全部行程三天，速度相當的緩慢。引擎燒木頭做燃料，常常要停下來一段頗長的時間補充木料。車廂也是用木頭製造，製造方式很簡陋，因此一早醒來的時候，臉上會蓋著一層硬化了的泥土薄膜，那是顆粒十分細小的荒野紅土，落在全身每一個毛孔和每一處皺摺上。餐車的菜單已經是典型內陸烹飪：有鮮肉或乾肉，米飯和黑豆，可以蘸著木薯粉（farinha）吃。這是用玉米或新鮮木薯製造的，加熱使其脫水，然後再磨成粗粉末；最後是永遠少不了的巴西甜食，一片榲桲或番石榴果醬，外加乳酪。在每一個車站，只要給幾個銅板，街頭小孩就會給你多汁黃肉的鳳梨，一種清新宜人的點心。

快到特雷斯拉瓜斯（Tres-Lagoas）車站的時候，就進入了馬托格羅索州，穿越巴拉那河，這條河異常的寬，當時雨季雖已開始，由於河道太寬，很多地方仍可見底。在河那邊的那片景觀很快就要變成我在內陸到處游蕩的幾年間又熟悉、又無法忍受、卻又必須接受的景觀，這是巴拉那盆地與亞馬遜盆地之間巴西中部的典型風景：平坦或輕微起伏的高原，一望無際的視野，矮樹林類植物，偶爾會有一群瘤牛（zebus）在火車經過的時候驚動四竄。很多旅行者把馬托格羅索誤譯成「大森林」；事實上，陰性的mato才指「森林」（forest），而陽性的mato指的是與森林相對照的南美風景特色，Mato Grosso便是意指矮樹叢（great bush）。沒有任何其他字詞可以更恰當地形容這片野性荒涼的土地，不過在這整片一成不變之中也有其宏偉與令人興奮之處。

我也把sertão[1]翻譯成bush（矮樹），但事實上其意義略有不同。mato指的是自然風景的一種客觀性質：是矮樹林而不是森林。sertão指的則是一種主觀的性質：重點在與人有關的那種關係的性質上面，表明是一種矮樹林之地，而非住人的拓墾過的土地；在sertão上面沒有永久性的居民點。法國殖民粗話有一個可能完全相當的字眼：bled（窮鄉僻壤、荒野）。

有時候高原會被綠色多樹的河谷切開，河谷在清澈的天空底下看起來幾乎是在表達歡迎之意。在格蘭德營（Campo Grande）與阿基道阿納（Aquidauana）之間，一個更深的斷層顯現了馬拉卡茹山脈（Serra de Maracaju）令人眩目的懸崖，在這條河谷中有個地方叫做科倫蒂斯（Correntes），那裡有一個礦村（garimpo），也就是鑽石礦開採處。整個地理景觀在此處突然改變。一過了阿基道阿納，即進入潘特納爾濕地（Pantanal），世界上最大的沼澤，占滿了巴拉圭河的中央盆地。

從空中望下去，這一帶地區，河流彎彎曲曲流經平坦地域，水流停滯的地方形成拱形與各種彎曲形狀。河床本身似乎鑲著灰白色的曲線，好像大自然在把目前這暫時性的河道交給這條河以前猶豫了一下。潘特納爾濕地的地表景觀頗像夢中幻境，水中小丘看起來像漂浮的方舟，上頭躲著整群的瘤牛，成群的大型鳥類，像火鶴、白鷺、蒼鷺等在積水的沼澤裡而形

1　原書常使用sertão這個字，依上下文意改變譯法，若與自然景象有關，則譯為「荒野」；若與人有關，則譯為「偏鄉」、「鄉野」或「窮鄉僻壤」。

成白色與粉紅色的微形島嶼，但不若棕櫚樹如扇開展的葉子那般輕盈，這些葉子裡且含有珍貴的臘；只有稀疏的灌木打破這片水生沙漠貌似風光明媚的假象。

陰鬱的埃斯佩蘭薩港（Porto Esperança），地名取得極為錯誤[2]，是我記憶裡面在這個地球上所能找到的最古怪的地點，唯一一個可與之做比較的是紐約州的火島（Fire Island）。我之所以同時想到這兩個地方，是因為它們很相似，都將最矛盾對立的東西結合起來，兩個地點都表現了地理上與人文上的荒謬性，雖然調性很不相同——一個是滑稽的，另一個則是邪惡的。火島像極了史威夫特[3]筆下創造出來的地方。它位於長島（Long Island）岸外，是長八十公里，寬二、三百公尺的一條沙島，沙上沒有任何植物。火島靠大西洋岸那邊，海浪太猛，不能游泳，而在另一岸，雖然風平浪靜，但水太淺也不能游泳。島上唯一的娛樂是捕捉不能吃的魚。沙灘上每隔一定距離就立有告示牌，上面寫著「別把魚丟棄在沙面上任其腐爛，應該把魚立刻埋在沙下」。火島上的沙丘遷移不定，靠海的部分隨時會下陷，因此又有告示牌警告遊客和居民遠離海邊沙丘，以免有陷落水底的危險。火島像是威尼斯的顛倒，土地是液化的，通道反而是堅固的：島中央的村落「櫻桃叢」（Cherry Grove）的住民不得不使用木板搭建高架路橋，構成村落裡面的道路網。

為了使以上的描述完整起見，我得進一步指出櫻桃叢這個村落的居民主要是成對的男性，毫無疑問的他們是被這個地點一切都倒反過來所吸引。除了一片片有毒的長春藤以外，沙上不長一物，一切日常用品必須每天到島上唯一的一間店去購買，那間店位於登岸棧橋的盡頭。在比沙丘穩定一些、高一些的地面上，可以看見這些不會生育的男性伴侶成雙成對的推著嬰兒車，沿著小小的棧道，走回他們的屋子去。那些棧道十分狹窄，只有嬰兒車是最適合的運搬工具，嬰兒車中放些週末要喝的小瓶牛奶，不過不會有小孩喝得到那些牛奶。

火島給人的印象是一種鬧劇似的喜悅享樂氣氛，埃斯佩蘭薩港的景象則是一個比火島還更絕望、更遭譴的社區。埃斯佩蘭薩港沒有任何存在的理由，只因它正好是鐵路在河岸的終點，抵達這終點以前的那段鐵路長達一千五百公里，沿線大致也是無人居住的地區。過了埃斯佩蘭薩港以後，要再往內陸得改為搭船，火車軌道的終點在一個泥濘的河岸上面，用一些木板鬆鬆地支撐住，這些木板同時權充小型河船的碼頭。

住在那裡的人都是鐵路員工，除了員工住宅，沒有其他房子。員工住宅都是木造小屋，蓋在一塊大沼澤中央，用木板搭成的交叉便道就是通往住宅區的道路。我們住的是鐵路公司替我們安排的一間小屋，形狀像方塊箱子，一個小房間架在幾根木樁上面，得爬梯子上去，拉開門之後所看到的只是什麼都沒有的一個小空間；清晨的時候，火車頭的汽笛聲把我們吵醒，這是專供我們到處移動的交通工具。夜晚令人極不舒服：又潮又熱，沼澤巨蚊恣意橫行，我們出發以前精心設計的蚊帳不足以達成任務，這一切使我們根本無法成眠。早上五點

2　在葡萄牙文中，esperança 意為「希望」。

3　強納森・史威夫特（Jonathan Swift, 1667-1745），英國作家，最著名的作品為《格列佛遊記》。

鐘，引擎把水蒸氣透過我們薄薄的地板送進房間裡面時，前一天的餘熱還沒消散。雖然溼氣極重，但是並沒有霧，天空沉悶，空氣鬱人，好像空氣裡面多滲入了一些什麼物質，使它變成呼吸不得。還好火車頭的速度很快，我們把腳吊掛在安全欄杆上面吹涼風，藉此甩開前一天晚上的沉重之感。

鐵路只有單線，每禮拜有兩班火車會使用它，鐵軌驚險地鋪在沼澤上面，像一座不牢靠的橋，馳行其上的火車頭隨時有落入沼澤之中的危險。在鐵軌兩旁，從那混濁的、令人作嘔的沼澤水體升起兩道汙濁的臭氣。有好幾個禮拜之久，我們喝的就是這沼澤的水。

鐵路兩旁都是矮樹林，一叢一叢之間有相當距離，像果園一樣，但在較遠的地方則看起來是暗暗的一大片，在樹叢枝椏下面，天空在水裡的倒影一片片閃閃發光。整個景觀似乎在溫暖之中慢慢地蒸騰，慢慢地成熟。如果能夠在這個史前景觀裡停留數千年之久，毫無疑問就能夠親眼看見有機物質轉化成泥煤、煤炭或石油。我甚至可以想像我能看見油浮出表面，使水染上一層薄透的七色彩虹圖案；幫忙的工人們不肯相信我們花這麼大的力氣、使他們受這麼多的苦，目的只是要找一些破陶片。由於我們戴著「遮陽盔」[4]，這是工程師的象徵，他們因此認定考古只不過是別的更重要的發掘企圖的藉口罷了。

偶爾會有一些不怕人的動物打破這一片沉寂：一隻受驚的南美草原鹿（veado，一種有白尾巴的鹿），一群鶆鷞（ema，美洲鴕鳥），或一群白鷺在水面啄食。

沿路會有工人爬上火車頭，和我們一起搭一程。我們的目的地「十二公里站」就是支線的終點，從那裡開始必須步行到發掘地點。我們可以遠遠看見那地方的「棲息地式」典型景觀。

和表面上看起來不一樣，事實上潘特納爾濕地的水體還有一定程度的流動性，帶著貝殼和沉積物堆積在一些特定地點，使植物能在該處生根。因此，這一帶地區便有不少地方有一塊塊有植披的地面，稱為「棲息地」（capõe），以前印第安人曾在其上設營，其生活遺跡目前仍然可見。

每天早上，沿著我們利用鐵路兩旁備用枕木鋪成的木道走到我們的「棲息地」去。我們的日子過得真是筋疲力盡，因為在那裡幾乎沒有辦法呼吸，我們又必須喝太陽晒熱的沼澤水。黃昏的時候，火車頭會來接我們回去，有

4 sun-helmets，十九世紀中期開始，歐洲人常戴著這種用植物纖維編成的遮陽盔帽前往熱帶殖民地。

潘特納爾濕地

時候則由法國人稱為diable（雙輪手推車）的板車來接我們。板車前進的方法是工人站在四個角落，用力把他們手中的長桿撐在鐵軌旁的沙礫上面，像船夫划槳一樣。又累又渴的我們回到空無一物的埃斯佩蘭薩港去過一個無法安眠的夜晚。

距離埃斯佩蘭薩港約有一百公里的地方，我們選定了一個牧場作為基地，從那裡出發去設法接觸卡都衛歐印第安人。鐵路沿線的人都稱它為「法國牧場」（Fazenda Francesa），占地約十二萬五千畝，有一百二十公里長的鐵路穿行其中。在這一大片矮樹林和粗草牧地上，放牧了七千頭牛（在熱帶地方，每頭牛需要十二到二十五畝牧地），每隔一段時間就從牧場上的兩、三個車站用鐵路運往聖保羅去。在牧場住宅區附近的車站叫做「瓜伊庫魯斯」（Guaycurus），這是以前控制這個地區的一族好戰的印第安人的族名，在巴西境內，這族印第安人的唯一後裔是卡都衛歐印第安人。

牧場主人是兩名法國人，幫他們忙的是幾個牧牛人家族。我忘了較年輕那位法國人的名字，但是記得比較年長，接近四十歲的那位叫做菲力克斯・R（Félix R.），一般都較親暱地稱他為「唐・菲力克斯」（菲力克斯先生，Don Félix）。他幾年前被一個印第安人謀殺。

我們這兩位牧場主人在第一次大戰的經驗中成長，他們的脾氣和能力很適合成為摩洛哥的法國殖民者，我不知道是什麼原因使他們離開法國的南特（Nantes）到巴西的這個荒野來從事風險更高的冒險，但是，嘗試了十年以後，牧場即開始衰退，因為大部分的初始資金都用來買土地，沒剩多少資本可以改良品種和工具。兩個人在一間寬敞的英國式附露台的平房過著很簡樸的生活，一邊養牛一邊賣雜貨。牧場裡面的雜貨店差不多是一百公里半徑範圍內唯一一家食物和日用品供應中心。牧場的受雇者，不論是工人或農人，都到那裡去把他們用一隻手賺來的錢用另一隻手花出去。有一套記帳法可讓他們的債權變成債務，整個體系可以運作無礙而無須金錢真正轉手。由於依照慣例，貨物的價格定為正常價格的兩、三倍左右，如果開店那一部分所占的收入比例不是這麼無足輕重的話，整個牧場可能可以賺錢。每個禮拜六，工人們抱著幾綑甘蔗回到牧場上去，把甘蔗立刻放到一架機器裡面，機器用樹幹製成，利用三根圓木柱旋轉榨出甘蔗汁。榨出來的甘蔗汁放進大鐵鍋中蒸發濃縮，再倒進模型裡面使成為淺黃色多顆粒的糖塊，這種糖塊稱為rapadura（brown sugar，紅糖），被存放在牧場的店裡面。白天把甘蔗送去榨蔗汁的工人，當天晚上再向店裡用更高的價格把糖買回去給他們的小孩吃，這是整個偏鄉地區唯一的糖果。禮拜六看見那些工人各抱幾綑甘蔗回到牧場上去的情景，想起來會讓人心碎。

我們這兩位法國主人對他們自己扮演了剝削者這樣的角色，採取一種相當哲學性的看法。他們除了工作時間以外不和工人接觸，也沒有任何和他們同屬一個階級的鄰居（最近的一個種植莊園在巴拉圭邊境，兩者之間隔著一個印第安人保留區），他們便緊守自己堅苦的日常作息習慣，這大概也是避免喪志的最好辦法吧。他們對南美洲生活方式的唯一讓步是在衣著和飲料方面。在他們所住的邊境地區，巴西、巴拉圭、玻利維亞和阿根廷傳統相互揉雜，他們穿的是當地最常見的「彭巴服」（pampa dress）。彭巴服包括一頂玻利維亞灰褐色草帽，織工很細，帽頂高，帽沿寬而且上翻，一件方格毯（chiripa），這是有條紋棉布織成的大披風，顏色有粉紅、粉白和藍色，腳上穿高至小腿的粗帆布鞋，鞋以上的腿部不穿東西。天氣較寒冷的時候，便改穿燈籠褲（bombacha），這是一種寬鬆的、法國北非步兵式樣（Zouave-style）褲子，褲邊都用細密的針織花邊裝飾過。

他們兩人每天的時間大都是在畜欄裡面管理牲畜，管理工作主要是在牲畜被集中圈圍起來以後進行檢視，挑選要賣的牲畜。工頭發出喉音極重的叫喊，在一片塵埃瀰漫之中，牲畜成排跑過主人面前，被分別關入不同的畜欄內。長角的公瘤牛、肥肥的母牛和受驚的幼牛相互推擠，想爬到其他牲畜背上，有時候大公牛會拒絕跑進通往畜欄的木頭通道裡去，使畜群擠得更為厲害。在這種時候，牛仔的頭上會旋起四十米長的長鞭，一下子那頭擋路不肯進欄的牛就倒地不起，同時牛仔所騎的馬昂首上揚，一副大勝利的樣子。

每天有兩次，早上十一點半和晚上七點，所有工作人員集合在住宅附近的蔓藤架下面進行chimarrão儀式：用吸管吸食馬黛茶（mate）。馬黛是與冬青櫟（yeuse）同屬的一種小灌木，要先將它的細枝用地下爐火燒出的煙稍微薰過，再磨成帶著木樨綠的粗顆粒粉末，放進木桶中儲存一段長時間。此處所指的是真正的馬黛茶，在歐洲以馬黛茶之名售賣的東西，通常經過各種改造變化，和真正的原物幾乎已無任何相近之處。

喝馬黛茶的方法有好幾種。如果在旅途中，我們非常勞累，希望立刻嘗其美味，就將一把馬黛粉放入冷水中，用大火煮到水開即刻熄火，一定要一煮開即熄火，否則馬黛粉的味道會全部流失。這種與一般泡茶相反的辦法所做出來的稱為cha de maté，顏色深綠，質地多油，像杯濃烈的咖啡。如果時間不夠，便做tereré：把冷水沖在一把馬黛粉末上面，用菸斗式吸管吸著喝。不喜歡馬黛茶苦味的人，則可學巴拉圭的婦女，喝maté doce：馬黛粉和糖混合，在熱火中烤焦，再用滾水沖開後過濾。但我所認識的所有喜歡喝馬黛茶的人，最喜歡的喝法還是chimarrão的方法，也就是牧場上的喝法，這種喝法既是社會儀式，又是個人癖好。

進行chimarrão時，參加的人圍坐在一個小女孩四周，小女孩稱為china，她的道具包括一個金屬熱水壺、一個爐子和通常以葫蘆製作的cuia，葫蘆開口處鑲了銀邊；有時候，像在瓜伊庫魯斯那樣，用工人雕刻過的瘤牛牛角當作cuia。這個容器裝滿三分之二的馬黛粉，小女孩把它輕輕的泡在滾水裡面。等到裡面的馬黛粉變成糊狀，她便拿著銀管，其底端成球狀，穿有不少洞，細心地在糊狀的馬黛粉中挖個凹洞放置銀管的球狀部分。這樣子使得吸管可以安放在底部液體會集中的地方，又不至於把馬黛糊弄碎，也不致使水無法與馬黛混合完全。這樣子準備妥當以後，chimarrão便弄好了，只要灌滿液體便可拿給屋主吸用。屋主吸了二、三口以後，便把裝馬黛糊的工具交還給小女孩，小女孩再如法泡製，一個一個輪流吸用，男人先吸，女人後吸，所有在場的人都輪得到。再繼續輪流，輪到熱水壺中沒有水為止。

吸進去的第一口馬黛茶在嘴中產生一種極爽快的感覺——最少對喝慣的人是如此，第一次喝的人則大都會被燙傷——感覺是接觸到黏黏的熱銀與充滿熱泡沫的水的混合：既苦又香，好像是把整個森林濃縮在幾滴液體之中。馬黛茶所含的鹼，和咖啡、茶、巧克力等所含的鹼很接近，而它令人感到舒服、覺得精神一振的效果，可能是因為每次飲用的量，以及飲用時仍是半生不熟狀態有關。輪流吸幾次以後，馬黛便喪失味道，不過用吸管仔細地找仍可在角落找到未被吸用過的馬黛，會造成小小的苦味的爆發，延長快樂時間。

馬黛茶毫無疑問地要比我稍後將描述的亞馬遜地區的「瓜拿納」（guarana）好很多，至於玻利維亞高原那粗糙無味的可可更是比都不能比。玻利維亞高原的可可，是把晒乾的葉子拿來咀嚼，使其變成一種有草味的、多纖維的軟塊，使口腔黏膜受到麻醉，讓咀嚼者的舌頭變得麻木，好像不是身體的一部分。和這種可可葉可堪比較的，我所能想到的只有塞了調味品的檳榔，不過後者會使毫無準備的味覺器官接受一種可怕的液體與香料的突襲。

卡都衛歐印第安人住在巴拉圭河左岸的低地，此地和法國牧場之間隔著博多克納高地（Serra Bodoquena）。我們的主人認為這些印第安人是一群懶惰的、墮落的小偷和醉鬼，只要他們一進入牧場就必須用力趕出去。他們又認為我們的研究考察結果也沒有什麼意義，雖然大方地協助我們，沒有他們的協助根本無法完成工作，但他們不贊同我們的工作。幾個禮拜以後，當我們的牛隊載滿東西回來，而且載運數量不比運貨商隊少，他們大吃一驚；我們帶回巨型的、有刻飾的陶罐、有藤蔓花紋的鹿皮，及代表一個已被遺忘的宗教其諸神靈的木雕……這一切讓他們大開眼界，使他們的生活方式發生一種奇怪的變化。兩、三年後，唐・菲力克斯到聖保羅來看我，據我了解，他和他的夥伴，以前一直對當地社區和住民充滿鄙視，現在已像英國人所說的「變得和土著一樣」（gone native）；他們牧場上那小小的布爾喬亞的客廳現在掛著彩繪的獸皮，房間每個角落都有土著的陶器；這兩個人對當地的工藝發生興趣，就像他們如果照他們本來的個性去發展，在蘇丹或摩洛哥當殖民官的話將會變成的那樣。現在，印第安人定期供應他們產品，整家整戶的印第安人在牧場上受歡迎接待，以交換他們的手工藝品。我不知道他們與印第安人之間這種新的親密感發展到什麼程度。這兩個單身漢大概不太容易禁得起年輕印第安女人的魅力，特別是當他們看到她們在節慶祭儀時半裸的身體，她們耐心地用黑色或藍色花紋將自己的身體點綴起來，和她們的肌膚成為一體，像披著珍貴的彩帶一樣，無論如何，唐・菲力克斯被他的新朋友殺死，我想是在一九四四年或一九四五年，他與其說是印第安人手下的犧牲者，倒不如說是十年前一群年輕的人類學家的造訪在他們心裡所引起的一陣騷亂的犧牲者吧。

牧場商店供應我們各種貨品：乾肉、米、黑豆、木薯粉、馬黛茶、咖啡和紅糖。他們也借我們交通工具，馬給男人騎，牛來載行李。我們帶東西去交換我們想收集的土著工藝品，帶的東西包括孩子的玩具、玻璃珠項鍊、鏡子、手鐲、耳環、香水、材料、毯子、衣服和工具。牧場工人做我們的嚮導，他們心裡非常不願意，因為那使他們無法在耶誕假期和家人團聚。

原住民在村落中等我們。我們一到達牧場的時候，印第安人牛仔就去宣告有陌生人帶禮物來了。這個消息引發印第安人各種焦慮，其中最嚴重的一項是——我們是來 tomar conta 的，也就是來取走他們的土地。

十九、首府那力客

卡都衛歐印第安人地區的首府那力客（Nalike），離瓜伊庫魯斯車站有一百五十公里，也就是騎馬三日的路程。背負行李的牛，由於走得較慢，先上路。第一天我們準備爬博多克納高地，然後在高原上過夜，那裡是牧場最外圍的休息點。但我們很快發現陷身於很狹窄的山谷，長滿高草，馬前行有困難。再加上腳底下是沼澤溼地，更難前進。馬會一腳踩到泥沼，趕快想辦法爬回堅硬的地面。有時完全被植物包圍，必須隨時提高警覺，有時候一些看起來毫無異狀的葉子會藏有一窩蜱蟲，這種橙色的小蟲聚在一起，形成蛋形的一團，會爬進人的衣服裡面，在身上爬行或緊咬住人的肌膚；受害者唯一的辦法是在身體未被爬滿以前，趕快跳下馬，把衣服全部脫掉，用力打它們，再讓同伴仔細檢查全身。危害較輕的是一種個體較大的、獨來獨往的灰色寄生蟲，這種寄生蟲吸住人的肌膚，並不造成疼痛的感覺；幾個小時甚至幾天以後，它們盤吸住的地方就腫起來，必須用刀子將其割掉弄死。

矮樹林終於比較稀疏了，我們沿著一條坡度不大的岩石坡道往上爬，爬進一片乾燥的森林，樹木與仙人掌交錯。從早上就開始醞釀的風暴，在我們抵達一座長著一棵高大仙人掌的山峰時，終於暴發成雨。我們下馬，在岩石縫裡找躲避處，我們挑選的石縫正好通往一個潮溼但可以避雨的山洞。我們一走進山洞，頭頂的空間便充滿蝙蝠群發出的聲音，原來洞中倒吊安睡的蝙蝠群被我們吵醒，滿頭亂飛。

雨一停，我們便在一片黑暗、多樹葉的森林中前行，林中充滿新鮮的味道和野生水果，像肉質厚重味道濃烈的格尼帕果（genipapo）[1]，還有叫做瓜比羅巴（gabiroba）的果實[2]，這種果實生長在被整地過的地方，是有名的止渴物，因為其果漿的口感清爽；或者是腰果（caju），表示那裡以前曾是印第安人整理過並種過農作的地點。

在高原上，我們看到的又是典型的馬托格羅索景觀，高大的草，少數的樹點綴各處。在我們接近第一個休息點以前，經過一個沼澤區，泥巴有風吹成的花紋，很多小型的淺灘涉水鳥；然後是一個畜欄和一間小屋，這就是拉貢看守站（Largon）。在這裡我們看見一家人在忙著宰一隻幼小公牛。兩、三個赤裸的小孩在淌血的牛屍裡面又爬又跳，快樂地叫嚷，把牛屍當成一條船。肉塊正在室外的火光中燒烤，滴著油，火在黃昏中發亮，而數百隻禿鷹在火光中和狗爭食牛血和碎肉。

從拉貢看守站開始，我們得沿著印地安人小徑前進；山坡非常陡，我們得下馬步行，牽著緊張的馬走過難行的坡面。這條小路底下有一道急流，我們聽得見水聲衝激岩石，但看不見；剛下過的一場雨使石頭潮溼，留下不少泥濘的水灘，我們不得不滑溜著走。最後抵達山腳下時，我們發現一個圓形的空地，是印第安人營地，休息一會兒以後，我們穿越沼澤地繼續前行。

在下午四點的時候，我們就得開始想下一站該在哪裡休息了。我們找到幾棵可以掛吊床和蚊帳的樹，嚮導生起一堆火，準備米飯與乾肉做的晚餐。我們非常渴，喝下整品脫的泥土、水和高錳酸鹽混合的飲料時一點都不遲疑。夜開始降臨，我們躺在蚊帳粗糙骯髒的網底下，觀賞著一下子就布滿星光的天空。幾乎在我們剛睡著不久，就得起床再出發了。嚮導在半夜叫醒我們，那時早已把馬上好鞍。在熱季必須提早出發，善用晚間涼快的空氣，使牲畜不過分勞累。半睡不醒、神志不清、冷得發抖，我們在月光中開始沿著小徑走；走了幾個小時以後，我們等待曙光出現，馬搖搖擺擺前行。早上四點左右，我們到達「皮托口」（Pitoko），印第安人保護部一度曾在這裡設一個重要的保護站。現在只剩三、兩間破舊的小屋，小屋之間只有夠吊吊床的空間。皮托口河（Rio Pitoko）默默流過。這條河在潘特納爾濕地出現，蜿蜒幾公里後又消失。這是沼澤的河道，既無河源也無出口，裡面有不少食人魚，對不知情的人會構成大害，不過對於謹慎的印第安人來說，照樣在水中洗澡、取水。仍然有少數幾戶印第安人散居沼澤一帶。

從這以後，我們便進入潘特納爾心臟地區。有些地方只是長著樹的高地之間夾著積水的

1　格尼帕樹有時寫成genipa，由於這種樹可製作染料，因此又稱為格尼帕茜草木。

2　有時稱作「瓜薇拉」（guavira）。

窪地；有些地方則是一片廣大的泥濘無樹的地面。騎有鞍的牛在這種地方要比騎馬來得方便；牛雖然身體較笨重，走路較慢，但是在水深及胸的沼澤中長途跋涉，用繩子穿鼻牽著走的牛比較不耗損體力。

我們所在的曠野相當遼闊，大約一直延伸到巴拉圭河岸，地面非常平坦，積水無法流出去。我在這裡體驗到生平最強烈的風暴，根本找不到躲避的地方，放眼望去一棵樹也看不見。我們只好勉強繼續前進，人馬都溼透在滴著水，閃電在左右兩方像大砲一般轟隆不息。大雨傾盆長達兩個小時之久才停止，我們可以看見風暴慢慢移向遠方，好像我們置身海上一樣。同時，在曠野的遠方，我們已可看見一座土質台階地的輪廓，高達數公尺，在台階上方，天空的背景映襯出一打左右小屋的側

卡都衛歐族的首府那力客

影，相當醒目。這就是因熱紐（Engenho），離那力客（Nalike）不遠；我們決定選住這個地方，而不住在老首府那力客，在一九三五年，那力客所有的小屋不超過五間。

在觀察不夠仔細的人看來，這些小村落似乎和附近的巴西農民小屋沒有什麼區別。原住民衣著和巴西人一樣，甚至體質外形也近似，這是由於頻繁通婚的結果。不過，在語言上則毫無相近之處。瓜伊庫魯斯語聽起來很舒服；原住民急促的說話速度，多音節的字眼，主要由清晰的母音間雜齒音、喉音和多量的顎化音或滾動化音素（liquid phonemes），給人一種溪水在礫石上跳躍的感覺。原住民目前的名稱是卡都衛歐，讀音該如「卡笛歐」（Cadiueu），是原住民自稱的「卡笛貴郭地」（Cadiguegodi）的轉音。雖然原住民懂得的葡萄牙文相當有限，但停留時間太短，我們無法學他們的語言。

這些住屋的基本架構使用剝掉樹皮的樹幹，豎立在地上，利用特別留下的樹枝分杈支撐橫樑。屋頂蓋的是褪色的棕櫚樹葉，不過和巴西人的小屋不同的是，原住民的小屋沒有牆。這種樣式代表白人房屋（屋頂下斜就是白人房屋的形式）與舊式的原住民四壁無牆平頂屋之間的綜合。

這些相當簡陋的住屋，最值得重視的方面是其大小：只有極少數的屋子是單戶居住；有些屋子形狀像長形穀倉，住到六家人之多，每一家都各有其用兩根屋頂柱子為間隔的範圍，有自己的木頭架子，一家人即在架子上坐臥躺睡，四周放著鹿皮、棉布、葫蘆、網子和草編容器，所有東西都隨處堆放，毫無秩序。在一角則放著有花紋裝飾的巨型水罐，放在有三杈的樹枝架子上面，這些架子安放地面，有的有刻紋裝飾。

在以前，這類住屋是「長屋」（Long houses），像易洛魁聯盟（Iroquois）印第安人的那樣；從其外表來看，仍可將之描述為「長屋」，但是使好幾個家庭都同住一個屋頂之下，形成一個單一的共同工作的社會單位的理由，在目前已不是非常重要了；它也不是像以前那樣是「從妻居」（matrilocal）習俗的個例，這種習俗規定男子婚後必須搬去女方父母的居住單位居住。

事實上，身處這個悲慘的村落裡面，使人覺得和過去的距離無比遙遠，在這裡幾乎見不到一點點四十年前波吉阿尼[3]所描述的那種富裕情景的任何記憶。波吉阿尼曾有兩次停留於這個地區，分別為一八九二年和一八九七年，留下和他的旅行有關的重要人類學文件，也寫了一本迷人的旅行日記。三個住民集中點的所有人口不到兩百人，靠打獵、採集野果、養幾隻牛和其他農場動物、種些木薯為生。那些木薯田位於台地底部唯一的溪流附近。那溪流的水有點甜，乳白色。我們要在蚊子群中洗澡或要取水的時候，就得到那溪流去。

一隻水罐，有鮮紅裝飾，塗以黑色樹脂。

原住民的主要活動包括編織草帽草籃、織男人用的棉布腰帶、將錢幣打成圓盤形或長條管形（使用鎳幣居多，銀幣較少）以串成項鍊，還有製作陶器。婦女把皮托口河的泥土和破陶片混合搓成圓條狀，以螺旋形盤起來，再拍打成所想要的形狀；趁泥土仍軟的時候，用繩子在上面壓印繩紋，再用山裡找來的氧化鐵塗上彩繪。繪好飾紋以後，便放在空地中烤，烤過以後再趁陶器仍熱時，繼續用兩種液體樹脂彩繪；黑色樹脂由pan santo製成，半透明黃色樹脂由angico製成。等陶器冷卻以後，再用白色粉末塗磨，有時是白堊粉或是灰燼，以突出裝飾圖案。

婦女用泥土或臘或乾燥的玉米葉做小玩偶給孩子玩，有時是人的形狀，有時是動物的形狀，做法很簡單，就用模型壓成所想要的形狀。

我們也看到小孩玩木雕的小玩偶，都穿著廉價的華衣，這就是他們的娃娃，而另有一些同類的人偶則被幾個老婦人小心翼翼地藏在她們的籃子底部。老婦人藏的偶人，很難說到底是娃娃玩偶呢？是神像呢？還是祖先的雕像？因為她們的偶人可被用來做幾種完全不同的用途，特別是同一偶人有時先用做一種用途，然後又用做另一種用途。有些木偶目前收藏在巴黎的人類博物館，毫無疑問具有宗教意義，其中一個顯然是「雙胞胎之母」，另一個是「小老頭」，這是一位從天上下到人間的神，受到人類惡意對待，於是他對人類施加懲罰，只有一個給了祂居所的家庭沒有受罰。但是，在另一方面，大人會將人偶拿給小孩玩，如果將此視為宗教衰敗的徵象，則又未免過分浮面；現存的這種看起來似乎極難確定的情況，波吉阿

3 桂多．波吉阿尼（Guido Boggiani, 1861-1902），義大利攝影師、人類學者。

卡都衛歐族陶器三式

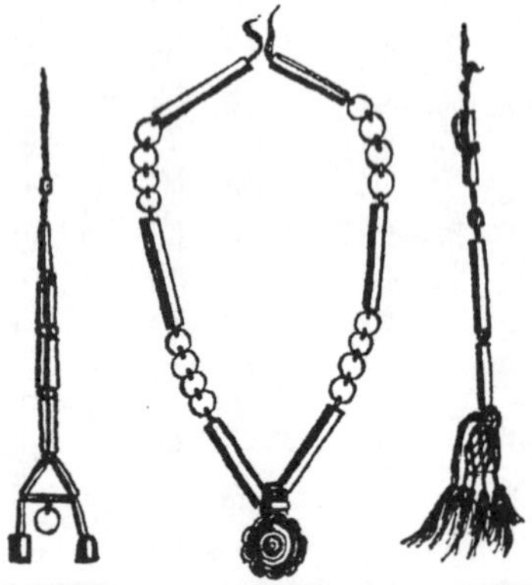

卡都衛歐族珠寶，以經過敲打的銅板與頂針組成。

兩具木偶；（左）小老頭；（右）雙胞胎之母。

兩具代表神話人物的偶像：左邊以石頭，右邊以木頭為材料。

尼四十年前就描述過，比他晚了十年的弗里奇[4]也描寫過完全一樣的情形；比我晚十年後有人也做了同樣的觀察。這種存在達五十年之久沒有多少變化的情況，也只能說在某種意義上算是正常情況了。確實是可以看見宗教價值衰退的現象，但其中原因不在於把人偶拿給小孩子玩，而是在於處理神聖的與俗世的兩者之間的關係上面，這兩者之間的共同之處遠比我們所想的為多。神聖的與俗世的兩者之間的對比，既不像有時候人們所斷言的那麼絕對，也沒有那麼恆常。

我的住屋隔壁住著一位醫者，他的工具包括一只圓凳子、一頂草冠、一個珠網包著的葫蘆發聲器（gourd rattle），還有一支駝鳥羽扇，用來逮捕「精靈」（bichos）之用。邪惡的精靈就是致病的原因，治療就是以醫者自己的精靈——也就是守護靈的力量——來驅逐致病的邪靈。醫者的守護靈同時也是保管者，因為這精靈禁止醫者把「他已熟悉習慣的用具」——這是他的用語——轉讓給我。

我們停留在該地的時期內，曾舉行一次大宴來慶祝住隔壁小屋的一個女孩進入青春期。首先換穿傳統裏布：棉布衣換成一塊正方形的衣料，從胳肢窩以下把身體裹住。她的肩、臂和臉都繪上繁複的圖案，所有的項鍊全都掛在她脖子上。掛這麼多項鍊也許並非古老習俗的一部分，或許只是為了使我們印象深刻。年輕人類學家都聽說過，土著很害怕自己的影像被

4 古斯塔夫・弗里奇（Gustav Theodor Fritsch, 1838-1927），德國人類學家。

攝入照片裡面，為了使他們克服這項恐懼，為了補償他們認為自己在冒險，適量地用錢或禮物來換取拍照的機會被認為是應該的。卡都衛歐印第安人對於照相這一套發揮到了極致：他們不但要求在拍照以前先付款；還強迫我為他們拍照，使我不得不付錢給他們。幾乎每天都會有婦人打扮得非常特別之後來找我，我便不得不替她拍照，同時給她幾個巴西金幣做報酬。為了怕浪費底片，我經常假裝拍了照片，然後付錢了事。

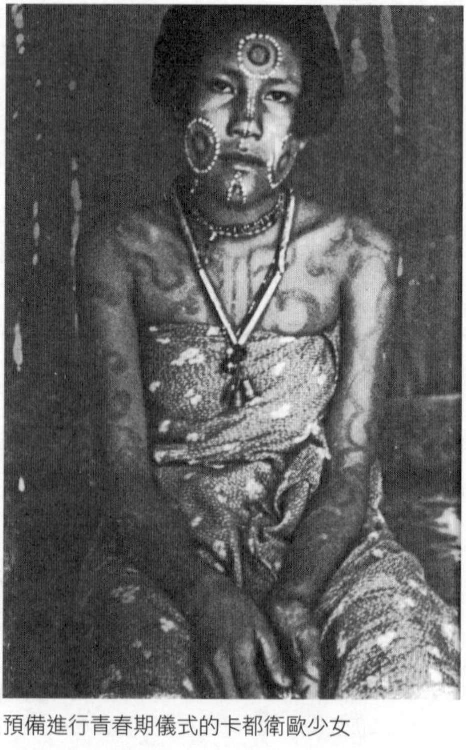
預備進行青春期儀式的卡都衛歐少女

但是，如果拒絕她們這種行為，或者把這種行為視為貪財或墮落的象徵，則是惡劣的人類學田野工作作風。這種行為其實代表印第安人社會的某些特殊面貌，以一種變形的方式重新興起：出身高貴的婦女所具的獨立性與權威，在陌生人面前的誇張行為，以及硬要普通人向她們致敬。她們的服飾也許怪異隨興，但導致她們如此穿著的背後的行為並不因此而減少其意義。我的工作和責任就是要了解此類行為如何嵌入整個傳統制度的架構裡面。

換穿裹布儀式之後的宴會也是同樣的情形。下午開始喝甘蔗做的品卡酒，男人圍坐一圈，大聲吹噓他們取得的各種低級軍銜（他們只熟悉軍銜），像班長、副官、上尉、少校等等。這毫無疑問的就是十八世紀作家所描述過的那種「嚴肅的飲酒會」，所有頭目都依地位高低排著坐，各有侍從服侍他們，傳令者則歷數飲酒者的職稱，重述他的英勇事蹟。酒精對卡都衛歐印第安人產生一種奇怪的作用：興奮一陣以後，他們會陷人憂傷的沉默之中，然後開始哭泣。兩個比較清醒的人此時會扶著哭泣的人走來走去，在他嘴邊細聲安慰他，疼愛他，直到他要吐為止。吐完以後，三個人又回到原位，繼續喝酒。

與此同時，婦人們吟唱一條短短的，只有三個音符的曲子，一再重複。幾個年長婦女自己在一邊喝酒，有時會衝到空地上面，做各種怪異動作，好像已失去控制，其他人會又笑又鬧。把老婦人這種行為簡單地看做只是喝醉失去控制是錯誤的。以前的作者提到過，在慶典時節，特別是和出身高貴的少女成長過程有關的重要慶會，最大的特色就是女人扮成男人，模仿戰士、舞蹈及比賽的過程。這些衣著破舊的農民，在這個邊遠的沼澤地帶，看起來是讓人傷心，但是他們處境的沒落，正使他們如此強烈地要保存過去某些特質的行為顯得更引人注意。

二十、一個土著社會及其生活風格

一個社會的種種習慣，以整體來考察，會具有其個別的風格，這些風格形成不同的體系。我相信這些體系的數目並非是無限的多，人類社會的遊戲、夢想以及妄想，就像個人的遊戲、夢想以及妄想一樣，從來不是憑空創造出來的，都只不過是從一個理想中可能出現的所有情況裡頭挑選出有限的幾種結合方式而已，而那理想中的所有情況是可以界定出來的。把所有記錄過的習慣，所有在神話中想像過的，在孩子的遊戲與大人的遊戲中呈現過的，以及健康者或病患的夢中出現過的，還有心理病態的行為等等全都記錄下來，應該可以列成一個表格，像化學家的元素表一樣。在這個表格裡面，所有實際的和假想的習俗均可以歸類，然後某個個別社會的習俗便可一望而知其事實上是採用哪一類的習俗。

上面這一段話特別適用於姆巴雅–瓜依庫魯（Mbaya-Guaicuru）印第安人，這一族印第安人目前尚存的代表，除了巴拉圭的托巴族（Toba）和皮拉加族（Pilagá）以外，就是巴西的卡都衛歐族。這族印第安人的文明實在很像歐洲社會曾在傳統遊戲中發展出來的文明型態，其範型曾被卡洛爾[1]極富想像力地構想出來：這些騎士模樣的印第安人看起來像極了撲克牌戲裡面的宮廷人物。首先值得注意的相似之點是他們的服飾：皮衣皮袍，袍子的肩部很寬，衣褶硬挺，鑲以黑色白色圖案，老一輩作家以土耳其地毯的圖案來比擬，圖案裡面一再出現黑桃、紅心、方塊（鑽石）與梅花的形狀。

印第安人也有國王和皇后，他們的皇后和《愛麗絲夢遊仙境》的皇后一樣，最喜歡的就是玩戰士帶回來的人頭。貴族和貴婦在各種賽會中玩耍；瓜那族（Guana）的語言文化都不一樣，是這個地方較早的住民，負責擔任種種體力勞動。瓜那族最後僅存的幾個代表是鐵蘭諾人（Tereno），住在離米蘭達鎮（Miranda）不遠的政府保留區中，我曾去該地訪問他們。瓜那族耕種土地，把一部分收成交給姆巴雅貴族，姆巴雅貴族負責保護他們，使他們不受各種騎馬武裝劫掠者的騷擾和侵害。一個十六世紀的德國人曾到過這地區，他把姆巴雅人與瓜那人之間的關係形容為相當於當時中歐封建貴族與他們的農奴之間的關係。

姆巴雅人組織成不同的世襲階級；在最頂端是貴族，又分成兩類：傳統世襲的大貴族和個別的新貴；後者晉升的原因常

卡都衛歐族的花紋

是因為生日與某個大貴族的小孩生日巧合，大貴族的家族又分為嫡嗣和旁嗣。貴族之下是武士，最好的武士通過「加入儀式」（initiation ceremony）之後，便成為武士同盟的成員，可使用特別的名字、說特別的語言，在每一個字前面都加個字前音，好像某些江湖黑話那樣。最低的階級包括查馬可可人（Chamacoco）奴隸，或其他來源的奴隸，以及瓜那人農奴，不過，瓜那人模仿他們的主人，也採用把自己人分成三個階級的辦法。

卡都衛歐族的花紋

貴族展示階級地位的方法是在身體繪圖或是刺青，後者類似貴族的家徽。他們拔除臉上所有的毛，包括眉毛和睫毛在內，他們很鄙夷地稱濃眉的歐洲人為「鴕鳥兄弟」。貴族男女在公共場合出現時，都有奴隸和隨從跟班，這些跟班一聽到他們有所吩咐即刻行動，而且揣測他們心理的欲望。即使在一九三五年的時候，掛滿飾物畫滿圖案的老太婆，她們是最好的

1 本名為查爾斯·路特維奇·道奇森（Charles Lutwidge Dodgson, 1832-1898），筆名路易斯·卡洛爾（Lewis Carroll），英國作家，以《愛麗絲夢遊仙境》聞名全球。

設計家，仍然為了不得不放棄她們的藝術創作活動而感到很抱歉，放棄的原因是以前服侍她們的俘虜奴隸（cativas）都不見了。在那力客還有幾個以前的查馬可可奴隸，現在已融入一般社會之中，但其他人對他們仍維持相當尊重的上對下的保護照顧態度。

連西班牙和葡萄牙征服者都被這些貴族的高傲態勢嚇住，以貴族頭銜「唐」（Don）和「唐那」（Doña）來稱呼他們。有人說白人婦女如果被姆巴雅人逮捕，一點都不用害怕，沒有一個戰士會玷汙她，因為他怕自己的貴族血液被汙染。有些姆巴雅貴族婦女拒絕和總督夫人見面，她們覺得只有葡萄牙皇后才有資格與她們為伍。另外一個叫做唐那・卡特琳娜（Doña Caterina）的貴族婦女，拒絕馬托格羅索總督邀她去庫亞巴的邀請，因為她當時正是適婚年齡，她怕去了以後，總督會向她求婚，那時她既不願接受一個不相稱的求婚者，又不願因拒絕而得罪他。

這些印第安人實行一夫一妻制，但青春期少女有時志願跟隨戰士出去打仗，當他們的侍者、跑腿和情婦。貴族婦女有時會有勇士隨從，同時也是她的情人，她丈夫絕對不敢表示任何嫉妒之意，因為他們兩人都會因此而喪失面子。這是一個對我們視之為自然的感情相當厭惡的社會。舉例來說，他們非常不喜歡生育兒女，墮胎和殺嬰幾乎是正常手續，到了這群人的延續是靠收養而非靠生殖的程度，戰士出征的主要目的之一就是搶別人的小孩。在十九世紀初，有人估計某個瓜伊庫魯族群的人口中只有不到百分之十是原本的血統。

如果小孩出世而且活了下來，並不是由父母帶大，而是交託給另外一個家庭養育，父母只偶爾去看看自己的孩子。小孩子全身從頭到腳都塗滿黑漆，直到十四歲為止，這個階段的黑色小孩子有個特別名稱，等到非洲黑人出現在南美洲以後，他們也用同樣的名稱來稱呼黑人。長到十四歲的時候舉行成年禮，全身洗掉黑漆，把在此以前頭上梳成兩圈同心圓的頭髮剃掉一圈。

不過，如果有階級高的小孩出世，則大肆慶祝，那個小孩成長過程的每一個重要階段也都大肆慶祝一番，例如斷奶、學走路、第一次參加遊戲等等。在出生慶典上，司儀大聲喊叫家庭的頭銜，預告剛出世的小孩將有一光榮的前途；另一個同時出生的小孩被指定為其「戰鬥弟兄」（brother-in-arms）。此時也舉行喝酒大會，用獸角和頭骨盛肉吃，婦女向戰士借來武器表演模擬戰鬥。貴族依地位高下排排坐，由奴隸伺候，奴隸不准喝酒，以便在需要的時刻幫助他們的主人去嘔吐，照顧他們直到睡去，享受由飽灌酒精而造成的歡樂幻覺。

大衛王、亞歷山大、凱撒、查理曼、萊雪兒、茱迪斯（Judiths）、帕拉西（Pallases）、阿爾金（Argines）、赫克多（Hectors）、歐吉爾（Ogiers）、蘭斯洛（Lancelots）、拉喜爾（Lahires）等等故事人物所擁有的那種高傲的自信，來自於他們相信自己命定要統治人類。有一個神話使他們如此確信；不過這神話流傳到我們手中的時候，已然經歷過先前許多世紀的修改美化，只保留下某一些片段。這個神話簡單而漂亮，其中明顯的真理我在日後到東方旅行時又看到它以最簡潔的方式表現出來，這真理就是：奴隸的程度與個別社會的性格發展完全的程度成正比。這個神話就是：當最高主宰龔諾因侯地（Gonoenhodi）決定創造人類的時候，他首先從土地裡拉出瓜那人，然後再拉出其他各族人；他讓瓜那人從事農業，讓其他族人從事狩獵。魔法師（Trickster）——土著眾神中的另一位——這時發現姆巴雅族人被遺忘在地洞底下，便把他們帶出地面；但他們無事可幹，便只好讓他們從事所剩下來的唯一任務，也就是壓迫剝削其他的人。很難想像會有比這個還更深奧的社會契約。

這些印第安人，像某些騎士羅曼史裡的人物一樣全心投入於聲譽與統治的殘酷遊戲之中，他們的社會清楚明確地創造出一種和我們所知道的前哥倫布時期美洲圖畫可說完全不同的繪畫藝術，然而和我們的撲克牌人形與圖案有些相似處。我已經在前面提到過這一點，但現在我想描述卡都衛歐文化的這一項非常不尋常的特質。

我們訪問的那一族卡都衛歐族的男人是雕刻家，女人是畫家。男人用帶點青色的橡膠樹硬木來雕刻前面提到過的人偶。他們也在瘤牛角杯上浮雕人、鴕鳥和鳥。有時候也賣素描，但只限於畫樹葉、人或動物。女人的特長是裝飾陶器及皮件，還有在人體上面畫畫，她們是這方面的專家。

他們的整張臉，有時候包括全身，都覆蓋一層不對稱的蔓藤圖案，中間穿插著精細的幾何圖形。第一個描述這種人體裝飾畫的人是耶穌會傳教士拉布拉多[2]，他在一七六〇到一七七〇年間和卡都衛歐人住在一起，不過最早以原樣完整複製卡都衛歐人體裝飾畫的人是波吉阿尼，時間在一個世紀以後。一九三五年時，我自己用以下方法收集了幾百件圖案：最初我想為她們的臉孔拍攝照片，但那些婦人對拍照所要求的報酬會使我很快就把錢用完；後來我先在紙上試畫素描，然後請他們在素描上面畫圖案；她們畫得非常好，我把自己笨拙的素描全部丟棄。卡都衛歐族婦女並不會因為面對一片白紙而不知從何畫起，這表示她們的藝術並不須依附在人臉的輪廓上面。

只有少數幾個很老的婦人似乎還保存著古老的技巧；我曾有一段相當長的時間都相信我的那份收集做的時機正好恰當，再晚一點也許就收集不到了。因此，兩年前我看到一個巴西同行出版了他晚我十五年所做的一份收集報告並附圖的時候，我是大吃一驚。他的收集不但

身體繪畫的基本花紋

2　荷西・桑契斯・拉布拉多（José Sánchez Labrador, 1717-1798），曾撰寫詳細的巴拉圭相關著作。

身體繪畫的基本花紋

和我的收集同樣都是出自專家手筆，甚至連不少圖案都一模一樣。在十五年的時間裡面，風格、技巧和靈感似乎毫無變化，就像波吉阿尼做收集時和我做收集時已間隔四十年，也沒出現什麼變化一樣。這方面的保守作風並不見於陶器的製作，因此特別值得注意。如果根據最近所見到的有圖解的報告加以判斷的話，製陶工藝目前已完全衰退。這似乎證明他們對身體繪畫，尤其是臉部繪畫，特別看重，在其文化中占重要位置。

那些身體裝飾圖案，以前有的是刺青，有的是畫上去的，但目前只有繪畫的形式留存下來。婦人直接在人體或人臉上作畫，對象是同伴或小男孩。男人很早就放棄這種習俗。她們使用一支竹片，沾格尼茜果的汁液在活人身體上即興作畫，不看圖例，不打草稿，也不用任何標位符號。格尼茜果汁剛使用的時候是無色的，但氧化以後變成黑藍色。藝術家用弓形圖案裝飾唇部，兩端以捲曲線收尾；然後畫條垂直線把臉孔分為兩區，有時再用一條水平線將這兩區劃分。把臉孔劃分兩區、四

一個卡都衛歐族男童的素描

區，或有時劃分成斜面以後，再用大量蔓藤紋裝飾，好像是把整張臉當成一個平面那樣來作畫，並沒有對眼睛、鼻子、兩頰、前額和下巴作特殊處理。這些技巧高超的構圖，都是均衡而不對稱的，作畫的時候可從任何一個角落畫起，毫不遲疑地把整張臉孔畫完，也從不修改。她們作畫使用的主題都相當簡單，螺旋形、S形、十字形、鋸齒形、希臘迴紋、卷軸形等等，但都會把這些主題結合成使每一張臉孔的圖案均有獨創性。我在一九三五年收集到的四百幅圖案裡面，沒有兩個是一樣的。不過，我在前面比較另一個人晚我十五年所作的收集和我的收集時，曾表示了似乎與此處相反的看法，我們只得下結論說，這些藝術家的異常豐富的圖案設計雖然變化多端，但也還是遵循一個特定的傳統。不幸的是，我自己或比我更晚去收集的人，都沒有能找出這些印第安人圖案背後的理論：報導人提到與某些基本主題有關的名詞，但對於比較複雜的圖案設計的細節，她們都宣稱不知道，或已忘記其意思。也許她們只是在重複

同一個男童的另一素描

某種代代相傳的技巧，不然就是她們決意不願透露她們藝術的祕密。

現在的卡都衛歐族人在身體上作畫只是為了高興，但在以前這種習俗有其更深刻的意義。照拉布拉多的描述，貴族階級只畫前額、普通人則畫滿整張臉。還有，在他觀察的時候，只有年輕婦女趕時髦，他寫道：「很少看到老婦人在這些圖案上面浪費時間：她們只掛著歲月留在她們臉上的痕跡。」拉布拉多是傳教士，他驚訝於土著不尊重創造者創造的自然臉孔，奇怪為什麼土著要用那些圖案來毀壞人的臉孔。他設法提出解釋：她們花這麼久的時間來畫蔓藤紋，是不是可以因此稍微減除飢餓的痛苦？或者是為了使敵人認不得他們？無論他想出來的原因是什麼，總離不開欺騙與掩飾，他問自己為什麼會這樣。

兩種臉畫：注意其中代表——並施用於——上唇的兩個相對螺旋。

儘管他自己很討厭這些圖案，他也了解這些圖案對土著很重要，而且，在某種意義上，畫這些圖案本身即是自足的目的。

他譴責那些印第安男人，對打獵、捕魚和家庭都漫不經心，卻花上一整天的時間讓別人在他們身上繪製圖案。但印第安人反問傳教士：「你為什麼這麼笨？」傳教士則反問：「我們怎麼個笨法？」「因為你們不像耶伊瓜伊貴人（Eyiguayequis）那樣的在自己身上畫圖案。」要做一個男人需要畫身體，任身體處於自然狀態也就是與野獸無異。

可以相當確定的說，可以用情慾上的動機來解釋為何目前婦女繼續保有這個畫身體的習俗。卡都衛歐婦女的名聲在巴拉圭河兩岸非常響亮，很多混血兒和其他族的印第安人都跑到那力客來定居結婚，臉孔與身體繪畫或許是主要的吸引力；至少，身體圖畫象徵並強化了吸引力。那些微細的、精妙的符號，和臉上的線條一樣敏銳，有時凸顯臉型輪廓，有時成對比，使婦女變成非常可親，非常迷人。這幾乎是一種繪畫手術，把藝術移植到人體上。當拉布拉多焦慮地抗議印第安人「在自然美上面橫添人為的醜陋」時，他並不是前後言語一致的，因為，再寫幾行以後，他就表示：最美妙的紡織品也沒有這些圖案漂亮。毫無疑問，臉部裝飾的情慾效果從來沒有被如此有系統、有意識地使用過。

姆巴雅人從這些臉面繪畫表現出來的對自然的厭惡，跟他們慣行的墮胎與殺嬰是一樣的。土著藝術對泥人偶帶著最強烈的輕蔑，幾乎把泥人偶看做是罪惡的。站在耶穌會士及傳教士的觀點來看，拉布拉多很敏銳地察覺到這些人體繪畫是魔鬼的作品。他本人強調這種野蠻藝術的普羅米修斯層面的意義，他這樣描寫土著用星形主題來在身體上畫畫所使用的技巧：「每個耶伊瓜伊貴人因此把自己看做是阿特拉斯[3]，不僅用肩和手，而且用整個身體支撐著整個宇宙的一個拙劣的模型表象。」卡都衛歐藝術之所以具有如此特殊的性質，其祕密可能是在於：人經由此種藝術手段，拒絕成為神明形象的倒影。

皮革上的繪紋

我們看那些在卡都衛歐藝術中特別常見的長條形、螺旋形和渦紋的時候，免不了要想起西班牙巴洛克藝術的熟鐵製品和塗灰泥的牆飾。也許卡都衛歐藝術是土著藝術模仿西班牙征服者所帶進來的藝術形式的例子吧？可以確定的是，土著取用了某些主題，而且我們也知道某些確實的案例。印第安人第一次看見歐洲戰船以後，在一八五七年，「馬拉卡納號」（Maracanha）駛到巴拉圭時，船員注意到，在第二天，土著的身上就畫了錨狀主題圖案；有個印第安人甚至在他的整個軀幹上畫了件軍官的制服，畫得很詳細，釦子、袖章等一應俱

3 阿特拉斯（Atlas）是希臘神話中的人物，屬於泰坦巨人族，被宙斯處罰以雙肩支撐天空。

全，外套的燕尾上畫著掛劍的皮帶。這不過證明姆巴雅人早已有繪畫身體的習俗，同時他們繪畫身體的技巧極為高明。此外，他們的曲線畫風雖然在前哥倫布時期的美洲相當少見，它卻和美洲大陸不少地方出土的考古文物有若干相似之處。這些考古發現，有的日期可追溯到哥倫布航海前好幾個世紀：北美俄亥俄河谷的侯普威爾文化（Hopewell）、最近在密西西比河谷發現的卡多文化（Caddo）陶器；亞馬遜河口的聖塔倫文化（Santarem）和馬拉若文化（Marajo），祕魯的查文文化（Chavin）。分布如此廣闊，其本身就是年代相當久遠的證明。

真正的問題還並不在此。我們研究卡都衛歐的圖案時，有一點極為明顯：這些圖案的原創性並不在原始主題上面，原始主題都相當簡單，無須透過文化交流就可以個別獨立發明出來（事實上可能發明與借用同時發生），其原創性在於各個主題如何結合——也就是說要看最後的結果、最終作品的樣子。構圖的方法很精細、很有系統，即使這些印第安人曾經借用了文藝復興時期的歐洲藝術，也無法圓滿解釋這種現象。不管其出發起點是什麼，這麼特殊的成就也只能用其本身特有的原因才能解釋。

有一次我曾試圖把卡都衛歐藝術和其他地區所見的類似藝術形式加以比較[4]，想從中找出解釋：用來比較的對象包括古代中國、加拿大西北海岸和阿拉斯加、及紐西蘭的藝術形式。我現在要提出的假設和前面所說的有些不同，但這項假設可以補足而非反對我較早提出的解釋。

如我在較早的研究中所指出，卡都衛歐藝術的特徵是男性女性的二分法——男人是雕刻者，女人是繪畫者；前者的藝術是具體形象的、自然造型的；後者的藝術雖然非常地規範化，卻是非形象的藝術。現在我只考慮女性的藝術，我要強調的是其藝術在好幾個不同層面繼續表現二分法。

婦女使用兩種風格，兩者都依循「裝飾與抽象」的原則。一種風格是尖銳有角的、幾何圖形的，另外一種風格則是曲線的、自由流動的。構圖時常常是兩種風格有秩序地輪替使用。舉例來說，一種風格用在邊緣或界限上，另外一種風格就用在主圖案上。在陶器圖案方面，其區別更為明顯：幾何圖案通常見於頸部，曲線形圖案見於腹部，或者倒反過來。在臉部作畫時較常使用曲線風格，在身體上作畫時則用幾何形風格；但有時候，再經過細分以後，每個區域再分別以兩種風格的結合來作畫。

無論是哪一種結合方法，最後的成品都表達出一種想在不同的原則之間找到均衡的企圖，那些原則也是成對出現的：一個原來是直線形的圖案可能會在最後階段又出現一次，然後有一部分轉變成區塊狀（把某些部分全部填滿，就像我們在無事畫著玩時會做的那樣）；大部分圖案都根據兩個交互出現的主題來設計；而且幾乎在所有情況下，上色處和留白處差不多占用等量的表面空間，因此兩者的角色是可以對調的，可以用兩種不同方法去解讀這些

4 譯注：參見“Le dédoublement de la représentation dans les arts de l'Asie et de l'A mériqué”, *Renaissance*, Vol.II and III (New York, 1945), pp. 168~186, 20 Illustrations Reproduced in Structural Anthropology 1958, Ch, XIII.

圖案——以上色處為主體或以留白處為主體。最後，每個圖案常常遵照一種「同時既對稱又不對稱」的雙重原則；於是造成了「對應區域」；每一組對應區域——用紋章學（heraldry）的術語來說——很少是上下劃分或左右劃分，而比較常是由左上角向右下角，或由右上角向左下角作對角線劃分，甚至是四等分或八等分（gyronny, 米字形）。我使用這些名詞是有用意的，因為這些規則使人不得不想到紋章學。

讓我們舉一個例子來做進一步的分析：這裡有兩幅看起來簡單的身體繪畫（頁272-273）。這幅畫可以這麼描述：縱向的波浪帶，有規律地分隔出紡錘形的空間，在這些空間裡面排列著相同圖案的裝飾，每塊空間一個圖案。但這樣的描述方式帶有欺騙性，這樣的描述或許能使人對已完成的圖案之整體外觀有個概念，但是只要我們仔細一點的看，就可以看出，婦人在作畫時並非先畫好那些波浪帶，然後再用相同的圖案去裝飾每一個空間。她的方法並非如此，而且複雜許多。她工作的方法像一個鋪

身體繪畫：波吉阿尼於1895年記錄。

石子工人，用完全相同的單位要素逐步建構出一排一排的成品。婦人所使用的單位要素是整條波浪帶的一部分，如此頁左下圖所示[5]，這些個別的單位要素交錯銜接，直到最後整個圖案才達致一種平衡，這平衡同時確定及顯示出整幅圖案形成過程中的動態過程。

身體繪畫：李維史陀於1935年記錄。

單位要素示意圖

卡都衛歐藝術的風格因此使我們要面對一連串的複雜問題。首先就是連續不斷地將二分法投射在平面上，就像鏡子迷宮那樣：男人與女人、雕刻與繪畫、具象圖與抽象畫、角度與曲線、幾何圖與蔓藤紋、頸子與肚子、對稱與不對稱、線條與表面、邊緣與主題、片斷與空間、圖案與背景。但這些對立都只是事後才覺察出來的，它們的性質都是靜態的。至於藝術的動態活動過程——也就是各主題如何被想

5 為便於理解起見，中文修訂版於此處加上一幅示意圖。

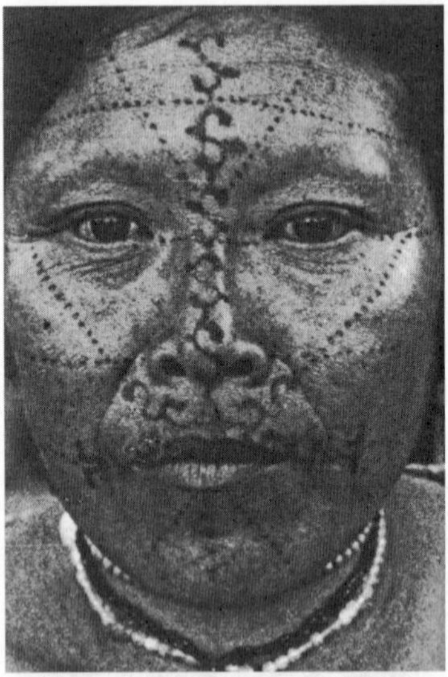

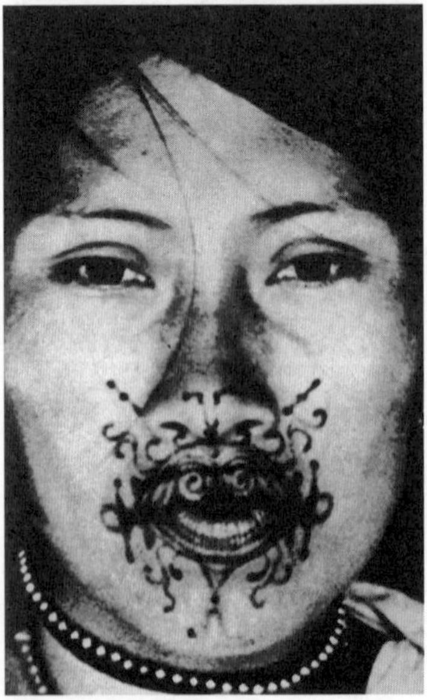

畫臉的卡都衛歐婦女

臉部與身上繪畫的兩種基本花紋

像和畫出來——在所有層次上都涉及基本的二分對立性：基本主題先打散，然後再重新組合成次要主題，次要主題使用基本主題的一部分作為要素來組成一種暫時性的整體性，然後，這些次要的主題再加以摻雜交錯使原本的整體性又重新出現，好像是又被重新想像回來一樣。最後，用這種方法所得到的複雜圖案本身再重新劃分開來，利用紋章學中的四分法加以交叉重整，把兩種圖案以相對反的方式安排在四象限的架構中時，其中任何一個圖案都是相對應圖案的簡化或複雜化。

現在可以解釋一下為什麼這種風格令人覺得和歐洲撲克牌那麼接近的理由了，不過前者比撲克牌要精緻得多。每張牌上的人形圖案都得滿足兩種需要：首先得承擔雙重功能：它必須是兩個對立的夥伴之間可用來做對話或對決之用的事物；它還必須和其他的牌之間有關係，成為一整副牌裡的一張。這種複雜的性質要求那張牌必須達成下述任務：從功能的觀點去看必須對稱，從牌擔任的角色去看必須不對稱。解決這個問題的方法是使用一種在一條斜向軸的兩側形成對稱的構圖法，避免使用完全不對稱的構圖方式；完全不對稱可滿足角色的需

一種臉畫

卡都衛歐族婦女臉畫作品

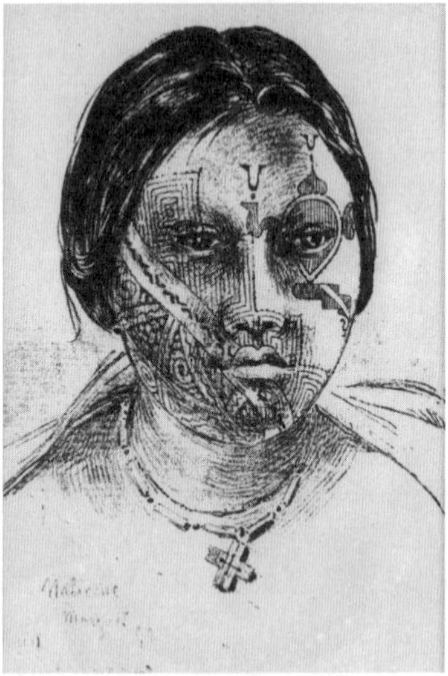

卡都衛歐少女，波吉阿尼於1895年記錄。

卡都衛歐族婦女臉畫作品

卡都衛歐族婦女臉畫作品

要，但和功能有衝突；這樣安排也避免了完全對稱的構圖方式，那樣會產生與上述情況相反的結果。在這裡，我們又碰見一個複雜的情況：類似兩種矛盾對立的二分法形式，解決的方法是妥協，達成一種次級的對立，使物件的假想軸和它所代表的形象對立起來。但為了達成這個結論，我們不得不超越風格分析的層次進一步探詢下去：為了明白撲克牌的風格，我們不能光是研究其設計圖案；我們還得追問它們的目的是什麼？因此，我們要問，卡都衛歐藝術的目的是什麼？

我已經對這個問題做了部分的解答，或者該說土著自己已替我回答了一部分。首先，臉部繪畫使個人具有人的尊嚴；他們保證了由自然向文化的過渡，由愚蠢的野獸變成文明的人類。其次，由於圖案依階級而有風格與設計的差異，便表達出在複雜的社會裡面的地位區別。這就是說：這些圖案有社會學的功能。

但是，不管這樣的觀察有多麼重要，它還不足以說明這種土著藝術的原創特性，它最多只說明了土著藝術的存在。必須繼續深入分析社會結構。姆巴雅社會分成三個世襲階級，每個階級最關心的問題都是禮節。對貴族而言——在相當程度上對武士而言也一樣——最主要的問題是聲譽與地位。早期的紀錄顯示他們都怕丟臉怕得要命，他們也很怕無法享有與地位相稱的享受，最重要的是，他們最怕和地位較低的人通婚。這種社會的危機是「隔離」，無論是由於選擇或由於必要，每個階級都傾向於自我封閉，封閉的結果便會危及整個社會全體的團結。特別是各階級的內婚習俗，加上整個社會階層高低劃分愈來愈細，要找到符合集體生活種種需求的婚姻對象一定會愈來愈困難。單單這一點，就足以解釋一個反對生育後代的社會之矛盾；反對生育，同時為了避免在自己族群裡面造成不適當的婚姻結合，竟然不得不採用一種反向的種族主義——有系統的收養敵人或外族人的後代。

情形既如上述，很值得注意的是，在姆巴雅一度控制之下的廣大區域的另一極端，也就是在東北方和西南方兩個地區，雖然兩地之間隔著一大片地理空間，我們可以發現幾乎完全相同的社會組織形式。巴拉圭的瓜那族和馬托格羅索的波洛洛族，以前曾有（波洛洛族目前還有）一種階層分明的社會結構，和姆巴雅族很近似；他們曾經——或者現在仍是，至少目前的社會地位差異似乎可以和過去的階級劃分相呼應——劃分為三個世襲的、內婚的階級。不過，我在前面提到的那個姆巴雅族社會所面臨的危險，在瓜那族與波洛洛族的社會裡面，由於其社會又劃分為兩個互婚半族（moiety）而顯得沒那麼嚴重。這種互婚半族的制度，最少在波洛洛族中的情形並不受三個階級劃分的限制。雖然不同階級的成員不得互婚，與此正好相反的責任卻強加於互婚半族的成員身上：一個互婚半族的男人只能與另一個互婚半族的女人結婚，反之亦然。我們因此可以說，階級劃分所造成的社會不均衡，在某種意義上，被互婚半族的均衡二分法平衡了。

我們或許會奇怪，這種三層級的嚴明社會階級劃分法，再加上兩個對等的互婚半族區分法，是否應該全部視為一個體系裡的不同部分。或許是的，但或許我們應該把這兩種劃分原則分開，認為其中一個在時間上比另外一個古老。如果是這樣的話，到底這兩種劃分原則裡面哪一個比較古老？則有得爭論了。

我目前所關心的問題屬於相當不同的性質。雖然我只簡單地描述了瓜那與波洛洛系統（稍後我描寫在波洛洛族的經驗時會加以補充），也已經可以清楚看出，在社會學層面上，這種婚姻制度的結構，和我在研究卡都衛歐藝術時所發展出來的風格結構很類似。在這兩個例子中，我們處理的都是「雙重對反」（double opposition）的現象。在前者，主要是一種三層分級法與二分對立法的組織之間的對立，三層分級法是不均衡的，二分對立法則是均衡的；在後者，則是不同的社會機制（social mechanisms）之間的對立互反，有些機制以平等互惠為原則，有些機制以高下階層為原則。為了同時遵守這樣兩種並存但卻對立矛盾的原則，整個社會群體分裂再分裂，成為互相關聯又互相對立的次群體。就像一個紋章把由各個不同的承繼脈絡承襲得來的權限結合於整個紋章裡面一樣，這個社會也可說是由右上角向左下角的對角線等分，再上下等分，再對分為二，再由左上角向右下角等分。我們只要研究一下波洛洛族村落的格局（我隨後就會說明），就可以看到其組織是和卡都衛歐的繪畫圖案一樣的。

因此，瓜那族與波洛洛族在面對其社會結構中存在的一項矛盾時，似乎成功地使用了大體上是社會學的方法解決了（或掩飾起來）。或許這兩個社會在未受到姆巴雅族勢力影響之前即已有互婚半族存在，因此，解決矛盾的方法是現成的；或許他們是在較晚的時候才發明出來，或向別人借用互婚半族的制度。他們能夠這麼做，是因為在遠離中央的省區裡面，貴族的自傲比較不突出——當然還可以提出其他的假設。這種解決方法在姆巴雅族裡面從來沒有存在過：或者他們不知其存在（這是不太可能的）；或者——這比較可能——他們的狂熱與偏執不容許考慮這種解決矛盾的方法。因此，他們從來沒有機會可以解決其社會組織中的矛盾，甚至無法至少是用精巧的制度把矛盾掩飾起來。不過，在社會層面上他們沒有使用的補救辦法，或者他們拒絕考慮的補救辦法，不會永遠一直對之視若無睹；那種解決辦法一直不斷地以各種覺察不到的方式糾纏著他們。既然他們無法意識到這種解決辦法，無法在現實中應用於生活上面，他們便開始讓其在夢中出現。但也不是以直接在夢中出現的方式，因為那會和他們的既存觀念起衝突，而是以一種變了形的，因此也看起來似乎無害的方式出現：在他們的藝術裡面。如果我的分析無誤的話，卡都衛歐婦女的圖畫藝術，其最後的解釋，以及其神祕的感染力量，還有那看起來沒有必要的複雜性，都得解釋為是一個社會的幻覺，一個社會熱烈貪心地要找出一種象徵的手法來表達那個社會或許可以擁有的制度，但是由於其利益和迷信的阻礙而無法擁有。在這個迷人的文明裡面，美女以她們身體的化妝來描繪出整個社會集體的幻夢，她們化妝的圖案是描繪一個無法達成的黃金時代的象形文字圖案，她們用化妝來讚頌那個黃金時代，因為她們沒有其他符號系統足以負起表達的任務，這個黃金時代的祕密在她們赤裸其身的時候即表露無遺。

第六部　波洛洛族

二十一、黃金與鑽石

科倫巴（Corumba），前往玻利維亞的門戶，在巴拉圭河右岸，正對著埃斯佩蘭薩港，好像是專門為凡爾納[1]所寫的一部小說而想像出來的。這小鎮位於一個俯視巴拉圭河的石英岩懸崖上面。一、兩艘木槳船停靠在港邊，船身低低的，上頭有雙層小屋，屋頂伸出一枝細細的煙囪。木槳船四周是一大堆獨木舟。港邊有條路往上爬，路的前一段兩邊有幾間房子，是稅關、兵器儲藏室等等，比其他房子要大許多，使人回想起巴拉圭河以前是那些剛獨立不久，野心勃勃的國家之間不穩定的國界，也使人想起這條河一度交通頻繁，船隻不斷來往於拉布拉他河口（Rio de la Plata）與內陸之間。

抵達懸崖頂端以後，路就沿著懸崖邊緣繞行約兩百公尺左右，然後向右直角轉彎進入城鎮，城鎮上有一條長街。兩邊排列著低矮的房子，白色或灰色的牆。長街盡頭是一座廣場，廣場上有橙色與珊瑚綠的樹木，樹間長著綠草。其後是多岩石的鄉間，一直延伸到地平線的

1 朱爾・凡爾納（Jules Verne, 1828-1905），法國小說家、博物學家。

盡頭有山岳橫列。

這裡只有一間旅館，常常客滿。可以在私人住宅租到幾間房間，一樓房間灌滿沼澤的溼氣，在那裡過夜的旅客體驗到和現實一樣的惡夢，使他成為新式的基督教殉道者，被丟進令人窒息的洞穴裡面去餵臭蟲。食物很差，因為鄉村生產力不高，開發不足，沒有辦法供應定居或路過科倫巴的兩、三千人口。所有東西的價格都很貴，表面上一片忙碌，與荒漠一般的景觀形成明顯的對比，這裡的景觀像一片褐色海綿一樣，一直延伸到河對岸，給人一種忙碌、愉悅的印象，一個世紀以前的加州或西部邊城大概也是這幅景象。到了晚上，全鎮的人都聚集在斷崖的路上。女孩子們，三五成群地在男孩子面前晃來晃去，男孩子們默不作聲地坐在欄杆上，雙腿搖來盪去。旁觀者或許會以為自己是在看某種儀式或慶典，再也找不到比這種嚴肅無比的婚前「分列式」更奇特的景象了，長達五百公里的沼澤地邊緣，女孩子們在閃爍不定的電燈下面晃盪，駝鳥與眼鏡蛇不時闖入城鎮附近。

如果是以直線距離計算的話，科倫巴與庫亞巴之間的距離不過四百公里。我眼看著兩個城鎮之間空中交通各個不同階段的發展過程。先是小型的四座飛機，要顛顛簸簸地飛兩、三個小時才抵達目的地，一直到十二個座位的容克斯式飛機（Junkers）在一九三八至一九三九年之間開始飛這條航線。但是在一九三五年，只有乘船才到得了庫亞巴，而四百公里的直線距離因為河流彎彎曲曲而拉到兩倍之長。在雨季，到州首都去要花一個禮拜時間，旱季的時候可能要花上三個禮拜，船雖然吃水淺，在旱季時還是常常擱淺在沙堆上面，要花好幾天的時間，用纜繩把船綁牢於兩岸堅固的樹幹上，然後拚命轉動引擎，使船再浮於水面上。船公司的辦公室在顯眼處貼了一張文字極吸引人的告示。下面一頁把它照原文翻譯出來，既顧及其風格，也注意其編排。不用說，真實的情況和告示上所描寫的並不是很接近。

無論如何，那是一趟多麼令人愉快的航程！沒有幾個乘客：養牛人及其家人要回到牧場去，到處旅行推銷貨品的黎巴嫩人，被派駐到邊區城鎮守衛的軍人，或省區的公務員。他們一上船，就馬上換上內陸常穿的輕便服裝，條紋寬褲（較講究的就穿絲質的），對體毛豐盛的人而言顯得單薄了些，穿拖鞋；我們每天吃兩次一成不變的飲食：一盤米飯、一盤黑豆和三分之一盤的木薯粉，加上新鮮牛肉或久存的牛肉。這就是「巴西黑豆飯」（feijoada），由「黑豆」（feijão）這個字轉化而來。同行旅伴的胃口奇好，他們吃完會對食物作判斷：如果不是最上等的黑豆飯，就是爛死了；同樣的，他們也只有一種形容詞用來描述甜點，包括乳酪和水果醬，都用刀尖吃，那濃濃的水果醬如果不是「很甜」就是「不夠甜」。

每走三十公里，船就會在中途站添加燃料；必要的時候，我們會等兩、三個小時，等燃料站的管理員到草原上去用套索捉一隻牛回來，船員幫他宰殺剝皮，然後再把牛肉拉上船，好讓我們在往後幾天有新鮮牛肉吃。

其他的時間，蒸汽船慢慢沿著窄窄的河道滑行，這叫做「negotiating the estirões」，那些河流的轉角弧度非常大，使人無法看到另外一邊。由於河道彎彎曲曲，這些轉角有時候挨得非常近，到晚上的時候，我們發現離早上啟行的地點不過幾公尺之遙。船常常碰到河岸兩邊

閣 下 是 否 準 備 旅 行 ？

是的話，一定要搭乘華美無比的

科倫巴市號

這是ＸＸ先生擁有的河運公司的船隻

一艘裝潢高級的輪船

各艙配備浴室、電燈、自來水

還有完美的專人服侍

庫亞巴—科倫巴—埃斯佩蘭薩航線上

最快最舒服的船

在科倫巴或在埃斯佩蘭薩搭乘**科倫巴市號**

閣下將比搭任何其他船隻早三天以上抵達目的地

時間對行動極為重要

速度最快又能提供最舒適享受的船當然是上選

瓜波畢號輪船

為了提供最佳服務，本公司新近整修華美的**瓜波畢號輪船**

將餐廳移到上艙，既使本船有一間華美的餐廳

又為我們的貴賓提供了寬大的活動空間

因此，請您務必優先選擇快速輪船

科倫巴市號與瓜波畢號

船公司廣告

滴水的樹木。引擎的聲音騷擾無數的鳥：羽毛像紅、藍、金色瑪瑙一般閃光的鸚鵡；向水面俯衝而下的鵜鶘，頸子細長，看起來好像是長了翅膀的蛇；到處可以聽到長尾鸚鵡和八哥很像人淒厲的哭叫聲，可以用慘絕人寰來形容。野生動物離得如此之近，又如此一成不變，使人們因為長時間過分注意反而造成感覺麻痺。有時候乘客會被某些不尋常的意外驚動興奮起來：有時候是一對鹿，或游過河的貘；一隻響尾蛇或蟒蛇在水面上扭動，輕如一莖乾草稈；或一群亂鑽亂動的無辜鱷魚，人們用槍射牠們的眼睛，但很快也就厭了。釣食人魚（piranhas）比較令人興奮。河岸某處有個稱為saladeiro的像絞刑架的大型建物，是曬乾肉用的；地面上到處都是四散的骨頭，一排排平行的桿子上掛著紫色的肉片，整群禿鷹在它上空陰沉地盤旋著。幾百公尺長的河面都被牛血染紅。在這一帶，如果把釣線拋入水中——釣鉤上沒有餌——幾隻被血腥味沖昏頭的食人魚就會衝向它，在釣鉤沉入水面以前，就有條食人魚上鉤，好像一片金色的菱形物體。不過在把魚拿下來的時候得小心才行，只要一口就能咬掉整根手指。

我們一通過與聖羅倫斯河（Rio Sáo Lourenço）的匯流處——稍後我會旅行到這條河的上游一帶去和波洛洛印第安人會面——就看不見潘特納爾濕地了；河岸兩旁的景觀主要是草原；可看到較多的住戶和牛群。

經由水路抵達庫亞巴的遊客不會看到什麼值得特別一提的景觀：河岸上有一條水泥斜坡，坡頂可看見老軍火庫的輪廓。從那裡開始有一條路，兩公里長，路旁有簡陋的房子，盡頭是教堂廣場，白色與粉紅色的天主堂立於兩排大王椰子中間。其左邊是主教的大宅；右邊是總督的豪宅；大街的一角是旅館，我在那裡的時候，那是唯一的旅館，屬一個舉止端莊的黎巴嫩人所有。

我已描述過戈亞斯，如果我花太多文字描述庫亞巴的話，就會有自我重複的危險。這裡的環境沒有戈亞斯漂亮，但這個城鎮的屋子很簡潔，既像宮殿又像鄉間小屋，和戈亞斯同樣迷人。整個城鎮建在多小丘的地面上，從屋子較高一層經常可看到值得一覽的景觀：橙色屋頂的白房子，屋頂顏色和泥土一樣，裡面圍著綠色花園。在L形的中央地區四周，有很多條小巷子，這是十八世紀殖民城鎮的特色之一；小巷子的盡頭是紮營用的空地，如果是不整齊的小巷子的話，兩旁會有芒果樹與香蕉樹，在盡頭會有幾間小屋，其後則是一大片空地，一隊隊牛隻在趕往荒野去以前，或是從荒野回來以後，就在空地上吃草。

庫亞巴鎮在十八世紀中葉創立。一七二〇年左右，來自聖保羅被稱為「旗兵」[2]的人第一次進入此一地區。他們建立一個據點，幾個人定居在離目前鎮址不遠的地方。這一帶當時是庫喜波（Cuxipo）印第安人居住的地方，有些印第安人同意在開拓出來的土地上耕作。有一天，一個移民，名字很巧的叫做蘇梯爾（Miguel Sutil）派幾個土著去找蜂蜜。土著當晚就回來，帶著幾把小金塊，是他們在地上撿來的。蘇梯爾和一個名叫巴布多（Barbudo，意即大鬍子）的同伴立刻隨土著到他們找到金塊的地方去。那裡幾乎到處都是金塊，在一個月之內他們撿了五噸黃金。

情形既然如此，難怪庫亞巴附近鄉村一帶，有些地方看起來像戰場；長滿雜草與矮樹的小土丘是過去淘金熱的見證。即使是現在，庫亞巴人還會在菜園裡挖到金塊，金沙則到處都有。在庫亞巴鎮，乞丐都是淘金者：他們在城鎮末端的河床上淘金，忙一天可能就可以找夠買食物的錢。有些店東仍然使用一種極精細的秤，可以秤一小把金沙，用米或肉交換。每當下大雨的時候，大水沖過溪谷，小孩子就會跑出去，手中拿著乾淨的臘球，把臘球放入水流之中，以便黏住一些閃亮的金子。此外，庫亞巴人說有一條金脈在幾公尺深的地下穿越他們的城鎮。謠傳說金脈穿過不甚起眼的巴西銀行建築的地下，巴西銀行地底下藏的寶藏要比銀行的老式保險櫃裡面的財物還多。

庫亞巴的生活步調緩慢，很講究規矩，反映出此鎮過去的光榮日子。新來的人把第一天花在旅館與總督官邸之間的廣場上踱來踱去。一抵達此地，我便在總督官邸留下名片；一個鐘頭之後，侍從武官和一個大鬍子憲兵來回拜。在午間休息以後——午間休息時間從中午到下午四點，全城一片死寂——我去向總督致意（或者叫做「仲裁官」，當時他的職稱是這樣），他以頗不耐煩的彬彬有禮回敬我。當然，如果這裡連個印第安人也沒有，不用人類學家來操心，他會更高興一些；就他而言，印第安人的存在只是提醒他那些政治上的不得意，

2　旗兵（Bandeirantes），這個字源於葡萄牙文的「旗、標誌」（bandeira），意指十七世紀時從聖保羅出發往巴西內陸探勘的拓荒。

也是他被貶謫到落後地區的證據。主教的態度也很相似。「那些印第安人，」他小心地向我解釋：「既不是一般人所想的那樣兇惡，也不是那樣笨。只要想想：有個波洛洛印第安婦女已成為修女！而在迪亞曼蒂努（Diamantino）的弟兄，經過一番努力以後，已把三個帕雷西印第安人（Paressi）變成相當好的信徒。」就他的研究而言，傳教士實際上已收集了所有值得保存的資料了。我或許會覺得難以相信，但是無知的印第安人保護局居然在寫波洛洛語的時候，把音調重音放在最後一個母音上面，而早在二十年前，某個神父早已說明，其重音應該是在中間的母音。至於傳說方面，印第安人對洪水的故事相當熟悉，這是我們的上帝並不想使他們永遠受譴不能得救的證明。他並不反對我去和印第安人住在一起，但我千萬一定要避免把傳教士們辛苦工作的成績一下子毀掉：不要送奇巧的禮物，像鏡子或項鍊等等；要送就送斧頭；印第安人懶惰，必須時時提醒他們勞動的神聖。

一旦這些表面客套說完以後，便可以談比較正經的事情了。有好幾天的時間都花在黎巴嫩人所開的店裡面，他們的店稱為eurcos。他們扮演中盤商與貸款者的角色，供應五金、紡織品和醫藥給數十名親戚、客戶或學徒。每個拿到貨的人不必先付錢，就用幾條牛或獨木舟載去叢林深處或河的西岸，想去賺到最後幾個巴西金幣，這種生活過個二三十年以後——對他們自己而言很苦，對受他們剝削的人同樣苦——便會帶著賺來的數百萬元定居下來。還有，到麵包店去買幾袋「波拉查」（bolachas），這是一種圓形的，用未發酵過的麵粉烤成的麵包，外面塗一層油，硬得像磚頭，加熱以後會變軟。不過由於牲口載運麵包時不斷顛頗，牠們身上流出的汗也滲入麵包裡面，使這麵包成為屑塊狀無法形容的食物，和我們在屠宰店買的乾肉一樣惡臭。庫亞巴的屠夫是個很不滿的人，他有個野心，但達成願望的可能性極小。他期待有馬戲團會到庫亞巴來表演，因為他很想看看大象：「那麼一大堆肉！……」

最後，還得提及畢氏兄弟，他們是科西嘉裔法國人，在庫亞巴住了相當長的一段時間，為何選擇這裡定居的理由不詳。他們說法語帶著一種遙遠的、猶豫的韻律。在成為汽車修理廠的主人以前，他們抓過白鷺，方法是在地面上放著圓錐形的白紙，這些長腳鳥看到與他們自己顏色一樣潔白的東西，就會發生興趣，把嘴啄進去，圓錐形白紙便穿在脖子上，成為蒙頭帽，把白鷺的眼睛蒙住，很容易捕捉。在交配季節從活鳥身上可拔下最好的羽毛。在庫亞巴鎮，有整紙箱整紙箱的白鷺羽毛，賣不掉，因為已不再流行。於是畢氏兄弟變成找鑽石礦的人。目前他們則專門裝備貨車，好像以前裝備船隻航向未知的大洋一樣，然後派往各條小徑去。貨車上的貨和車子本身常有掉入山谷或河中的危險，不過，只要能安全抵達目的地，就可賺得四倍的利潤，足夠彌補以前意外的損失。

我常常搭貨車在庫亞巴鎮附近一帶旅行。出發前一天要花整天的時間把大汽油桶裝滿汽油，搬上車，數量不少，因為不但得攜帶回程的汽油，而且幾乎全程只能用一檔或二檔。安排各種裝備和露營用具的方式要使乘客既有地方坐下，又能在下雨的時候有躲雨處。千斤頂和其他工具都掛在車兩旁，還有繩子和木板，這是在船被毀的時候過河用的。第二天，我們便爬到這堆裝備的上面，好像爬上駱駝背一樣，然後貨車就開走了。不用半天的時間，就會開始碰到種種困難：小徑可能淹水或鬆軟，必須鋪木板以強化硬度。有一次我花了三天時間搬運一批木板，長度是貨車的兩倍，不斷從車後移到車前，一直重複到車子離開危險路段為止。或許小徑多沙，我們得在輪子底下挖掘，然後埋樹葉。即使橋並沒壞，我們還是得把貨物全部卸下來以減輕重量，等全部通過那搖搖晃晃的木板橋以後，再重新把貨物全部裝上車。如果我們發現橋被森林野火焚毀，便就地露營，重建一條橋，不過我們自己過了橋以後便立刻把橋拆下，因為後面的路上可能還需要用那些木板。最後，有些河流的水勢很大，要把三艘獨木舟綁成一條渡船才能通過。單單空貨車就會使三艘獨木舟綁成的渡船下沉到水面接近船沿。有時候貨車飄流到對岸的灘上時，河岸太陡或太多泥，我們便只好臨時開出一條長達數百公尺的小徑，以使貨車有個較好的上岸地點。

以開這些貨車為職業的人，習慣於一開就是幾個禮拜，甚至幾個月。他們都是兩人一組，一個司機，一個助手。司機管駕駛盤，助手則站在車門踏板上，看前面是否有任何障礙，路是否暢通，像站在船首的船員幫助領航員駛過一道狹窄的海峽那樣。他們手邊都有來福槍，因為常會有鹿或貘因為好奇而在貨車前面停了下來。兩人之一會向擋在路上的動物開一槍，開槍的結果如何就決定了我們是否要在該處停留一陣子：如果把動物射死，則要留下來剝皮清內臟，螺旋式地將肉割切成片，好像削馬鈴薯那樣。割下來的肉馬上用鹽、胡椒、大蒜泥混合塗抹過。這些鹽、胡椒、大蒜泥等都是常備品。抹好以後，在陽光下晒幾個小時，因此一停下來就得花上兩天以上的時間。這樣晒過的肉稱為carne de sol，不會比另一種方法處理過的肉好吃，但可保存得比較久。另一種方法是用棍子把肉懸掛起來，讓肉風乾而非晒乾，稱為 carne de vento。

這些專門開貨車的人過著一種很奇特的生活。他們得隨時準備做非常精細的修車工作；他們沿途重修又拆除自己要駛過的路，如果貨車嚴重損壞，自己修不了，他們就得準備在密林深處待上幾個禮拜，一直等到另一輛貨車經過，向庫亞巴通風報訊，從庫亞巴再向聖保羅或里約熱內盧申請把需要的零件送去。在這段期間內，開車的人便露營、打獵、洗衣、睡覺，耐心地守住自己的靈魂。我碰到最好的司機是個逃犯，他對所犯何罪絕口不提。庫亞巴的人知道內情，但也絕口不提，因為沒有任何其他的人幹得了他所走過的那些困難的路途。一般都認為他這樣每天都冒著生命危險，已經很充分地補償了他所取走的那條生命了。

早上四點左右我們離開庫亞巴時天色仍黑。我們只看得見幾間教堂的輪廓，從底部到鐘樓都塗了灰泥。貨車在最後一段鋪了河中取來的石子而兩旁種著枝葉修剪成圓形的芒果樹的街道上抖動。草原那果園似的特色，因為樹與樹之間的自然距離，給人一種人造景觀的幻覺，但事實上這裡早已是野原荒林，小徑很快就變得不好走：路離河愈來愈遠，彎彎曲曲向上爬，時常被山谷和泥濘灘打斷，長滿再生林。我們爬升到一定的高度以後，可以看見一條模糊的粉紅線條，靜止不動，不像是曙光。但我們有很長一段時間不能確定其性質與真相。再前進了三、四個鐘頭以後，我們抵達一處多岩石山坡的頂端，上面視野較廣，我們看見一道紅牆，南北走向，高出綠色山坡面兩、三百公尺。紅牆往北方慢慢降下，直到最終與高原合而為一。但在牆的南端，也就是我們前行的方向，開始可看到一些細節特徵。那堵紅牆，不久前看起來是完整的一片，現在卻可看清楚那裡散開成細細的煙囪、幾個尖峰、台地與平台。這是一整套的石堡建築，有稜堡，有城背面的出入口。貨車花了幾個小時才爬上斜坡，偶爾需要人推，一直到馬托格羅索高地的邊緣，從那裡可以通往一個往北緩緩下降的高原，這片高原的長度約有一千公里，一直到亞馬遜谷地，這種地形叫做chapada（高地、台地）。這裡就像是另外一個世界，乳綠色粗糙的草，幾乎蓋不住沙岩地表破碎以後產生的白色、粉紅與黃褐色沙子。植物很少，只有一些彎彎曲曲零散長在各處的樹木，樹皮很厚，葉子和刺很光亮（包覆蠟質），使他們挺得過一年裡頭七個月的旱季。但只要下幾天雨，這片沙漠一般的草原就很快變成一座花園，草轉成翠綠色，樹上開著白色與紅紫色的花。但最主要的印象還是覺得草原十分遼闊，地面如此平坦，斜坡非常和緩，幾公里之遠的地方還是一覽無遺：一大早看到的一片景色，要花半天才走得完，而接下來的景觀和前一天所見的毫無區別。結果是視覺與記憶全都混雜成一種令人神迷的停滯性。不論看得多遠，土地還是一模一樣，毫無特色，較遠的地平線景觀簡直和天上的雲朵沒有兩樣。不過這樣的景觀過分怪異，不至於讓人覺得乏味與千篇一律。貨車不時要涉過沒有河岸的溪流，這些溪流與其說是流經高原，倒不如說是氾濫過這片高原，好像這片土地——是世界最古老的地塊之一，是遠古的岡瓦那大陸[3]仍保持原樣的部分，在另外一個時代裡把巴西與非洲連起來——仍然太年輕，河流不足以在其上侵蝕出河道來。

如果是歐洲的自然景觀，會看見各種輪廓清晰的地形沐浴於普照的陽光中。但在這裡，傳統上認為是天空與大地的角色卻倒反了過來。在營地那一大片乳白色的上空，雲朵出現各種奇異非凡的構形，整個天空布滿各種形狀和各種體積，而大地卻維持著一種初始期的柔軟。

有天晚上，我們停在一個尋鑽者聚居點附近，沒多久就有人在我們點起的營火四周出現；他們是galimpeiros，意即「尋鑽者」。他們從袋子或破衣服的口袋裡面拿出竹管子，管子裡面放著未切割的鑽石，他們把鑽石倒在我們手中，想賣給我們。但是畢氏兄弟所告訴我的事，已足以讓我知道那些鑽石不會有什麼大價值。尋鑽者有其自己的律法，不成文但執行得很嚴格。

尋鑽者可大致區別為兩類人：探險者與逃犯。後者人數遠比前者多，因此可了解為何大部分人一加入尋鑽者的行列就很難離開。誰先發現藏有鑽石的小河段，開採權就是誰的，他們的資金有限，通常不容許讓他們堅持到發現大礦，大礦也較少見。因此，他們組織成小隊，由一個人帶頭，稱為「頭人」或「工程師」；帶頭的人得有資金可以武裝其手下，並供應他們必要的工具：裝走砂石的鍍鋅鐵桶、篩子、水槽等，有時候還得有潛水帽和氧氣瓶，

3 岡瓦那大陸（Gondwana），也稱岡瓦納古陸、南方大陸。它是從盤古大陸（Pangaea）分裂出來的兩塊超大陸之一，另一塊超大陸為勞亞大陸（Laurasia）。

以便勘察河床岩盤上的壺穴，但最重要的，還是要能保證經常供應食物。工頭提供上述東西，其手下提供的交換條件是答應他們，發現的鑽石都只能賣給特定的買主（這些買主與荷蘭或英國的鑽石切割公司有聯繫），此外，還得與頭子分享紅利。

這些人都全副武裝，不僅僅是因為不同的尋鑽者隊伍之間時有衝突。過去警察幾乎管不著尋鑽者的聚落，目前的情況也差不多。鑽石產區幾乎自成一個國中之國，後者有時向前者開戰。在一九三五年，很多人還在談工程師莫別克（Morbek）及其手下和馬托格羅索的州警之間歷時多年的小規模戰爭，最後雙方都稍做讓步。應該替這些不法分子的行為說句公道話，任何人如果在尋鑽者地區附近被警察逮到，很少能活著被送到庫亞巴鎮去的。一個大名鼎鼎的賊——頭人阿納多（Arnaldo）——有天和助手一起被捕，他們兩人脖子上都套了吊繩，繩子綁在樹上，腳站在一塊小木板上，就這樣子被棄置林中，當他們累了，失去平衡，便跌下去被吊死。

這個團體自己的法律受到嚴格遵守，在拉格阿多（Lageado）或在波紹雷烏（Poxoreu）這兩個尋鑽者的中心地區，看見餐館中的某張桌子有人暫時離開，而桌面上全部都是鑽石，並非很不尋常的事情。一顆鑽石一被發現，即刻會被按照形狀、大小和顏色加以分類。這些分類上的細節在幾年以後還是很清晰地留在發現者的腦海中，每個細節都帶著情緒，他們可以說出發現每顆鑽石的經過。有個人這樣描述一顆鑽石：「當我看著那顆鑽石的時候，好像是聖母掉下一顆眼淚珠在我的手心……」但鑽石並不經常是這麼純的：常常仍被包在礦皮下，難以立刻判定價值。擁有購買權的買者宣布他認為合理的價錢（這叫做「量」鑽石），鑽石必須賣給他，他所訂出的金額也沒有講價餘地。價錢宣布後，助手便用磨石把礦皮弄掉，在場的人便可以知道購買者猜測的結果了。

我問他們，有沒有欺騙的事發生；他們說，應該是有的，但不會有好結果。如果不把鑽石賣給頭人指定的商人，而偷賣給別人的話，那顆鑽石就「完了」（queimado）：原因是，買者會出個爛價錢，每次再轉手賣出的時候再有計畫地把價錢砍低。這就是為什麼有些不誠實的尋鑽者活活餓死，死的時候兩手握滿鑽石。

但在販賣流程的較後階段，情況就不大一樣。敘利亞人弗濟（Fozzi）致富的辦法，是以低價購進不純的鑽石，然後放入煤油爐中加熱，加熱完把鑽石丟入染色顏料混合劑中，使黃鑽發出一種較吸引人的表面黃色光澤，因為光澤特別而稱為「畫光」。

還有另外一種常見的欺騙方法。但這發生於較高階層，目的是為了逃避鑽石外銷的國家稅。我在庫亞巴與格蘭德營都碰見過職業走私鑽石者，稱為「強人」（capangueiros）。他們這些人充滿傳奇故事。他們有時把鑽石藏在偽裝的香菸盒裡面，如果碰到警察要檢查，便把菸盒隨手丟到草木叢中像是一包抽完了的空盒一樣。可以想像他們一脫離警察的掌握以後，多麼憂心如焚地回去草木叢中找那些隨手丟棄的菸盒。

但是那天晚上，我們在營地所談的不是這些傳奇性的故事，而是他們每天日常生活所面對的問題。在談話中我學到偏鄉人形象鮮活的語言，譬如代名詞「一」，他們有一大堆非常奇特的表達方法：o homem是「一個人」，o camarada是「一名同志」，o collega是「一位同行」，o negro是「一個黑人」，o tal和o fulano都是「一個傢伙」等等。「一個人」很不幸地在水槽中發現黃金；這對尋鑽石者而言，是個很壞的兆頭，唯一的辦法是馬上把黃金丟回河中；如果把那黃金保存下來，會有幾個禮拜的時間什麼也找不到。有一個人，用雙手要捧起沙石的時候，被有毒鯆魚尾所刺，這種傷很難治，得找個女人脫光衣服在傷口上面小便。但是在garimpo這種尋鑽者聚居的地方，除了鄉村妓女以外沒有別的女人，結果是，被鯆魚刺到的人，用上述簡易治療法後常常因此染上一種很頑強的梅毒。

這些鄉村妓女當初都被某某人找到一大堆鑽石致富的故事所吸引。尋鑽者會在一天之內致富，但他由於有前科記錄而不能隨意行動，只能在當地把突發之財全部花光。這也是有那麼多貨車載滿奢侈品跑來跑去的理由。只要貨車能開到尋鑽者聚居的地方，車上的東西不論要價多高，全都會被搶購一空，並非是買者真需要那些貨物，而是為了炫耀。清晨的時候，再度出發以前，我到處走走，一直走到河岸附近滿是蚊子與其他小昆蟲的地方，那裡有一間屬於一個「同志」（camarada）的小屋。他戴著老式的潛水帽，已經開始在河中大忙特忙。他住的小屋裡面一片破爛，令人難過，和其周圍的鄉間景色並無多大差別；但在房子的一角，那個「同志」的女人很驕傲地要我瞧她男人的十二套西裝，看她的好幾件絲質洋裝。全都有蟲在咬。

晚上的時候就唱歌聊天。每位訪客都被邀「表演一手」，所表演的通常是很久以前在某些咖啡廳的演唱會上聽來的歌曲表演片段。在印度邊境地區，我參加過的小公務員的宴會，也看到同樣的「時間落差」（time-lag）。在巴西跟在印度一樣，人們模仿演出一些獨腳戲，或者是印度稱為caricatures的表演，也就是「滑稽模仿」：模仿打字機的聲音、摩托車故障時的噗噗聲，然後，與上述一類完全相反的怪聲音，代表「神舞」（fairy-dance），再接著是奔馬的聲音；最後表演「扮鬼臉」，在印度稱為grimaces，和法文相同。

有關那天晚上我和尋鑽者在一起時所記的筆記裡面，有一段以傳統形式創作的哀詞（lament）。內容是一個對軍隊伙食不滿的大兵寫封抱怨信給他的班長；班長把信轉給上士，再一層層地轉給中尉、上尉、少校、上校、將軍、皇帝。皇帝只能把信轉達給耶穌基督，但耶穌基督並沒把這個大兵的抱怨轉達給「永遠的天父」，耶穌「拿起筆把每個人都送到地獄」。這首鄉野詩篇裡面有下面這麼一段：

O Soldado……
O Oferece……
O Sargento que era um homem pertinente
Pegô na penna, escreveu pro seu Tenente.
O Tenete que era homem muito bão
Pegô na penna, escreveu pro Capitão.
O Capitão que era homem dos melhor'
Pegô na penna, escreveu pro Major.
O Major que era homem como é
Pegô na penna, escreveu pro Coroné.
O Coroné que era homem sem igual
Pegô na penna, escreveu pro General.
O General que era homem superior
Pegô na penna, escreveu pro Imperador.
O Imperador……
Pegô a penna, escreveu pro Jesu' Christo.
Jesu' Christo que é filho do Padre Eterno
Pegô na penna e mandô tudos pelo inferno.

然而那裡並非真的歡樂鄉。鑽石礦脈愈來愈少，那地區瘧疾、利什曼病（leshmaniosis，一種瘧性熱病）和鈎蟲橫行。幾年前還流行過黃熱病。以前每禮拜有四輛貨車往來於小徑上，現在一個月只有兩輛或三輛。

我們現在要走的小徑，三年以來都沒有貨車走過，小徑上的橋被一場森林火災焚毀。小徑的情況到底如何，無法知道，但如果我們能抵達聖羅倫斯河，最壞的一段路就過去了。在那裡的河邊有個很大的尋鑽者聚居點，我們可以找到我們所需要的裝備補給、人和獨木舟等等，可以領我們沿著紅河（Rio Vermelho）——聖羅倫斯河的支流之一——去到波洛洛族印第安人的村落。

我們是怎麼走到目的地的？我實在不知道；那段旅途在我記憶中只是一場混亂的惡夢：無止盡的紮營露宿，經常只是為了要通過一段長度只有數碼的惡劣路段，我們不斷停下來卸貨裝貨，把木頭搬到貨車前面，讓貨車可以往前開一小段，再重複一遍……搬了木頭以後我們累得睡倒地上，一直到午夜時分才被來自地心的怪音隆隆吵醒：蟻蟲從地底深處爬上來要吃我們的衣服，已經爬滿我們當做防水外套和舖地用的塑膠斗篷。最後，有天早晨我們的貨車終於開到聖羅倫斯河，那裡被一片濃厚的河谷霧氣籠罩著。我們覺得成功地完成了一件壯舉，開往聚落去的路上便大按喇叭，但是居然連個小孩也沒跑到路上來歡迎我們。經過四、五間死寂的小屋以後，我們便到達河岸。整個地方一點生命跡象也沒有，連一個人也看不到，大略地瞧了一陣以後，我們很快了解，這個聚落已被遺棄。

前幾天過分勞累的結果，使我們喪失信心，考慮是否該放棄計畫。要往回走以前，我們決定再試最後一次，每個人沿不同的方向去探看附近一帶地方。傍晚時大家回來聚在一起，都一無所獲，唯一的例外是司機發現一名漁夫。司機把漁夫帶回來。他留著鬍鬚，膚色不健康，好像長期泡在水中一樣。他說半年前黃熱病流行，活下來的人都四散而去。但如果我們往上游走一段，可找到一、兩個人，也可找到一艘獨木舟。他很樂意陪我們去，他和家人幾個月以來就全靠他從河中捕魚過日子，我們給他一點錢，他可以從印第安人那裡取得些木薯和菸草。我們如果答應他的這些條件，他還可保證另外一個有獨木舟的人也會和我們合作，我們可在路上把他找來。

以後我將描述其他的獨木舟航行經驗，那些經驗在我記憶中遠比這次的更為鮮明。因此我將只簡短描述一下我們花一個禮拜時間溯河而上的過程。那條河流每天都因降雨漲高幾許，有一次，我們在一小片沙灘上吃中飯，突然聽見沙沙聲，是一條長達七公尺的巨蟒，被我們吵醒。我們亂槍齊發猛射一陣，蟒蛇的身體被子彈射中也無所謂，只有射頭才射得死。花了大半天的時間才把巨蟒剝皮完畢，剝皮時發現其肚內有一打左右的小蛇，都快出生了，但一暴露於日光之下都馬上死了。然後有一天，射殺一隻狐鼬（irara），那是一種貛，然後我們瞥見河岸上有兩個裸體人：這就是我們第一次看見的波洛洛印第安人。我們移近河岸，設法和他們講話；他們只懂一個葡萄牙字眼：fumo（菸草），他們把葡萄牙文的 fumo 念成 sumo（老一輩的傳教士說印第安人無信仰、無法律，也無國王，因為葡萄牙文中這三個字眼分別以F、L和R開頭，而印第安人語音中沒有這三個音。）他們自己也種菸草，但他們的製品裡面沒有發酵過再捲起來的這類煙草，我們便大量供應。我們用手勢向他們說明要去他們的村落，他們表示晚上的時候可以抵達。他們將先回去宣布我們會去他們的村落。然後，他們便消失於叢林之中。

幾個小時以後，我們在一個泥濘的河灘靠岸，河岸上面有些小屋。半打左右的裸體人，從腳到頭全用紅木（urucu）染料畫成一片紅色，大笑著歡迎我們，幫我們上岸，幫我們拿行李。我們被帶到一間大房子裡面，大房子住了好幾家人；村落酋長空出一塊地方讓我們使用；我們停留在村落中的那段期間，他自己住在河對岸。

二十二、有美德的野蠻人

一個人第一次進入一個大體上未受現代文明影響的原始文化社會裡面，所見到聽到的一切，帶給他那麼多深刻而又混亂的印象，到底要如何描述呢？在卡因岡族或卡都衛歐族的社會裡，其住屋和附近一帶農民的房子並無多大差別，全都破爛無比，給人的第一印象是煩倦與消沈。但當一個人面對的是一個仍然生氣勃勃的社會，一個對其自己原來的傳統仍然忠實無疑的社會時，其影響是如此強而有力，使人不知所措：這樣一團五顏六色的混亂糾纏，到底要從何下手去解開理清呢？要先抽哪一條線呢？在波洛洛印第安人社會中，我第一次有這樣的經驗；回想那第一次的經驗，使我想到最近一次類似的經驗，那是在緬甸邊境的一個庫基族[1]村落。在長久不停的季節暴風雨中，手腳並用地爬上一個泥濘的山坡，花了好幾個小時，終於達到坡頂的村落，當時的感覺和第一次進入波洛洛印第安人村落時的感覺相似。身體極度疲乏、飢餓、口渴以及心神混亂等等自然與此感覺有關；不過，這些生理上的不穩定

1　庫基族（kuki），又稱欽族（Chin）。

本身，從頭到尾都受到所見的形式和顏色之深刻影響：那些屋子雖然不牢固，但其規模卻富麗堂皇，使用的材料和建築方式，都是我們在西方只用在小型建築上面的：這些建築物與其說是建築起來的，倒不如說是綁在一起捆出來、編出來、織出來的，再加以種種裝飾，經年累月地使用以後充滿歲月的魅力；這些建築並不是用一大堆磚石來壓迫居住其中的人，而是適應配合居住者的存在與行動；這些房子一直都是受人所制，剛好和我們的建築相反。屋子環繞著整個村落的圓形領地設立，像是村民所擁有的一套輕巧、有彈性的庇護物，像西方婦人的帽子而不像西方城鎮；整個聚落像一襲巨大的衣飾，建築者很有技巧地調和了大自然和精細的計畫，將活生生的樹木和枝葉保留於其中。

住民的裸體似乎受房屋外牆那種如天鵝絨般的草葉以及附近的棕櫚樹所保護；他們走出屋外的時候，似乎就像脫掉一層巨大的、鴕鳥羽毛織成的披掛一樣。他們的身體，這些多汗毛的珠寶盒，建造得異常精細，他們明亮的化妝與彩繪使肌肉的紋理更為突出；而化妝與身體的彩繪等等又似乎只是一種背景，目的是為了突出更華麗的其他飾物：閃亮的牙齒、以羽毛和花卉纏繞的獸牙。似乎整個文明都蓄意、強烈地熱中於喜愛生命所展現的顏色、特質與形狀，而且為了把生命最豐富的特質保存於人體四周，便採用可展現生命面貌的各項特質之中那些最能持久的，或是最易消逝卻又剛好很巧是最寶貴的部分。

當我一邊準備在一間大屋子的角落休息過夜的時候，我一邊吸收了上述的印象，但並未對它們做智識層次的了解。一、兩件細節慢慢地現出條理來。這些土著房屋雖然仍維持傳統的規模與格局，但在建築上也已可看出新巴西建築的影響：其形狀是長方形的，不是傳統的橢圓形；屋頂與牆的材料是傳統的，用樹枝支撐棕櫚葉屋頂，但兩部分卻是分開的；屋頂有兩面斜坡，而不是圓圓一片直落地面。即使有這些影響，我們剛剛抵達的客賈拉村（Kejara），和同屬紅河群的另外兩個村落波伯里（Pobori）和賈魯多里（Jarudori），是沒有受到薩勒斯長老會（Salesian Fathers）影響的最後少數幾個社區。這些傳教士和印第安人保護局聯合起來，成功地結束了印第安人與殖民者之間的衝突，兩者都進行過很好的人類學研究工作[2]，同時也大力地、有系統地使土著文化消失。兩件事實可充分說明，客賈拉是土著文化獨立存在的最後一個堅強堡壘。

第一，紅河流域各村落的大酋長住在此村。他是一個高高在上、充滿神祕感的人物，不懂或假裝不懂任何葡萄牙語；他照應我們的需求，同時思考我們出現在村中的意義；為了維持自尊地位，也為了語言問題，他除了通過他的顧問團成員以外，拒絕和我們交談，他和顧問團一起做所有重大的決定。

第二，客賈拉村中住著一個土著，後來成為我的通譯兼主要報導人。這個人大約三十五歲，葡萄牙語說得相當好。他說以前他能讀能寫葡萄牙文（現在已不行了），曾是一個教會

2 原注：除了卡爾・馮・登・施泰因（karl von den Steinen, 1855-1927）的早期研究以外，他們的工作成果是關於波洛洛人最好的資料。

學校的學生。傳教士對他很滿意，覺得自豪，曾送他去過羅馬，他還見過教皇。他回來以後，傳教士要他不顧傳統土著的規矩，催促他舉行基督教婚禮。這件事使他陷入精神危機，結果他重返傳統波洛洛的理想：定居於客賈拉村，過去十年、十五年來，他在這裡過著標準野蠻人的生活。這個見過教皇的印第安人，現在全身不穿衣服、戴羽毛、繪紅彩、鼻上穿針、下唇穿木塞，後來事實證明他是波洛洛社會學最好的嚮導。

現在我們被一打左右的土著所包圍，他們彼此之間不停地說話大笑，互相用拳頭打來打去。他們的頭圓形、臉橢圓形、五官端正、身體健碩，令人想起巴塔哥尼亞人（Patagonian），兩者之間可能有血統關係。女人的體質大致說來沒有男人那

作者的最佳嚮導穿著儀式服飾

麼協調，身材較小較弱，五官也沒那麼端正。從一開始，男人的一片喜樂之情就和女人的抗拒態度形成強烈的對比。雖然此地正有疫病流行，村裡的人看來都相當健康；不過，有一個是痲瘋病。

男人全身赤裸，只在陽具頂端套一個草編的護環，靠包皮固定，包皮拉長穿過草環，在其外形成一個皮肉圈圈。大部分人從頭到腳都繪紅彩，紅彩是把紅木種子弄碎混入脂肪所得。連頭髮——有的留到齊肩，有的剪到齊耳——也都塗上這種紅彩，看起來像戴頭盔。其他的圖案則畫在這層基本紅彩上面：用閃亮黑色樹脂畫的馬蹄鐵形，從前額蓋下來，一直蓋到嘴邊兩頰為止；一束束的白絨毛貼在肩上臂上；或者把打碎的珍珠粉洒在肩上胸上。女人穿一片用紅木染過的棉製護陰布條，布條圍在一條堅韌的樹皮腰帶下，腰帶下還綁一條敲軟的白色樹皮，穿過大腿之間。在胸前掛著兩道編得很細緻的棉布條。在腳踝、上臂和手腕緊緊地綁著小棉布條，她們的全部服裝就是這些。

慢慢的，這些人一個個離開；我們和一個巫師家庭共享這間大屋（約二十公尺長、五公尺寬），他們十分沉默，態度不友善。還有一

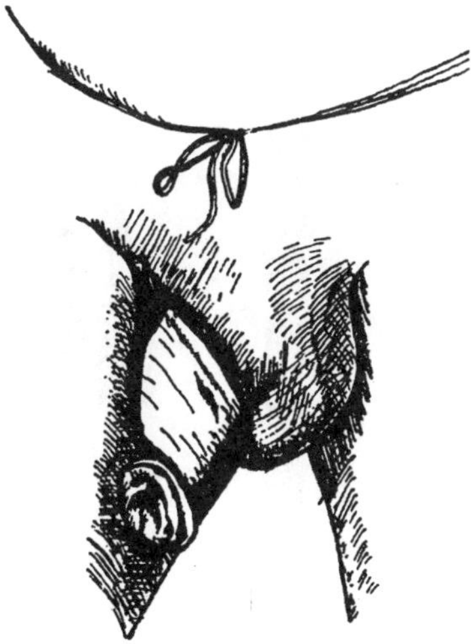

陽具護環

位年長的寡婦，她依靠住在鄰近屋子裡的幾個親人接濟過日子。不過她的親人常把她遺忘，那時她就連續唱歌幾小時不停，唱她前後死去的五任丈夫，唱那些不缺木薯、玉米、獵物和魚的日子。

房子外面已有人開始唱歌，聲音音調極低，迴音明顯，喉音相當重，但每個音都發得很清晰。只有男人在唱，他們的聲音合起來，那些簡單而又一再重複的曲調，獨唱與合唱的對比，還有那種帶悲劇性的強烈男性風格，使人想到某些德國「男性聯盟」（Männerbund）的軍歌合唱。當我問他們為什麼唱歌的時候，他們回答：「因為你們帶來的狐鼬。」在吃狐鼬以前，必須先舉行複雜的儀式來撫慰其神靈，聖獻此獵物。我太過疲倦，無法做一個忠誠的人類學家該做的事，我在黃昏的時候就睡著了，但這場覺被疲倦與歌聲弄得極不安穩，歌唱一直持續到曙光初露。這種情況在我們留在村子裡面的那段期間持續不斷：整個晚上都用來舉行宗教儀式，土著到早晨才開始睡覺，一直睡到中午。

在儀式進行過程裡的特定時刻，土著會把少數幾件管樂器拿出來吹奏，除此以外，唯一

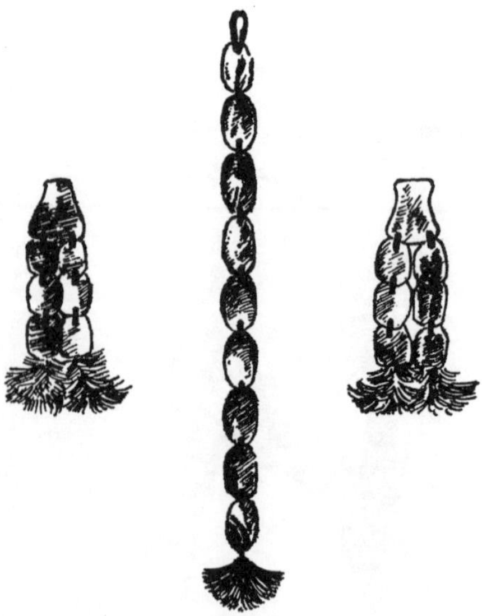

珍珠母與羽毛做成的嘴唇裝飾與耳環

的伴奏樂器是葫蘆發聲器。這是在葫蘆裡面放沙石，由主要表演者搖晃出聲，所發出的聲音相當有震撼力：有時候猛力一搖，引出歌聲；有時是猛力一振，與歌聲嘎然同止；有時候則在歌唱之間的空檔搖出長長的漸強或漸弱的樂聲；有時以樂音和靜寂交錯來導引舞者，其樂聲與靜寂的長短、強弱度和音質是如此變化多端，沒有一個歐洲大交響樂團的指揮能夠在表達自己樂思這方面的能力勝過他們。難怪以前各部族的土著——甚至傳教士——覺得可以從這種搖晃樂器中聽到魔鬼在講話。還有，雖然大家都已知道，以前所謂的「鼓語」（drum languages）只是一種幻想，目前已沒人相信，不過，很可能至少在某些族群裡面，鼓聲的確以某種真正的語言為其基礎，把真實存在的語言化約成幾個以象徵來表達的大要，構成「鼓語」。

大清早，我起來到村子各處走走。在門口，我絆到幾隻病懨懨的鳥：這些是被飼養的金剛鸚鵡，印第安人養在村落裡面，為的是能活生生的拔下羽毛來做頭飾。被拔掉羽毛無法飛翔的金剛鸚鵡看起來像是就要上烤叉的雞，由於羽毛被拔，身體看起來小了一半，使嘴顯得異常巨大。其他一些金剛鸚鵡的羽毛已再長出來，很嚴肅地站在屋頂上面，好像紋章學上的圖徽，塗上了赤紅與淺藍的琺瑯彩。

我走到一塊空地中央，一邊是河流，另外三邊是森林，森林裡面有不少種農作的田地，穿過森林可以瞧見遠方紅色沙岩的陡峻山峰。在空地邊緣一帶有一排房子，共二十六間，格式和我住的接近，圍成一個圓圈。圓圈中央有另一間房子，約二十公尺長，八公尺寬，比其他房子大很多，這就是男人會所（baitemannageo），未婚的成年男性就睡在此地。族中男性如果不狩獵捕魚，不忙著在跳舞場舉行公共儀式的話，就在會所中消磨時間。跳舞場在會所西邊，一片橢圓形的空地，用一些乾草堆做標記。女人嚴禁進入男人會所，她們住在圈成一圈的房子裡面，男人則每天要在會所與家居房之間來回走好幾趟，在地面上的灌木叢中沿著一定的小路來回走動。從樹頂或屋頂看下去，波洛洛的村落看起來像牛車車輛，輪緣是家庭房屋，輪輻是小路，輪轂則是男人會所。

這種極有特色的村落規劃，以前所有村子都一樣，不過以前各村落人口數目要高出目前許多（客賈拉村大約只有一百五十人）；因此村落不會只是一個圓圈，而是好幾個同心圓。並不是只有波洛洛人建圓形的村落；除了某些細節差異以外，圓形村落似乎是杰語群（Ge language）各部落共有的習俗。杰語群印第安人住在巴西中部高原，阿拉瓜亞河與聖弗朗西斯科河（Rio São Francisco）之間。波洛洛人可能是說杰語的部族中最南方的代表。我們知道他們北邊最接近的鄰居卡雅波族（Cayapo）也建類似波洛洛人的村落。卡雅波族住在死亡之河（Rio dos Mortes）右岸，十年前才第一次有外人到達他們的村落。其他如阿皮納耶族（Apinayé）、謝倫特族（Sherente, Xerente）和卡內雅族（Canella）也都建造格局近似的村落。

家居房屋圍繞男人會所圍成圓圈來建造，這樣的村落格局在其社會與宗教生活中占有很重要地位。在加爾薩斯河（Rio das Garças）一帶的薩勒斯長老會傳教士很快就明白，要讓波洛洛人改變信仰，最有效的辦法是使他們放棄原來的圓形村落，改住平行並排的房子。一旦弄亂了方位，並失去可做為原始傳說之證明的村落格局以後，印第安人很快就對自己的傳統失去感情；好像他們的社會制度和宗教體系（我們很快就會了解兩者事實上是分不開的）過分複雜，如果不藉著村落格局來具體呈現的話，如果不藉每天的日常活動不斷提醒的話，便無法繼續存在。

對那些薩勒斯長老會傳教士，我們得說他們花過極大的功夫和心血去了解這個複雜的體系，並把對此體系的記憶保存了下來。任何人要訪問波洛洛人的村落，都得從他們所做的研究著手。不過，同時我也必須使用我在他們不曾深入過、而且這種體系仍保有其活力的地方所得到的結論，來重新考察他們的結論。從以前出版過的文獻著手，我開始從我的報導人那裡

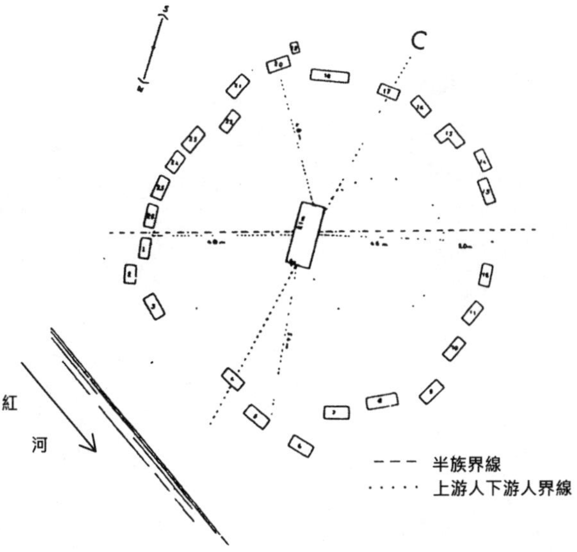

客賈拉村的格局

取得資料來分析村落的格局。我們整天從一間房子走到另一間房子，調查住在裡面的人，弄清楚他們每個人的社會地位，用棍子在地面上做記號，把村子按照不同的權力地位、不同的傳統、不同的階層分級、責任與權利等等假想的劃分線劃分出來，成為幾個不同的區域。為了把我的報告簡化，我會調整若干關於方位的敘述，因為土著的方位概念無法精確地與羅盤對應。

客賈拉村的圓形村落接近紅河左岸，河流是由東往西流。理論上與河流平行的一條直徑線把人口分成兩半：北半的是「卻拉」半族（Cera），南半是「圖加壘」半族（Tugaré）。前一個詞的意思似乎是「弱」，後一個詞意即「強」，但我不能確定。無論如何，這項劃分非常重要，理由

客賈拉村，中為男人會所，背景為圖加壘茅屋的一部分。

有二：一、每個人都和其母親屬於同一個半族；二、一個半族的男人只能和另一個半族的女人結婚。如果我母親是卻拉，我就也是卻拉，我的太太就一定是圖加壘。

女人住在她們出生的房子，承繼同一房子。結婚的時候，男人穿過那條劃分兩半族的想像中的分界線，去住在另一邊。男人會所使這種連根拔起的轉變顯得不過分激烈，因為男人會所橫跨兩個半族的領域，但這種居住規則解釋下列現象：向著卻拉領域的門叫做圖加壘門，向著圖加壘領域的門稱為卻拉門。這些門只有男人可以使用，住在一邊的人都來自另一邊，反之亦然。

一個已婚男人也因此永遠不能在自己所住的房子裡感到自在；他出生的房子，他的童年記憶緊緊與之結合的房子位在村落的另一頭；那間房子現在歸他母親和姊妹所有。他的姊妹和姊妹的丈夫們現在住那裡。他隨時可以回去那房子，確定會受歡迎。當他覺得婚後的家屋氣氛壓力太大的時候（比方說舅子們來訪時），他隨時可去男人會所睡覺，重溫青春期的舊夢，享受男伴的友誼，享受其宗教氣氛，甚至可調戲未婚女子。

半族制度不但決定婚姻形式，也決定社會生活的其他方面。每次某個半族的成員享受某項權利，或必須承擔某項義務時，都是對另一半族有利，或受到另一半族的幫助。因此，一個卻拉半族成員的喪禮是由圖加壘半族負責舉行，反之亦然。村落中的兩個半族因此是合夥者，每項社會的或宗教的行動，都必須得到另一半族成員的助力，其成員擔任輔助主要關係人的角色。這樣的合作並不排除兩個半族之間的競爭：每個半族仍有其自尊，互相之間也會嫉妒。我們應該把他們的社會生活想像成兩支足球隊，不過他們並不是志在阻撓對方的戰略行動，而是設法要幫助對方達成目的，兩隊的優劣，則由那一隊所表現的大方程度和完美程度勝過對方為標準。

我們現在再看一個新面向：另外一條直徑線，與前一條垂直，把兩個半族沿著南北座標又一分為二。在此軸以東出生的人叫做上游人，在此軸以西出生的人是下游人。因此，現在不再只是有兩個半族，而是有四區，因為卻拉半族和圖加壘半族的人都是有些在東邊，有些在西邊。不幸的是，沒有一個觀察者了解這種二度區分的真確作用是什麼。

此外，整個村落的人都分屬不同的氏族，同一氏族的各家族相信他們的世

一對波洛洛族夫婦

系是接近的，從母系上溯，都源自一位共祖，這位共祖是神話人物，其真確身分在有些氏族中早已不再記得。

同氏族的成員至少可以用他們都擁有相同的姓這個事實加以認定。在過去，族群總數可能有八個：四個屬郤拉半族，四個在圖加疊半族。但經年累月下來，有的氏族消失，有的氏族分裂，結果是實際情況如何並不很清楚。不過，事實上同一氏族的人，除了已婚男性以外，都住在同一間或幾間比鄰的房子裡面，每一氏族也因此在村落房屋的環形格局中有其特定的位置：是郤拉，或是圖加疊，上游人或下游人，不然就是以上游和下游為標準再細分成兩個小群，這個區分標準在兩個半族的領域中都可能把一個氏族的房子或房子群分割成兩部分。

這樣複雜好像還不夠，每個氏族又有幾個不同的繼嗣亞群，也是以女系為認定準則。在每一氏族中，會有些紅色家族，有些黑色家族。這還不夠，以前似乎所有氏族又劃分成三個等級，上級、中級和下級，這項分級法可能是受姆巴雅－卡都衛歐印第安人有等級的世襲階級制度的影響，或借用自後者。由於波洛洛氏族中的三個等級似乎也是實行內婚這件事實，顯得更可能兩者確實有所關聯：一個上級的人只能和另一個上級的人（屬於另一個半族）結婚；中級和中級結婚，下級和下級。由於波洛洛村落人口已經減少很多，所以我們只能對此加以臆測了。現在人口只剩一、兩百人，而不是以前的一千多人，沒有足夠的家族可分屬各種不同的分類，只有和半族有關的種種規則仍被嚴格遵守（不過少數高貴的氏族似乎可不受此束縛）；至於其他的規則，則看情況的可能性，土著會臨時想出暫時性的變通辦法。

波洛洛社會非常喜歡各種不同的「重新洗牌發牌」的方法。毫無疑問的，將人口分別配屬不同的氏族，是這些方法中最重要的一個。在不同的氏族互相通婚這個普遍性架構之中，各氏族再以特殊的婚姻關係重新聯結起來：一個卻拉半族的氏族最好和一個、兩個或三個圖加壘半族的氏族通婚，反之亦然。還有，各氏族的地位並不平等。村長永遠選自卻拉半族中的一個特定氏族，村長稱號由女系傳襲，也就是由母舅傳給外甥。此外有的氏族富，有的氏族窮。讓我們在此說明一下財富的差別在這一方面會造成什麼樣的差異。

我們想到財富的時候，通常指經濟財富；波洛洛人的情況也一樣，不管整體生活程度有多麼低，並非每個人的經濟情況都雷同。有些人漁獵技術較好，有的人運氣較佳，有的人工作較賣力。在客賈拉村，我們看見職業分化的跡象。一個土著製造磨石器的技術很好；他以磨石器和人換食物，生活看起來過得很舒服。但這一類的區別只是個人性的區別，因此也是短暫的區別。唯一的例外是酋長（村長），他接受所有氏族奉獻的食物和手工藝品。但接受禮物使他

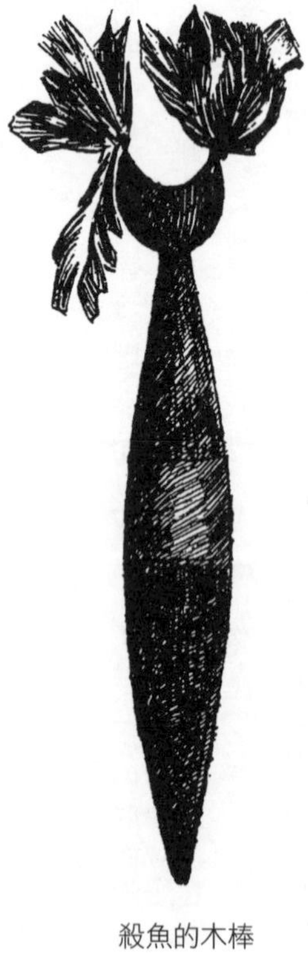

殺魚的木棒

處於虧欠的地位，因此他就像銀行家一樣：一大堆錢在他手中流來流去，但他並不擁有那些錢。我所收集的宗教物品是用禮物交換來的，酋長拿到那些禮物以後，馬上分配給各氏族，因此而重建他的交易平衡。

各個氏族「法定的財富」（statutory wealth）則屬於不同的性質。每個氏族有自己的神話、傳統、舞蹈、社會功能及宗教功能。氏族的神話又帶來技術上的特權，這些技術上的特權是波洛洛文化中最奇怪的特性之一。幾乎所有的物件上面都有徽號表明物件所有人所屬的氏族或亞氏族。特權的內容包括能使用某些種類或某些顏色的羽毛、剪裁羽毛的方法或割切口的方法、不同種類和不同顏色羽毛的搭配裝飾方法、做某類裝飾性工作的方法、編

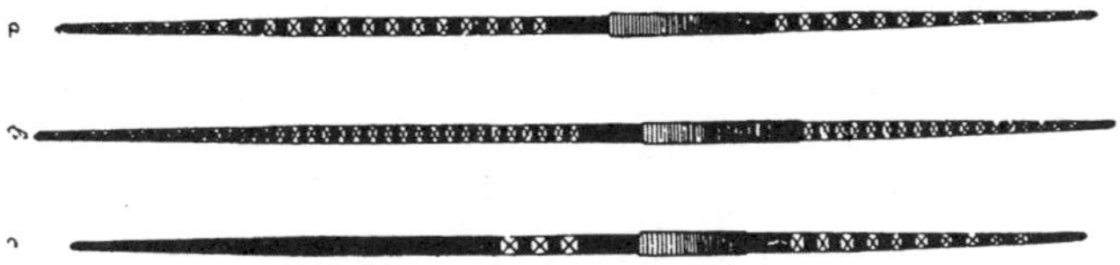

樹皮圈子裝飾的弓，其花紋模式代表擁有者的族別。

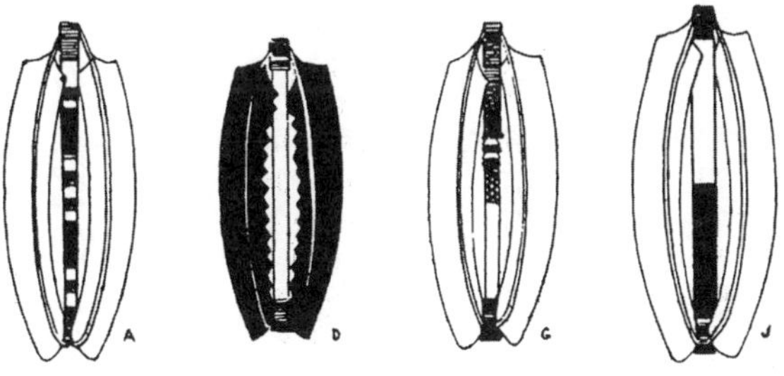

各氏族特有的箭尾裝飾

織纖維或羽毛、使用某些主題等等都構成特殊權力的內容。因此，每一氏族都依照規則所訂，用羽毛或用樹皮圈子來裝飾儀式用的弓；在箭羽之間的箭桿尾端有其特別的裝飾式樣；唇塞上面的珍珠裝飾有各種不同的切割方式：橢圓形、魚形、長方形等都依氏族而有區別；唇塞四周的顏色也不一樣；跳舞時戴的羽冠上面有一個和自己所屬氏族有關的徽記（通常是一塊木板，上面插著羽毛組成的拼圖）。在節慶的日子，連陽具護套上面都加上一條硬草編的彩帶，依不同氏族而用不同形狀與顏色來裝飾或雕刻；或許我們會認為在那個地方顯示標記是有些奇怪。

以上所講的所有特權（順便一提的是，它們是可討價還價的）都受到氏族很強烈的衛護，不容他人侵犯。一個氏族去盜用另一氏族的特權，是不可思議的事情，會引發兄弟殘殺式的爭鬥局面。然而，從此一觀點去看，不同氏族間的區別非常之大：有的享受奢華，有的異常貧困；只要去看看每間房子裡面的物品就可明白這點。但其中的區別似乎不應該用貧富差別加以形容，而應該說是鄙陋與精緻之間的差異。

波洛洛人物質財產的特性是簡單與難得一見的完美製作相結合。雖然印第安人保護局以前曾分發斧頭和刀子給他們，他們依然使用遠古傳下的工具。在做粗笨的工作時，土著會使用金屬製的工具，不過他們還是繼續使用一種又像錛又像鑿刀的工具來製造捕魚用的棍棒，以及用硬木做的弓和箭，他們把這種工具用於多種用途，類似我們使用萬用刀。這種工具是用一種在河岸邊常見的鼠類（水豚）的彎曲犬牙綁在一根握柄的末端做成的。每間房子裡面

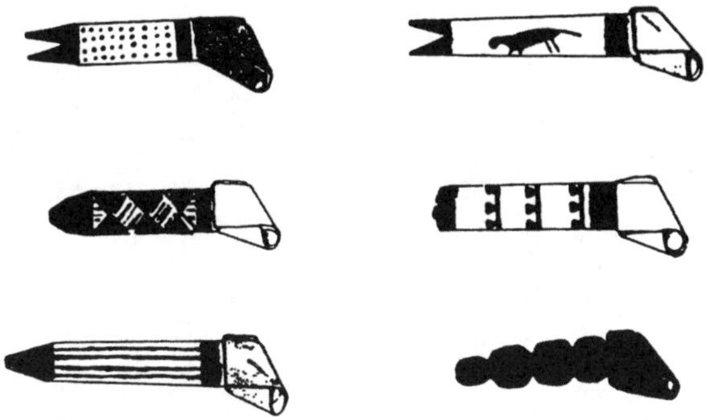

飾有花紋的陽具護套

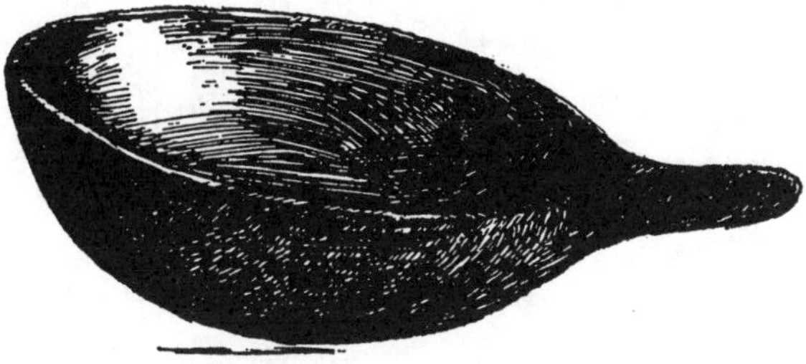

黑陶碗

波洛洛族「萬用刀」兩式（單頭與雙頭）

的用具相當有限：籐製的蓆子和籃子、武器與工具（用骨頭或木頭製成，男人用的），負責農業工作的婦女用的挖掘棒；用葫蘆或黑土製的容器；半圓形的盒子，旁邊有把手的淺圓碗，有點像大湯勺。所有這些物件的線條都非常簡潔，其簡潔由於材料單純而更為突出。有件奇怪的事情，波洛洛陶器以前似乎是有飾紋的，但不久前的一項宗教禁忌終止了在陶器上面加飾紋的習俗。土著已不做岩石繪畫的原因或許和宗教禁忌也有關係。高地的岩洞中仍可看見壁畫，從中可看到很多他們文化裡面的主題。為了證實這一點，有一次我請一個印第安人替我繪飾一大張紙。他用紅木和樹脂開始進行；雖然波洛洛人沒有保存下任何他們的部族曾畫過洞穴壁畫的記憶，他們也幾乎不去那位於陡坡上面的岩洞裡看畫，那位波洛洛人畫好交給我的圖畫卻很像是壁畫的縮圖。

他們每日使用的物件都極為簡單樸素，與此成強烈對比的是他們的服飾。他們把所有的財富和想像力都用在服飾上面，不，他們穿的衣服太少，應該說是用在服飾的配件上。婦女都擁有一批首飾，由媽媽傳給女兒：包括手鐲、項鍊等，用猴牙或美洲虎牙串成，鑲嵌在木頭上面，用細緻的綁綑方法固定位置。婦女使用狩

美洲虎牙串成的垂飾

獵所得的餘物，另方面則容許男人從太太頭頂上拔下頭髮編成長辮子，像阿拉伯人綁頭巾一樣的纏繞在自己頭上。在慶典的日子裡，男人也戴一種半月形的掛鍊，用一對巨大的犰狳爪子做成。犰狳是一種挖地洞的動物，站起來約有一公尺高，從第三紀開始存在至今沒多大改變。掛鍊上面還鑲著珍珠，用羽毛或棉花做邊飾。他們的頭上戴羽冠，然後再用巨嘴鳥的喙接在插羽毛的棍子上，一簇白鶴羽毛和金剛鸚鵡的長尾毛接在插著白色絨毛的刻紋竹管上等等，配件再插在他們的真髮或假髻上，以平衡其羽冠。有時候，所有這些裝飾品排成一頂複雜的頭飾，得花幾個小時才能在舞者的頭上安排妥當。我用一把槍和一個禮拜的時間討價還價，替人類博物館換到一頂上述的羽冠。羽冠是儀式上必備之物，土著只有在打獵所得的東西足夠重做一頂新羽冠時才肯出讓。我換得的羽冠包括一頂扇形的冕；一件羽毛製的帽舌，可遮住臉的上半部；一個圓椎形可套住頭部的高冠，用插著角鷹（harpy-eagle）羽毛的木條製成；還有一個籐製的圓盤，上面插滿管子，

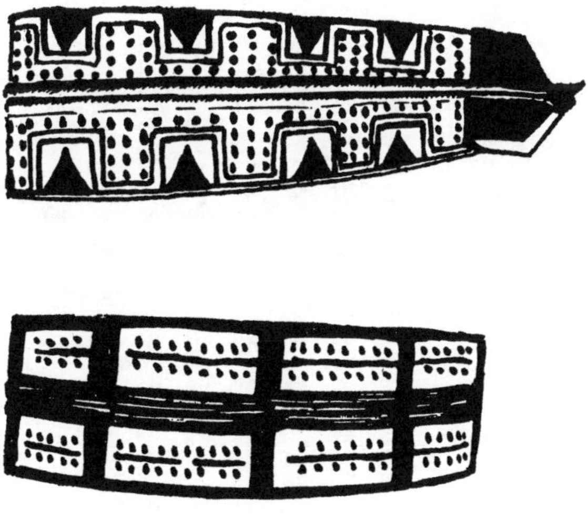

著色的乾草冠，作暫時的頭飾。

管子上插著羽毛和絨毛。整個頭飾的高度將近兩公尺。

即使在不穿祭儀用的盛裝時，男人還是對裝飾充滿熱情，不斷隨時改進他們身上的配件。很多男人戴頭冠：獸皮的頭帶子上面飾以羽毛；籐製的戒指，上面也插羽毛；木環上面飾以美洲虎爪做成頭冠。有時候他們會為一些比較簡單的飾物高興異常：一根乾草，從地上撿起來纏成圓圈狀，再塗上色彩，就可當做一件脆弱的頭飾，戴的人會很驕傲地到處展示它，直到有一天他心血來潮又找到其他東西來做成其他頭飾為止。這種喜好裝飾的欲望有時會使一棵樹的所有花朵被全部摘個精光。一片樹皮、幾根羽毛，會讓這些不知疲倦的設計者找到充分的理由去創造出一對眩人眼目的耳環出來。必須要走進男人會所裡面，才能明白這些魁偉如他們的大男人花多少精力在打扮自己：會所裡的每個角落都有人忙著在割、雕、塑或插；河貝被打成碎片，然後在磨石器上面用力磨，以便做成項鍊或唇塞的一部分；用竹子和羽毛做成的奇特玩藝兒正漸漸成形。像劇院的化妝師一樣專心努力，粗壯的大男人互相把對方變成全身都是羽毛的雞，把絨毛直接插在皮膚上面。

男人會所是個工作室，但不僅是工作室而已。青春期少男在裡面過夜；已婚男人沒事要做的時候去那裡小睡休息、聊天、吸由乾玉米葉子捲成的濃菸。各氏族遵照一個很詳細的輪值表給男人會所供應飲食，已婚男人有時也在會所吃飯。每隔兩個小時左右，一個男人會跑到他住的屋子去端整鍋的玉米糊（mingau），是他的婦人準備的。當他帶著玉米糊回到會所的時候，裡面的人會愉快的大叫「噢！噢！」來歡迎他，這種快樂的叫聲打破當日的寂靜。

遵照預訂的儀式程序，帶食物去會所的男人邀請六或八個男人，帶他們到玉米糊前面，然後他們用陶製或貝殼製的碗去盛玉米糊。我已提到過女人不准進入男人會所。這規則是針對已婚婦女而言的。未婚婦女自已知道不得走近男人會所，如果有意或無意間走近的話，她們便有被捉去強姦的危險。不過，每個未婚婦女一生中都必須自願的走進男人會所一次，去向她未來的丈夫求婚。

客賈拉村男人會所進餐情景

二十三、生者與死者

男人會所不但是工作場、俱樂部、宿舍，偶爾還是妓院。此外，會所也是寺廟。宗教舞者在會所中做準備工作，有些不准婦女參加的儀式，像製造與揮旋「牛吼器」（bull-roarer）的儀式，也在會所舉行。「牛吼器」是一種木頭製造、非常用心在上面施加彩繪的樂器，形狀頗像扁魚，長度在三十公分到一公尺半之間不等。用細繩繫住其中一端，揮舞細繩使勁地旋轉它，就會發出一種低沉、像牛吼的聲音，這種吼聲被認為是婦女所害怕的神靈進入村落時發出的聲音。任何婦女如果看見牛吼器的話，下場會很慘，即使是現在，她還是很可能被亂棍打死。我第一次看見他們在做牛吼器的時候，土著想讓我相信那不過是普通的廚房用具罷了。他們非常不願意把一套牛吼器轉讓給我，原因並不是他們得因此再重做一套，主要是怕我洩漏其中的祕密。我必須在夜深人靜的時候帶個箱子去男人會所，將那套牛吼器先包起來，然後放進箱子裡

牛吼器

面，再上鎖；他們要我保證在回到庫亞巴以前絕對不打開箱子。

對於歐洲人觀察者而言，在男人會所中所進行的種種看起來無法並存的活動，似乎令人驚訝地調和無間。很少有像波洛洛人那樣具有深沉宗教情懷的民族，也很少有人具有他們那樣複雜的形上學體系。但精神信念又和日常行動結合得如此緊密，土著似乎毫不自覺地在兩個體系之間自由移動。我在緬甸邊境的佛教寺廟中發現類似的、毫不做作的宗教性，僧侶在同一間廳堂裡面生活、睡覺、進行宗教崇拜，把他們裝油膏和草藥的罐子放在祭壇前面的地面上，甚至毫不避諱地在閱讀經文中間休息時撫摸他們的學徒。

這種對超自然界的隨意態度對我而言更是異常奇特，我自己與宗教的唯一接觸是在遙遠的兒童時代，那時候我已是一個沒有宗教信仰的人。在第一次大戰期間和我祖父住在一起，他是凡爾賽的猶太教長。他住的房子有條長長的內部走廊和猶太廟相通，走進那條走廊時很難不興起焦慮的情緒，那條走廊本身變成一道無法跨越的邊界，把塵俗世界與神聖世界分隔開來，但是以那條走廊將塵俗世界隔離開的那個世界，卻正好欠缺一種東西：要體驗神聖世界時必不可缺少的人性的溫暖。除了進行儀式的時候以外，平時整間猶太廟空無一人，短暫有人在裡面的時間不夠持久，也不夠熱烈，不足以彌補那種似乎對那猶太廟而言相當正常的荒涼景象，在那裡舉行儀式，只是讓荒涼景象反常地中止一段時間而已。家族成員之間的宗教崇拜也同樣枯燥，除了祖父在飯前默不作聲地禱告以外，我們這些孩子根本無從知道我們是在一個較高主宰的衛護之下生活。餐廳牆上倒是貼了一張紙條，上面印著這樣一句格言：

「細嚼慢嚥有助消化。」

差別並非在於波洛洛人對宗教更為敬畏；情形完全相反，他們把宗教完全視為自然而然的事。在男人會所裡面，儀式性的手勢和別的手勢一樣隨隨便便地進行，好像儀式性的手勢也不過是一些實用性動作，目的在於達成某種特定的結果，並不需要採取那種連無神論者進入宗教場所時都會覺得有必要表現出來的崇敬態度。在某個下午，可能有人在會所裡面唱歌，為當晚要舉行的公共儀式做準備。在會所的另一個角落，同時會有少年男子在打鼾或聊天；兩、三個男人可能在輕聲哼唱，一邊搖著葫蘆發聲器，但如果其中一人想吸菸，或輪到他去吃玉米糊，他會把樂器交給坐在隔壁的人繼續下去；有時候他會用一隻手繼續搖樂器，另一隻手則在抓癢。當一位舞者走來走去展示他最新的創作時，所有人會停下一切，發表評論；整個儀式似乎被拋諸腦後，一直到在另一個角落裡，吟唱又從剛被打斷的地方繼續唱下去，才被重新想起。然而男人會所的重大意義遠超過我試圖描述的這些，遠遠超過只是社會生活與宗教生活的中心。不但是村落的結構允許各種不同的制度之間相互影響，它同時也綜合地表現出人與宇宙的關係、社會與超自然界的關係、生者與死者之間的關係。

在開始討論波洛洛文化的其他面向以前，我得花點時間岔題談一下死者與生者之間的關係這個問題，否則很難理解波洛洛人用以應付這個普世問題的特殊方式。波洛洛人所採用的方式，與西半球上另一些極度遙遠角落的社會——北美洲東北地帶森林和草原上的印地安人，例如歐及布威人（Ojibwa）、密諾米尼人（Menominee）以及溫尼貝戈人（Winnebago）

——所使用的方式非常相似。

大概沒有任何一個社會不對死者表示敬意，即使是尼安德塔人（Neanderthal）和智人（Homo Sapiens）這樣遠古的例子，也會準備簡單的墓穴來埋葬死者。喪葬儀式自然是各族群並不相同，但我們可以說因為儀式背後的感情是一樣的，所以各族群在這方面的差異微不足道嗎？即使我們盡可能地極度簡化不同社會裡所觀察到的對死者的態度，我們還是必須意識到這裡頭有兩種極端不同的類型，而這兩個類型之間則由各種不同的中間類型連結起來。

有的社會讓其死者安息；只要定期對其致敬，死者就不干擾生者。即使死者回到生者身邊，也只是偶然為之，而且都在特定的時間內。死者的回來是受敬重的，因為透過他們的影響，四季才如期循環，農作和婦女才能生育豐收。這好像死者與生者之間訂了契約，死者留在他們自己居處的條件是，生者要對他們表示合理程度的敬意。生者與死者的短暫會面，都以關心生者的利益為原則與目標，在民俗故事中有個普遍的主題——懷著感激之情的死屍——可把這項原則很清楚地表達出來。債主不許別人將一具屍體下葬，一個富有的英雄向債主買下這具屍體，把他葬了；稍後死者在恩人的夢中出現，向英雄承諾會使其大獲成功，唯一的條件是所得的好處兩人要均霑。故事中的英雄不久就贏得一位公主的愛情，英雄經由超自然保護者的幫助而拯救公主生命多次。現在問題來了：這位公主是不是也要平分呢？巧的是公主本人是著魔的人，有一半是女人，另一半是惡龍或毒蛇。死者要求他該得的一份，英雄應允；死者對英雄的公正很滿意，便只拿走公主可怕的那一半，把一個完全人性化的妻子留給英雄。

與這種類型形成對比的另外一種類型，也可以用民俗故事中的主題來解釋，我把這個主題稱為「多謀能幹的騎士」。故事中的英雄很窮，而不是富有。他唯一的財產是一粒麥子，他施展詐欺手段用那粒麥子換到一隻公雞，再換到一頭豬，然後是一條牛，後來換到一具死屍，最後他用那具死屍換到一位活生生的公主。在這個故事中，死者是客體，而非主體。死者不是英雄與之商量的合夥人，死者只是一件工具，被用來做投機買賣，買賣過程中充滿欺騙與說謊。有些社會對死者的態度就是這樣，他們不讓死者安息，強迫死者替他們服務。有的服務會實際利用死屍，像食人（cannibalism）與食屍的習俗（necrophagy），目的是為了取得死者的美德與力量。有的服務只是象徵性質，社會中的成員為了競爭尊嚴和地位的目的，不斷地要求死者幫忙，或者利用祖先的名字，在系譜上做手腳來合理化他們想獲取的特權。這樣的社會不斷地剝削利用死者，也經常因死者而煩惱。因為生者利用死者，他們相信死者會用同樣的方法對待生者，死者會對生者不斷提出要求，對生者愈來愈不客氣。但是，不論是像第一則故事中的情形那樣公平分配，或是像第二則故事那樣毫無限制的投機，死者與生者的關係總是脫離不了某種方式的分享。

在這兩種極端的類型之間，還有不少中間行為模式：加拿大西海岸的印第安人和美拉尼西亞人（Melanesians）召集所有的祖先參加他們的儀式，強迫他們做出對後代有利的保證；在某些中國或非洲的祖先崇拜儀式裡面，子孫會識別最近幾代的死者，但不會無限地向前追溯；美國東南部的普韋布洛印第安人（Pueblo）死後立刻喪失個人的特性，但和所有其他死者共享不少特殊的能力。即使是在歐洲，人死之後就變得無人關心，連姓名都被遺忘失去，但在民俗故事中也還保留著關於兩種死者的信仰：一種是自然死亡者，會變成護衛性的祖先；另外一種是自殺、被殺或瘋狂而死的人，死後會變成善妒的惡鬼壞靈。

在西方文明發展史上，毫無疑問，死者與生者的關係會漸漸由一種投機利用的態度演變成契約式的態度；甚至契約性的關係最終也被一種漠不關心的態度所取代。這種漠不關心的態度，可能在福音書上早已有預言：「讓死者埋葬其死者。」不過，並沒有任何理由可以說這種發展過程代表一種普遍的發展模式。更可能的是，一切文化都知道上述兩種模式，雖然通常只選用其中一種，但還是在種種迷信行為中設法保證他們並非完全不顧另一種模式。那些迷信行為，我們自己也都繼續奉行，不管我們自認為是有信仰或沒信仰的人。波洛洛人的原創性，以及我引述到的其他社會的原創性，在於他們把兩種方式非常清楚地表現出來，並且發展出一套與兩種方式符合的信仰與儀式體系，還創造了各種辦法，可以順利的由一種模式轉化到另外一種，希望藉此在兩者之間達到某種調和。

要說波洛洛人不相信有自然死亡這樣的事情，或許不盡正確，但是對他們來說，一個人並不只是一個「個體」，而是一個「人」，是社會的一部分。那社會即是村落，從有時間以來就存在的村落，與物質宇宙並存，而物質宇宙本身也是由「活的存有」（animate beings）所組成，包括天體和氣象。雖然實際存在的村落很難維持三十年以上都在同一個地點，因為種植農作的土地在一段時間之後就變得貧瘠，但他們的信仰就是這樣。因此，並不是地點也不是房屋構成村落，而是前面描述過的那種結構模式構成村落，每個村落都依照該模式建造。因此就不難了解，為什麼那些傳教士一旦干涉到村落的格局結構以後，便把一切都毀了。

動物，特別是魚和鳥，有一部分屬於人的世界（社會），而有些地面上的動物則屬於物質宇宙。因此，波洛洛人相信他們的人身人形是一種暫時的狀態：處於魚（他們以魚名來給自己命名）和金剛鸚鵡（他們將以此形態完成轉世的循環）之間。

由於波洛洛思想方式以「自然／文化」這項基本的對立為指導原則（在這一點上面，和人類學家很相像），結果是，他們比涂爾幹和孔德更具社會學想法，把人類的生命視為文化的一部分。因此，像歐洲人那樣將死亡分成自然死亡或違反自然的死亡，是毫無意義的；從事實與理論兩方面來看，死亡既是自然的，同時也是反自然的。換句話說，每次一個土著死亡的時候，不僅僅是與死者最親的親人的損失，而且是整個社會的損失；自然每一次對社會造成這種傷害，就使自然欠下一筆債，波洛洛人使用mori這個詞來表達他們的觀念，其意思和負債（debt）很接近。當一個土著死亡，村落便會舉行一次集體狩獵行動，由跟死者不同的那個半族執行出獵。這是向自然挑戰的行為，目的是獵到大型動物，最理想的是美洲虎，其毛皮、爪子和牙齒就是死者向自然討來的債。

我抵達客賈拉村的時候，正好在不久前有人死亡；不幸的是，死者死在相當遠的另一個村落裡面，因此我沒有看到埋葬的兩段程序，包括：先把屍體放在村落中央的墓穴裡面，上面覆蓋樹枝，直到肉全部腐爛為止；接著在河中洗骨，繪以顏色，用黏上去的羽毛組成圖案做裝飾，然後把骨頭裝進籃子裡面，沉入湖泊或河流底部。所有其他儀式我都在現場觀察，全都照傳統方式舉行，包括死者的父母要在臨時性墓穴地點施行自殘留疤的儀式。另外一件不幸的事情是，在我到達以前的那個晚上或下午，已經舉行過集體狩獵了，我不能確定到底是什麼時候；不過，並沒有獵到任何動物。在喪禮舞蹈中使用的是一張舊的美洲虎皮。我甚至懷疑他們馬上用我們的狐鼬來取代沒有獵到的動物。土著不願意承認事實是否如此，這是很可惜的，否則，我就可宣稱我是uiaddo，也就是代表死者靈魂的狩獵領袖。我就可以從死者親戚那裡得到一個人髮編織的臂飾，還有一件叫做「波阿里」（poari）的神祕樂器。波阿里是一種單簧管樂器，由一根竹管做成，用一個飾有羽毛的小葫蘆做揚聲器，在捉到的動物面前吹奏，然後把動物殺死以後綁在牠身上。我也可以依照既定規則把動物的肉、皮、牙和爪分給死者的親戚，並得到另外一隻

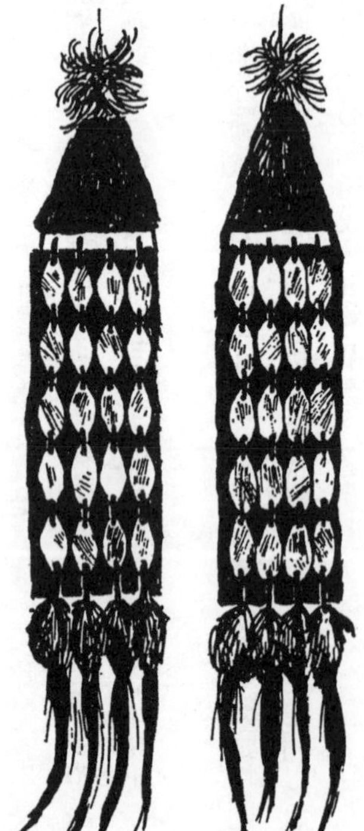

真珠母鑲在樹皮上，以羽毛為飾的儀式耳環。

單簧管以紀念我負過的責任，另外還有一條貝殼項鍊。毫無疑問的，我也必須全身塗黑，使造成死亡的惡靈認不出我，這惡靈依照負債規則必須進入死掉的動物體內，用自己補償所造成的禍害，但仍然會對強迫他這麼做的人充滿恨意。在某種意義上，自然的這種毀滅性形式被認為是人性的。自然透過一種特別的靈魂形式運作，那些靈魂形式直接賴以所存的是自然，而不是社會。

我前面提到我和一位巫師（bari）共住一屋。這些薩滿（medicine man, shaman）[3]自己構成一類特別的人群，既不屬於物質宇宙，也不屬於社會，但是其功能是扮演兩個世界之間協調者的角色。巫師可能都是出身於圖加曌半族，但這點並不很確定；與我同住的這位可以確定是來自圖加曌半族，因為這間房子位於卻拉半族的領域，他像其他人一樣，是住在太太的房子裡面。巫師的工作是一種神召，常常經歷天啟的經驗，其主要內容是和某些惡靈或其他強大的神靈訂立契約。惡靈自己有很複雜的組織。強大的神靈既是天上的（因此是天文與氣象現象的調配者），也是動物界的，同時又是地下的。這些惡靈或強大的神靈——其成員經常由死去的巫師的靈魂補充——管理星辰的運動，也負責風、雨、病和死亡。他們被形容成有各種可怕的外表：多毛、頭上有洞，抽菸的時候，煙會從那些洞跑出來；空中怪物、由

3　在客賈拉村的例子中，這裡有「巫師」和「靈魂師」兩種非一般人的角色，因此以「薩滿」作為這兩種特殊人物的統稱，至於他們個別的性質，在本章稍後有詳細說明。

眼睛或鼻子噴雨出來；有的指甲和頭髮非常長，有的是獨腳怪物；肚子鼓脹、身體像蝙蝠那樣多絨毛。

薩滿或巫師是離群性的角色（asocial character）。他和一個或多個精靈、神靈的關係使他擁有某些特權：如果他單獨出獵會得到超自然力量的幫助，可以變化成動物的形狀，懂得疾病的成因與治療，具有預知未來的能力。部落出獵所得的動物，或田園的首批收穫，如果沒有先將巫師應得的一份送過去，其他人就不能吃。他所得的那一份代表生者欠死者的精靈的一份。在土著的體系裡面，這一份所扮演的角色和前面提到的喪禮出獵所扮演的角色，既是對稱的，又是相反的。

但巫師自己也受他的守護靈統治。一個或多個守護靈透過巫師的身體顯形，當巫師被守護靈利用做其靈媒時，會全身痙攣，昏迷不省人事。神靈保護巫師，同時也持續監視他；神靈不但是巫師所有財物的真正擁有者，甚至是巫師身體的擁有者。如果巫師把箭弄斷，把陶器弄壞，或者要剪指甲、剪頭髮，都得一一向神靈交代。不准銷毀任何東西，也不准丟掉任何東西，巫師必須永遠帶著過去的生命留下的灰燼片斷。那句古老的法律格言：「死者逮住生者。」[4]在這裡帶有一種意外的惡毒意義。巫師與神靈之間如此毫不容情地聯結在一起，實在無法說到底誰是主誰是僕。

很明顯的，對波洛洛人而言，複雜的物質宇宙是由高低階層分明的許多個別力量所組成。雖然物質世界中所有東西都各自具有個別的力量這一點是無可置疑的，但那些東西的其他屬性則不見得如此：那些東西既是存有（beings）又同時是事物（things）；是活的，同時也是死的。在土著社會裡面，巫師是人類與惡靈宇宙之間的聯繫；那些惡靈既是人又是物。

和物質宇宙形成對照的「社會學意義的世界」具有很不一樣的性質。一般人（也就是薩滿以外的人）的靈魂和自然力量截然分開，自己組成一個社會。不過，一般人的靈魂在死後就不再具有個性，而和其他靈魂合成一種集體存有，稱為aroe，像古代布列顛人的anaon一樣，毫無疑問的應該翻譯為「靈魂社會」（the society of souls）。靈魂社會分成兩部分，因為喪禮舉行完畢以後，靈魂便分屬兩個村落，一個在東方，一個在西方，在兩者之上住著波洛洛眾神中的兩位神明化了的英雄：較長的是Bakororo，在西方；較幼的是Ituboré，在東方。值得一提的是，東西軸正好

4　英譯注：意即繼承人立刻承繼了死者的一切權利和義務。

波洛洛族繪畫，表現宗教物事。

和紅河的流向一致。因此，很可能在死者所住之村落的二分法與實際上的村落又分為上游部分與下游部分的二分法之間，存在某種關聯，雖然其性質如何仍不清楚。

就像巫師占有的地位處於活人社會與有害的、個別的、宇宙性的神靈（我們已提到過，死去巫師的靈魂同時具有這三項性質）之間一樣；位於活人社會與有利的、集體性的與人類傾向的死者世界之間，也有一個執行調和功能的仲介者，「靈魂之道的大師」（master of the way of the souls），波洛洛人稱為「靈魂師」（aroettowaraare）。他和巫師不同，擁有與巫師相反的特性，而且兩者互怕互恨。靈魂師不能接受祭品禮物，必須嚴格遵守某些規則：不能吃某些食物，要穿得很樸素；不能戴首飾，也不能繪鮮豔的色彩。在另一方面，他和靈魂之間並沒有立下任何協定；靈魂永遠在他面前，而且可說是在他體內。靈魂不會占有他使他進入昏迷狀態，靈魂會出現在他的睡夢之中；他也只能在為了有利於別人的時候，才向靈魂求助。

巫師能預見疾病和死亡，靈魂師則照顧人，把人醫好。很巧的是，據說巫師——他是一種物質需求的象徵——會毫不遲疑地把遲遲不死的病人殺死，以印證他自己的惡毒預言。不過，也得提到的是，波洛洛人對生命與死亡之關係的概念並不完全和我們的相同。有一次，一個婦人躺在她房子一角發高燒，人家告訴我她已經死亡，意思應該就是他們認為她是死定了。話說回來，這種看法和歐洲軍隊把死者和傷者都算做是「減員」（losses），並沒有太大差別。就當前能否有效行動而言，死或傷事實上等於一樣。雖然就傷者的觀點而言，不被和死者當成同樣情況自然是比較有利。

最後，雖然靈魂師和巫師一樣都可變成動物的形狀，但靈魂師絕對不會變成美洲虎；美洲虎吃人，因此牠在被殺掉之前正好代表死者欠生者的債。大師只變成會提供食物的動物：採集水果的金剛鸚鵡、捕魚的角鷹、把肉提供給全部落大宴之用的貘。巫師受神靈所占有，靈魂師則為了救人而犧牲自己，甚至連召喚他去當靈魂師的啟示本身也是痛苦的：使他明白自己已經被召喚的第一個徵兆是身上老是有一股惡臭，那種臭味和屍體暫時埋在村中讓肉體腐爛期間四處瀰漫的味道很像，那種味道被認為是和一種叫做aije的神話人物有關。aije是一種令人厭惡、全身惡臭、但充滿愛意的水中怪獸，會跑到被召喚者身旁，強迫被召喚者忍受其撫摸。這種情景在喪禮過程中用啞劇模擬演出，由一個年輕人全身塗滿泥巴，去擁抱一個裝扮成年輕靈魂師的人。土著很清楚aije的形象，可以畫出來；他們還用aije這個名字來稱呼「牛吼器」，牛吼器所發出的聲音就是預示這種神話怪物即將出現，同時模仿其叫聲。

波洛洛族繪畫，表現一個祭司、牛吼器、葫蘆發聲器及各種飾物

接著舉行的喪禮持續好幾個禮拜也就毫不足怪，因為喪禮的功用相當多。首先，那些儀式在我剛指出的兩種不同層次進行，從個別的人的觀點看，每一次死亡都是物質宇宙與社會之間一個和解協調的機會。物質世界裡懷有惡意的力量先對社會造成傷害，這傷害必須報復，喪禮中的出獵就是報復。由獵人群代為報復、實行救贖以後，死者還得被接入靈魂社會裡面。大型的喪禮哀歌儀式叫做roiakuriluo，其功用在此，我有幸親身參加了這項儀式。

在波洛洛人的村落裡面，一天之中有一件事特別重要，就是晚上的大集合。黃昏時候會在跳舞場上點起大火，各氏族的頭人都集合在那裡；司儀大聲叫出每一氏族的名稱：「頭人氏」（Badedjeba）、「朱鷺氏」（Cera）、「貘氏」（Ki）、「大犰狳氏」（Bokodori）、「巴可羅氏」（Bakoro，由英雄巴可羅羅的名字轉音）、「波羅氏」（Boro，意即唇塞氏）、「布里提棕櫚氏」（Ewaguddu）、「毛蟲氏」（Arore）、「刺蝟氏」（Paiwe）、「阿匹波壘氏」（Apibore，其意思不明）[5]……當每個氏族的頭人應聲而出的時候，便向有關的人宣布關於次日活動的命令，聲音都非常高亢，以使距離最遠的屋子中的人都聽得見。但是，在這個時候，幾乎所有的屋子都沒有人在裡面了；因為從黃昏的時候開始，當蚊子開始消失的時候，在六點左右躲進屋子裡的男人又開始跑出來了。每個男人都攜帶一大張蓆子，攤開在男人會所西邊的圓形硬土空地上面。他躺在蓆子上面，身上裹著印第安人保護局發放的棉毯子，但那毯子由於長期和塗了紅木漆的身體接觸，已變成橙色，保護局一定認不出他們送的這件禮物。有時候五、六個男人會共臥一張蓆子，但很少交談。一、兩個人會躺在和其他人有相當距離的地方，在躺臥著的身體中間不時有人來來往往。當氏族名稱被喊到的時候，氏族頭人站起來，走出去領受命令，然後又走回去躺下，眼望天上的星星。婦女也離開房間，成群結隊聚在門口。講話的聲音漸漸消失，慢慢地可以聽見吟唱的聲音，先是來自男人會所，然後來自跳舞廣場，由兩、三個人帶頭，然後更多的男人加入，聲音愈來愈大，吟唱、複頌、合唱持續整個晚上不斷。

死者是卻拉半族的人，因此負責喪事的是圖加壘半族的人。在跳舞場中央，樹葉散布的地方代表實際並不存在的墓穴，在其左右兩邊有幾捆箭，箭的前面放幾碗食物。有十二個靈魂師和歌者，大部分都戴著色彩鮮豔的羽冠（其他的人則把羽冠掛在屁股上面），一片長方形的藤扇蓋住他們的肩膀，用一條綁在脖子上的線固定。有些人全身赤裸，漆成黑色與白色，有的則漆紅條紋，或用白色絨毛在身上形成一條條白線；有些人穿白色草裙。代表年輕靈魂師的主角在祭儀的不同階段中分別穿戴兩套衣飾：有時候他穿綠色樹葉，頭上戴前面描述過的巨大頭飾，將美洲虎皮披在身上像宮廷禮服一般，背後有個侍從牽著虎皮；有時候全身赤裸，繪成黑色，唯一的飾物是兩眼上面的一件草編物件，像一具沒有鏡片的眼鏡框。這是個特別有趣的細節，古代墨西哥的雨神「特拉洛克」（Tlaloc）的特徵之一就是一件類似的道具。亞利桑那州與新墨西哥州的普韋布洛印第安人可能是解開此謎的關鍵——因為其死者

5　原注：波洛洛語專家可能會對其中一些譯名提出異議或加以澄清；我只是照土著告訴我的記錄下來。

的靈魂變成雨神——他們還有不少信仰，都和保護眼睛的神奇物件有關，也能使人隱身。我時常注意到南美印第安人對眼鏡感到極強烈的興趣；我最後一次出去做調查工作的時候，帶了一大堆空眼鏡框，結果南比夸拉印第安人非常喜歡，好像他們的某些傳統信念對這種奇異的東西有偏好。以前的記載都沒提到波洛洛人有草編的眼鏡框，但既然塗黑色漆的目的是讓受漆者隱身不見，很可能草編眼鏡框也有同樣的功用，在普韋布洛族神話中，草編眼鏡框的確有隱身的功能[6]。還有，波洛洛信仰中掌管下雨的神靈叫做Butarico，也被描述為具有馬雅（Maya）文化中的水神一樣可怕的外表，有毒牙，手像爪。

剛開始的幾個晚上，我們看不同的圖加壘半族表演舞蹈：棕櫚氏之舞（ewoddo）、刺蝟氏之舞（paiwe）。在跳這兩種舞的時候，舞者從頭到腳覆蓋樹葉，舞者的臉遮蓋不見，使人誤以為舞者與羽冠等高，羽冠是舞者服飾中最突出的一部分，讓人覺得舞者非常非常的高。舞者雙手都拿著棕櫚桿或綁著樹葉的木棍。舞蹈分為兩類。在第一類裡面，舞者一個個走向

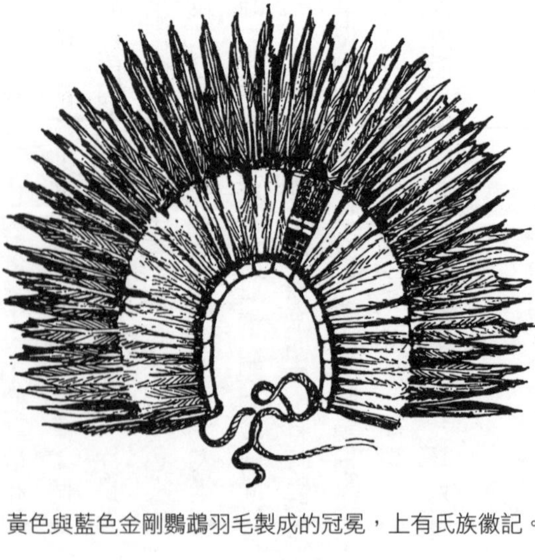

黃色與藍色金剛鸚鵡羽毛製成的冠冕，上有氏族徽記。

前，排成兩組，每組四位，在跳舞場兩端面對面排列，然後奔向對方，同時嘴中喊叫「喉！喉！喉！」，轉來轉去，直到互相交換位置為止。然後，女舞者切人男舞者中間，整個舞蹈發展成一場無休無止的法朗多舞（farandole，法國南部普羅旺斯的一種土風舞），或往前跳或在旁等待，遵照赤裸的領舞人的暗示，領舞人手中搖著葫蘆發聲器往後倒退，其他的男人則蹲著唱歌。

三天以後，儀式中止，準備進行第二階段。跳mariddo舞。男人成群結隊去森林中採集大把大把的棕櫚葉，去掉所有葉片，把葉桿切成每段三十公分左右，每兩三根綑成一根橫桿，然後用草繩簡單地綁成數公尺長的繩梯。兩座長度不同的梯子做好以後分別捲成圓盤，側立起來，一個

卡都衛歐族葬舞

6 原注：這本書出版後，薩勒斯長老會對我的解釋不表贊同。他們的報導人告訴他們，那些草編的圓圈代表一種夜間狩獵的鳥之眼睛。

有一點五公尺高，另一個一點三公尺高。圓盤的兩邊都用樹葉做裝飾，樹葉以頭髮編成的細繩綁在圓盤上面。這兩個圓盤就是男性與女性的mariddo，由棕櫚氏族負責製造。

到晚上的時候，兩群人，每群五個到六個男人，一群往西邊，另一群往東邊。我跟在第一群人後面，發現他們在離村落五十公尺的地方做準備工作，他們躲在一叢樹幕後面，使其他村人看不見他們。他們像舞者一樣全身覆蓋樹葉，並且把羽冠戴在頭上。他們必須祕密進行準備工作的理由可由他們所要扮演的角色來解釋：和另外一群人一樣，他們代表從西方（另外一群則從東方）來的死者靈魂，回到村落去迎接死者。準備妥當以後，他們便一邊吹口哨一邊走向跳舞場。往東方去的那一

卡都衛歐族刺蝟氏之舞

群人比他們早回去（一群人象徵性地溯河而上，另一群順流而下，後者移動較快）。

他們的腳步小心翼翼，很恰當地表達了他們所代表的鬼魅性質；當時令我想起荷馬的史詩，想到尤利西斯掙扎著要防止由流血所引起的群鬼打架。一下子，整個儀式變得活潑熱鬧：男人抓住兩個mariddo之一（由於是用新鮮的植物做成的，故相當重），高舉在空中，開始跳舞。由於舉著重物，跳一陣就累了，等到跳得筋疲力盡的時候得讓競爭者接手。整個場面完全不再具有任何神祕氣氛；儀式已變成競技，年輕男人在一片汗漬、搖搧指互相挑戰與互相撩撥之中炫耀其體力和肌肉。雖然在鄰近的不同社會裡面也可看到這種運動比賽，不過一點都不具任何宗

搬出mariddo

教氣氛，比方說是巴西高原上面杰族的長跑比賽，而波洛洛人的運動則保存了全面的宗教意義：在這一片歡樂盡情之中，土著認為他們是在和死者比賽，要從死者手中搶到繼續活下去的權利。

死者與生者的主要對照，首先表現於村民的劃分上，村民在儀式裡分成演出者與旁觀者，但主要演出者都是男人，他們受男人會所的祕密力量保護。其次，村落的格局具有比我前面提到的社會學層面意義更深一層的意義。每次有人死亡的時候，每個半族輪流扮演生者與死者的角色，兩個角色緊密相連。與這種交替形成對照的另一種關係，是永久性的角色關係：一起住在男人會所中的男人象徵靈魂社會，村落四周的房子則歸女人所有，女人不准參與最神聖的儀式，因此就注定要成為旁觀者。旁觀者由生者和保留

卡都衛歐族葬禮（取自M. René Sliz）

給生者的房屋共同構成。

我們已看到超自然界分為兩部分，一部分是靈魂師的領域，另一部分是巫師的領域。巫師是天上與地球上的力量之主宰，從第十天（波洛洛人相信天有好多層，一個疊著另一個）一直管到地底深處；他控制的力量，他所依賴的力量，也就沿著一條垂直的軸排列；而靈魂師則掌管靈魂之道，管理的是一條橫座標，從東邊到西邊，兩個半族的死者分居兩側。有很多證據顯示，巫師都來自圖加疊半族；靈魂師都來自卻拉半族，這使人相信，把村落分成兩個半族是這種二分法的另一表現方式。值得注意的是，所有波洛洛神話裡面的圖加疊英雄都是創造者與造物者，卻拉英雄則都是和平者與組織者。前者使各種事物存在：水、河流、魚、植物和人造物；後者則掌握創造過程，救人於魔難，為每一種動物指定一種特定的食物。有一個神話甚至表明至高無上的力量有一度歸圖加疊半族所有，但後來又讓給卻拉半族，好像是藉著兩個半族之間的對反，土著思想欲表達出由一個毫無秩序的自然狀態變成一個文明化社會的轉變過程。

這使我們能理解一項表面上的矛盾：擁有政治與宗教權力的卻拉半族被稱為「弱者」，而圖加疊半族被稱為是「強者」。圖加疊比較接近物質世界，卻拉比較接近人類世界，而後者無論如何並不會比前者更強大。社會並不能全面性成功地欺騙宇宙秩序。即使是在波洛洛人裡面，要先認知自然的至高無上，並對其需求做出讓步之後，才能征服自然。而他們所擁有的這種社會制度裡面，並不存在著選擇的自由：一個男人不可能和他的父親、兒子同屬一個半族（他一定屬於他母親的半族）；他只和祖父、孫子的半族有關聯。雖然卻拉半族的人想藉著他們和創始英雄之間具有另一半族所沒有的關係這理由來解釋他們所擁有的權威，但他們同時也明白，他們與創始英雄之間的關係裡面隔著一個世代的距離：在與他們祖先的關係上面，卻拉只不過是「孫子輩」，而圖加壘卻是「兒子輩」。

土著被他們自身體系的邏輯所迷惑，然而，他們難道在其他方面也一樣受迷惑嗎？全盤考慮下來，我不得不感到，自己親眼看見的那一場令人目眩的形上學舞蹈，只不過是一場邪惡的鬧劇，目的只在使生者產生靈魂來訪的幻覺；把婦女排斥於儀式之外，不願讓她們知道真正的實情，毫無疑問是為了強化男人與女人之間的區分；在那區分裡面，女人在地位與住屋方面享有優勢，男人則獨擁宗教的祕密。

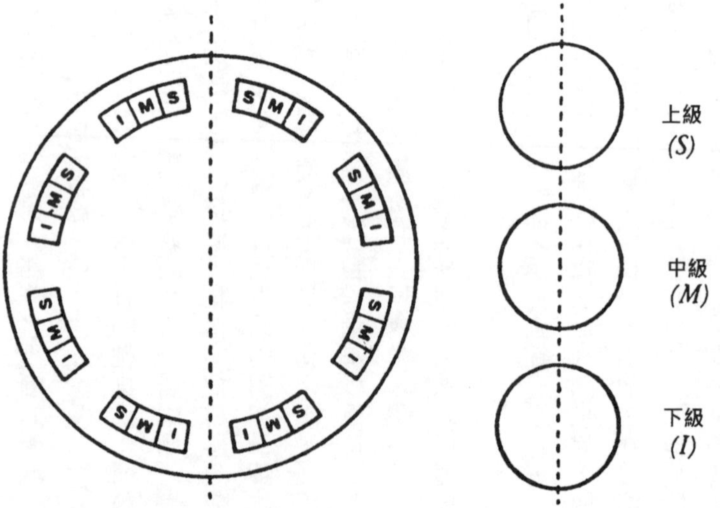

波洛洛族村落的表面與真實結構

然而，這種輕信——不管是真的或假象——有其心理上的功用：這是為了男女兩性的利益，讓受擺弄的木偶得到情緒上與理智上的滿足，否則男人可能不會那麼賣力的去擺弄操作木偶的線。我們讓小孩子繼續相信聖誕老公公真有其人，並不全為了欺騙小孩：他們的熱情使我們自己的心暖呼呼，幫我們欺騙自己，使我們相信——因為小孩子相信而相信——一個存在著單方面慷慨的世界並不是完全無法與現實並存的。但是，人是會死的，而且死了以後就不再回來；而且，每一種社會秩序裡的死亡都有些類似，都取走一些東西而不歸還。

波洛洛社會給研究人性的人提供一個教訓。如果他肯聽的話，土著報導人會描述給他聽，就像他們描述給我聽那樣，他們的這兩個村落半族如何要藉由對方，並且是為了對方而生活而呼吸所跳的芭蕾；他們熱烈地互相交換女人、交換財物、交換各種服務；使子女互婚、互埋死者、每一半族都向對方提供保證，保證生命是恆久的、社會是正義的、這個世界上充滿無私的幫助。為了給這些真理提供證據，為了培養這些信念，他們的智者想出一整套很可觀的世界觀，把那套世界觀具體表現於村落的格局、住所的安排等方面。他們把面對的種種矛盾加以組合，再重新組合；在接受某種立場想法的時候，同時激烈地反對其他想法；把族群切開分為兩半，使他們聯結的同時又使他們互相對反，把他們整個社會的與精神的生活變成一種紋章，其中的對稱處與不對稱處又得到平衡，猶如一名卡都衛歐美人臉上的精細圖案，她也受到難以清楚察覺的類似焦慮所苦，因而在臉上畫滿圖案線紋。然而，所有這一切到底是要表達些什麼？那些半族、對反半族、氏族、亞氏族，如果以最近所做的觀察所得為導引，我們到底要得出怎樣的結論？在這個看起來特別喜歡把一切複雜化的社會裡面，每一氏族又區分成上、中、下三群，在那些規定各個亞氏族的種種規則條例之外，還加上一條：上級的人必須娶上級的人，下級的人必須嫁下級的人；換句話說，在互助機制的假象底下，波洛洛村落歸根究柢可以看做是分成三個族群，每個族群均內婚。三個社群不知不覺之中會永遠分開、各自孤立，每個社群都關閉在一種自傲感之中，而那自傲感卻連自己本身都不能太明白，都用一些制度上的煙幕遮蓋起來，結果是每個社群都變成這些設計的無意識的犧牲者。這些設計的目的為何也不為其所知，無從發現。波洛洛人在他們的體系上面戴上那麼一頂假裝冒充死者的高冠是徒勞無功的：他們的努力，不可能比別的社會更成功；一個社會對於生者與死者之間的關係所發展出來的意象，最後追究起來，仍然只是在宗教思想的層面上，企圖掩飾、美化或正義化存在於生者與生者之間的實際現實關係；想否認這項事實的一切努力，終歸是不會成功的。

第七部　南比夸拉族

二十四、失去的世界

到巴西中部進行人類學探險研究工作的第一站是巴黎的雷奧米爾街和塞瓦斯托波爾大道的交叉口（Carrefour Réaumur-Sébastopol）。此地是紡織品大盤商集結地；各種奇特的紡織品和很挑剔的印第安人所喜歡的東西也只有在此地才買得到。

我去過波洛洛人的聚落之後一年，成為一個夠格的人類學家所需要的種種條件，我都俱備了。列維–布魯赫[1]、牟斯[2]和里維[3]都表示讚賞我的工作；我收集的東西在聖奧諾雷區（Faubourg Saint-Honoré）的一間展覽室展出；我發表了論文，也作過演講。由於羅吉爾[4]的幫忙，我獲得一筆可觀的補助，可以進行比較大規模的工作。羅吉爾是當時尚在草創階段的

1 呂西安・列維–布魯赫（Lucien Lévy-Bruhl, 1857-1939），法國哲學家、社會學家、人類學家。
2 馬瑟・牟斯（Marcel Mauss, 1872-1950），法國社會學家、人類學家，曾發表重要著作《禮物》。
3 保羅・里維（Paul Rivet, 1876-1958）。
4 亨利・羅吉爾（Henri Laugier, 1888-1973），法國生理學家。

科學研究部的主管。第一步我先取得所需的工具；經過先前三個月的時間緊密地和土著接觸以後，我明白他們需要什麼，整個南美大陸印第安人的需求都是驚人的相似。

因此，我到巴黎的一個對我而言陌生得像亞馬遜森林一樣的地區去，和捷克人進口商進行奇怪的交易。由於對他們的行業一無所知，我無法以行話來說明我需要什麼，只能用土著的標準來表達。我先挑最小的裝飾用的珠子，法語稱為rocaille，都是放在盤中，用繩子串起來。我將珠子放進口中咬一咬，看堅不堅硬；再吸一吸以確定是用彩色玻璃做的而非染色，不至於因浸到河水就褪色；我依照印第安人喜愛的顏色次序購買不等的數量：黑色與白色的最多，其次是紅色的，然後是少量的黃色珠子，最後買幾顆藍色的與綠色的充充數，但印第安人一定不會喜歡。

做這樣的選擇，理由很簡單。印第安人是用手工製造珠子，越小的越有價值，因為要花更大的工夫做；他們的原料是棕櫚果的黑殼和珍珠貝的乳白色殼，他們想藉兩色穿插來達成所要的裝飾效果。像所有人一樣，他們最看重自己懂得最多的東西，因此黑色和白色的珠子最受歡迎。他們常用同一個字表示黃色與紅色，這是因為紅木的色彩依照其種子的品質與成熟度，而顯出鮮紅到黃橙等不同的色調；不過，紅色還是較占優勢，波洛洛人所熟悉的某些種子和羽毛都是紅色的。至於藍色與綠色，它們都是冷性的顏色；而且，在自然狀態中主要以會敗壞的植物為代表，這是他們對此種顏色漠不關心的雙重理由，也是為什麼有關此類色調的詞彙顯得模糊的原因所在；有些語言以同一個字表達藍色和黑色，有的則用同一個字表達藍色與綠色。

針必須粗到可以穿較堅韌的線，但又不能太粗，因為它必須要能穿過小珠子。我要的線必須顏色鮮豔，最好是紅色（印第安人用紅木染他們自己的線），但還得是粗捻的，以保留手工製造的外觀。一般說來，我不信任粗製濫造的貨色：波洛洛人的例子使我對土著的技藝有很大的敬意，印第安人的生活方式對他們的用品做相當嚴苛的考驗。不管看起來有多矛盾，為了不在這些原始民族面前失掉信用，我必須挑最堅硬的鋼，色彩深透的珠子，挑的線必須要連英國女皇宮中的馬具師都會滿意。

我所遇到的某些商人，會為了這些充滿異國風味的購物需求正好合乎他們的專長而非常興奮。一名聖馬丁運河（Canal Saint-Martin）地區的魚鉤製造者，用很低的價格把他所剩的所有貨品賣給我。有一整年的時間，我在叢林中帶著幾公斤重的魚鉤到處跑，但是那些魚鉤太小，無法釣亞馬遜流域的魚，沒有人肯要。最後我在玻利維亞邊境終於把它打發掉。所有貨品都必須能滿足兩種目的：可當做禮物或以物易物的東西，以便和印第安人打交道；另外還得用來在那些商人殊少到達的地區和人交換食物或服務。在探險研究的末期，我把錢花光了，我靠著在採橡膠者的小村落中開起店來把研究期間拉長幾個禮拜之久。當地的妓女在討價還價一陣子以後，會用兩個蛋和我換一條項鍊。

我原本計畫在森林中待一年，但是我花了很長一段時間考慮自己的確實目標應該是什麼。沒有懷疑到結果可能與我的計畫相反。想了解整個美洲的欲望，遠比只基於一個個案去探討人類本質來得強烈，最後便決定對巴西人類學和地理學進行橫剖面的考察：橫越高原的西部，從庫亞巴走到瑪代拉河（Rio Madeira）。直到最近為止，這一帶一直是全巴西最鮮為人知的地方。十八世紀的耶穌會士探險家，由於這一帶的景觀過分荒涼，印第安人過分兇猛而止步，很少越過庫亞巴。到二十世紀初，庫亞巴和亞馬遜之間的一千五百公里仍然是禁地，以致由庫亞巴到瑪瑙斯，或到亞馬遜上的貝倫（Belem），最簡捷的走法是經由里約熱內盧出海，往北走到帕拉河口（Rio Para）。一直要到一九〇七年，當時還是上校的龍東將軍[5]才剛開始探險開拓這塊地區；這項工作他進行了八年，在此期間，他建立了一條戰略上很重要的電報路線，把聯邦首都，經由庫亞巴，第一次和西北邊境的郵局聯繫起來。

龍東調查會的報告（仍未全部出版）、這位將軍的一兩次演講、曾隨他去探險過一次的羅斯福所寫的紀錄[6]，以及已過世的國家博物館館長品多[7]所寫的一本題為《朗多尼亞》（*Rondonia*，一九一二）的很令人喜愛的書，提供有關這一帶地區土著社會的少量資料。但自此以後，這個高原地區又像以前一樣鮮有人提及，從來沒有職業人類學家去過這地區。沿著電報線或者線路的左側地區，去設法見識南比夸拉印第安人到底是何許人，是很令人嚮往的，同時也可看看更北邊的神祕社會的真相，自從龍東簡略地指出他們的存在以後，就再沒人提起過。

到了一九三九年，人們的興趣開始從居住於傳統上深入巴西內陸的沿河城鎮附近，以及海岸一帶的印第安人，轉移到住在高原地區的印第安部族。我和波洛洛人相處的那段時間，使我相信一向被認為文化非常簡陋的部族，事實上擁有極為高度發展的社會與宗教系統。當時，一位已過世的德國人，原名叫溫克爾[8]，取了一個印第安名字叫尼姆衍達朱（Nimuenda-ju），其研究結果正漸為人所知；他在巴西中部杰族印第安人的村落中待了好幾年的時間，他的研究證實波洛洛人高度發展的文化，並非是孤立的現象，而是他們和其他同類社會共有的文化主題的變奏之一而已。這就表示，整個巴西中部的草原矮樹林地帶，長達近兩千公里的廣大地區，是由一個相當同質性的文化的後裔所居住，他們所說的各種不同的語言，都屬於同一語族（杰語），是同一種語言的各種不同的方言，其生活水準相對的低落，但卻與高度發展的社會組織與繁複的宗教思想，成為明顯的對照。他們毫無疑問應該被認定是巴西最早的居民，他們也許是被遺忘於偏遠的內陸，不然就是在美洲被發現以後不久，來處不可考的好戰部族占領了沿岸一帶及河谷地區，而將他們趕到最貧瘠的地區去。

在沿大西洋岸的幾個不同地點，十六世紀的旅行者曾遇見圖皮–瓜拉尼（Tupi-Guarani）

---

5 坎迪多・龍東（Cândido Rondon, 1865-1958），曾探勘過亞馬遜盆地西部和馬托格羅索州，致力於印地安人事務。巴西政府頒給他最高軍階，並以他的名字命名朗多尼亞州（Rondônia）。

6 西奧多・羅斯福（Theodore Roosevelt, 1858-1919），於一九〇一至一九〇九年之間擔任美國總統，一九一三年前往巴西探險。他在一九一四年整理出版這次探險的紀錄，書名為*Through the Brazilian Wilderness*。

7 埃德加・羅蓋特・品多（Edgard Roquette-Pinto, 1884-1954），巴西醫學家、人類學家、作家。

8 克特・溫克爾（Curt Unckel / Curt Nimuendajú, 1883-1945），德國人類學家，

偉大文化的代表，這些人也占據幾乎是整個巴拉圭以及亞馬遜河西岸，換句話說，他們描述的是一個直徑幾達三千公里的、有縫隙的文化大圈圈，其破裂處是在巴拉圭與玻利維亞邊境一帶。圖皮族和阿茲特克族（Aztec）有某些不明確的關聯，也就是說，和比較晚期才遷移到墨西哥各地的人有關聯。這些人往巴西內陸河谷地帶深入的行動一直延續到十九世紀為止。也許他們是在新大陸被發現以前幾百年的時期內開始大遷徙，遷徙的原因是他們相信可以在某地找到一塊免於生老病死的樂土。他們的大遷徙終止以後，還是具有這樣的信念，在十九世紀末，就以由巫師帶頭的各種小族群的面貌出現在耶穌會教士活動的沿岸一帶，歌唱舞蹈讚美一塊永生之地，進行長期禁食希望能和那樣的土地匹配得上。無論如何，在十六世紀的時候，他們曾和原本住於海岸地區的居民激烈地爭奪土地。關於那些原住民我們所知極少，但他們可能就是我們現在要描述的杰族印第安人。

在巴西西北部，圖皮族與其他族群共居，包括加勒比族（Carib）印第安人。加勒比族和圖皮族語言不同，但文化接近，當時加勒比族正在征服整個西印度群島。還有阿拉瓦克族（Arawak）印第安人，這是一個相當神祕的族群，比前述兩族的歷史更古老，文化發展也更精緻，是西印度群島居民的最主要人口，其分布範圍直達佛羅里達州。阿拉瓦克族的物質文化發展程度比杰族高出很多，特別是陶器與木雕和杰族相當不同，更為精緻，不過，兩者的社會組織似乎很相似。加勒比族和阿拉瓦克族似乎比圖皮族更早深入巴西內陸：十六世紀的時候，他們就在圭亞那（Guianas）、亞馬遜河口和西印度群島等地建立相當多聚落。他們在亞馬遜河右岸的某些支流一帶的內陸地區也有些小規模的聚落，像欣古（Xingu）和瓜波雷等。阿拉瓦克族甚至在玻利維亞北部都有族裔。毫無疑問的是他們教卡都衛歐族製作陶器的技術，因為前面已提到過的瓜那族——他們被卡都衛歐族征服——說的語言就是阿拉瓦克語的方言。

穿越高原的最鮮為人知的部分，我希望能找到杰族印第安人在草原矮樹林地帶最西部的代表，然後在抵達瑪代拉盆地（Madeira basin）以後，可以研究到當時為止尚無紀錄的三個其他語族的遺留，說此三個語族的人分散在往內陸去的主要道路，亞馬遜流域的邊緣。

我的希望只實現了一部分，原因是我當時對前哥倫布時期美洲歷史的看法過分簡單。而今由於近年來的新發現，以及我自己花這麼多年研究北美洲人類學以後，我了解到整個西半球[9]必須當做一個單一整體來考慮。杰族的社會組織與宗教信仰與住在北美洲森林、草原地帶的印第安人相互呼應；還有，各個查柯族群（Chaco），比方說瓜伊庫魯印第安人（Guaycuru），和美國加拿大平原地區的印第安人有很多相似的地方，很早就有人指出這一點，但其涵義尚未有人深入探究。墨西哥與祕魯兩地的文明在其歷史上一定曾經藉著航行於太平洋沿岸的船隻而做過多次交流。這類可能性都沒受到應有的重視，因為美洲研究者有一段相當長的時期都深信美洲大陸有人居住的歷史是相當晚近的事，大約是西元前五千年到六

9　這裡所說的西半球應該僅指美洲大陸，並不含李維史陀出生成長的歐洲。

千年左右，而且純粹是越過白令海峽而來的亞洲族群。

在此前提下，我們就必須解釋，為什麼在我們有限的短短幾年時間裡面，這些游居不定的族群如何能夠遍布整個西半球南北各地，適應各地不同的氣候；也必須解釋，他們如何發現、栽種這麼多種原本野生的植物，並將它們傳播到這麼廣大的一片地區；由於他們辛勤的努力，這些野生植物種屬後來成為菸草、豆類、木薯、馬鈴薯、番薯、花生、棉花以及最重要的玉米；最後得解釋在墨西哥、中美洲和安地斯山地區如何接續發展出不同的文明，阿茲特克、馬雅、印加（Incas）等等文明如何具有遠親的關係。在那樣的前提下，為了圓滿解釋前述的這些事實，我們必須限縮每一項發展，使其能納入短短幾個世紀的範圍之內：前哥倫布時期的美洲歷史也就不得不成為一連串萬花筒似的影像，其中的細節被不同的理論家不斷隨意變來換去。這種現象，很像是美洲研究專家想把新世界當代歷史那種沒有深度的特性硬套在原始美洲的歷史上面。

近年的發現則把人類抵達美洲大陸的歷史往前推了好一大段，也就完全改變了上述的看法。我們現在知道，最早抵達美洲大陸的人，對很多種目前在美洲已絕種的動物甚為熟悉，並且獵取牠們：三趾樹懶（land sloth）、長毛象（mammoths）、駱駝、馬、古代野牛和羚羊，因為他所使用的武器與石器和這些動物的骨頭一起被發現。在墨西哥谷地這樣的地方，發現前述的某些動物遺骸，表示那地方當時的氣候情況和目前的相當不同，這種氣候上的大改變非要有好幾千年的時間不可。使用放射性元素來斷定考古遺物的年代也在這方面提供了相應的證據。我們因此必須承認，在兩萬年前人類已抵達美洲；在美洲的一些地區，人類早在三千年前就已開始種植玉米。在北美洲很多地方都發現一萬年到一萬兩千年前的遺物。與此同時，美洲大陸主要考古地層的年代，經由碳殘留量的測定，所得的年代比以前所假定的要早了五百年到一千五百年之間。前哥倫布時期的美洲，像那種壓疊起來的日本紙花一樣，一浸到水就張開，一下子具有本來沒有的體積。

但是，由於這些新發現，我們目前面臨一項與從前的研究者正好相反的困難：如何去填補這麼長的時間空隙呢？我們知道我在前面試著要指出的那些人口遷移只是表面的現象，我們知道偉大的墨西哥與安地斯文明開花以前還有更早期的其他社會。在祕魯以及北美洲的一些地區，最早一批住民的遺跡已經被發現：先是對農業一無所知的部族；接著是過著村落群居生活、種植農園的社群，但他們尚不知種植玉米，不知製作陶器；接著出現的是用一種比後來出現的風格更自由、靈感更豐沛的雕刻石頭、製造貴重金屬的族群。我們習慣上認為是代表美洲歷史頂峰與最高象徵的祕魯印加人和墨西哥的阿茲特克人，他們與上述重要根源之間的關係，比法蘭西帝國風格與它大量模仿借用的埃及和羅馬文化的關係，都要來得更為疏遠。法蘭西帝國風格、印加帝國風格、阿茲特克帝國風格全都是專制藝術（totalitarian art）的代表，想要藉著冷漠與陰森來達成宏偉，都表現出一個國度急切地要把力量集中在某一處以宣示其威力，譬如集中在戰爭或政府上面，而不是集中於文明本身的精緻發展。即使是馬雅的巨型建築（monuments），看起來也像是一種在一千年前已達到頂峰的藝術庸俗的頹敗。

那些創始者來自何處呢？以前認為有確定答案的，現在不得不承認我們實在不知道。白令海峽一帶的人口移動異常複雜：新愛斯基摩人（Neo- Eskimos）是較晚近抵達的族群；在他們之前一千年左右，古愛斯基摩人（Paleo-Eskimos）先到達美洲，其文化和古中國及塞西亞人有近似的地方；有一段很長的時期，可能從西元前八千年左右到西元開始為止，在美洲有各種不同的族群。西元前一千年左右的雕刻顯示，古代墨西哥的住民在體形上和現在的墨西哥印第安人很不一樣：古代墨西哥住民裡面包括矮胖的、顏面平坦、五官較小的東方人，也有大鬍子、鷹鈎鼻、像文藝復興時代的畫像。遺傳學家在研究另外一個地區以後，報告說，前哥倫布時期美洲的穀物蔬菜種屬最少有四十種，有的是人為種植的，有的是野生採集的，和類似的亞洲種屬具有完全一樣的染色體，或者前者的染色體組合是衍生自後者。那我們是否要下結論說，遺傳學家研究清單中穀物的一種，原來是從東南亞傳到美洲去的呢？但是這怎麼可能呢？在航海術一定仍然非常低落的時候，美洲人早已在四千年前就開始種植玉米了。

即使不接受海爾達[10]所提出的玻里尼西亞（Polynesia）是美洲土著移民過去的那種大膽假設，在康提基號（Kon-Tiki）橫渡太平洋成功以後，我們必須承認，跨越太平洋的文化接觸確實發生過，而且很頻繁。但是，當各種進步文明早已在美洲繁盛發展的時候，也就是說西元前一千年左右，太平洋諸島嶼仍然無人居住；或者，至少尚未發現任何一件那個時期的遺物。

因此我們得越過玻里尼西亞，而把注意力放到美拉尼西亞，那裡和整個太平洋沿岸地區當時可能已有人居住。今天我們已確定在阿拉斯加、阿留申群島與西伯利亞之間的交流一直沒有中斷過。阿拉斯加的居民大約在二千年前就開始使用鐵器，但他們對煉鐵技術一無所知；從北美洲五大湖地區一直到西伯利亞中部，不僅發現同樣的陶器，而且也發現同樣的傳說、祭儀和神話。在整個歐洲仍然自我封閉的時候，所有北方地區的社會，從斯堪地那維亞到拉布拉多（Labrador），包括西伯利亞和加拿大，似乎彼此都維持了在可能範圍內最緊密的接觸。如果凱爾特人（Celts，又寫作賽爾特、居爾特）曾向這個次北極圈文明借用過某些神話的話，亞瑟王傳奇故事（GRAAL Cycle）會和北美洲森林地帶的印第安人的神話這麼近似，遠比和其他任何神話傳統更為近似，也就不難解釋了。不過，我們對於這個次北極圈的文

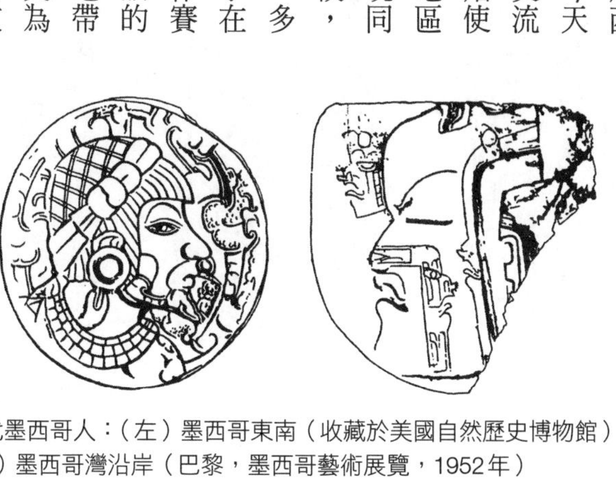

古代墨西哥人：（左）墨西哥東南（收藏於美國自然歷史博物館），（右）墨西哥灣沿岸（巴黎，墨西哥藝術展覽，1952年）

10　索爾・海爾達（Thor Heyerdahl, 1914-2002），挪威人類學者、海洋生物學者、探險家。曾經組成海洋冒險隊，搭乘一艘仿古木筏康提基號從祕魯航行到圖阿莫圖島，航程約八千公里。

明幾乎全無所知。話說回來，拉普人（Lapps）所住的圓椎形帳篷和印第安人的一模一樣也就可能不是純屬巧合了。

亞洲大陸較南部的地區，也可發現和美洲文明有不少近似的地方。中國南部邊境那些被中國人視為野蠻人的社會，和美洲土著有異常相似的地方。這種相似的程度，在印尼的原始部族中還表現得更為明顯。在婆羅洲（Borneo）的內陸，有些記錄下來的神話和北美洲分布最廣的一些神話完全一樣。考古學家早已指出，東南亞考古所得的證據和斯堪地那維亞的史前考古證據相當近似。因此，有三個地區：印尼、東北美洲和斯堪地那維亞，在某種意義上形成新世界前哥倫布時期歷史的三角點。

新石器文明的出現是人類歷史上的大事，其內涵包括製陶技術與編織技術的普遍化、農業的開始、養牛以及最早的金屬器具使用，這些首先是在多瑙河以東、印度河以西的舊世界地區出現的，這件大事的發生，如果曾經在亞洲與美洲的那些進展較晚的社會中引起某種興奮之情，或許並非不可想像

「舞者」浮雕。（左）祕魯北部查文文化，取自Julio César Tello（1880-1947）的著作；（右）墨西哥南部阿爾班山遺址出土（Monte Alban）。

的吧？如果我們不肯接受下面的假設的話，就很難理解美洲文明的起源：亞洲與美洲的太平洋沿岸地區，在幾千年之長的時期內曾發生過各式各樣頻繁的交流，船隻攜帶文明沿著海岸由一個地區傳播到另一個地區。以前我們拒絕讓前哥倫布時期的美洲擁有歷史深度，原因只是後哥倫布的美洲沒有歷史深度；現在我們可能需要糾正另外一個錯誤，這錯誤就是假設美洲在過去兩萬年以來和整個世界其他地區沒有任何交往，理由只是因為美洲和歐洲完全隔絕。所有的證據都顯示真相並非如此，真相是，當東邊的大西洋沿岸悄然無聲的時候，西邊的太平洋沿岸正充滿各種活動的聲音，抵銷了大西洋這邊的沉寂。

事情真相可能是這樣，無論如何，在西元前一千年前左右，美洲混種文化似乎已經產生了三個分支，都和源自較早期演化出來的幾種仍然真相未明的文化型態緊密相連：侯普威爾文化，占據或影響了美國的平原帶以東所有地區，與祕魯北部（南方的帕拉卡斯〔Paracas〕文化與其呼應）粗獷的查文文化形成對照；同時，查文文化又和所謂的奧爾梅克（Olmec）文明的最早期面貌近似，成為馬雅文明發展的前驅。在前述的三種文化裡面，我們注意到的都是一種草書藝術（cursive art），其中所表現的伸縮性和自由，

侯普威爾文化，美國東部：取自Ch. C. Willoughby, *The Turner Group of Earthworks, Papers of the Peabody Museum*, Vol. VIII, no. 3,Harvard University, 1922 .

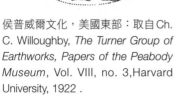

再加上對雙重意義的知識性熱情（有些侯普威爾和查文藝術的主題，正立著看和倒過來看可以做出兩種不同的解釋），看起來和我們通常認知的前哥倫布時期藝術的那種端正莊重、無法改動的特性，有相當遠的距離。有時候我設法說服自己去認為卡都衛歐圖案是這一種非常

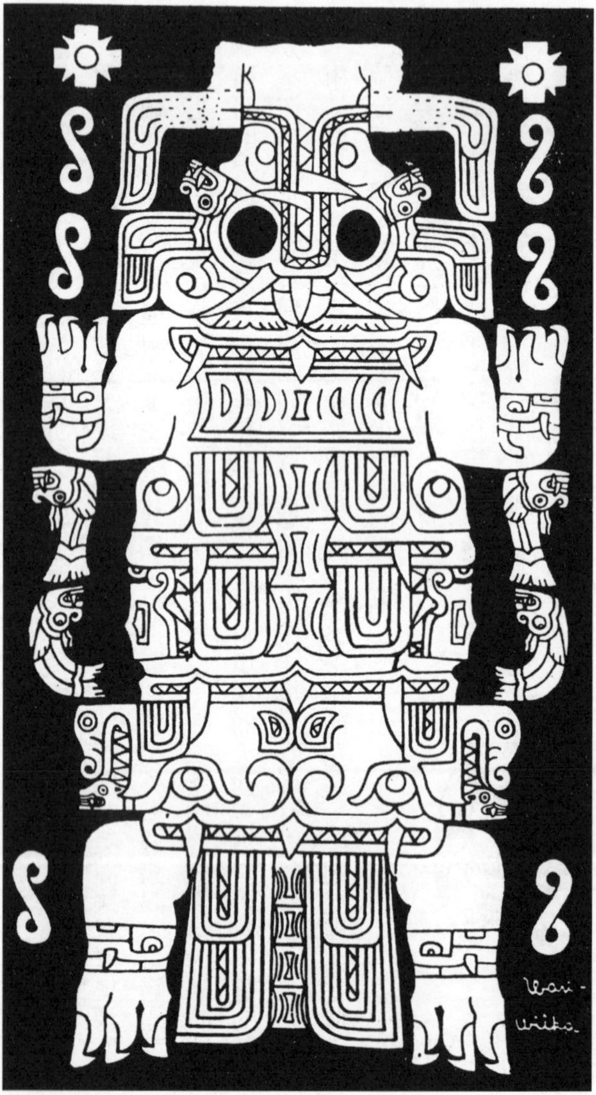

祕魯北部查文文化，取自Tello。

侯普威爾文化，美國東部（取自W. K. Moorehead, *The Hopewell Mound...* Field Museum, Chicago, Anthropological Series. Vol. VI, no. 5, 1922）

早期傳統的延續，以他們自己的方式表現出來。或許在這個時期，美洲的各個文明開始朝不同的方向分支出去，墨西哥和祕魯分支得最早，往前快速發展，其他的則停留在中間階段，或者甚至留在後面或退化到一種半蒙昧的狀態。我們永遠不可能知道熱帶美洲到底真相如何，因為那裡的氣候條件不利於保存考古遺物；值得注意的是，杰族的社會組織，甚至是波洛洛族的村落格局，和我們有辦法重建出來的這些已經消失文明的面貌很相似。這種重建工作，是靠著研究像玻利維亞北部的蒂亞瓦納科（Tiahuanaco）這類前印加文明遺址來進行的。

以上所談的內容，使我遠遠的離開了原來在描述的，要往馬托格羅索西部去探險研究所的準備工作；但是，這樣繞一個圈子是必要的，目的是使讀者對所有美洲印第安研究工作——不論是考古學的或是人類學的——進行過程中的那種極度高昂緊張的氣氛有所了解。我們面對的問題是如此重大，手頭上的指引大綱是如此微薄而不確定，而過去的歷史中有那麼一大段的時間又被如此無法挽回地抹殺消失，加上我們思索的根據基礎又如此不穩固，甚至連最不重要的地理勘察都讓研究者深感無法確定，導致徘徊於最謙卑的聽天由命與最異想天開的野心勃勃之間：他知道不可或缺的重要證據已經失去，他知道自己一切努力所得的結果最多也僅僅是翻扒一下問題的表面；但話說回來，說不定他會撞見一些奇蹟性被保留下來的遺跡證據，把真相照明？什麼都不可能，因此一切都可能。我們正在摸索的黑暗過分濃厚，濃厚到我們無法形容它是怎麼一回事，我們甚至無法說這片黑暗注定要一直持續下去。

二十五、在荒野

離開兩年後又回到庫亞巴，我設法打聽電報線沿線的確實情況到底如何，電報線在北邊五、六百公里遠。

在庫亞巴，厭惡電報線的原因很多。自從這個城鎮在十八世紀建立以來，與北方的少數接觸都是靠船，往亞馬遜河中游的方向駛去。為了取得他們最喜歡的興奮劑——瓜拿納，庫亞巴的居民組成獨木舟探險隊，每次沿著塔帕若斯河（Rio Tapajós）一帶探險達半年以上。瓜拿納是一種味道強烈的糊狀物，褐色，幾乎只有馬威印第安人（Maué）懂得怎麼做，使用一種叫做paullinia sorbilis的藤蔓植物的果子壓碎製成。把這種糊壓成香腸狀曬乾變硬，要飲用時再用巨骨舌魚（pirarucu）的角質舌頭將它磨成粉，魚舌頭平常放在鹿皮小袋中。這些細節很重要，因為人們相信，如果使用金屬研磨器，或者小袋子是使用其他野獸的皮所製成的話，會使這寶貝的醬失去其特別的質性。庫亞巴人同樣相信捲菸必須用手弄破揉碎，不能用刀，否則會喪失味道。把粉狀的瓜拿納放入加糖的水中，它會懸浮在水中而不是溶解；等這飲料變成巧克力色之後就可以喝了。我自己喝了以後從未有什麼特別的感覺，但對馬托格羅索中部和北部地區的居民而言，其重要性和南方的馬黛茶相當。

瓜拿納的種種好處，使人們覺得花那麼多心力也值得。穿越急流以前，探險隊會留下幾個人，負責在河岸附近開墾一片空地來種玉米和木薯，以便探險隊回程路上有新鮮食物供應。但是引進汽船以後，從產地將瓜拿納運到庫亞巴的速度就比較快，數量也比較多，但都是先從瑪瑙斯和貝倫走海路運到里約熱內盧，再從里約熱內盧運來。慢慢的，沿著塔帕若斯河的探險就中斷了，屬於那個英雄的、半被遺忘了的過去。

然而，當龍東宣布他想開拓西北地區，使其文明化的時候，那些回憶都被重新提起。往高原去的路，在一定程度上是有人知道的，因為有兩個古老的小城鎮——西羅薩里奧（Rosario Oeste）和迪亞曼蒂努——分別位於庫亞巴北方一百與一百七十公里處，仍然了無生氣地存在著，雖然其金礦層與沙石河床都已被挖掘殆盡。過了這兩個地方以後，就必須走陸路，橫越亞馬遜河支流的不少小支流，沒有辦法乘獨木舟沿河而下，要走那麼長的距離是浩大的工程。一直到一九〇〇年，北方高原仍然是一塊神祕地區，被認為其中有一山脈稱為北方山脈（Serra do Norte），大部分地圖上都仍繼續提這條並不存在的山脈。

這種無知，再加上最近美國開發大西部和淘金熱，使馬托格羅索的居民，甚至是沿岸地區的人，升起奇妄誇大的夢想。跟在龍東和他率領的那批人所建造的電報線之後，一大群移民計畫跟進，去利用前此未想過的寶藏來建立起巴西的芝加哥市。這個幻想的持續時間很短暫；像早被達．庫尼亞[1]在《噢！塞爾陶》（*Os Sertões*）描述過的巴西東北部那片住不得人的荒廢之地一樣，所謂北方山脈原來是一片沙漠般的荒草矮樹林，是南美大陸最荒漠的地區之一。尤有甚者，這條電報線在一九二二年左右建成，無線電幾乎就在此時被發明出來，表示電報線一建好就馬上過時無效，變成前一個技術時代的考古遺物。這條電報線只在一九二四年有過一次光榮時刻，當時的聯邦政府由於聖保羅市的叛變而與內陸完全隔絕。幸好有電報線存在，里約熱內盧得以透過貝倫和瑪瑙斯與庫亞巴保持聯繫。但事件平息以後，電報線便開始衰退。少數在電報線沿線工作的熱心者不是放棄回家，就是被外界遺忘。我到電報線沿線去的時候，他們已有好幾年沒有收到任何食物供應了。沒有人有勇氣乾脆把電報線停廢，但也沒有人再表示任何興趣。任憑電線桿傾倒、電報線鏽壞；最後僅存的幾個看守沿線的管理站的人沒有足夠的勇氣離開，事實上也沒有能力離開；他們慢慢地死於疾病、飢餓與寂寞。

這種情況對於庫亞巴住民形成莫大的心理負擔，因為他們沒有實現的夢想，最少產生一項不算可觀但相當實惠的結果，就是剝削在電報線上工作的員工。在前往沿線的工作站以前，每個電報線員工都會在庫亞巴鎮選一位購物代理（procurador），可以代他們領薪水，照他們指示的方式使用薪水。使用方式不外是買子彈、油、鹽、針和布。由於購物代理、黎巴

1　歐克利迪斯．達．庫尼亞（Euclides Rodrigues da Cunha1, 1866-1909），巴西記者、社會學者、工程師。

嫩商人和運貨隊商人三者勾結，所有這些貨物都以最昂貴的價格出售，結果是，那些住在邊遠內陸的可憐員工永遠沒有希望回來，因為過了幾年之後，他們一個個都欠了一筆永遠不可能還得清的債。很顯然的，我最好是把整條電報線置諸腦後算了，特別是我要用電報線做為研究據點的計畫幾乎沒有人贊同。我設法找曾經和龍東在一起的退休軍官，但他們只向我說了一句哀傷的話：「Um país ruim, muito ruim, mais ruim que qualquer outro.」（惡劣的地方，絕對惡劣，比任何地方都惡劣）。我應該無論如何都避免去那裡。

此外還有印第安人的問題。在一九三一年，庫亞巴以北三百公里的帕雷西斯（Parecis）電報站，被不知哪一族的印第安人攻擊、毀壞。帕雷西斯離迪亞曼蒂努不過八十公里，並不算是完全無人居住的地帶。進行攻擊的印第安人來自血河河谷（Rio de Sangue），一個前此被認為是無人居住的地帶。這些野蠻人被取偏名叫做「木頭嘴」（beiços de pau），因為他們在下唇和耳垂上掛著圓木盤。從那次開始，他們每隔一定的時間就再次發動攻擊，結果使電報路徑不得不往南移動八十公里。至於南比夸拉印第安人，他們是遷移不定的部族，從一九〇九年起就不時到工作站去，他們與白人的關係經過多次變化——起先相當好，慢慢轉壞，最後，在一九二五年，有七位員工應邀到他們的村落去，就沒再回來。從那次以後，南比夸拉印第安人與電報線的員工互相迴避。在一九三三年，一個新教的傳教團體定居在離茹魯埃納（Juruena）電報站不遠的地方；他們和印第安人的關係似乎很快就變得很惡劣，土著對所得禮物不滿意，大致是嫌不夠，那是他們替傳教士建房子與種農園的報酬。幾個月以後，一個發高燒的印第安人自己跑到傳教站，他們給他兩片阿斯匹靈，他在大庭廣眾面前吞下藥片；然後他在河中洗澡，得肺炎死掉。南比夸拉族擅長使用毒藥，他們認為這位同胞是被毒死的，便發動攻擊報復，傳教站有六個成員被殺死，包括一個兩歲大的幼兒。從庫亞巴派出的追尋隊只發現一個婦女倖存。這個婦女所講的經過，和計畫進行這次攻擊的人所說的完全吻合；那幾個計畫進行攻擊的人有好幾個禮拜之久是我的同伴和報導人。

從這次事件以後，以及此後發生的一兩件其他事件，整條電報線的氣氛一直都異常緊張。從庫亞巴的電訊總局和沿線的主要電報站取得聯繫以後（每次聯繫都得花幾天時間），我們聽到的全都是最令人沮喪的消息：在某地，印第安人擺出威脅姿態；另一個地方則有三個月沒見印第安人的影子，這也是壞徵兆；而在另一個地方，那些原已習於作工的印第安人又回復到他們野蠻的狀態去了等等。唯一一件值得慶幸，或看起來值得慶幸的跡象是，過去三個禮拜以來，三位耶穌會教士試圖在茹魯埃納重建一個傳教站。茹魯埃納位於南比夸拉印第安人地區的邊緣，在庫亞巴以北六百公里。我可以先去那裡，向他們打聽一些消息，然後再做確定的計畫。

因此我花了一個月時間在庫亞巴組建一支探險研究隊；由於沒有人企圖阻止我前去，我決定堅持原來的計畫：旅行六個月，在旱季穿越高原，人家告訴我那高原在旱季的時候形同沙漠，沒有動物可吃草的地方，也捕獵不到動物；所有食物必須帶著，不但是人的食物，還有騾子的食物。我們將騎騾子到瑪代拉盆地，然後改換獨木舟繼續走（騾子如果沒有玉米可吃，便不夠強壯，不能繼續走）。為了運這些補給，我們需要用牛，牛比較強壯，而且可以吃任何粗草或樹葉度日。然而，一定比例的牛會在途中死於飢餓和疲倦，因此得帶相當數目才行。那樣子又需要趕牛者來帶他們前進，並在各路段裝貨卸貨，我的隊伍就變得更為龐大，如此一來又得增加騾子的頭數和補給的數量，這又得增加牛隻的數量……這是惡性循環。最後，和曾經在電報線上工作過的人，以及運貨隊的老手等專家們商討，我決定帶十五個人、十五頭騾子和三十頭左右的牛。關於騾子的數目，我毫無選擇，在庫亞巴鎮五十公里方圓之內，只有十五頭騾子出售，我全買了，每隻的價格在一百五十到一千法郎之間（以一九三八年的匯率計算），視健康情形而定。我是探險隊的領隊，便自己乘坐最漂亮的坐騎：一頭龐大的白騾，向前面提到過的那個渴望看一次大象的屠夫買的。

真正的問題是找人：參加探險的人共有四位，我們知道，探險是否成功、我們是否安全、甚至我們的生命，全都要看我將要招募的隊伍成員的能力和是否可靠。我花了好幾天的時間，排除掉搗蛋者和存心冒險的人，他們是庫亞巴人口中的糟粕。後來，一個住在郊區的老「少校」告訴我，去找一個住在偏遠小村落中的人試試。那個人曾經是老「少校」以前的牛隊組織者，很窮、很懂事、很有品德。我去見他所說的這個人，立刻被其自然流露的自尊自愛的態度所吸引，鮮少在內陸農民身上見到這樣的個性。其他的人都會即刻請求我預支他一年薪水這種不可思議的條件，這個人並沒做類似的要求；他提出幾個條件：他自己負責挑人和牛，還得允許他順便帶幾匹馬到北方去賣，賺點外快。那時我已向住在庫亞巴的一個運貨隊買了一批牛，我當時看中這些牛身材高大，還有牛背上老式的美洲貘皮做的裝貨用鞍具。此外，庫亞巴主教堅持我必須帶他的一個跟班信徒去當廚子，結果上路沒幾天，就發現主教極力推薦的人是同性戀，痔瘡非常嚴重，根本不能騎馬。他只好離隊，走的時候非常高興。至於那些我自己看了很滿意的牛，我不曉得他們已跑了五百多公里路，身上連塊肥肉也沒有，運貨的鞍在牠們背上磨不了多久，一隻隻牛的背部都磨破生瘡。雖然趕牛者的技術很好，這些牛背脊上的皮開始脫落，大片傷口流著血，開始生蟲，背脊骨清晰可見。這幾頭生膿潰爛的牛成為我們隊伍中最早倒下的犧牲者。

值得慶幸的是，我們的領隊，富爾亨西奧（Fulgencio）找來的那些看起來平平凡凡的牛馬一隻隻都達成任務，走到目的地。他挑的人都是他自己村子裡面或附近村子中的年輕人。大多數人的家系原來是葡萄牙人，已在馬托格羅索定居一、兩百年，仍然保有一些相當樸素的品德和習慣。他們雖然窮，但每個人都有一條繡花、滾邊的毛巾，是他們的媽媽、姊妹或未婚妻送的。在整趟旅行途中，他們只肯用那條毛巾擦臉。當我第一次拿糖給他們加進咖啡裡面的時候，他們很自傲地表示，他們不是變態者，不吃糖。我和他們之間鬧了些不愉快，因為他們對任何事情都有一定的看法，其堅定的程度和我不相上下。我幾乎因為該攜帶什麼糧食的問題而引起他們公開反叛，他們相信如果不盡一切可能多帶米和豆子的話，一定會餓死在半路上，除了米和豆以外，他們覺得其他的都不重要，乾肉還可勉強接受，不過他們認為沿途可獵到各種動物，不愁沒有肉類。但他們無法忍受要帶糖、乾果和罐頭這樣的想法。

他們毫無疑問地肯為我們做最大的犧牲，但對我們的態度卻過分輕蔑，連條手帕也不肯替別人洗，因他們認為洗手帕是女人的工作。我們的契約原則如下：在旅途中，借每人一頭騾和一桿槍；除了供應飲食以外，他們每天可得五法郎的報酬，以一九三八年的兌換率為準。旅途結束後，他們每人可拿到一千五百到二千法郎（他們不肯在旅途結束前拿任何報酬），有了這筆錢，有的人就可以結婚，或當成買種牛飼養的資本……同時，領隊富爾亨西奧在我們路過以前帕雷西印第安人的領域時，將招募幾位半文明化了的帕雷西印第安人。沿著南比夸拉印第安人領域邊境的電報線上的維護人員，目前大都是帕雷西印第安人。

組建探險考察隊的進度相當緩慢，因為人和牲口都是三三兩兩從庫亞巴附近一帶的小聚落中找來的。在一九三八年六月裡的某一天，他們全部在城鎮外面集合，在富爾亨西奧的領導下，牛和騎騾的人帶著部分行李出發。每頭牛，視其力量大小，載六十到一百二十公斤不等；行李分成兩半，掛在塞了稻草的運貨牛鞍兩邊，上面再蓋一張乾牛皮。行進的速度大約每天二十五公里，但每走一個禮拜就得停下來讓牛休息幾天。因此我們決定讓牛隊先行，而且帶的東西愈少愈好；然後，我自己再搭輛大貨車開到不能再往前開為止，也就是到庫亞巴以北五百公里的烏蒂亞里蒂（Utiariti）那個地方。那是帕帕加尤河（Rio Papagaio）岸的一個電報站。貨車無法越過那條河，因為沒有夠大的渡船。過河以後，真正的探險才開始。

牛隊出發一個禮拜以後，貨車跟著出發。才走不到五十公里就趕上牛隊。牛和人都在草原上安詳的宿營，而我以為他們早該到了烏蒂亞里蒂，最少也接近那裡。看見這種情形，我第一次大發脾氣，但並非最後一次。當我了解到我那時要進入的世界裡面並不存在時間觀念以後，我也只好忍受更進一步的種種不滿了。整個探險隊的真正領隊既不是我，也不是富爾亨西奧，而是那些載貨的牛。這些龐大桀驁的畜牲像公爵夫人一樣善變，得仔細觀察牠們的脾氣和心情變化。牛不會向你表明牠很疲倦，也不會說牠背的東西太重：牛只是默不作聲的往前走，然後突然倒地不起，不是死掉就是最少得休息半年才能恢復，只好把牠丟在後面不管。因此，趕牛的人事實上受牛左右。每頭畜牲都有個別的名字，依顏色、外觀或脾氣而定。我牛隊中的牛叫做鋼琴、踏泥、嚐鹽、巧克力（他們從沒吃過巧克力，但用這個字來指加糖的熱牛奶與蛋黃混合的飲料）、棕櫚樹、大條、紅赭、花束、小紅蘿蔔、蘭巴里魚、青鳥、爛鑽石、加拉拉（原意不明）、雜種、小乖、正真、大爺、馬達（趕牛的人解釋說，那條牛走得很好，因此得此名）、保莉、航海者、褐色、模特兒、快活、土氣、蜜蜂、野果、美麗、玩具和黑炭。

只要趕牛的人覺得有必要的時候，整個隊伍便停下來。每頭牛的貨都卸下，開始紮營。如果附近安全便讓牛四處走動；如果不安全，就得派人看著，讓他們吃草。每天早上，幾個人在營地附近幾公里直徑的範圍裡面走動一圈，把每頭牛都找回來。這種工作稱為放牧（campiar）。他們相信這些畜牲有怪脾氣，會故意跑掉躲起來，讓人找幾天都找不著。有一次我在一個地方整整待了一個禮拜，因為我們的一頭騾子跑進樹叢裡面的時候，據說牠先是橫著走，然後再倒著走，故意使找的人無法分辨出牠走過的路線。

畜牲都找齊了以後，得察看身上的傷口，擦藥，重新調整載貨鞍具，免得壓在傷口上面。然後再套上裝備和行李。套裝備和行李有時會很困難，休息幾天以後的牛，有時候會喪失工作習慣，鞍一碰到身上就猛踢猛跳，把辛辛苦苦安排均衡的行李散滿一地，只好重新來過，牛沒衝進荒野去已算是幸運。如果有牛跑掉的話，就得重新紮營、放牧、找牛等等，直到整隊人畜都集合裝備完畢，這工作有時得重複五、六次才能成功，牛才會馴服，至於其原因為何，則不清楚。

我自己比牛更沒耐性，對這種走走停停的行進方式，花了好幾個禮拜的時間，我才勉強受得了。我們搭著貨車，讓牛隊慢慢走，自己先往前跑，跑到一個住著一千人左右的村落——西羅薩里奧。村落居民大多數是黑人，個子矮小，有甲狀腺腫，住在窩棚裡面，漆成豔紅色，屋頂舖淺色棕櫚葉，房子沿著筆直的道路排列，路上長滿雜草。

接待我的那一家有個院子，整理得整整齊齊，好像是房子裡面的一個房間一樣。地面的土都掃過，掃得乾乾淨淨，植物排列整齊得像起居室的家具一樣：兩株橘樹、一株檸檬、一株蒲桃類果樹、一打左右的木薯、兩三株木槿、兩三株木棉、兩株玫瑰、一叢香蕉、一叢甘蔗；還有一隻養在籠中的鸚鵡、三隻母雞繫在同一棵樹上。

在西羅薩里奧這個村落裡面，遇到節慶或特殊日子的時候，所有食物都用一半一半的原則做給客人吃，我們吃的雞，有一半是烤雞，另一半則是冷盤雞，附帶一種味道濃烈的醬汁；魚則煎一半，另一半用煮的。最後一道是cachaca，一種甘蔗釀成的酒。接受這道酒的時候，按照習俗要說：「墳墓、監獄和甜酒並不是為同一個人而設的。」西羅薩里奧位於叢林中心，其居民以前大都是採膠者、找黃金找鑽石的人，他們可能可以對我在前面提到的那一條路線提供好主意。因此，在想得到一些消息的期望之下，我聽他們說自己的探險經驗，其中有傳聞與事實，兩者混合難以分開。

我無法相信真的有「英勇貓」（valiant cats），英勇貓據說是家貓和美洲獅的混血，活動於北方。不過，我聽到一個故事，相當有意義，至少顯示了荒野的風格和精神。

在馬托格羅索西部巴拉圭河上游一個叫做「巴拉杜布格里斯」（Barra do Bugres）的村莊裡，住著一個能治蛇咬傷口的人；他治蛇咬的方法是先用大錦蛇的牙齒刺入傷者的前臂，然後，用火藥在地面排成十字架形狀，點火，要病人把前臂放在火煙中。最後，他從打火機（artificio，一種石英打火機，把廢棉花塞在角質容器裡製成火絨）取出燒過的棉花，浸在甘蔗酒裡給病人喝下。整個醫療手續就是如此。

有天，一個收集草藥小隊的領隊，親眼看見這個人替人治蛇咬，於是請他稍等，等其他收集草藥的隊員在禮拜天到達那裡，因為他們每個人一定都想接受蛇毒預防（代價是每人五個巴西金幣，在一九三八年大約值五個法郎）。會治蛇咬的人同意了。到禮拜六清晨，在集體住屋外面有條狗在嘷叫。草藥隊的領隊派一個隊員去看看，原來是有一條被惹怒的響尾蛇，他命會治蛇的人把蛇捉起來，但他拒絕。領隊很生氣，表示如果他不把蛇捉起來，那就取消蛇毒預防。治蛇毒的人不得不同意，他把手伸出去捉蛇，被咬一口，就死掉了。

說這個故事的人解釋說，他曾接受過這位死掉了的治蛇毒者的預防法，而且為了試試看方法是否有效，曾故意讓蛇咬了一口。結果證明預防蛇毒的方法完全有效。不過，他承認咬他一口的蛇是無毒的。

我把這個故事錄在這裡，是為了說明巴西內陸大眾心理的一個特徵：在把悲劇性的意外事件看做是日常生活中不值一提的事情時所表現出來的機警和善於應變的特質。這個故事的結論，事實上並沒有它表面上看起來那麼荒謬。說故事者的邏輯推論方式和我後來所聽到的，一個阿爾馬迪（Ahmadi）的新伊斯蘭教派首領的推論方式完全一樣。那位教派的首領有天請我去吃晚飯，在拉合爾。阿爾馬迪派不合正統的主要原因是，他們宣稱歷史上所有自己宣布為救世主的人（他們把蘇格拉底和釋迦都包括在內）實際上真的都是救世主：如果他們不是的話，上帝早就因他們的大膽冒犯而懲罰他們了。同樣的道理，我那個西羅薩里奧的報導人相信，假定治蛇毒人的奇術不是真的話，他所引出來的超自然力量一定會把一條本來無害的蛇變成一條毒蛇，來證明治蛇毒的人是錯的。由於這種治療方法被視為一種巫術，說故事的人至少已用實驗的方法證明過其效力，證明的方法同樣是屬於巫術層面的。

人們都告訴我，往烏蒂亞里蒂的路途上不會有任何意外，最少不會有像兩年前我們在往聖羅倫斯河的小徑上所遇到的那種重大意外。但是，在抵達通巴多山脈（Serra do Tombador）頂峰一個叫做「開沙弗拉達」（Caixa Furada，意即有洞的胸腔）的地方時，駕駛桿上面的一個鏈輪毀了。當時我們離迪亞曼蒂努大約三十公里；司機準備步行去那裡，打電話到庫亞巴，以便能從里約熱內盧用飛機把零件空運到庫亞巴，再用貨車把貨送到我們拋錨的地方。如果一切順利，整個作業要一個禮拜時間；牛隊就可以趕上我們了。

因此我們便在通巴多山頂露營，通巴多是一道岩石山脈，其盡頭是台地，從三百公尺高度俯視巴拉圭盆地；在另一邊，每條河流都流入亞馬遜河的支流。我們找到樹把吊床、蚊帳掛好以後，除了睡覺、做夢、打獵以外，在這片多刺的草原上便沒事可做了。旱季在一個月以前開始；當時是六月，除了八月會偶爾下些小雨以外（小雨稱為chuvas de caju，那一年沒有下），在九月以前一滴雨也不會掉。草原早已呈現冬天的景觀：植物乾枯、萎縮，有些地方被野火燒得乾乾淨淨，在燒痕處處的樹幹底下可看到大片大片的沙地。在這種時候，草原上四處游走的少數某些動物會集中到濃密而難以進入的密林裡面。那些密林頂部像圓頂，表示附近有水泉，水泉附近仍保留了幾塊草地。

雨季是十月到三月，雨季時幾乎天天傾盆大雨，白天的溫度升高到攝氏四十二至四十四度之間；晚上涼快一些，接近清晨時有段短時間氣溫會急降。旱季的氣溫很極端：常常白天的溫度平均在攝氏四十度左右，而到晚上卻急降到攝氏八到十度。

我們在營火旁喝馬黛茶，隊伍中的兩個兄弟和司機便說鄉野故事給我們聽。他們說那種巨型的食蟻獸（tamandua）在營帳裡面無法站直，因此不足為害；但是在森林裡面的話，食蟻獸會利用尾巴倚靠在樹幹上，用前爪把任何靠近的人勒死。食蟻獸不怕別的野獸在晚上突擊，因為牠睡覺的時候把頭縮進身體裡面，連美洲獅都無法分辨出牠的頭到底在那裡。在雨季裡，得隨時注意野豬群的聲音，野豬會聚在一起四處跑，每群五十隻以上。野豬兩顎相磨的聲音幾公里外就清晰可聞（因此野豬又叫quiexada，得自「下顎」queixo這個字）。聽到這種聲音的時候，狩獵者得趕快躲開，因為野豬群中如果有頭野豬被射傷或射死，其他豬會馬上對獵人展開攻擊。獵人得爬到樹上或蟻丘上面。

有個人說，有天晚上他和兄弟一起走夜路，聽到有人在呼叫。他們猶疑著要不要幫助那個呼叫的人，但他們怕印第安人，所以等到天亮再說。呼叫聲整夜不停。曙光終於出現，他們發現一個獵人，槍掉在地上，人趴在樹上，底下圍著一群野豬。

這個人的命運還沒有另外一個獵人那麼悲慘。那獵人聽到野豬群的聲音，爬到一座蟻丘上去躲。野豬把他包圍。他開槍射野豬，把子彈都打光，只好用一種叫做facão的砍刀自衛。第二天有一群人出去找他，看見一群禿鷹在某一地點上空盤旋，原來那個獵人就在那裡，那群人到那裡時，只看見他的頭顱骨和好多野豬的屍體。

他們還說了不少好笑的故事。其中有一個是關於找橡膠的人和美洲獅的故事。那隻美洲獅肚子很餓，追趕那個人，獅子和人繞著一叢樹轉圈圈。後來，那個人跑錯方向，發現自己和美洲獅撞個正著。獅子和人都一動不動，那個人怕得連叫喊求援都不敢。「這樣子僵持半個鐘頭，那個人腳抽筋，動了一下，碰到來福槍的槍柄，那時他才醒悟，原來自己手上有槍。」

不幸的是，這地方充滿各種常見的昆蟲：maribondo、黃蜂、蚊子、piums、蚋（一種小小的吸血小蟲到處成群結隊的飛）；還有「蜂蜜之父」（pais-de-mel）也就是蜜蜂。南美種的蜜蜂不叮人，但很煩人；它們喜歡吸人的汗，搶著要找最好的地點，像嘴角、眼睛或鼻孔等去吸汗，在那些地方的蜜蜂大量吸汗，如醉如癡，寧可被活活拍死也不肯飛開，但被打死以後，其屍體只會引來更多的蜜蜂。這些蜜蜂的別名叫「吮眼」，就是這個道理。蜜蜂是熱帶叢林中的真正害蟲，比會造成感染的蚊蟲等更令人討厭，蚊蟲的感染過個一兩個禮拜人體便會免疫。

不過，有蜜蜂的地方就有蜂蜜。採蜂蜜倒不必冒任何危險，只要打開地面的蜂洞即可取得，或者在中空的樹幹裡面找到那些充滿雞蛋大小球狀蜂房的蜂巢。不同種類的蜜蜂釀造味道不同的蜂蜜，我見過十三種，每一種都很濃烈，我們很快就學會像南比夸拉印第安人那樣用水把蜜沖淡。這些蜂蜜可以分解成好幾階段的餘味，像勃艮地葡萄酒那樣，其味道非常奇怪，令人不安；我在東南亞發現一種油類的味道和這類蜂蜜的味道接近。那種油是從蟑螂的分泌腺上取得的，其價值和黃金一樣，一點點就可調整盤菜的味道，法國有種深色的「普魯克甲蟲」（procruste chagriné），所散發出來的味道也很類似。

貨車終於載著新零件抵達我們露營的地方，還載了一位修車工來負責修理。然後我們重新出發，穿過迪亞曼蒂努，這個小鎮位於河谷裡面，面向巴拉圭河，有一半殘破不堪。然後我們重新爬上高原，這一次沒有發生任何意外，沿著阿里努斯河（Rio Ariños）前行，這條河流入塔帕若斯河，後者是亞馬遜河的一條支流，然後再轉向西行，往薩克雷河（Rio

Sacre）和帕帕加尤河的多山的谷地前行。帕帕加尤河也流入塔帕若斯河，流入的地方形成一個高達六十公尺的瀑布。我們在帕雷西停留下來察看「木頭嘴」所留下的武器，他們據說又在附近一帶活動。再往前走一段以後，我們在一個沼澤地區過了一個無法安睡的夜晚，因為不過幾公里以外就有土著的營地，其火煙直直升入清澈的旱季天空裡面，我們可以看得清清楚楚。我們又花一天時間查看那座瀑布，在一個帕雷西印第安人的村落收集資料。然後我們到帕帕加尤河岸。這條河大約有一百公尺寬，河水非常清澈，顯然水很深，其多岩石的河床明晰可見。河的對岸有一打左右的茅屋和小房屋：那就是烏蒂亞里蒂電報站。我們把貨車上的貨物、行李卸下，把行李食物用船運過河。我們向貨車司機道別。在遠遠的岸邊，我們已看見兩個赤裸的人：他們就是南比夸拉印第安人。

二十六、沿著電報線

每一個住在龍東電報線沿線的人幾乎就像住在月球上面一樣。一塊面積像整個法國那麼大的地方，其中四分之三未被人探險過，只有一小群土著在裡面遷移不定，這些人是世界上現存最原始的人群之一，這樣一塊地方，有條電報線貫穿而過。沿著電報線有條還算明晰的小徑，長達七百公里，是唯一的人工標誌。龍東委員會曾在電報線的南北兩端附近做過一些調查工作，但除此以外，小徑兩旁的世界，真相如何完全不為外界所知。當然，除了小徑以外還有電報線，但這電報線幾乎是一裝設好就已一無用處，在電線桿與電線桿之間的電報線常常垂下，掉下來以後也沒人整修。有的電報線被蟲蟻啃毀，有的被印第安人毀壞。印第安人把電報線的滋滋聲誤以為是一群野蜂在忙著工作所發出的聲音。有些地方的電線垂到地面，或被隨意掛在樹枝上面。令人吃驚的是，這些電報線不但沒有減輕其環境的荒涼之感，反而加深了它。

完全原始的自然景觀看起來千篇一律，使其原始性不具任何意義。他們與人隔絕；他們不向人提出挑戰，只是在人的瞪視之下消失不見。但是在這矮樹林地上面，這片一望無際的土地上面，沿著電報線的小徑，電線桿扭曲變形的形體，還有把電線桿聯結起來的下垂電報線，看起來好像是在太空中漂浮的不協調的物件，好像伊夫．湯吉[1]圖畫上的景象那樣。這些景觀代表人類做過的努力，是人類曾在此地的明證，也是他們的努力之徒勞無功的明證，代表人類想追求的極限，使人類的極限變得更為明晰，比沒有這些證據存在更為明晰。

沿著電報線大約住了一百個人左右，有些是帕雷西印第安人，由電報委員會就地雇用，請軍隊訓練如何維護電報線和各種設備（這些印第安人仍繼續用弓箭狩獵），有的是巴西人，他們跑來這個未開發的地方，是希望在此地找到寶藏，或是找到一個新西部。他們大失所望，越往高原裡面走，越難找到鑽石的伴生石（diamond forme）。

鑽石伴生石是一些形狀或顏色很特別的小石頭，這種石頭的存在表示附近可找到鑽石，就像動物的足跡表示附近有動物那樣。鑽石伴生石包括：粗石（emburradas）、小黑石（pretinhas）、小黃石（amarellinhas）、雞肝石（figados-de-gallinha）、牛血石（sanguesde-boi）、亮豆石（feijões-reluzeutes）、狗牙石（dentes-de-cão）、工具石（ferragens）或carbonates, lacres, friscas-de-ouio, faceiras, chiconas等等。

既然沒有鑽石，在這一片沙質荒地上便什麼也找不到了。這片土地有半年的時間雨水不停沖刷，另外半年又滴水不見。土地上面除了尖銳的、扭曲的矮樹林以外，什麼也沒有；連可獵的動物也沒有。這些不幸的居民，他們是巴西中部常見的一波一波的移民潮遺留下來的人。這些移民潮，把成群的冒險者和受貧窮所迫的人們灌滿熱情，然後捲入內陸，捲進去以後又馬上遺棄，使他們動彈不得，和文明世界完全隔絕。這些移民浪潮的遺民，為了能適應小電報站的孤獨生活，便發展出各種不同的精神病態。那些電報站不過是幾間茅屋，站與站之間的距離在八十到一百公里之間，要來往只能靠兩腳走路。

每天早上，電報線會活動一小段時間：互相交換新聞；像是某個站覺察到一群準備消滅他們的懷著敵意的印第安人宿營升起的火煙；而另外一個站的兩個帕雷西印第安人員已失蹤了好幾天；在電報線沿線都極出名的南比夸拉印第安人大概是把他們送到「天上的冬天住處」去了……有的人可能會帶著諷刺語氣重述一九三三年傳教士被殺的故事；不然就是說，某個電報員胸部以下被埋在土裡，胸部插了許多箭，摩斯密碼則放在他的腦袋上面。電報線工作者對印第安人有種怪異的興趣，這些印第安人代表日常的危險，當地的傳言又加重其危險性；但小群的印第安人如果到電報站去看他們的話，是電報站員工唯一的消遣，更重要的是，這也是他們與別人接觸的唯一機會。當此類拜訪發生的時候，平均大約每年一、兩次，那些可能是會殺人的人和可能被殺的對象之間便交換笑話，使用的語言是電報線沿線發展出的特殊用語，全部大約有四十個字，那些字有的是南比夸拉語，有一部分是葡萄牙語。

這類拜訪活動給印第安人和電報站人員都帶來不少刺激與快感，而在這些快樂時光之外，每個電報站長慢慢的發展出自己一套生活風格。有的脾氣很壞，他的太太小孩都挨餓，

---

1 譯注：雷蒙・喬治・伊夫・湯吉（Raymond Georges Yves Tanguy, 1900-1955），法國畫家。

原因是每次他到河中洗澡的時候，一定要用他的溫徹斯特手槍射五發子彈來嚇走印第安人，他認為每次都有印第安人躲在林中等著割他的喉嚨。他就這樣把子彈用光了，無法補充；這叫做「斷子彈」（quebrar bala）。還有一種是城鎮出身的人，有個人在離開里約熱內盧的時候是個藥劑系學生，這麼幾年下來他仍然誤以為自己在聖保羅的歐維杜爾廣場上，儘做些傲慢無人的談話：但他所講的話已無任何內容，談話只變成是啞劇表演，舌頭或手指頭嗒嗒出聲，眼神中充滿譏諷：如果是在默片銀幕上面的話，就可一眼看出他是真正的里約熱內盧子弟。最後，還得提到那些有智慧的人，他們想出方法使自己的家庭維持生物上的平衡，辦法是利用一群常到附近一條小溪喝水的鹿群：每個禮拜他就去河邊打死一隻鹿，但只打一隻；這樣子，那群鹿存續繁衍，他的電報站也一樣，不過，過去八年之內的時間裡（以前每年運載一次貨物的牛隻商隊在八年前開始消失），他們除了鹿肉以外什麼也吃不到。

那群耶穌會教士，比我們早到一、兩個禮拜，在離烏蒂亞里蒂五十公里左右的茹魯埃納電報站附近定居下來，他們給這地區添上一層性質相當不同的色彩。教士共有三位：一個向上帝祈禱的荷蘭人，一個準備把印第安人文明化的巴西人，另一個是匈牙利人，他本來是貴族，打獵行家，工作是使傳教站不缺獵物。他們三個人抵達傳教站之後不久，大教區主教去看他們。主教是法國人，講話的時候把R音繞得很明顯，好像是直接從路易十四時代走出來的人；他提到印第安人的時候，總是表情嚴肅的說「那些野蠻人」，讓人覺得他好像是剛剛隨卡蒂亞[2]或尚普蘭[3]在加拿大登陸似的。

主教一到傳教站不久，那個匈牙利人就感染了法國殖民地人員所說的熱帶病狂（le coup de bambou）。這位匈牙利人當教士的原因，大概是為了對他狂野荒唐的年輕時期表示懺悔。他不斷侮辱上司，叫罵聲傳出傳教站牆外，行為愈來愈像典型的熱帶病狂，對著上司比畫各種十字架形狀的手勢，叫著Vade retro, Satanas!（滾開，你這魔鬼！）當魔鬼終於被趕走以後，匈牙利人被罰兩個禮拜時間只准喝水和啃麵包，不過，啃麵包只是象徵性的處罰，因為根本沒有麵包。

卡都衛歐印第安人和波洛洛印第安人，可以說代表了有教養的社會，這樣說並非玩弄文字，而且是基於不同的理由；至於南比夸拉印第安人，在外人看來很容易錯誤地認為他們代表人類的嬰兒時期情況。我們在村莊的外圍紮營，把營帳立在一個茅草蓋的大倉庫裡面，這倉庫是建造電報站的時候蓋來儲藏工具用的。我們紮營的地點離土著的營地只有幾碼遠，那些土著的數目有二十人左右，組成六個家族。這一小群土著比我們早到幾天，他們在遷移生活中暫時中途停留一段期間。

南比夸拉印第安人把一年分成兩個時期。十月到三月的雨季是一個時期，每一群人各自住在一條溪上面的岩石或小山上面，用樹枝或棕櫚葉建造粗陋的小屋。他們在潮溼的河谷中

2 雅克・卡蒂亞（Jacques Cartier, 1491-1557），法國探險家。

3 山姆・德・尚普蘭（Samuel de Champlain, 1574-1635），法國探險家、地理學家。

燒林整地，種植熱帶植物，大多是木薯，包括甜的和苦的兩類，此外也種好幾種玉米，種菸草，偶爾種些豆子、棉花、花生和葫蘆。婦女用一種裝上棕櫚刺的木板磨木薯，如果那種木薯是有毒的話，便用樹皮把汁壓出來丟棄。熱帶種植為他們提供定居時期的一部分食物。他們有時把木薯餅埋在地底下儲藏起來，過幾個禮拜或幾個月後再挖出來，不過那時已經是半腐爛狀態了。

旱季來了以後，他們便離開定居的村落，每群人都分散成幾個小群，出去流浪。這些小群在草原矮樹林裡面流浪七個月的時間，尋找獵物，特別是小型生物像幼蟲、蜘蛛、蟋蟀、鼠類、蛇、蜥蜴等，還有水果、種子、根莖類和野蜂蜜；換句話說，找任何可使他們免於飢餓的東西。

行動中的南比夸拉族

他們營地都是簡陋地搭建起來的窩棚，每家建一間，材料是棕櫚葉或樹枝，插在地上圍成半圓形，把頂端綁在一起。在一個地方宿營的時間有時只停留一天或幾天，有時則停留幾個禮拜。在每天的不同時間，把棕櫚葉的一邊拉開，綁到另一邊去，形成不同的角度，用來遮陽光或擋風阻雨。在到處流浪的這段期間，找尋食物是最重要的活動。婦女們拿著挖掘東西的棍子，用來挖掘根莖類，或棒打小動物；男人則用大型的棕櫚木頭弓和各種不同的箭頭打獵；打鳥用的箭頭比較鈍，以免插入樹枝裡面；射魚用的比較長，沒有羽毛，尖端分成三叉或五叉；竹桿上插著用馬錢子屬植物塗過的毒箭頭，是射中型動物用的；至於射大型動物像美洲獅或貘，則使用大根竹子做成的槍矛狀的箭頭，這

休息中的南比夸拉族人

種箭頭的作用是使大型動物大量流血，因為毒藥不足以殺死大型動物。

和波洛洛印第安人的巨型宮殿式建築比較起來，南比夸拉印第安人的生活這樣的簡陋，令人難以置信。不論男女都不穿衣服，他們和鄰近的部族在體質上和文化上都不一樣。南比夸拉人個子矮小：男人身高一百六十公分左右，女人一百五十公分左右。婦女的胸部和其他南美印第安人一樣，都相當不發達，不過四肢比別的南美印第安婦人更細長，手腳關節都更小。皮膚顏色也更深。很多人都有皮膚病，身上有不少藍紫色的圓塊，不過，那些比較健康的人裡面，由於喜歡在沙中打滾，身上沾著沙，使身體染上褐色的光澤，使年輕婦女變得特別的迷人。他們的頭是橢圓形的，很細緻，五官像雕刻出來的那樣，線條分明，眼睛明亮。他們的體毛比大多數蒙古種人要多；頭髮鬈曲，不怎麼黑。第一個看見他們的外人，對其體型甚為驚訝，認為他們可能是印第安人與逃出熱帶莊園的黑人奴

頭上攀著一隻猴子的小女孩

隸的混血，甚至是反叛奴隸組成的殖民社會。但是，如果南比夸拉印第安人的血液中曾在近代以來滲入黑人的血液的話，他們的血型不該全是O型。我測過他們的血型，全都是O型。這表示他們如果不是完全是印第安人血統的話，最少也已在血統上孤立了好幾個世紀了。目前我們對南比夸拉人的體型不會再覺得那麼值得奇怪了；他們的體型和一個在米納斯吉拉斯州的聖湖鎮（Lagoa Santa）洞穴中發現的一群人的骨骼結構幾乎相向。我曾很驚訝地發現他們有些人的臉形像極了高加索人種，和維拉克魯茲（Veracruz）地區的一些雕像和浮雕的臉孔也很相像，那些雕像和浮雕現在已被認定是墨西哥最古老文化的作品。

這種近似令人驚訝。因為南比夸拉人的物質文化是如此落後，使人覺得像是石器時代的遺民，而不會是和中美、南美的最高等古代文明有何關係。南比夸拉婦女全身唯一的衣飾是一串細細的貝珠繞在腰間，或幾粒貝珠拿來當項鍊掛著，或斜掛在肩

旱季棲身之所

上；她們也戴珠貝或羽毛做的耳墜，用犰狳背甲做成的手鐲，有時候用棉花（由男人編織）或草編成的細帶子緊緊地綁在胳臂或腳踝上面。男人的衣飾比婦女更少，常常只是一條草帶子吊在性器官上方的一條腰帶上面。

除了弓和箭以外，他們使用的武器包括一種扁平的長釘，這種長釘的用途似乎包括巫術上和真正作戰之用兩種。我只看過他們用來揮舞搖動，據說可阻擋暴風雨，也看過他們把長釘丟往某個方向去殺 atasu——叢林中的惡靈。在土著語言中，星星和牛的名字相同，他們很怕牛（但他們倒不怕騾子，把騾子殺來吃，他們首次見到牛和騾子的時間應該是差不多同一時期）。我的手錶也是一種 atasu。

蓋茅屋準備雨季

南比夸拉人的所有財產可以輕易就全部放入籃子裡面，由婦女背著，在流浪時期隨身攜帶。籃子是用竹子做的，由六道竹片編製而成（兩對互相垂直，一對橫穿而過）的六角形網眼大形編器：頂端較寬，底部漸窄，像指套一樣。這些籃子有的高達一百五十公分，也就是和背籃子的婦女等高。籃子底部放些木薯餅，上面蓋上葉子；然後放其他財產和工具，譬如葫蘆製成的容器、竹製的刀子、簡單打磨過的石刀，或以物易物換到的幾片鐵片，用蠟或繩子把鐵片固定在兩片木頭中間，木頭就成了刀把，還有用鐵或石頭做尖刃製成的鑽頭，尖刃的尾端插入柄內，使用的時候兩隻手掌轉動把柄。龍東委員會給土著一些金屬的斧頭和砍刀，土著自己做的

兩名南比夸拉族男子（請注意，其中一人二頭肌上的臂鐲插著一根捲菸）

石斧幾乎很少使用，只用做敲磨貝殼或骨頭時的砧板，同時也使用石頭做的砂輪和磨石。東部的族群不曉得製造陶器（我的研究從東部開始），其他地區族群的陶器仍在非常粗陋的階段。他們不使用獨木舟，要過河就用游的，偶爾綁幾根木頭做浮木。

以上所提到的這些器具都很原始，幾乎不能稱為製造出來的工具。南比夸拉人的籃子裡面裝的以原料為主，需要的時候再用那些原料製造所需的東西。那些原料包括幾種不同的木頭、特別是摩擦生火用的木頭、幾塊樹脂或樹膠、幾片植物纖維、動物骨頭、牙齒、爪子、幾片毛皮、羽毛、豪豬硬毛、堅果殼、淡水甲殼類的硬殼、石頭、棉花和種子。把這些東西攤開來會令收集者大失所望，因為擺在面前的不像是人類勞動的產品，而更像是把一種巨型螞蟻的工作成果放在放大鏡底下來看的結果。而在事實上，當南比夸拉印第安人排成一列在高高的草叢中行進，每個婦女背著和人等高的籃子，那淺色的竹籃子壓在身上，好像蟻蛋壓在螞蟻身上一樣，她們是像極了一隊螞蟻。

吊床是南美印第安人發明的，他們如果沒有吊床或沒有其他的臥具床舖，就是貧窮的象徵。南比夸拉人則赤裸裸地睡在地面上，旱季的時候天氣相當冷，他們便緊緊相倚靠取暖，或是睡在漸滅的營火四周，常常在早上醒來的時候，人是躺在仍然微溫的灰燼上面。帕雷西印第安人因此給他們取綽號叫做「睡在光地面上的人」（uaikoakoré）。

我曾提到過，先是在烏蒂亞里蒂，後來在茹魯埃納和我們為鄰的那一小群南比夸拉人包括六個家族：族長的家族包括三個太太和一個十幾歲的女兒；另外五個家族都由一對夫婦和

一、兩個小孩所組成。所有人都有親戚關係，因為他們喜歡和自己的侄女結婚，也就是和姊妹的女兒結婚；或者娶人類學家所謂「交錯從表」（cross-cousins）的堂、表姊妹，即父親姊妹的女兒，或是母親兄弟的女兒。這一類的堂、表兄弟姊妹自出生開始，就用一特別名稱來稱呼，其名稱的意思就是「配偶」；而與其他堂、表兄弟姊妹（以男性而言是他兄弟的孩子，以女性而言是她姊妹的孩子，人類學上稱為平行從表〔parallel cousins〕）則互認為兄弟姊妹，不能通婚。所有的族群成員似乎都相處得不錯，不過，即使族群這麼小，連小孩在內共二十三人，還是有些問題存在。一個年輕的鰥夫剛剛再娶一位不懂事的年輕女人，她拒絕照顧前妻留下的孩子：兩個女孩，一個六歲，另一個兩、三歲。較大的女孩很小心地照顧妹妹，但那小女孩還是沒得到應得的照顧。其他家族便輪流照顧她，但這造成不少困擾。族中的成人很希望我能收養那個小女孩，但小孩子們發明了他們自己的解決方式！他們覺得非常好笑的方式：那個小女孩剛學會走路，因此他們把她帶到我那裡，用清楚明白的手勢要我娶她為妻。

另外一個家族裡面的那對父母年紀較大，他們的女兒本已出嫁，懷孕，但被丈夫遺棄，便搬回去住。另外還有一對年輕夫婦，嬰兒仍在餵奶階段，受到剛剛為人父母有關的種種禁忌限制，他們不准到河中洗澡，因此髒得不得了；由於不能吃大部分的食物而面黃肌瘦，再加上孩子未斷奶之前的父母不得參與社群活動，因此他們整日無所事事。有時候，那年輕的爸爸會自己一個人出去打獵或採集野生植物，年輕妻子則由丈夫或父母供應食物。

雖然南比夸拉人很容易相處，對拿著筆記本和相機的人類學者出現也不覺有何奇怪之處，可是人類學工作的進行卻因語言問題而變得頗為複雜。首先，他們把「使用人名」視為禁忌，因此，為了辨別個別的人，我們只好採用電報工人和土著之間所同意的方法，也就是給每個土著安上一個葡萄牙語的別號，像朱利歐、荷西瑪麗亞、路易莎等等，不然就用「野兔」或「糖」這樣的綽號。有個印第安人因為留有山羊鬍子[4]，被龍東或和龍東一起的人取名為Cavaignac。印第安人通常沒有鬍子，山羊鬍更是少見。

有一天我正在和一群小孩玩耍的時候，有個小女孩被同伴打，跑來躲我身旁，表情神祕地在我耳邊輕輕說了些什麼。我不懂她在說什麼，便要她重複好幾遍，她的敵人變得很生氣，明白她在做什麼，便也跑過來向我說一些好像是最神祕的事情。考慮了一段時間，問了幾次以後，我終於明白到底是怎麼回事。為了報復，那小女孩跑過來告訴我她的敵人的名字，她的敵人明白她的行為以後，為了報復，便跑過來告訴我她的名字。從此以後，事情便好辦了，雖然有點不擇手段。我便故意讓小孩子互相為敵，終於因此而知道他們每個人的名字。然後，和他們之間建立起某種共同為惡的氣氛以後，不用多大的困難便從他們口中得知他們父母的名字了。當大人們明白我們的閒談內容以後，把小孩大罵一頓，從此以後，消息來源便又斷了。

其次，南比夸拉語包括好幾種方言，沒有一種曾被研究過。其語言有特別的字尾和某些特別的動詞形式。電報線沿線所使用的語言只不過是種洋涇浜語，只能做簡單的初步會話之用。由於土著的熱心和機智，我學會說簡單的南比夸拉語。幸運的是，這語言裡面有些很有用的字眼，比方說東部方言中的 kititu，還有在其他地方方言中的 dige、dage，或 tchore，可以加在名詞後面，從而把名詞變成動詞，必要的時候還可以加上一個否定詞。用這種辦法可以把想說的話說出來，不過，這種基礎的南比夸拉語沒辦法用來表達比較細緻的觀念。土著對這種方法非常明白，因為他們想說葡萄牙語的時候，便把這種方法倒過來使用：「耳朵」和「眼睛」表示聽或了解以及見到，為了表示聽不到或看不到，他們便說 orelha acabô（耳朵我完畢），或 ôlho acabô（眼睛我完畢）。

南比夸拉語的語音不明晰，好像是加了重音或悄悄說出來那樣。婦女喜歡把某些字眼變音來加強這個特徵，比方說把 kitiku 說成 kediutsu；有時候說得嘟嘟囔囔，聽起來好像是小孩子的喃喃自語一樣。他們完全明白自己發音的特點和奇怪之處，當我不懂他們在說什麼，請他們再說一遍的時候，他們會故意誇大他們說話的方式。當我覺得灰心而放棄的時候，他們便大笑，互說笑話：他們比我更行。

我不久以後就明白，除了動詞的詞頭以外，南比夸拉語還使用一打左右別的詞頭，把生物和事物分成十幾類：人髮、動物毛和羽毛；尖物和小洞；長形物和堅硬的或可彎曲的；水果、種子和圓形物；吊著或會抖動的事物；腫脹的形狀或充滿水分的形狀；樹皮、皮膚和其

4　葡萄牙文的「山羊鬍」拼成 cavanhaque。

他覆蓋物等等。這個特徵和中美洲及南美西北部的一個語族，奇布查（Chibcha）語族類似。這種語言是曾在目前的哥倫比亞繁盛過一段時期的偉大文明的語言，這個文明介於墨西哥古文明與祕魯古文明之間；南比夸拉可能是奇布查的南支之一[5]，基於這點，我們更有理由不可相信外表。即使他們目前的生活簡陋無比，這群在體型上和最早的墨西哥人相似，在語言上又和奇布查王國接近的土著，不可能是真正的原始人。他們過去的歷史我們仍然一無所知，他們目前生存的地理環境甚為惡劣，這兩者或許有一天能讓我們提出解釋：他們目前的處境就像敗家子，而歷史到目前為止仍拒絕分給他們肥牛。

5　原注：不過，在事實上，把生物和事物如此分類也存在於很多其他美洲語言之中，南比夸拉人與奇布查的關係這一點，我目前已不像從前那樣有把握。

二十七、家庭生活

南比夸拉印第安人天亮醒來，挑動營火，過了一個寒冷的夜晚以後，用一切可能的辦法取暖，然後吃一頓簡單的早餐，食物是前一天晚上剩下來的東西。吃完以後不久，男人出去打獵，有的成群結隊，有的單獨行動。婦女留在營地煮東西。婦女和小孩喜歡在水中嬉戲，有時會升火，大家在火堆旁邊取暖，故意誇張地全身發抖。在其他時間裡面他們也不時去洗澡。每天的日常工作沒有多少變化。準備食物是最花時間與精力的活動：木薯得磨碎、榨汁，把纖維弄乾以後再煮；還有cumaru果實[1]，用來調味，使每樣東西都加上一種苦苦的杏仁味，這種果必須去殼再煮。必要的時候，婦女小孩會出去採集野果生菜。如果食物不缺的話，婦女就編織東西，有時蹲著，有時跪著，臀部坐在腳跟上面。不然她們就雕刻、磨亮或串珠子，珠子以果殼或貝類製成，有時製造耳墜及其他飾物。如果工作做煩了，她們互相捉蝨子，或者懶洋洋地混日子，不然就睡覺。

1　二翅豆（cumaru）是南美樹種，在中國俗稱「龍鳳檀」。

一天裡面最熱的那段時間，整個營地靜寂無聲；營地住民有的睡覺，其他的默不作聲，都在享受其住處提供給他們的那些不完全的陰涼遮蔽空間。其他的時間裡，他們一面工作一面聊天，幾乎總是快樂歡愉，他們相互說笑，有時講些色情的或穢淫的笑話，常常因此引起一陣大笑。工作常被訪客或突發事件打斷；如果有狗或寵物鳥開始交尾的話，每個人都停下工作，興致勃勃地觀察其過程。對這類重要事件發表完評論以後，他們又開始工作。

小孩大多整天無所事事；小女孩有時會幫助年紀大一點的婦女做事，小男孩則不做事，不然就到河邊釣魚。留在營地的男人擔任編籃子的工作，有時幫忙做些家事。每個家族裡面大都一片和諧。下午三、四點的時候，出獵的男人回到營地，整個氣氛變得比較有生氣，談話比較大聲，比較生動，各種家族以外的群體開始出現。木薯餅或其他在白天找到的食物都拿來吃掉。傍晚的時候，輪到負責砍柴的一兩個婦人便去附近的矮樹林找木頭來升營火。在黃昏最後的光亮之中，可以看見她們走回營地，因背負的重擔而步履蹣跚，木頭放在籃子裡面，用帶子掛在頭上背回來。她們要蹲下來，身體微微往後傾斜，才能使籃子靠在地面，使她們能把綁在前額的帶子拿下，把籃子裡的木頭取出來。

樹枝和木頭堆放於營地的一個角落，各人隨其需要自己拿去使用。每個家族都圍在他們自己的火堆四周，火光這時已開始閃亮。晚上的時間大都花在聊天、唱歌或跳舞上面。有時候這類娛樂活動會一直進行到清晨，不過通常在互相撫摸和友善地互罵一陣以後，結了婚的夫婦便緊緊靠在一起，母親把睡著的孩子抱住，一切都安靜下來。一個寒冷寂靜的夜晚，只偶爾被木頭燒裂的聲音，或添加柴火的人輕巧的腳步聲，或狗吠聲和小孩的哭聲所打斷。

南比夸拉人生的小孩數目不多：我後來發現，沒有生小孩的夫婦並非罕見；只生一、兩個孩子似乎是相當自然平常的現象，很少在一個家族裡看到超過三個小孩的情形。小孩斷奶以前，其父母不准做愛，而小孩通常要到三歲的時候才斷奶。母親把小孩帶在大腿旁邊，用一條樹皮或棉布做的寬帶子綁住；如果要再多帶一個嬰孩的話，她便無法背籃子了。他們游走不定的生存方式，再加上物質環境的匱乏，使他們不得不異常小心；必要的時候，婦女毫不遲疑地用機械性的辦法或用草藥來引發流產。

然而，土著確實覺得並且表現出來對自己的孩子極強烈的喜愛，小孩子也很喜愛其父母。不過，這種喜愛之情有時候被他們也相當容易陷入的易怒及情緒低落所掩蓋。有個小男孩深受消化不良所苦；他頭痛生病，大部分時間不是在睡覺就是呻吟。沒有人對他表示任何關心之意，整整一天的時間沒有人理他。到晚上的時候，他媽媽去他身旁，在他睡覺的時候很細心的替他捉蝨子，向別人打手勢要他們離得遠一點，用她自己的手臂給那男孩當做搖籃。

另外有一次，一個年輕的媽媽輕輕地打她小孩的背，和他玩耍；那嬰兒被打以後開始大笑，年輕的媽媽愈玩愈起勁，竟然愈打愈大力，一直到嬰兒開始大哭為止。嬰兒哭了以後，年輕媽媽便停止打他，開始安慰他。

有一次我看見一個小孤兒，前面已提到過的那一個，被跳舞的大人踩在腳下；大家都在興奮玩樂時，那小女孩跌到地上，沒有任何人察覺到。

心裡不高興的時候，小孩子常常打他們的媽媽，後者很少抗議。小孩從不受處罰，我從沒看見大人打小孩，除了在玩耍以外，連假裝做勢要打也看不到。小孩子有時候會哭，原因是他們自己弄傷疼痛，不然就是和別的小孩吵架，或者肚子餓，或者不願意大人替他們捉蝨子。不過，最後那種情形不常發生；不論是捉蝨的人或被捉蝨的人都似乎很喜歡這項活動。這種行為同時也是興趣或關愛的表現。如果一個小孩或丈夫希望有人替他們捉蝨子的時候，他會把頭靠在婦女的膝上，先靠一邊，然後再轉過來換另一邊。捉蝨子的辦法有時是把頭髮不斷的分開，或者把一撮頭髮拉起來對著亮光。一捉到蝨子馬上就送進嘴裡吃掉。小孩哭的時候，他家族的人或一個較大的小孩會安慰他。

因此，母親和小孩一起，形成一幅歡樂迷人的圖畫。母親從窩棚裡面拿一樣東西伸出草牆給她的小孩，當小孩伸手要去接的時候，又突然把東西縮回去，同時說：「從前面拿！從後面拿！」有時候，母親會把小孩舉起來，假裝要把小孩丟到地上，同時尖聲大笑的叫道：「我要把你丟到地上！」小孩以尖銳的聲音大叫：「不要！」

小孩以一種急切的、要求很多的愛意將母親包圍來報答母親的愛；小孩子會注意使其母親得到她理該分到的那份獵物。在尚屬年幼的幾年時間裡，小孩和母親生活得很親密。在遷徙的時候，母親會背著小孩直到小孩自己能走路為止；然後兩人還是走得很接近。父親出去打獵的時候，小孩和母親留在營地或村落裡面，但是過幾年以後，性別的不同便有些差異了。父親對兒子的興趣比對女兒要來得高，因為他得教導男孩各種男性的工作；母親與女兒的關係，性質也類似。不過，在和小孩打交道的時候，做父親的人也表現出我以上提到的那種親切關愛之意。父親把小孩扛在肩膀上面，給小孩製造合適的小型武器。

父親也負責把傳統神話說給自己的孩子聽，在說故事的過程中把故事轉變一下，使小孩子很輕易就能了解：「每個人都死了！一個人也不剩！連一個人也沒有！什麼也沒有！」這就是小孩子聽到關於南美洲那場毀滅了人類第一個部族的洪水故事之開頭。

在一夫多妻的婚姻裡面，第一個妻子的小孩和年輕的後母之間常存在著一種特別的關係。後者和其他小女孩之間具有一種同志的精神，因此可以把這樣的一個小群體看做是一個小女孩和年輕婦女所組成的社會，她們一起到河中洗澡，集體跑到樹叢中去大小便，一起抽菸、一起說笑話、一起縱情於意義不明的遊戲裡面，比方說輪流往對方的臉上吐大量的口水。這類關係，由於其關係很緊密，也很受尊重和喜愛，雖然其中不含太多的禮貌因素，和我們（法國）社會裡面存在於年輕男孩的關係很類似。雖然這種關係裡面甚少含有互相幫忙互相關懷的因素，但仍然是產生一種頗奇怪的結果，使小女孩比小男孩更快發展出其獨立性。女孩子跟隨年輕的婦人，參與她們的活動，男孩子則只能依靠自己，想形成和女孩子的群體類似的團體而不能成功；男孩子在早年的時候，常眷戀在母親的身旁。

南比夸拉族小孩沒什麼遊戲可玩。他們有時用草來捲或編東西，但娛樂活動只不過是打架，或互相惡作劇。他們的生活模仿大人。小女孩學織東西、游手好閒、大笑和睡大覺；小男孩在八到十歲左右用小弓射箭，學習男人的工作。但不論是男孩或女孩，都很快就明白，南比夸拉人的根本問題，有時是悲劇性的問題，乃是找尋食物學，他們也很快就明白在找尋食物的過程中要扮演積極的角色。他們熱情地參與採摘植物果類的工作。在食物稀少的時候，常可看見他們在營地四周找食物，掙扎著要挖出根莖類食物，或者輕巧地在草叢中走，手中拿著去掉葉子的樹枝，想打蝗蟲來吃。小女孩明白婦女在經濟生活中所要扮演的角色，很熱心地想證明她們可以勝任愉快。

有一次我碰見一個小女孩，她用她媽媽背小妹妹的樹皮巾，小心翼翼地背著一隻小狗。「妳是不是在愛撫妳的小狗呢？」我問她。她很嚴肅的回答：「我長大以後要殺野豬和猴子；狗一叫的時候我就把野豬和猴子全部亂棒打死。」她說話的時候，文法有個錯，她爸爸笑著指出來：她應該使用女性的詞格來說「我長大以後」，而不是用男性的詞格。她的這項錯誤很有趣，表達了女性想把專屬女性的經濟活動提升到和男性特有的經濟活動同等重要的地位。由於這個小女孩所使用的動詞——亂棒打死——的確實意義是要「使用一隻棍子或棒子」（在眼前的例子中，是一根挖掘棍），她似乎在潛意識裡想把女性的採摘工作（包括捕捉小動物），與使用弓箭為武器的男性狩獵視為同性質。

必須特別提一下那些必須互稱為「配偶」的表兄妹之間的關係。這些小孩子在一起的時候，有時候就像真正結了婚的夫婦，晚上會一起拿些燒了一半的木頭離開自己家族的營火，到營地的一個角落去點他們自己的營火。然後，他們晚上便睡在一起，視能力而定地沉溺於大人們所玩的愛情遊戲，大人們則在旁觀看，覺得頗為有趣。

在談到小孩子的時候，我得提一下和小孩很親近的家畜家禽，這些家養畜牲所受的待遇和小孩相差不遠：牠們也吃家族的食物，受到同等的愛護及照顧——去蝨子、玩遊戲、談話、撫摸，和人沒有兩樣。南比夸拉人有很多種家養畜牲，最重要的是狗，其次是雞——這些雞是龍東引入這一帶的雞種後代——猴子、鸚鵡、很多種其他的鳥類，偶爾養豬和野貓。好像只有狗有實用價值，可以陪婦女出去打捕小動物；但男人用弓箭狩獵的時候從來不帶狗。其他的動物養著純粹是當做寵物，並不是為了殺來吃，連雞蛋也不吃，母雞下蛋都下在野草矮樹叢裡面。但如果小鳥在豢養訓練過程中死亡，土著會毫不猶豫地把小鳥吃掉。

當他們遷移住地的時候，除了能自己走路的動物以外，全部的家畜都和其他家當一樣背著走。猴子掛在婦女的頭髮上，像是戴上一個活的頭冠，冠的底部是一條尾巴，捲纏在婦女的脖子上面。鸚鵡和母雞停在籃子的頂端，其他動物則放在籃子裡面。沒有一種動物可以吃個大飽，不過也總能分到一份，即使是在食物稀少的時候。他們從這些動物所取得的回報是動物提供他們娛樂。

現在我們討論一下大人的生活。南比夸拉人對性愛的態度，可用他們的一句話來表達：tamidige mondage。這句話照其字面意義，可以翻譯成「做愛好」。前面已提到他們日常生活中充滿性愛的氣氛，任何和性愛有關的事情，都使土著感到極大的興趣與好奇；他們很喜歡談這個話題，他們在營地的談話裡面充滿性愛的隱喻和暗示。做愛的時間通常在晚上，有時在營火附近進行，但通常要做愛的人會退到離營地百碼左右的草叢裡去行事。有人離去的話，馬上引起注意，大家會興致盎然，開始談論說笑，連小孩子也參與其中，他們很明白引起這一陣笑語的原因。有時候一小群男人、年輕婦女和小孩會尾隨離開營火的那一對男女，躲在矮樹叢中旁觀整個做愛的過程，小聲耳語，壓抑笑聲。做愛的那一對不喜歡別人旁觀，但也只能忍耐，對他們回到營地時將要面對的說笑也只能忍耐。有時候，另一對人會追隨其腳步，到樹林草叢中求得安寧。

然而這一類的行為並非經常發生，有關這類行為的禁忌只為這種現象提供一部分的解釋。其真正的原因似乎是土著的性情。已婚夫婦常常自由自在地在公開場合互相愛撫，而且其程度幾乎沒什麼限制，然而我卻從來沒在這類愛撫過程中看見男人勃起過，一次也沒有。愛撫的快感似乎並不是來自身體官能的滿足，而是一種愛的遊戲以及表示親密而已。或許這也就是為什麼南比夸拉男人並不戴巴西中部幾乎所有族群的男人都戴的陽具護套之原因所在。事實上，戴陽具護套的目的，即使不是在避免勃起現象，最少也是為了表明戴者並非在性行為上富攻擊性。完全不穿衣服過日子的人，還是有我們稱之為害羞（modesty）的觀念，只是與我們害不害羞的標準不同罷了。巴西的印第安人，像某些美拉尼西亞人一樣，害羞與不知羞的界限並非以身體裸露的程度為判別標準，而是以平靜與興奮為區別的準繩。

然而，這些微妙的區別有時不免導致我們與印第安人之間的誤會，其錯誤既不在我們，也不在印第安人。舉例來說吧，看到一個或好幾個年輕貌美的女人全身赤裸躺在沙上，搔著我腳時挑逗性地笑著，碰到這種情況要完全無動於衷相當困難。每次我去河中洗澡的時候，常常被半打左右老少都有的女人集體「攻擊」，因而感到很尷尬，她們的目標是我的肥皂，她們非常喜歡肥皂。在日常生活裡面，她們會毫不遲疑地做出類似的行為；年輕的女人全身塗滿紅色樹脂以後，會跑去睡在我的吊床上面，使我不得不忍受一張沾滿紅色的吊床；有時候我和一群報導人正在工作的時候，走著走著會覺得有人在拉我的襯衫，原來是有些女人覺得用我的襯衫擤鼻子很方便，比她們平常必須做的——先到樹叢去挑一枝樹枝，折成夾子狀來擤鼻子——要方便省事得多。

為了能了解兩性之間態度的真相，得時常牢記南比夸拉人社會中夫妻關係的基本性質：已婚夫婦形成一個基本的、重要的經濟上與心理上的單元。這些遷移不定的族群，經常不斷分分合合，結婚的夫婦才是（最少在理論上如此）穩定的現實，並且能保證生活的需要。南比夸拉經濟有兩種分工：狩獵與種植是男人的工作；採集食物則是女人的工作。男性群體整天不停地用弓箭打獵，或是忙於在雨季的時候種東西；女性團體則帶著小孩，拿著挖掘棒在草原上採集食物、挖根莖、棒打小動物，獲取任何他們可吃的東西：種子、水果、莓子、根莖、蛋和各種各樣的小動物。到晚上的時候，丈夫與太太聚在他們的營火前面，當木薯成熟或仍有存貨的時候，男人會帶回一堆根莖，由女人磨碎塑捏成扁平的餅；如果狩獵成績好的話，獵物的肉放在營火紅熱的灰燼中燒烤。但是一年中有七個月的時間是缺乏木薯的；狩獵則要靠運氣，特別是在一片多沙的荒地上面，動物難得一見，因為牠們很少離開河邊或水邊的草地或密林，而這些水邊草地與密林只是稀疏地散布在半沙漠似的土地上面。結果是家庭食物來源主要依賴婦女的採集活動。

我常常和他們一起吃這些令人難過的簡陋食物，一年裡面有半年的時間，南比夸拉人就得靠此維生。每次男人垂頭喪氣地回到營地，失望而又疲憊地把沒有能派上用場的弓箭丟在身旁時，女人便令人感動地從籃子裡面取出零零星星的東西：幾顆橙色的buriti果子[2]、兩隻肥胖的毒蜘蛛、幾粒小小的蜥蜴蛋、一隻蝙蝠、幾顆棕櫚果子和一把蝗蟲。軟的果子放在盛水的葫蘆裡用手壓碎，硬的果子就用石頭打碎，小動物和幼蟲則丟進熱灰中燒烤；然後，他們全家人便高高興興吃一頓無法填飽一個白人肚子的晚餐，全家人就靠這些過日子。

南比夸拉人對「美麗」與「年輕」只用一個字來描述，對「醜陋」與「年老」的形容也只用同一個字。他們的美感評判因此基本上是奠基於人本位的，特別是性本位的價值上面。不過兩性之間的興趣相當複雜。男人認為女人大體上和他們自己不太一樣；他們會依不同場合的對女人表現欲望、尊重或關愛；我剛剛提到過的名詞本身就是一種敬意的表示。然而，性別上的勞動分工固然使女人負擔不可或缺的任務（家族食物來源在很大程度上依賴女性的採集工作），她們的工作還是被視為一種比較次要的勞動；生命的理想活動還是狩獵或農業：有一大堆的木薯或肉類是永存心中的夢想，但很難實現。七拼八湊來的食物被視為平常的簡陋食物——而實際上也是非常簡陋。在南比夸拉的俗語中，吃蝗蟲——也就是吃婦女小孩採集來的昆蟲——其意和法國俗話所說的「過貧苦日子」（mangor de la vache enragée）差不多。同樣的，女人被認為是一種親愛的、可貴的，但也是次等的資產。男人習慣以一種慈祥的憐憫語氣來談論女人，和女人講話的時候常用一種帶嘲諷的表情。男人常常說：「小孩子不曉得，但我曉得女人不曉得。」他們提到那群女人，及其典型的笑話與交談時，常帶著關愛的憐憫語氣。不過，這都只是社會態度。一旦男人與他的女人單獨在營火前面的時候，男人便會聽女人的抱怨，記住她的要求，請她幫忙做各種工作；男性的自誇在這時候被兩個合夥人間的合作所取代。他們知道互相之間是如何地需要倚賴對方。

男人對女人的態度裡面所含有的這種曖昧性，在婦女群體的集體生活中也有其同樣曖昧的對等態度存在。她們自視為一個集體，並在不少方面表現出這種認知。我們已提到過，她們說話和男人不同，特別是尚未生小孩的年輕太太或姨太太更是如此。做母親的婦女及老婦人，說話和男人就沒什麼不一樣，不過，有時候也會表現出有所不同。年輕婦女喜歡小孩和十來歲的大孩子，和他們一起玩耍說笑。她們用一種某些南美洲印第安人特有的很具人性的方式來對待所豢養的動物。以上的一切使婦女在她們自己團體中的生活籠罩在特殊的氣氛之下，既像小孩，又愉悅，有些不自然，而又輕浮；男人打完獵或在田園工作完畢回到營地以後，便分享這種氣氛。

---

2 Buriti（曲葉矛櫚）是一種棕櫚科植物，學名為 *Mauritia flexuosa*。

但婦女一旦要進行她們自己的特殊工作時，便表現出一種截然不同的態度。她們在一片靜寂的營地裡背對背坐成一圈，每個人很有耐心地以高度技巧進行手工藝工作。當她們在遷徙途中時，便背負著裝滿全家家當和補給的沉重籃子，堅定地隨著族群遷移，身上還帶著一綑綑弓箭。男人則拿著一把弓、一兩支箭、一枝木標或一根挖掘棒，在隊伍前面大步前進，注意看是否有獵物可打，或有果樹。婦女們得不停地走好幾哩路，她們的背完全被窄長的、形如倒懸之鐘的籃子全部遮住，綁籃子的樹皮帶子掛在前額，她們的腳步非常特殊：兩條大腿緊靠在一起，膝蓋不時碰在一起，足踝分得很開，腳板內彎，全身重量落在足部的外側，身體向前移動

南比夸拉族營地：婦女串珠子或編織

的時候，臀部不停地擺動，充滿活力，意志堅定，心情愉悅。

男人和女人的心理態度與經濟工作上的區別，也轉移表現在哲學性的及宗教性的思想與活動上面。南比夸拉人認為女人和男人的關係與他們整個生存組織所依據的兩個極端有關。他們生存所依據的兩個極端之一是定居的農業生活，其中包括建造房屋與種植農園等兩項男性經濟活動；另一端是游居不定的時期，食物主要由婦女的採集活動供給。定居生活代表安全感與食欲的滿足；游居生活代表不安全、不固定以及飢餓。南比夸拉人對這兩種季節性的生活方式有相當不同的態度。他們提到夏天的時候，心情鬱悶沮喪，表現的是對人間條件有意識的、不多抱怨的忍受，

南比夸拉族鑽河貝做耳環

還有對千篇一律的活動其煩人重複性無可奈何的接受；但他們提到冬天的時候，則充滿了新發現所帶來的熱情與刺激。

然而，他們的形上學概念卻把以上兩者的關係完全顛倒過來。男人死了以後，靈魂具現於美洲獅身上；婦女和小孩死後的靈魂則飄在空中，永遠消逝無痕。這點不同就是把婦女排除在最神聖的儀式之外的理由；最神聖的儀式在農作季節開始時舉行，用竹子做不少管子，給管子「餵」上各種祭品之後由男人吹奏，吹奏地點離居住區相當遠，讓婦女無法聽見。

雖然我去的時候並非舉行祭儀的季節，但我很想聽聽這些笛子的吹奏聲，並想取得一、兩支笛子做標本。在我的要求之下，一群男人出發到遠方的森林去找粗大的竹管。三、四天以後，我在半夜被叫醒；出去找竹管的人一直等到婦女都入睡了以後才叫醒我。他們帶我去一個離營區有百碼左右叢林裡面的隱蔽處，然後開始製作笛管，做好以後開始吹奏。四個人合奏，吹的曲調完全相同，但由於竹笛的聲音並非完全相同，便形成一種不太一致的協奏的印象。曲調和我已聽習慣的南比夸拉歌曲不一樣，那些歌曲的粗獷結構及其間停的方式有些像法國的鄉村歌曲；笛子吹奏的曲調也和三孔的、由兩片葫蘆用臘黏起來製成的、迴音較重的奧卡利那笛（ocarinas）[3]所吹奏的不一樣。笛管吹奏出來的曲調只有幾個音符，其音色以及節奏變化，在我聽來，像極了聖樂的片段，特別是其中標題為〈祖先的祭儀活動〉（Action rituelle des ancêtres）那一段裡面的木管樂器吹奏部分。如果有好奇或不謹慎的婦女在這個時候闖進來的話，會被棒打。像波洛洛族的人一樣，其女性成員頭上懸掛著一項真實存在的形上學的咒語，然而南比夸拉的婦女卻並沒有能像波洛洛婦女那樣享有法律上的特殊地位（不過，南比夸拉人的嗣系似乎也是女性嗣系）。在組織如此鬆散的社會裡面，這一類的傾向都不會以明示的方式存在，而其全貌必須從那些不明確的、微妙的行為模式中推斷出來。

男人在描述遷移不定的生活時期時，其語氣幾乎是和他們撫摸妻子時一樣溫柔，這種生活方式的特徵是暫時的居所與永遠跟在身邊的籃子，每天迫切地挖掘、採集、捕捉各種可能的生存資源，再怎麼不合用也不放過，忍受寒冷及風吹雨打，而這樣的生活方式，如同散逸在狂風暴雨中的靈魂般不留一絲痕跡，而女人主要的生產活動就是這種類型（定居時期亦如此）。他們對定居時期的生活則有相當不同的看法（這種生活方式的特殊性及其古老性可由他們所種植的植物種屬之原始性完全證明）；在定居生活中所進行的不曾變易的農業活動次序，帶有一種恆久性，就像會再生轉世的男人靈魂一樣，那些固定的兩季住屋，那些農園會再次迸發生命，出產農作物，「即使以前的種植者死亡，被遺忘了」，也無所改變。

我們是不是在這裡可以看到與南比夸拉人那樣異常不穩定，可以很快地由友善和氣變得惡意敵對的性情相應的東西呢？極少數和他們接觸過的人，都甚為這種性情特徵感到驚訝。那個烏蒂亞里蒂族群也就是五年前殺死傳教士的一群人。我的男性報導人描述那次攻擊傳教

3 在世界各地的許多文化中，不用葫蘆而用陶土燒製這類樂器，被稱為陶笛。

士的事件時，帶著相當滿足的神氣，每個人自誇曾施予致命的一擊。說老實話，我並不認為他們有什麼錯。我認識很多傳教士，還相當佩服其中不少人的品性以及科學能力，但是那些在一九三〇年左右企圖打進馬托格羅索中部的美國新教徒是很特殊的一群人：其成員來自美國內布拉斯加州或達科達州的農村家庭，在那種環境中長大的年輕人，被教導去相信真的有盛滿滾沸之油的油鍋存在於真實的地獄之中。對其中一些人來說，成為傳教士就像是買保險一樣，一旦他們認為自己的救贖已經得到保證以後，他們所要做的就只是證明自己值得救贖，結果是在進行傳教工作的時候，他們常表現出令人驚訝的魯莽和缺乏同理心。

我不曉得引發那場大屠殺的意外事件是如何發生的。有次我自己犯下一個錯誤，差點付出最大的代價，從這次經驗裡大約可以找到那個事件的解釋。南比夸拉人對毒藥具有相當的知識，他們用馬錢子屬植物根莖的紅色表皮來製造箭毒，用慢火將其表皮煮成膠黏狀態；他們也同時使用其他植物性毒藥。每個人隨身帶著粉末狀的毒藥，裝在棉織袋子或竹筒裡面，用棉線或樹皮綁在身上。這些毒藥是在由於以物易物或者性問題而發生爭執時用來執行報復的；以後我將會對這些加以討論。

除了這些科學上有效的毒藥以外，南比夸拉人還有其他比較神祕的毒藥。他們在製造上述科學上有效的毒藥時，完全公開進行，一點都不摻雜更北邊族群製造馬錢子屬植物箭毒時所需要的種種巫術性的小心翼翼的麻煩手續。南比夸拉人用和那些裝真正的毒藥完全相同的筒子，裝一種木棉科屬樹木的樹脂薄片，由於這些樹的樹幹中間腫大脹起，他們於是相信，把這種樹脂薄片丟到敵人身上，會使敵人的身體像那種樹的樹幹一樣，也就是會腫起來而死亡。南比夸拉人用同一個字——nandé——來形容真正的毒藥和這種巫術性的樹脂。因此，nandé這個詞便具有比毒藥更廣的含意。它代表任何一類的威脅性行動，也指在這種行動中所可能使用的一些物質或器具。

得先做以上的說明，才能了解我底下要說的故事。我隨身帶去好幾個用紙做的多種顏色的氣球，這類氣球是靠氣球底部的一只小火炬來充氣，巴西人在「仲夏節」（Midsummer's Day）的時候會成百成百地施放這種氣球。有天晚上，很不幸的，我想讓印第安人明白這種氣球如何充氣。第一個氣球被火燒掉，引起一場哄然大笑，好像他們知道該怎麼做才對似的。第二個氣球非常成功，很快就升空，飛得很高，其火炬的亮光很快就與星星無法分辨，在空中飄了很長一段時間，然後消失掉。但是本來的一片歡樂很快就變成另一種情緒；男人很專注地、憤怒地望著那個氣球，婦女則曲著手臂來遮住她們扭曲的臉，大家擠靠在一起。nandé這個名詞一再出現，一再被重複。第二天早晨，一群男人代表來找我，要求檢視那些氣球，要看看裡面有沒有放nandé。他們非常仔細的檢查了一番。還好，南比夸拉人對事實抱有很實際的態度（我剛剛說過的那些話還是有效，但他們的態度確也很實際），他們了解——至少是接受了——我做給他們看的實驗，我在火上放一小張紙，讓紙因熱空氣而上飄。看了我的實驗證明以後，他們便像平常一樣的替意外事件找個常用的藉口，把錯誤一把推到女人頭上，「女人什麼也不懂」，「容易害怕」，「誤以為有什麼大難要臨頭」。

我自己則一點妄想也沒有；這件小插曲很可能以慘劇收場。然而這場意外，以及我稍後會描述的其他意外，一點都沒損及我和南比夸拉人長久親密相處所必然形成的友誼關係，因此，我最近讀到一位外國同行寫的書，裡面描寫了那群我曾在烏蒂亞里蒂一起生活過的土著，我對這本書感到異常傷痛。這位同行比我晚十年碰到他們，他去到烏蒂亞里蒂的時候是一九四九年，當時有兩批傳教士在那裡活動，一批是我提到過的耶穌會教士，另外一批是美國去的新教傳教士。整個土著群只剩下十八人，他的描述如下：

我在馬托格羅索所見到的所有印第安人裡面，以這一群南比夸拉人最為淒慘。八個男人裡面，一個有梅毒，另外有一個身體受某種感染，有一個腳受傷，有一個是又聾又啞。婦女小孩看起來倒還健康。他們不睡吊床，睡地上，因此老是滿身髒土。夜晚寒冷的時候，他們把火熄滅，睡在猶溫的灰燼之中……只有在傳教士給他們衣服的時候才穿衣服，傳教士要求他們穿。他們討厭洗澡，因此身上不只蓋著灰塵和灰燼，蓋在皮膚與頭髮上，而且還蓋腐爛的肉片和魚片，再加上汗臭，使人一接近他們便很不舒服。他們看起來也有不少寄生蟲，肚子鼓脹，不停地放屁。他們裡面好幾個人擠進我們工作用的小房間時，我們得停止工作多次，使房間透些空氣……

南比夸拉人……脾氣大，不禮貌，甚至粗鄙。好幾次我去朱力歐（Julio）的營地訪問他的時候，他躺在火堆附近，看見我來了便翻個身，背對著我說他不想講話。傳教士們

> 告訴我，南比夸拉人會一而再地要求把某樣東西送給他，如果不答應，他會自己動手取走。為了避免印第安人闖進去，傳教士們有時會把紗門關起來，但如果南比夸拉人真正想闖進去的話，會把紗門扯一個洞，然後走進去……
>
> 不用和南比夸拉人相處多久，就可發現這種藏在底下的恨意、猜疑和絕望，其結果使觀察者產生一種沮喪的感覺，帶著一些憐憫之情。[4]

我認得他們的時候，雖然他們的人口已因白人帶來的疾病而減少很多，但是仍然沒有人——至少在龍東所做的符合人道的嘗試以外——沒有人要使他們就範於「文明的規則」，因此我要把以上令人難過的描述忘掉，在記憶中只保留住有天晚上，我在隨身攜帶的小油燈之火光下寫進我筆記裡面的這項經驗：

> 在黑暗的草原裡面，營火熊熊閃光。靠近營火的溫暖，這是愈來愈涼的夜裡唯一的取暖方法；在棕櫚葉與枝所形成的不牢靠的遮蔽物後面，這些遮蔽物都是在風雨可能襲來的那一面臨時趕工搭建起來的；在裝滿整個社區在這個世界上的所有一切少許的財富的

4 原注：Kalervo Oberg, *Indian Tribes of Northern Mato Grosso, Brazil*, Smithsonian Institution, Institute of Social Anthropology, Publ. No. 15, Washington, 1953, pp. 84-85.

籃子旁邊；躺在無盡延伸的空無一物的地面上，飽受其他同樣充滿敵意、無法預料的族群的威脅之下，丈夫們與妻子們，緊緊擁抱在一起，四肢交錯，他們知道是身處於彼此互相支持和撫慰之中，知道對方是自己面對每日生活困難時唯一的幫手，知道對方是那種不時降臨南比夸拉人靈魂的憂鬱之感的唯一慰藉。訪問者第一次和印第安人一起宿營，看到如此完全一無所有的人類，心中充滿焦慮與憐憫；似乎是某種永不止息的災難把這些人碾壓在一塊充滿惡意的大地上，令他們身無一物，完全赤裸地在閃爍不定的火光旁邊顫抖。他在矮樹叢中摸索前行，小心不去碰到那些在他的視線中成為火光中一些溫暖的反影的手臂、手掌和胸膛。但這副淒慘的景象卻到處充滿呢喃細語和輕聲歡笑。成雙成對的人們互相擁抱，好像是要找回一種已經失去的結合一體，他走過他們身邊也並沒有中止他

調製箭毒

們相互愛撫的動作。他可以感覺得出來，他們每個人都具有一種龐大的善意，一種非常深沉的無憂無慮的態度，一種天真的、感人的動物性的滿足，而且，把所有這些情感結合起來的，還有一種可以稱為是最真實的、人類愛情的最感動人的表現。

南比夸拉族射箭的右手擺法

二十八、一堂書寫課

我非常想知道南比夸拉族大約的人口數目，至少希望能間接知道。在一九一五年的時候，龍東認為其總數是兩萬人，但這估計可能偏高；不過當時的每一群南比夸拉人都有好幾百名成員，而根據我在電報線沿線所得的消息，從那以後便人口銳減。三十年前，沙班內群（Sabané）之中為人所知的部分，總數在千人以上；沙班內群在一九二八年到過坎普斯諾武斯（Campos Novos）電報站，其中除了婦女小孩以外，還有一百二十七個成年男人。但在一九二九年，那群人宿營於一個叫做「耶斯皮洛」（Espirro）的地點時，受到流行感冒侵襲，病況轉成一種肺炎，結果在四十八小時之內死了三百人。這個族群散裂，把病者和垂死者遺棄。一千個為人所知的沙班內人，到一九三八年的時候，只剩下十九個男人，加上他們的婦女小孩。數目字這麼少的原因，除了那場流行性感冒以外，還得加上他們和其東部的鄰近部族戰爭這項原因。但是，另外有個定居於離特雷斯布里蒂斯（Tres Buritis）不遠的大族群，在一場爆發於一九二七年的流行性感冒侵襲下，死得剩下六、七個人，到一九三八年時只剩下三個人。曾經是人口數目最多的族群之一的塔倫跌群（Tarundé），在一九三六年只剩下十三個男人（加上婦女小孩）；這些男人到一九三九年只剩下四個。

現在，散布於整個地區的人可能不超過兩千個。要做有系統的統計是不可能的，因為其中有些族群一直帶有強烈敵意，再加上所有族群在遷徙季節裡都到處流動。但我設法說服我那些烏蒂亞里蒂的朋友帶我去他們的村落，去之前先在那裡把和他們有親戚關係的其他族群的人設法集合起來；利用這種方法，我就能夠測出目前的親戚聚會場面的大小，把參加人數的多寡與前人所觀察的做比較。我答應會帶禮物去，並且與他們進行以物易物的交易。那個族群的酋長在答應我的要求時態度相當猶豫：他對他要邀請的客人態度會如何沒有把握，如果我的同伴和我本人居然在這塊自一九二五年七個電報站職員被謀殺以後再也沒有白人進去過的地區失蹤的話，從一九二五年以來存續著的這種隨時會受危害的和平可能因此而破壞相當長久一段時間。

他最後答應我的要求，但有一個條件，就是我們必須把探險隊縮小，只帶四頭牛運載禮物。即使如此，我們仍然無法沿著河谷底下的常用小徑行走，因為小徑上的植物過分茂密，載貨的動物無法通過。我們必須沿著一條特地臨時開闢出來的道路橫穿高原而過。

事過境遷以後來回顧，那趟異常危險的旅行，看起來頗像是一場最滑稽的插曲。我們一離開茹魯埃納，同行的巴西人即刻發現印第安人婦女孩子並沒有和我們一起走，和我們作伴的只有帶著弓箭的印第安男人。在旅遊書籍裡面，這種情形意謂著我們馬上要遭受攻擊。因此我們一面前行一面提心吊膽，不時檢視我們隨身攜帶的史密斯威森手槍——我們的探險隊成員將手槍的名字發音為「謝密德衛雪凍」（Cemite Vechetone）——和來福槍。事實證明我們的擔憂是多餘的：快到中午的時候，我們就趕上同一族群中的其他人，酋長知道我們的騾子前進的速度要比帶著籃子的婦女快許多，再加上背著籃子的婦女還帶小孩，走得更慢，因此在我們出發的前一天晚上就要婦女小孩先出發。

然而大家會合之後不久，印第安人就迷路了：這條新路並沒有他們所想像的那麼簡單。傍晚的時候，我們不得不停留在森林裡面過夜。出發以前有人告訴我們在路上無法打獵，但印第安人什麼補給也沒帶，要依賴我們的來福槍打獵來提供食物。我們只攜帶緊急情況的必需補給，根本沒有辦法把食物與每一個人分享。一群在水池旁邊吃草的鹿，我們稍一靠近時便逃走了。第二天早上，到處都是不滿，印第安人公開對酋長表示憤怒，責怪他，要他對他與我一起設計的旅行計畫負責任。所有的土著不但不動手組織一次狩獵活動，或成群出外採集食物，反而大家躺在臨時的遮蔽物下面，袖手等著酋長自己去想辦法把問題解決。酋長帶著他的一個太太出去，到傍晚的時候兩個人才回來，背上的籃子裡面裝滿他們花一整天時間捕捉到的蝗蟲。土著認為壓碎的蝗蟲算不得好食物，但還是盡心開懷地大吃一頓，精神重振起來。隔天早晨我們便再出發。

我們終於抵達指定的會面地點。那是一個沙質台地，從台地上可看到一條溪，溪兩旁都是樹，樹林裡面則是一些半遮掩起來的土著田園。各族群零零散散地抵達約會地點。到了晚上，已有七十五個人代表十七個家族，全擠在十三個遮蔽用的建物下面，這些遮蔽物的結構和土著營地的蔽體處差不多同樣簡陋。他們向我解釋，在雨季的時候，這些人住在五間圓形茅屋裡面，那些茅屋可維持好幾個月的時間。有好幾個土著似乎從來沒見過白人，他們的態度相當倔強，而酋長則相當急躁，似乎是酋長勉強說服他們到這個他們不想來的地方。我們並不感到安全，印第安人也一樣。那個晚上相當寒冷，由於台地上沒有樹木，我們不得不像南比夸拉人那樣躺在地面上睡覺。沒有一個人睡著：整個晚上大家都有禮貌但很嚴密地注意對方的一舉一動。

讓這種危險狀況拖延太久是不智的，因此我鼓勵酋長儘快交換禮物。在這時候發生一件很不尋常的意外事件，我要先回溯一些往事才能解釋這件意外。南比夸拉人沒有文字這不需多說，但他們還不曉得怎麼畫東西，只能在葫蘆上面點幾條虛線或畫幾個鋸齒圖案。不過，我還是像與卡都衛歐人在一起的時候那樣，分給他們紙張和鉛筆。起先他們拿著紙筆什麼也不做，然後有一天我發現他們都忙著在畫平面的波浪形線條。我在奇怪他們究竟是想做什麼，然後我突然恍然大悟，他們是在寫字，或者應該更正確的說，他們是試圖要像我寫字時那樣運用他們手中的鉛筆，這是他們所知道的鉛筆的唯一用途，因為我還沒有把我的素描拿出來給他們看，討他們歡喜。絕大多數人就只畫些波浪形線條，但酋長自己野心比較大，毫無疑問的，他是土著裡面唯一了解書寫目的的人。因此他向我要一本書寫簿，我們手上都各有一本以後，便開始在一起寫東西。我問他有關於某件事情的問題時，他不回我的話，而只在紙上畫些波浪形線條，然後把那些線條拿給我看，好像我可以讀得懂他的回答似的。他幾乎有點相信他自己的假裝若有其事是真的；每次他畫完一行的時候，便相當緊張地看著那條波浪形線條，好像希望其意義會躍然紙上的樣子，但每次都接著在臉上出現失望的表情。然而他從來不承認他自己看不懂，而我和他之間有個不成文的協議，認定他那無法辨識的書寫是有意義的，而且我得假裝看得懂其意義；還好，他把他寫的東西拿給我看以後，都會馬上再加上口頭說明，因此我也就不必再要求他解釋他到底在寫什麼。

他一把整群的印第安人集合起來以後，便馬上從籃子裡面取出一張畫滿波浪形曲線的紙，開始表演怎麼讀紙上寫的內容，假裝猶豫了一陣，查對我要拿出來和他們交換禮物的品項清單：某某人的弓箭將換取一把砍刀、某某人的項鍊將換得一些珠子……這場真做的假戲一演演了兩個鐘頭。或許他是想欺騙自己吧？更可能的是他想令他的同伴大感驚訝，要使他們深信他是在扮演著交換物品的中間人角色，要他們相信他和白人有聯盟關係，分享白人所擁有的祕密。我們急著要盡快離開那裡，因為一等到我所帶來的各種寶貝全部轉到土著手中的時候，也就是最危險的時刻。因此我並沒有做進一步考察，還是請印第安人做嚮導，開始往回走。

這項不成功的聚會，還有我無意中引發的那場虛偽的表演，使整個氣氛令人相當不悅；更糟糕的是，我騎的騾子嘴裡長瘡流血，相當痛苦，牠如果不是一味不耐煩地往前衝，就是突然停止不動。忽然之間，我發現我居然落單，自己一個人在矮樹林裡面，不知該往那個方向走才好。

旅遊書籍上說，在這種情況下，就要開一槍來吸引同行者注意。我從坐騎上下來，開一槍。沒有任何反應。開了第二槍以後，我似乎聽到一聲回應。我開第三槍，結果只是使騾子大嚇一跳；騾子往前跑，在相當遠的地方停止不動。

我有條不紊地把我的武器和照相用具分開來，放在一棵樹的根部，仔細記下那棵樹的位置，然後後跑去捉我的騾子。我遠遠的看到牠，似乎情緒相當溫順。牠一直不動，等我靠得很近，伸手要去抓韁繩的時候卻拔腿就跑。騾子不停地玩了這種遊戲好幾次，使我離原來的地點愈來愈遠。最後我感到絕望，便突然往前跳，雙手抓緊騾子的尾巴。牠被這種奇怪的方式嚇到，便不再逃跑了。我爬上鞍，想回去拿那些裝備，但是在樹叢中繞行太多次，我已無法找到我藏裝備的地點了。

這場損失令我很難過，便決定要想法子趕上那群人。但騾子和我都不知道他們到底走的是那個方向。不是我決定走某個方向，但騾子老大不肯走，就是我任騾子自己高興往那裡走就往那裡走，結果它只在原地繞圈子打轉。太陽已開始落向地平線，我的武器都已丟掉，可能隨時都會被一陣箭雨射穿。我或許不是第一個進入這個充滿敵意的地帶的人，但比我先到過此地的人都沒有活著回去過，而且，不論我自己條件如何，我的騾子是這些缺乏食物的人最好的美食。我在腦中把這些陰鬱的念頭翻來覆去，一面等著日落，我身上還有些火柴，我準備生一團營火。就在我要開始生火的時候，我聽到人聲：兩個南比夸拉人發現我失蹤以後立刻回頭來找我，從中午開始就一直跟在我走的小徑後面，對他們來說，找回那些丟掉的儀器易如兒戲，不算一回事，他們在黑暗之中領我回營地，其他人在那裡等我們。

受到這件愚蠢意外事件所苦惱，我無法安睡，便用無法成眠的幾個鐘頭思索那場交換禮物的插曲。在那個場合，書寫文字首次出現在南比夸拉人面前，但並不是像我們可能想像的那樣經歷過一個長久的、辛苦的訓練過程。書寫的出現只是被借用來做為一種象徵，其目的是社會學的，而非智識上的使用，而且文字的真相都一直未被理解。文字既不是用來取得知識、幫助記憶或了解，而只是為了提升一個個人的權威與聲譽，或者用以提升一種社會功能的權威與威信，其代價是將其餘的人或社會功能加以貶抑。一個仍然活在石器時代的土著也能猜得到，這項可以藉之達成交流的偉大工具，即使他自己並不曉得其真相，他也知道這工具可以用來做其他用途。無論如何，有好幾千年的時間——在世界上很多地方現在依然如此——書寫都是由特定人士掌握的特權，在那些社會裡面，大多數社會成員並不曉得如何使用文字。我曾到過東巴基斯坦的吉大港山脈，曾住在當地的村落裡面，村裡的人並不知道如何寫字，但每個村子都有一個代書，替村裡的個別人或替整個村落寫東西。所有的村人都知道書寫文字存在這回事，在有需要的時候也使用這項工具，不過，他們是以外在者的身分去利用書寫文字，把書寫文字視為一種與外界溝通的手段，他們自己要用口頭說話的方式與這種外界手段和其代表人溝通。擔任代書工作的人，很少是村人團體的工作人員或雇員：書寫文字的知識賦予代書權力，結果是同一個人常常既是代書又是放貸者；這不僅是因為放貸者需要能讀能寫才能做生意，而是因為代書這樣的人，正好在兩個層面上都可以掌握別人。

書寫是一種奇怪的發明。很容易就會令人想到，書寫文字的出現必然會給人類生存的情況帶來極重大的改變，而且會把這些重大改變視為主要是一種智識性質的重大改變。擁有書寫文字以後，大大增加了人類保存知識的能力。書寫文字可以說是一種人工記憶，書寫文字的發展，應該會使人類對自己的過去有更清楚的意識，因而大大增加人類組織安排目前與未來的能力。當所有其他區別野蠻與文明的標準與界限都一一被取消摧毀以後，使人覺得很想至少維持住這麼一項判別標準：有些人群有書寫文字，有些人群沒有；前者能夠累積其過去的成就，而以更快的速度來達成他們給自己訂下的目標；而後者，由於無法記得個人有限的記憶能力所能記住的那點過去之外的事情，似乎不免被侷限於一種起伏不定的歷史裡面，那樣的歷史既沒有一個開始，也不會有任何長久持續的目標意識。

然而就我們所知的，有關書寫文字及其在人類演化史中所扮演的角色，卻沒有任何證據可支持上述的觀點。人類歷史上最具創造力的時期之一，是在新石器時代的早期，當時發明了農業，畜養動物，還有其他種種手工藝。那樣富於創造力的階段之所以能夠出現，一定是在歷經數千年之久的時間內，有一小群人不停地觀察、實驗，並且把其所得成果代代傳承下去的結果。這些重要發展大大成功，可以想見其進行過程相當精確，而且富於延續傳承性，但當時還沒有任何書寫文字。如果書寫文字是在西元前四千到三千年之間發明的話，則書寫文字只能看做是新石器時代革命的一項相當晚近的（毫無疑問也是間接的）結果，而絕不是產生新石器革命的先決條件之一。如果我們要追問有什麼重大的發明是和書寫文字緊密相連的，則在技術方面只能舉出建築。然而埃及和蘇美的建築成就並不見得高於前哥倫布時期的某些根本不知道書寫文字的美洲民族的成就。反過來說，從書寫文字發明以後，直到現代科學誕生以前，整個世界歷經五千年的時期，在那段時間內，人類的知識與其說是增加了，倒不如說是搖擺起落不定，後者所占的比例比前者大許多。常常有人指出，一個古希臘或古羅馬公民的生活方式和一個十八世紀中產階級歐洲人的生活方式並無太大的區別。在新石器時代，人類沒有書寫文字的幫助，仍然大步前進，取得好多重大成就；有了書寫文字以後，西方的歷史時期文明長期停滯不前。毫無疑問的，如果沒有書寫文字的話，很難想像會產生十九世紀與二十世紀在科學上的急速擴展。但書寫文字固然是一必要條件，卻一定不是一個解釋此項擴展的充分條件。

要建立起書寫文字的出現和文明的某些特質之間的互動關係，我們必須改從另一個角度來考察。唯一必然與書寫文字同時出現的現象是城鎮與帝國的創建，也就是把大量的個人統合入一個政治體系裡面，把那些人劃分成不同的種姓或階級。無論如何，這是從埃及到中國所看到的，書寫文字一出現以後的典型發展模式：書寫文字似乎是被用來做剝削人類而非啟蒙人類的工具。這項剝削，可以集結數以千計的工人，強迫他們去做耗盡體力的工作，可能是建築何以誕生的更好的解釋，最少比前述的書寫文字與建築的直接關係更具可能性。我的這項假設如果正確的話，將迫使我們去承認一項事實：書寫的通訊方式，其主要功能是幫助執行奴役；把書寫文字當作無關切身利益的工具、當作智識及美學上的快樂之源泉等等，是次要的結果，而且這些次要的功能常常被用來做為強化、合理化和掩遮那項主要的奴役功能。

不過，還是有些例外存在：非洲有些土著帝國統治了數以十萬計的人；前哥倫布時期的美洲印加帝國有數以百萬計的人口。然而以上兩個大陸這些建造帝國的嘗試卻也並沒有產生什麼恆久的結果。我們知道印加帝國創建於十二世紀左右：三個世紀以後，如果它自己不是已經衰頹不堪的話，皮薩羅[1]所率領的士兵不會那麼輕易的就加以征服。雖然我們對古代非洲的歷史所知不多，但我們可感到其情況大致相似：龐大的政治群體出現了，不到幾十年的時間以後，又消失無蹤。因此，這些例子或許證實了上述的假設，而非推翻它。或許書寫文字本身不足以鞏固知識，但書寫文字可能是強化政治統治所不可或缺。如果我們看看比較接近家鄉的例子，我們發現歐洲國家強制教育的系統性發展，是和服兵役制度的擴張以及人口的無產階級化過程齊首並進的。掃除文盲的戰鬥和政府對公民的權威之擴張緊密相連。每個人必須要識字，然後政府才能說：「對法律無知不足以當成藉口。」

這種過程已由國家性的範圍移到國際性的層面上去，這是新創立的國家與享有優越地位的國家建立聯盟時某種心照不宣的勾結結果。那些新創立的國家要應付我們在一、兩百年前面對過的種種問題；地位優越的國家則深深憂慮他們自己的穩定可能會受到侵害，他們害怕那些沒有經過適當程度書寫文字訓練的人會用口號來思考，而那些口號又能任人隨意變更，很容易變成種種暗示的犧牲品。能夠接近存放在圖書館中的知識以後，這些人同時也變得很容易被印成文字的、在比例上要比知識還高出許多的大量謊言所左右。毫無疑問，這種現象目前已無可挽回。但是在我去過的那個南比夸拉人的村落裡面，那些地位較低的成員卻是最富理性判斷力的人。他們在其酋長企圖運用一種文明的手段時，便不再信任支持他（我離開後不久，那個酋長被大部分村民遺棄了），他們隱約意識到，書寫文字與欺騙同時並進，突然侵入他們的社區。他們跑到更為偏遠的樹林裡去休養生息。而在同時，我也忍不住要佩服這一位酋長的天才，能立刻了解到書寫文字可能增加他的權威，也就是一下子掌握了一項制度的根本性質，雖然他自己對該制度仍然不知如何應用。這件插曲同時使我注意到南比夸拉人生活的另一面；個人與群體之間的政治關係。我很快就有機會在這方面做更直接的觀察。

當我們仍然在烏蒂亞里蒂的時候，土著裡面爆發了一場腐爛性眼炎的流行病。這種感染是由淋病病毒引起的，流行於整個社區，造成極大的痛苦和暫時性的目盲，不治療的話會變成永久性的失明。有好幾天的時間，整個社群處於癱瘓狀態。土著治療這種感染的辦法是用一種樹皮浸在水中，再用樹葉捲成喇叭狀，把水注入眼中。這種傳染病傳布到我們的群體。第一個受害者是我太太，她到目前為止參與我的所有探險研究，她的專業是研究物質文化與工藝技術；她受到嚴重感染，不得不離開此地。然後大多數男人也被感染，我的巴西同伴也是。不久整個探險研究便停止了；我讓主要的成員留在原地休息，醫生也留下來給他們必要的照顧，我自己帶著兩個人和幾頭畜牲前往坎普斯諾武斯，有人報告說在那附近看見幾群土

1　法蘭西斯克・皮薩羅（Francisco Pizarro, 1471 or 1476年-1541），西班牙征服美洲的重要人物。

著。在那裡過了兩個禮拜近乎無事可做的日子，採集還沒完全成熟的水果，水果樹種在一個已回復到原始荒野狀態的田園裡面：有芭樂，其苦味和沙性的肉質常常遠遠超過其濃郁的香味；還有腰果，顏色鮮豔如鸚鵡，其肉質粗糙像海綿，但汁液有點酸，味道濃郁。要取得肉類相當容易，我們只要一大清早到離營地一百公尺左右的矮樹林地區，就可輕易射到常來這片樹林的鴿子。在坎普斯諾武斯我遇見兩個族群，他們為了取得我帶去的禮物，而從北方下來。

這兩個族群之間互相敵對，其不友善的程度不下於他們兩群人對我的敵對態度。從一開始，他們並不是請我把禮物給他們，而等於是要求我這麼做。在開頭幾天，只有一個族群的人和我們在一起，再加上一個從烏蒂亞里蒂先到達此地的土著。我想這個土著可能對來訪族群中的一個年輕婦女表現出過分的熱情，來訪者與陌生人之間的關係一下子就相當緊張，那個土著開始到我的營地來求取一種比較友善的氣氛，他也和我一起進食。那個族群的人注意到這一點，有一天他出去打獵的時候，一群像是代表似的土著到營地來找我。他們要我在那個烏蒂亞里蒂土著的飲食裡面下毒，語氣中帶著威脅；他們也隨身帶了毒藥，一種灰色的粉末，放在四根用線綁在一起的竹管裡面。這是一個尷尬的情況：我如果一口拒絕，可能他們就會攻擊我，他們的敵意態度使我得小心回應。因此我想最好誇大我對他們所講的話的無知程度，乾脆假裝我根本不懂他們在說什麼。他們一再重複對我說，我那個訪客是個 Kakoré，也就是大壞蛋，必須越快把他除掉越好，然後他們表示很不滿地離開。我向那個烏蒂亞里蒂來的土著說明這事的經過，他馬上消失得無影無蹤，一直到幾個月以後我又回到那地區才再看見他。

還好，第二個族群隔天就來了，給第一個族群提供了宣洩他們敵意的對象。兩個群族會面的地點在我的營地，這裡既是中立地帶，又是他們兩個族群長途跋涉的目的地。因此我也獲得看清楚整場會面過程的機會。男人自己前來，然後兩族群的頭目立刻進行一場冗長的對話。所謂對話倒不如說是雙方各自發表獨白，語氣平緩，充滿一種我從未聽過的鼻音。「我們極為不樂。你們是我們的敵人！」一群人嚎叫著，另一群人則回答：「我們並不覺得不樂。我們是你們的兄弟，我們是朋友——朋友！我們可以相處得很好！」等等。等到這場挑戰與抗議進行完畢以後，便在我營帳旁邊搭建一座公共營帳。然後大家開始唱歌跳舞，每一群人在自己的表演快結束的時候，會把自己的表演與對手的表演做比較：「泰曼跌人（Taimaindé）歌唱得很好！我們歌唱得不好！」接著又開始爭吵，不用多久，緊張程度又升高。歌唱與爭吵夾雜，造成非常大的噪音，而夜晚才剛開始，我無法明白他們在唱什麼吵什麼。有時會出現威脅性的手勢，甚至開始拉拉扯扯，其他人便權充和解人。所有的威脅手勢都以生殖器為焦點。南比夸拉印第安人表示很不高興的時候，就雙手握住自己的陽具，指向對手。做完這個以後，接著便攻擊對方，目標是把蓋在對方陽具上面的那束草扯下來。陽具「藏在草後面」、「打鬥的目的是把草扯下來」。這種動作純粹是象徵性的，因為男性生殖器遮蔽物的材料異常單薄，既保護不了陽具，也遮掩不住陽具。有時候也會設法奪走對手的弓和箭，把弓箭藏在對手拿不到的地方。在這整個行動過程裡面，土著的情緒都異常緊張，好像他們是勃然大怒，隨時會大打出手。拉拉扯扯有時會變成真正的亂打一場，但是這一次，打鬥在黎明時分就止息。兩邊的人仍然看得出來還是充滿怒意，而且頻頻做不友善的手勢，可是他們開始檢視對方，用手指摸對手的耳墜、棉製手鐲和小小的羽毛飾物，同時小聲的發出急促的評語，像：「把它給……把它給……看，那多漂亮。」而飾物的主人則抗議說：「這很醜……舊東西……損壞的東西！」

這種「和解式的檢視」代表爭吵告一段落，兩個族群之間開始進行另一種關係：商業交易。南比夸拉人的物質文化可能相當簡陋，但每個族群所製造的手工藝品卻為別的族群所珍愛，東部的南比夸拉人需要陶器與種子；北邊的人則認為南邊的人所製造的項鍊特別精緻。因此，如果兩個不同族群的人和平相處的話，結果會導致禮物的交換；緊張與爭執被以物易物的交易所取代。

實際上很難相信他們真的是在交換禮物；那場爭吵之後的那個早晨，每個人都進行日常的活動，物件或產品由一個人轉移到另一個人手中，給予者甚至沒有表明他是在贈送一樣禮物，而獲得者也並不對他新得到的東西多加注意。交換的東西包括棉花、線圈、整塊的膠或樹脂、紅木樹汁、貝殼、耳墜、手鐲和項鍊、整束的棕櫚纖維、刺蝟的刺、完整的陶罐、破碎的陶片和葫蘆等。這種神祕的物品交換進行了大半天之久，然後兩群人分開，各走各的路。

南比夸拉人依賴對方的慷慨大方。他們從來沒想到要估價、爭論、討價還價、要求或取回。有個土著答應替我帶信息給一個鄰近的族群，代價是給他一把砍刀。他帶完信回來以後，我忘了把砍刀立刻給他，想他大概會回來向我要。但他並沒向我要，等到第二天我已找不到他。他的同伴告訴我說，他很憤怒地離開，而我再也沒有看到過他。我只好請另一個土著代替他把禮物收下來。在此情形下，一旦以物易物結束以後，一群人會心裡很不滿意地離開就一點也不足為奇了，慢慢的（他們計算一下所得的禮物和他們付出的禮物）會增加不滿的情緒，到了充滿攻擊性的地步。這種不滿的情緒常常足以引發戰爭；戰爭的爆發當然還有其他原因，比方說是進行或報復謀殺或搶奪婦女；然而，一個群體似乎並不覺得做為一個群體非得要替其成員所遭受的傷害取得完全同樣的報復不可。然而，由於群體之間存有敵意，上述的藉口常被接受，特別是如果有一個族群覺得自己很強盛的時候。打仗的建議會由一位戰士提出，他把自己的不滿大聲叫出來，其口氣跟語調和族群與族群會面時的演講相同：「哈囉！到這裡來！過來！跟我來！我在生氣！很生氣！箭頭！大箭頭！」

穿上特殊的華服，也就是一把染成紅色的棕櫚葉（buriti）草蓋，戴上美洲獅皮頭盔的男人集合在酋長的領導之下，開始跳舞。先要舉行占卜儀式：酋長或者巫師（如果該族群有巫師的話）把一枝箭藏在叢林中的某個地方。第二天便出去找尋那隻箭。如果箭上沾血的話，就決定打仗；如果沒沾血，便不打仗。很多出戰行動都是如此開始，但前進幾公里路以後又停下來放棄。原來的刺激與興奮消滅，戰士們都回家。但有些出戰行動則進行到底，導致流血。南比夸拉人習慣在黎明發起攻擊，他們埋伏的方式是在叢林的不同地點隔一定的距離就有人藏在那裡。每個人頸間掛一個哨子，利用吹哨子的方式將攻擊訊號由一個人傳給下一個人。哨子是用繩子綁在一起的兩根竹管，其聲音接近蟋蟀的叫聲；毫無疑問，這是為什麼哨子的名稱和蟋蟀的名稱相同的理由。打仗用的箭和平常用來射大型動物的完全一樣，不過在矛狀的頂端有鋸齒形的刃。浸過箭毒（curare）的箭頭，在打獵的時候經常使用，但從不用來打仗，因為被射中的敵人在毒藥能散布開來之前就能把箭拔出來。

但是，在婚姻問題上面，還有其他的因素。讓酋長可以享受一夫多妻的特權，也就是整個群體把一夫一妻制規則所保護的「個人性安全感」拿出來與「集體安全」交換，群體的成員認定酋長要對集體安全做保證。每個男人只從另外一個男人那裡得到一個女人，但酋長則從群體裡面得到好幾個太太。得到好幾個太太的酋長就必須以保障整個群體免於飢餓、免於危險來做為回報。回報的對象不是他所娶的太太們的兄弟或父親等個別的人，甚至不是那些因為他一夫多妻而娶不到太太的男人，回報的對象是整個群體，那個為了酋長個人的利益而讓社會普行的律法網開一面的社會群體。這些想法或許對進行一夫多妻制的理論研究不無幫助；但以上討論的主要價值是提醒我們，應該把國家制度視為一種提供各種保證的制度來考慮，這種想法最近幾年來因為有關於全民保險制度的討論（像「卑弗列治計畫」[2]和其他的提案）而被人重新提出，這種想法並非完全是現代才有的發展，它是回到社會和政治組織最基本的性質上面去。

以上就是群體對待權威的態度。我們不妨進一步考察一下，看酋長本人如何看待他的功能，以及他可能是基於什麼樣的動機而會去接受一個並非永遠快活的職責。南比夸拉酋長必須扮演一個困難的角色；他必須賣力工作以維持地位。更嚴重的是，如果他不一直不停的有所改進的話，他就可能喪失掉他花了好幾個月或好幾年才得到的一切。這就說明了為什麼很多人不願意接受權力，然而也有其他人不但接受權力，還設法取得權力。評斷心理動機常常是困難的，當我們在討論的是一個和我們自己的文化很不一樣的文化時，這種工作幾乎是根本不可能。然而，還是可以肯定地說，光是一夫多妻這項特權，不論它在性方面、感情方面或社會方面有多大的魅力，其本身仍然不足以構成追求酋長這個職位的充分理由。一夫多妻的婚姻是權力的一項技術條件；在提供任何深沉的滿足方面只能居於次要的地位。一定還得有更進一步的理由。當我回想起每個不同的南比夸拉酋長德行上的和心理上的特徵時，當我要捕捉住他們人格個性上的那些不可捉摸的特質時（這些事情無法加以科學分析，卻有其價值，這要歸功於人類溝通交往的本能感覺，以及對友誼的體驗），我便不得不做出下面的結論：

2　威廉·卑弗列治（William Beveridge, 1879-1963），英國經濟學家，福利國家的理論建構者之一，於一九四二年發表《社會保險報告書》。

酋長之所以存在，其原因是由於在每個人類群體裡面，都會有些人和他們的同胞不一樣，不一樣的地方在於那些人就是喜歡享有名望，他們深受責任的負擔所吸引，對他們而言，公共事務的負擔本身就是酬勞。不同的文化毫無疑問地會讓這一類的個人與個人之間的差別有不同程度的發展與表現。但是連在像南比夸拉這樣一個缺少競爭的社會裡面，都會存在這種現象，就表示它可能並非完全是源出於社會性的層面，而是屬於所有社會都據之而建構起來的基本的心理性材料。並不是每個人都差不多相同，即使是在那些被社會學家們視為被威力無比的強大傳統所嚴重制約的原始部族裡面，個別的人與個別的人之間的差異，還是被部族成員精明地辨識出來，同時有意識地加以利用，其精明的程度和有意識的利用程度，一點都不下於我們自己所謂的「個人主義性」的文明。

換另外一個形式，以上所講的毫無疑問就是萊布尼茲[3]在討論美洲野蠻人時所提到的「奇蹟」。這些野蠻人的習俗，依照早期的旅行者所記載的，使萊布尼茲學到「永遠不把政治哲學裡面的任何假設視為已被證實的真理」。至於我自己，我跑到地球的另一端，跑到天涯海角去尋找盧梭稱之為「幾乎是無法辨識的人類起源的各個階段」的現象。在卡都衛歐族和波洛洛族的那些過分複雜的律法規則面紗的背後，我繼續追尋一種「狀態情況」，一種盧梭經常稱之為「已經不存在，可能永遠沒有存在過，可能永遠不會存在，但無論如何如果想要具有一個可以用來評斷我們目前的狀態所必不可缺的正確觀念」的狀態情況。我相信，我比盧梭更幸運，我已在一個變質頹敗中的社會裡發現那樣一種狀態情況。關於這個社會的情況，去考慮其目前的狀態到底是不是一種退化現象、殘存現象等等，都毫無意義。不管是傳統性的，或是退化性的，這個社會所提供的是想像所能及的最基本、最簡單的社會組織和政治組織的形成。我並不需要去追溯使這個社會維持其簡單基本組織形式的所有特殊歷史事件的前因後果，而且很可能那些特殊的歷史事件事實上一步步地把這個社會推回到其目前這種基本形式。我只要觀察陳列在我眼前的這個社會學經驗即已足夠。

但是，最難捕捉的正是這個社會學經驗本身。我一直在尋找一個被化約到最簡單的表現形式的社會。南比夸拉社會是如此真正簡單到無以復加的程度，我在那個社會裡面所看到的，只剩下個別的人類。

3 哥特佛萊德・威廉・萊布尼茲（Gottfried Wilhelm Leibniz, 1646-1716），德意志哲學家、數學家。

二十九、男人、女人與酋長

一九三八年的時候，位於坎普斯諾武斯以北高原地帶最高點上面的維列納（Vilhena）電報站，只是幾間小屋建在一片幾百公尺見方的空地上面。這地方是鐵路建造者計畫建成馬托格羅索地區的芝加哥的地點。據我所知，這地方目前已成為軍用機場；在我去那裡的時候，該地的人口不過兩戶人家，他們已有八年之久沒接到任何補給，而他們，我在前面已說明過，靠一群鹿來維持自己生理上的平衡。他們很小心地利用那群鹿，靠那群鹿提供他們所需的肉類。

在維列納，我認識了兩個新的土著族群，其中一群有十八個人，說的方言和我漸漸熟悉的那種很接近，另外一群有三十五個人，使用一種不知道是什麼的語言，我後來也一直無法指認出那種語言到底是什麼。這兩群都各由自己的酋長領導；人數較少那群人的酋長的功能似乎完全是世俗性的，人數較多那群的酋長卻具有類似巫師的身分。由巫師領導的那一群叫做沙班內；另外一群叫做塔倫跌。

除了語言上的差異以外，幾乎不可能分辨出兩個族群有何區別：他們的外貌和他們的文化都幾乎一樣。坎普斯諾武斯的印第安人情形也是如此，不過維列納的這兩群印第安人，互相之間的關係相當友善。他們雖然有各自的營火，但一起旅行，宿營地也緊緊相鄰，似乎已經決定要分享共同的命運。這是一種令人驚訝的結合，因為兩個族群語言不同，其酋長只能透過各自族群中的一、兩位可擔任口譯的人才能互相交談。

他們的聯合一定是相當晚近的事情。我在前面已解釋過，在一九〇七至一九三〇年之間，白人帶來的傳染病使印第安人口銳減，其結果之一就是有好幾個族群人口消滅得太厲害，已到了無法獨立生存的地步。在坎普斯諾武斯，我曾觀察過南比夸拉社會內部的敵對情形，也看到破壞性的力量在起作用。在維列納，我則有機會

沙班內群的巫師

親眼看見欲達致和諧的努力。毫無疑問的，我和他們一起宿營的這些印第安人已理出一整套構想。兩個族群的成年男人都互叫對方族群的女人為「姊妹」，而婦女在和對方族群的男子談話時則使用「兄弟」一詞。兩個族群的男人，在互相交談的時候，用來稱呼對方的名詞是自己族群的語言中意即「交錯從表」的稱呼，等於我們會翻譯成為「姑舅表」的姻親關係。依據南比夸拉的婚姻規則，這種稱呼方式的意思就是兩個族群的小孩都互相成為「可能的配偶」。因此可以說，經由通婚，到下一代的時候，兩個族群就會合成一個。

然而，要完成這項大計畫，仍有一些障礙。另外還有一個對塔倫跌族群懷有敵意的族群在這一帶活動；有時候那一族群的營火清晰可見，塔倫跌人準備任何事情都可能發生。由於我稍懂一點塔倫跌方言，但對沙班內方言一無所知，我覺得和塔倫跌群比較親近一些；沙班內群的人，我無法和他們交談，他們對我也比較疑懼。我也就無法說明那一群人的想法。我所能說的，只不過是塔倫跌人還不能完全肯定他們的朋友對這項聯合成一群的原則毫無保留。他們害怕那第三個族群，但他們更怕的是，沙班內群可能會突然改變主意，另結新盟。

不用多久就發生一件奇怪的意外，證明他們的恐懼是很有理由的。有一天，男人都出去打獵，而沙班內群的酋長沒有在平常的時刻回到營地。整天沒有人看見過他。夜晚降臨，到晚上九點十點的時候，整個營區處於一種恐慌狀態，特別是失蹤未歸的那個人的家屬。他的兩個太太和小孩子緊緊擁抱在一起哭泣，哭泣他們的丈夫和父親的死亡。在這時刻，我決定帶幾個土著到附近觀察一番。我們才走了不到兩百公尺，就發現那個失蹤的酋長蹲在地上，在黑暗中發抖；他全身赤裸，也就是項鍊、手鐲、耳環、腰帶等全都不見了。在我的火把火光中可以瞥見他臉上悲傷的表情和悽苦的五官。其他人扶著他回到營地，他坐下來一言不發，一副令人無可置疑的受挫折的樣子。

焦急的聽眾迫使他說明到底發生什麼事。他解釋說，他被雷帶走，南比夸拉人稱雷為「阿蒙」（amon；那一天曾有一場暴風雨，預示雨季的開始）；雷把他帶入空中，帶到一個他指出名字的地點，離營地（在阿那內茲河，Rio Ananaz）二十五公里，奪走他身上所有的飾物，然後又把他帶回來，放在我們發現他的地點。大家不停地討論這件意外，討論到每個人都睡著為止，隔天早晨，那個沙班內群酋長就恢復常態，而且也找回他全部的飾物：沒有一個人對此表示驚訝，他自己也沒做任何解釋。接著下來那幾天，塔倫跌群的人裡面開始重複訴說有關這次意外的另一個版本故事。他們覺得那位酋長，在假裝和超自然界溝通的情形下，實際上開始和在附近宿營的另一群印第安人進行談判。這些指控都沒有表面化，有關那個事件的官方版本，大家都在公開場合表示接受。但是在私下談話裡面，塔倫跌的酋長一點都不掩飾他的焦慮。由於這兩個族群不久以後就離開我們，我一直不知道這個故事的結局是如何。

這項意外，再加上我以前所做的觀察，促使我去思考南比夸拉群體的性質，以及群體的酋長在群體內部所能達到的政治影響力量。再也無法找到比南比夸拉群體更為脆弱、更為暫時性的社會結構了。如果其酋長看起來要求過分，如果他自己占有太多婦女，如果他在食物短缺的時候無法提出滿意的解決方法來，不滿馬上表面化。個別的成員或整個家族會離開其群體去參加另一個酋長聲譽較佳的群體。那個群體可能因為發現新的獵場或食物採集場，而有更豐富的食物來源，或者可能經由與鄰近族群交換的結果而取得飾物與工具，或者可能由於某些勝利的出戰而變得更為強大。其結果是，有一天，原來族群的酋長會發現他所率領的群體人口太少，無法解決日常生活的需要，或無法保護其婦女不被貪心的陌生人擄走。情形到此地步以後，他只好放棄酋長的地位，和族群中的剩餘分子一起加入一個比較幸運的群體。因此，南比夸拉人的社會結構很明顯是變動性相當高的。族群不停地組成、解散、增加與消失，在幾個月之內，一個群體的結構、大小和分布範圍會大大改變，變得無法辨認。同一群體內部的政治陰謀紛爭，鄰近群體之間的爭執，都對這些改變的模式有所影響，個人和群體的升降浮沉接二連三，其變化常令人驚訝。

那麼，群體的區分到底根據什麼原則呢？從經濟的觀點考察，由於自然資源缺乏，在游居時期需要一片相當廣大的空間才能養活一個人，就使得他們不得不區分成規模不大的小群體。問題不在於為什麼要區分成小群體，而是在於小群體是如何區分的。在原本的社區中，有些男人被視為領導者，這些領導者就是各個群體結合的核心。一個群體的大小，一個群體在特定時期內的穩定程度，都視其酋長維持秩序和改進自己地位的能力而定。政治權力似乎並非來自社會群體本身的需要；反而是整個群體的形式、大小、甚至來源的根本，取決於誰可能擔任酋長，可能成為酋長的人在群體尚未出現的時候已經存在。

我和兩個這一類的酋長很熟悉：一個是在烏蒂亞里蒂，他的群體稱為「瓦克雷托苦」（Wakletoçu），另外一個是塔倫跌群體的酋長。前者相當聰明，深知他自己的職責，精力旺盛，很會應變。他預測到任何新情況的可能結果，計畫出一個特別適合我需要的旅程路線，在必要的時候，在沙上繪圖來說明整個路線。當我們到達他的村落時，我們發現，不必我們要求他，他早已派一隊人去立起綁牲口用的柱子。

他是個最有用的報導人，因為他對於我的工作有興趣，了解我要問的問題，看到其中的困難所在。不過，他當酋長的任務用掉他很多時間；他會一下子出獵幾天不歸，不然就是去檢視那些長種子的樹的情況，看那些已有成熟水果的樹木的情

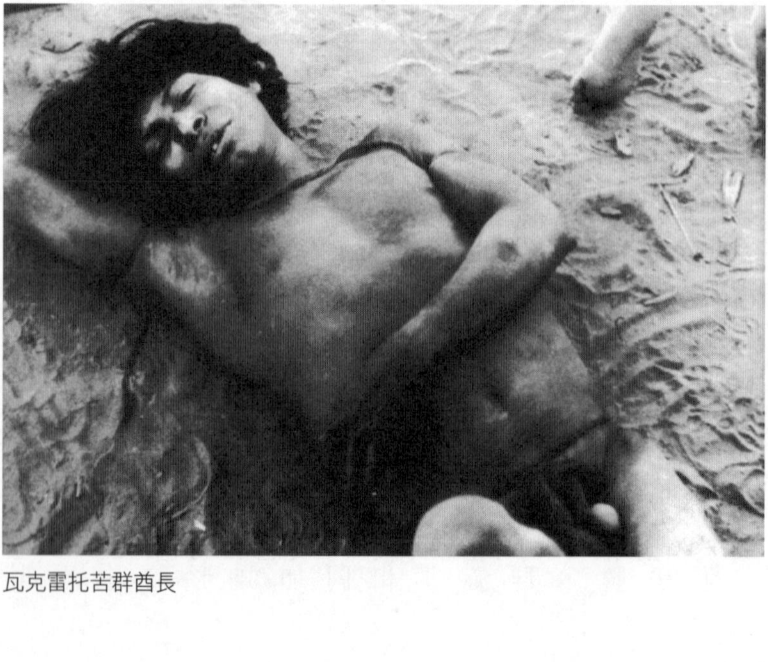
瓦克雷托苦群酋長

形。他的幾個太太也經常邀請他玩愛情遊戲，他都立刻答應。

一般說來，他具有一種高度的邏輯思考能力，還具有能持續堅持某項目標的能力，這兩點在南比夸拉人裡面相當少見。南比夸拉印第安人常常善變而且喜怒不定。在艱難不穩定的生活條件之下，手中能利用的辦法又如此幾乎呈病態缺乏的情況下，他還是表現了一個有效組織者的能力，可以獨自擔當起他的群體之福利的責任。他很有效地帶領著他的群體成員，雖然其中帶有相當程度的謀略算計成分在內。

那個塔倫跌群體的酋長年紀和前述的酋長相當，都是三十歲左右，同樣聰明，不過方式有些不同。瓦克雷托苫酋長讓我覺得是個很精明、很有辦法的人，他總是在算計著某種政治行動。塔倫跌的酋長並非行動性的人物，而是一個喜好沉思的人，非常敏感，他的心思具有詩意，相當迷人。他意識到自己族人所處的沒落頹敗情境，這種意識使他的談話中帶著憂傷的語調：「我以前也曾這麼做，但是現在那些都已成過去……」這是他提到以前比較快樂的時光，那時候他的群體還沒有被削減成幾個無法守住自己習慣的少數人，而是有好幾百個忠實遵守所有的南比夸拉文化傳統的人。他對歐洲習俗的好奇心，他對我有辦法研究過的附近族群的習俗之好奇心，一點都不會在我之下。和他一起進行的人類學研究工作永遠不會是單向的活動：他把這種工作視為消息的交換，他對我要告訴他的一切事情都極感興趣。他還常向我要我所觀察過的，附近的族群或遠方的族群所使用的羽飾、頭飾或武器的素描，我送給他的素描，他都小心的保存起來。或許他是想用這些資料來改進他自己群體的物質裝備和智識水準。然而他好夢想的氣質卻難以產生實際的結果。不過，有一天，我在設法核對潘神簫（Pan-pipes）的分布地域時，我問他一些問題，他回答說從來沒見過潘神簫，但很想要一張潘神簫的圖。靠著那張素描圖，他居然成功做出了一個粗糙的、但也可以吹奏的潘神簫。

這兩位酋長的特殊能力和他們如何取得他們的地位的情形大有關係。

在南比夸拉社會裡面，政治權力不來自世襲。當一個酋長變老或生病而覺得沒有能力繼續完成他應負的責任時，他自己會挑繼承人：「這個人將成為酋長……」但這種獨尊似的決定只是表面的，實質上並非由他任意決定。我以後將說明一個酋長的權威在實際上是如何薄弱；選繼任者的時候，就像在做其他一切決定一樣，最後的決定似乎都先得探查過大眾的意見——被指定的繼任者同時也是大多數人所最擁護的人。但是選擇新酋長不僅僅是受到整個群體的贊成或反對意見所左右；被選中的人還得準備接受這項安排。授予權力卻被強烈拒絕，並非不常發生：「我不願當酋長。」這情形如果發生的話，就得另選別人。實際上，似乎並沒有什麼爭取政治權力的強烈競爭，我所認識的酋長們，常常並不把當酋長看做是值得驕傲的事情，反而常常抱怨責任太重，負擔太多。情形既是如此，我們不妨追問，酋長到底享有什麼特殊權益，他的責任又是哪些。

在一五六〇年左右，蒙田[1]在魯昂（Rouen）會見三名由海員帶到歐洲來的巴西印第安人。蒙田問其中一個，在他的國家裡面，酋長（蒙田使用的是「國王」這個字眼）享有什麼特權；那個土著本身就是一個酋長，回答道：「特權，就是打仗的時候走最前線。」蒙田在他的《蒙田隨筆》（*Essays*）中很有名的一章裡面描述這個故事，同時對這種驕傲自得的定義表示驚訝無比。對我而言，在四個世紀以後所得到的回答居然完全一成不變，這更值得驚訝和佩服不已。如此一致的政治哲學，在文明國家裡面是見不到的！這種定義看起來是會令人驚訝，但是南比夸拉語中用來稱呼酋長的名詞，比這個更有意義：Uilikandé，其意思似乎是「那個執行聯合的人」，或「那個把人們團結起來的人」。酋長一詞的語源表示土著的心中明白我已強調過的現象，也就是說，酋長是被視為一個群體的成員「願意組成一個群體」而存在的理由所在，而不是一個「已經存在的群體」覺得需要一個中央的權威而製造個酋長出來。

個人的聲望，還有引發別人信心的能力是南比夸拉社會裡面權力的來源。這兩項都是一個要在危機重重的旱季游居時期裡面擔任領導的人不可或缺的。一年裡面有六、七個月的時間，酋長自己要完全負起帶領他的群體的責任。他得組織出發工作、選擇行進路線、決定紮營地點、決定紮營時間的久暫。所有打獵、捕魚、採集等工作的決定都取決於他，他還要決定自己的群體對待鄰近群體的態度。如果一個群體的酋長同時也是村落的酋長的話（此處的「村落」一詞只狹義的指雨季時期的半永久性的居住地區），他的責任就更為廣泛。他決定定居時期的時間和地點；他監督田園種植工作，決定種什麼植物；更重要的是，他必須順應季

1 米榭爾．德．蒙田（Michel de Montaigne, 1533-1592），法國作家。

節的條件以及整個群體的所有需求去安排族人進行各種活動。

必須立即指出的是，在執行這麼多的功能時，酋長並不具有任何明確規定好的權力，也不享有任何被大眾所承認的權威。權力來自同意，權力靠同意來維持其合法性。任何可鄙的行為（也就是在土著觀點中視為可鄙的行為）或者是一兩個不滿分子所表現出來的惡意不滿，都足以破壞酋長的計畫，危害到他的小社群的福利。這類事情如果發生的話，酋長並不具有任何強制力。他只有在說服所有其他人都同意他的看法的時候，才能除掉不受歡迎的分子。因此他必須具備的並不是全權統治者所應有的權威，而是足以使一個由「不穩定的多數」組成的群體維持下去的能力。單單維持他自己群體的團結並不足夠。他的群體在遊走時期雖然可能處於幾乎是完全孤立的狀態，但對其他社區的存在並非毫無意識。酋長不僅是要做好自己的工作；他還必須要試圖——他的群體要他如此——做得比其他的酋長更好。

在完成這些責任的時候，酋長所擁有的基本的也是主要的權力工具是酋長本人的慷慨。慷慨是原始族群之中的權力之重要性質，特別是在美洲；即使是在只擁有簡陋物品的粗陋文化裡面，慷慨仍然扮演不可或缺的角色。在物質的擁有上面，雖然看不出來酋長是處於特別優厚的地位，但他還是得要有辦法處置一些剩餘的食物、工具、武器和其他物品，由於群體成員普遍貧窮，這些東西不論微薄到什麼程度，仍然可能具有可觀的價值。當一個人、一個家族或整個群體覺得需要點什麼的時候，他們便去找酋長。結果是，慷慨成為一個新酋長最必須具備的特質。這是經常被吹奏到的音符，而群體對酋長的滿意程度便取決於這個音符所得到的回音夠不夠和諧。毫無疑問的，在這一方面，酋長的能力被利用到最極點。群體的酋長是我們能找到的最佳報導人，我知道他們所處的困難地位，也很樂意的給他們慷慨的報酬。但我送給他們的所有禮物很少停留在他們手中超過一、兩天以上。和他們住在一起幾個禮拜以後，當我要離開的時候，群體的成員早已成為那些斧頭、刀子、玻璃珠等等的擁有者了。然而，一般說來，他們的酋長還是和我初到時一樣的貧窮。送給他的所有一切（其數量要比平常普通的成員多出許多）早已都被逼著要走了。這種集體性的貪求無厭常使酋長感到絕望，當這種情形發生的時候，酋長會拒絕贈送禮物。在印第安人的原始民主裡面，酋長拒絕贈送禮物幾乎就等於是在現代國會裡面要求舉行一次信任投票。當一位酋長被逼得說：「我再也不送任何東西了！我再也不願意繼續慷慨下去了！讓別人慷慨吧，別老是要我慷慨！」的時候，他一定要確實對自己的權力信心十足，因為他的統治正在經歷最嚴重的危機。

善於臨機應變、善於想辦法，其實是智識形式的慷慨。好酋長會表現出主動性和技巧，他要負責準備箭頭所用的毒藥；印第安人有時候會玩球戲，酋長得製作遊戲用的野生樹膠球；酋長必須善於唱歌跳舞，必須是個性樂天的人，隨時給群體提供娛樂，驅散日常生活中的無聊枯燥。這一類的功能很自然會導向巫師崇拜，有些酋長事實上也同時是醫療者。不過，這一類種種性質的功能常常只留在幕後，即使有時必須表現巫術性技能，也只不過是酋長功能中的次要因素，比較常見的情形是讓現實世界的權力和精神世界的權力分屬兩個不同的人物。在這一方面，南比夸拉人和他們西北邊的鄰居，也就是圖皮-卡瓦希普人不一樣，後者的酋長同時也是巫師，會做預兆性的夢、看見奇景、進入恍惚狀態、變成靈媒。

南比夸拉酋長雖然主要以現實世界事務為處理對象，他所擁有的技能和應變能力仍然相當可觀。他對他的群體和鄰近群體的經常活動地區必須具備完整的地理知識；他得熟悉獵場，熟悉那些長野果的樹木所在的樹林；他必須知道什麼時候是去獵場或樹林的最恰當時機，他也得知道鄰近的族群會走什麼路徑，是友善的還是懷敵意的。他經常出去勘察或探測，他與其說是在帶領他的群體，倒不如說是在他的群體四周遊走巡邏。

除了一、兩個不具有任何真正的權威，但如果給予適當的報酬時就願意合作的人以外，整個群體的成員和他們活力充沛的酋長相比之下，全都顯得異常被動。好像是整個群體一旦把某些特權交給酋長以後，就期待酋長對整個群體的利益和安全負起全部責任似的。

我在前一章講述過的那個小插曲可以為這種心態提供很好的說明；當我們迷失方向，發現所帶的補給不足時，土著並不組織一個獵隊出去打獵，而是躺下來休息，讓酋長和他的太太們去設法應付這種情況。

我經常想到酋長的太太們。多妻制是酋長才能享受的特權，代表對他所擔負的那麼多責任的一種道德上和情緒上的補償，同時也因此使他具備一個完成那些職責的條件。除了少數例外以外，只有酋長和巫師（如果這兩種功能分別由不同的人扮演的話）可以娶好幾個太太。但這裡的一夫多妻制是一種特殊的一夫多妻制。一夫多妻制原意是指結好幾次婚，但此

一夫多妻之家

婦女哺乳

午睡

夫妻調笑

地的情形實際上是只結一次婚，再加上一種不同性質的關係。第一個妻子扮演著平常的一夫一妻制中唯一妻子所扮演的角色，她依照習慣上性別分工的方式行動：照顧小孩、煮食、採集野果；在這之後的結合雖然也被視為婚姻，但屬於不同的性質。第一個太太以外的太太，屬於比第一個太太更年輕的輩分，第一個太太稱呼她們為「女兒」或「侄女」。這些次要的太太也不遵守性別分工的規則，而是同時參與男性和女性的工作。在營地裡面，他們不做任何家事，只是無所事事，有時和小孩一起玩耍——她們和小孩屬於同一世代——不然就是愛撫她們的丈夫，而第一個太太則忙著起火，準備食物。但是酋長出獵的時候，或出去探險的時候，或從事其他的男性活動時，次要的太太們都陪著他，給他心理上和體力上的支援。這些相當男性化的女孩，是從群體中最漂亮最健康的女孩子裡面挑選出來的，更像是情婦，而不像妻子。她們和酋長之間的關係，充滿一種愛情上的伴侶同志之情，這一

親密時刻

點和第一次婚姻的太太與酋長之間的那種家庭夫妻關係形成強烈的對比。

雖然男人與女人通常不一起洗澡，但一夫多妻的丈夫和第一位太太以外的太太們有時候會在一起洗澡，這種情形會是活潑有趣、嬉鬧不止、笑語不停的場面。到了晚上，他和她們玩，有時候是情愛式的，兩個人三個人或四個人滾成一團，和他緊緊地在沙地上擁抱，或者是像小孩子似的嬉戲。比方說，那個瓦克雷托苦酋長和兩個年紀較輕的太太會一起躺在地面上，成為一個三角星的形狀，然後把腳舉到空中，有節奏地互碰腳板。

這種一夫多妻制的結合因此是將一種多人參與的情愛同志關係加在單偶婚姻制度上面，同時，這又是權威的性質之一，具有心理上的和經濟上功能性的目的。這

溫柔之樂

些太太們通常相處得很好，第一位太太的命運雖然有時候似乎是比較難堪，因為在她丈夫與年輕的情婦們嬉鬧笑聲頻傳的情況下，她仍然得繼續做她的工，有時還得親眼看著他們玩更親愛的遊戲，但她卻一點都無怨意。這些不同性質的婦女角色並非一成不變或硬性劃分不可逾越的，有時候丈夫會和第一位太太一起嬉鬧，雖然這種情況較為少見；第一任太太並非完全和生命中的歡樂無緣。此外，她較少參與情愛的遊戲這一點，由於她比較受人尊重，而且對那些較年輕的太太們具有某種權威，而得到補償平衡。

這種一夫多妻制度，對群體的生命有重大影響。每隔一段時間就把年輕的婦女從平常的婚姻環節中攝走的結果，是酋長自己破壞了適婚年齡的男女性別均衡。年

嬉鬧

輕男子受這種制度之害最大，其中有些人因此而命定要過好幾年光棍生活，不然就是娶寡婦，或娶被丈夫遺棄的老女人。

南比夸拉人對這個問題另有一個解決辦法：同性戀。他們對同性戀的關係有一個富詩意的名詞，稱之為tamindige kihandige，也就是「妄愛」（l'amour-mensonge, lying love）。在年輕男子中比較常見到這種妄愛，而且這種關係遠比男女情愛關係更為公開。妄愛的兩造並不像要進行情愛遊戲的男女那樣躲進叢林的一角去；他們就躺在營火附近，而附近的人嬉嬉哈哈地旁觀。這類插曲是取笑的對象，但一切笑話都相當地有所保留；同性戀的關係被認為是孩子氣的消遣，不必多加注意。至於南比夸拉人的同性戀者是否達成完全的滿足？或者僅只侷限於情感的

捉虱子

表現、互相愛撫，像已婚夫婦經常在公開場合表現情感和愛撫那樣？這一點還不是非常清楚。

只有具「交錯從表」關係的年輕人，才被允許有同性戀的關係，換句話說，只有通常會互娶對方姊妹的男子之間，才准發生同性戀，等於是女孩的兄弟暫時權充代替她。每次向土著問及這一類的關係，他們的回答總是：「他們是侄表親（或舅甥）在做愛。」成人以後，舅甥之間還會繼續公開表現他們之間的情感。兩三個已經身為丈夫與父親的男人，晚上時走在一起，手臂深富情意地環搭在彼此的身上，這樣的場面並非不常見。

不管這一類取代性解決方案的真相到底如何，使這種關係成為必要的那種一夫多妻制，仍然是整個群體對其酋長所做的

懷孕婦女小睡

一項重要讓步。從酋長的觀點來看，他是滿足的，能接近年輕漂亮的女子。這種滿足（基於我已說明過的理由）與其說是肉體上的，不如說是情感上的。不過，這種一夫多妻的婚姻制度，最主要的還是由於它所具有的特殊性質，整個群體是藉它來使他們的酋長可以完滿達成他的種種義務。如果酋長單獨一人的話，他很難負起比別人更多的責任。酋長的那些次要的太太們，由於她們的特殊地位使她們不必負擔女性的一般義務，可以幫助他，給他帶來慰藉。這些小太太們，既是做為擁有酋長權力的酬勞，同時也正是行使酋長權力的工具。或許可以問，從土著的觀點來看，這樣做所付出的代價到底值不值得？如果要回答這個問題，我們必須從一個比較一般性的角度來考察，必須問另一個問題，要問的是：如果把這種南比夸拉群體視為一種基本的社會結構，是否能在討論權力的來源與功能的問題上面給我們什麼啟示？

頭上爬隻猴子的少女

有一點得先趕快加以解決。將南比夸拉的資料和其他證據合在一起加以考慮，就會和那種老式的社會學理論正好相反，那種理論有一段時間被心理分析理論重新提出，該理論認為原始社會酋長的原型是象徵性的父親，因此國家的基型（elementary forms）就是家族的發展。我們在南比夸拉的資料中已看到，在最原基型的權力底下，有一項與生物性現象相比較起來是全新的要素：這項新要素即是同意（consent）。酋長的權力來自同意，同時受同意所限制。那些看起來是單向型的關係，比方說像老人統治、酋長個人統治或任何其他形式的政府，只有在原本已具有複雜結構的群體中才能出現。在我試著描述的這種簡單形式的社會組織裡面，那種形式的政府和統治方式根本不可能出現。在簡單形式的社會組織裡面，情形正好相反，政治關係歸根究柢取決於酋長本人的能力和權威，和群體的大小、團結程度以及善意，只不過是兩者之間的一種協調而已；所有相關的各個因素都互相影響。

編織中的南比夸拉族婦女

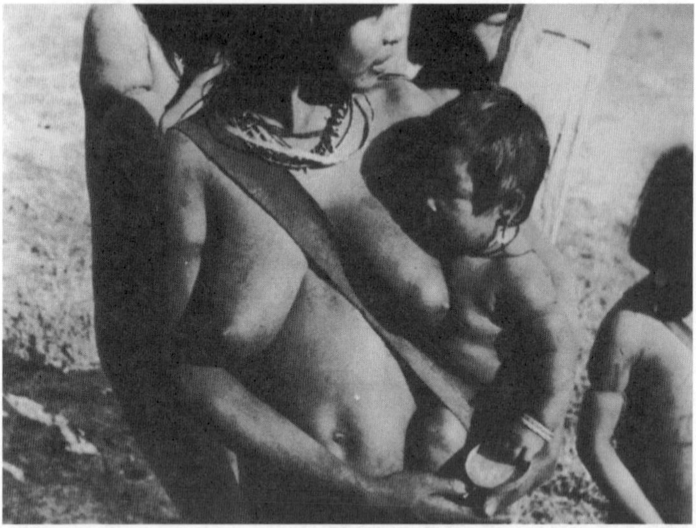

背孩子的婦女

兩名女巫在聊天

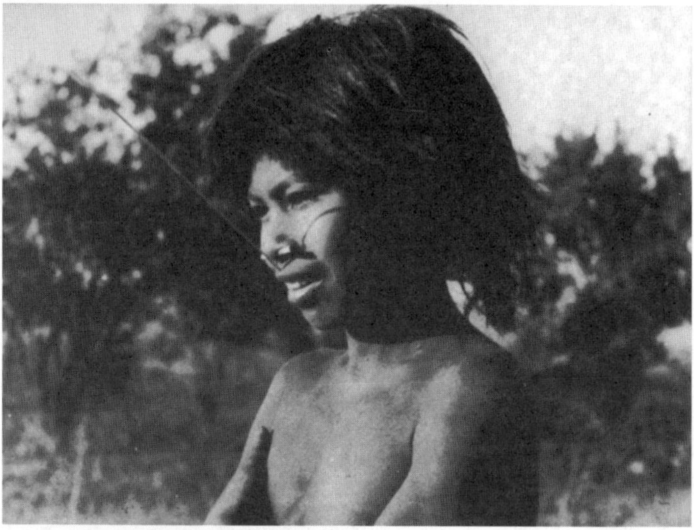

穿鼻針的南比夸拉族少年

做白日夢

當代人類學在這方面能為十八世紀思想家所提出的理論提供相當強的支持，能夠證明這一點將是令人心滿意足的事情。盧梭的分析，和此處所描述的群體中的酋長和群體成員之間的類似契約式的關係並不一樣，這是事實。盧梭所想的是一個性質很不一樣的現象，他所考慮的是個別的人為了群體共有的意志的利益而放棄其個別的獨立性。然而，盧梭和他同時代的人能夠理解到像「契約」和「同意」這一類的文化態度和特質，並不是次級的發明創造，在這一點上面他們表現出對社會學本質的深刻理解，這是仍然正確真實的。持相反看法的人，特別是休謨（Hume），則把「契約」和「同意」等等看做是次級的人為創造，但是事實上「契約」與「同意」正好是社會生活的基本要素，根本無法想像會有任何一種政治組織裡面可以缺乏這些要素。

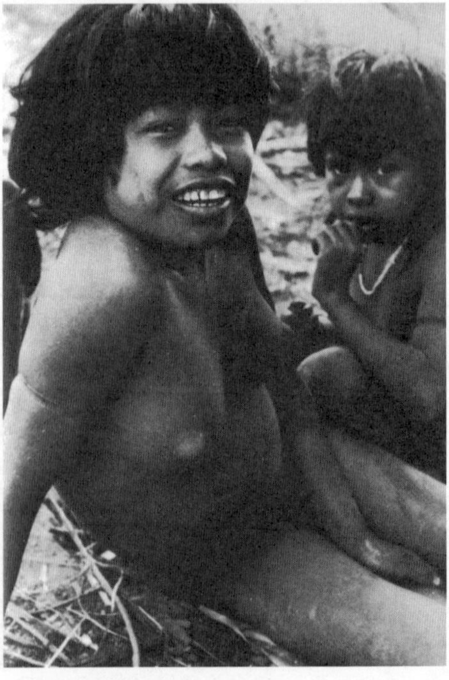
南比克拉瓦族的笑容

以上的說法會導出第二個論點：「同意」是權力的心理基礎，而在日常生活裡面，「同意」具體表現於酋長和同伴之間的供給與接受之過程，這就使「互惠、相互性」（reciprocity）這個概念成為權力的另外一種基本性質。酋長是具有權力，但他必須慷慨。他有很多責任，但他也能有很多個太太。在酋長和他的群體之間，存在著一種不斷更新的禮物、特權、服務與責任的均衡關係。

第八部 | 圖皮-卡瓦希普族

三十、獨木舟之旅

我在六月離開庫亞巴，現在已是九月。這三個月的時間裡面，我在高原上到處旅行，載貨載人的牲畜需要休息的時候便和印第安人一起宿營，不然就是在腦中把這次旅途的過程整理一番，有點懷疑這件事到底有何意義。所騎的騾子顛簸不停，提醒我身體上的擦傷磨傷，這些傷口幾乎已成為我身體很自然的一部分，如果不是每天清早都要被騾子的顛簸弄痛的話，我幾乎要把那些傷口忘了。探險已淡化成無聊。幾個禮拜下來，我看到的就是一片荒漠的矮樹草原往後退去，這草原荒寂的程度到了活生生的植物幾乎和枯死的草葉無法分清的地步。那些枯草葉散落四處，每處均代表一個已被棄置的營地。野火熄滅留下的黑色痕跡，似乎是走往燒毀的自然結論。

我們從烏蒂亞里蒂到茹魯埃納，然後再去茹伊納（Juina）、坎普斯諾武斯和維列納；我們現在正走向高原上的最後幾個站：特雷斯布里蒂斯和巴朗迪梅爾加蘇（Barão de Melgaço）這地方事實上是在高原腳下。每在一個地方小停，我們幾乎都要喪失一條牛：有的渴死、有的累死、有的因吃有毒植物而中毒死亡。有好幾隻牛走在一道腐爛的木橋上時，連行李一起掉進河裡，費了好大的工夫才把行李中那些寶貴的人類學收藏搶救回來。不過此類意外鮮少發生；我們每天都重複同樣的活動；紮營、掛吊床和蚊帳，把行李和載貨牛鞍放在蟲蟻吃咬不到的地方，照顧牲畜，然後第二天把一切動作的順序前後顛倒過來再進行一次。如果有一群土著出現的話，就得換上另外一套流程表：做人口普查，把土著對人體各部位的說法記下來，把親屬稱謂和系譜記下來，各種器物列成清單。我本來預想的逃避行為，卻變成官僚式的例行公事。

已有五個月沒下過雨，所有的獵物都不見了。如果能打到一隻憔悴的鸚鵡，或一條大蜥蜴來放在飯裡面一起煮，就算幸運。如果能烤隻陸龜或黑色飽含油脂的穿山甲，就算美味。大部分時間，我們都只能吃乾肉，好幾個月以前庫亞巴鎮上的一個屠戶替我們準備的。這乾肉切得很厚，捲起來，每天早上我們都把肉攤開，抖出一大堆蟲，這樣做的目的是想使乾肉的味道別那麼難聞，可是過了一夜，又恢復原味了。不過，有次我們獵到一隻野豬；把野豬肉稍稍煮一下就吃，對我們來說其味道比葡萄酒更美妙，每個人最少一口氣吃下一磅肉。那時候，我體會到以前關於野蠻人大吃肉類不知節制的說法了，很多旅行家都提到這點，用以說明野蠻人的蠻野無文。但是，只要試試每天吃野蠻人平日所吃的食物，馬上可了解飢餓的感覺；在此情形下，能夠盡情大吃一頓，不僅僅是令人覺得填飽肚子，簡直是令人覺得進了幸福極樂之界。

自然景觀漸漸有變化。高原中部古老的石英岩層或沉積土層漸漸被黏土層取代。越過草原以後，我們走進一片栗子樹和古巴香脂樹（copaiba）的乾木林，這裡的栗子樹並非歐洲品種，而是巴西原產的栗子樹，學名為*Bertholletia Excelsa*，古巴香脂樹是一種高大的樹木，可取樹脂。河水不再清澈，而是多泥、黃褐、汙濁。隨處可見山崩：山被侵蝕，山腳下形成沼澤，長著高草和棕櫚樹叢。我們的騾子沿著沼澤邊緣走，踩過一片片的野鳳梨園：這些野鳳梨體積小，顏色橙黃，果肉上有黑斑，味道介於普通的鳳梨與覆盆子之間。地面散發出一種我們好幾個月都沒聞到的香味，像熱巧克力那樣，這是熱帶植物和有機物腐化混合起來的味道。這種味道令人立即了解為什麼這樣的土地上會出產可可，就像法國普羅旺斯高地有時可聞到半枯薰衣草所散發出來的味道，使人明白那片土地就是出產松露的地方。我們所爬的最後一片山坡，引我們到達一片陡峻的草坡，直通巴朗迪梅爾加蘇：展現我們眼前的是一望無際的馬查多河（Rio Machado）谷地，延伸入亞馬遜森林；這片森林連綿不斷，長達一千五百公里，一直到委內瑞拉邊境。

在巴朗迪梅爾加蘇有一片片綠色的田園，潮溼的森林環繞四周，Jacu[1]喇叭似的鳴聲隨處可聞。只要到森林裡面幾個鐘頭，便可滿手獵物而歸。我們對食物簡直喜愛到瘋狂的地

---

1 譯注：jacu，吐比族印第安人語，南美洲鳳冠雉的一種，特別是指學名為*Penelope Obscura Jacquacu*的南美肉垂鳳冠雉，這是一種大型的美洲熱帶鳥類，體型大小有點像火雞，分布於茂密的低地森林帶，被認為肉質鮮美，是獵人很喜歡的打獵對象。

步，整整三天時間，我們什麼也不做，就是煮東西吃，此後我們就什麼都不缺了。我們所帶的酒和糖都溶化了，開始吃亞馬遜食物：特別是巴西堅果，磨碎以後放在醬裡面，使醬呈乳白色。我在筆記本中曾記下這些食物實驗，底下是其中的幾項：

——串烤蜂鳥淋威士忌（葡萄牙人稱蜂鳥為beija-flor，「吻花」）。

——烤鱷魚尾。

——烤鸚鵡淋威士忌。

——烤Jacu，配阿賽棕櫚果。

——燉mutum（紅嘴鳳冠雉），配棕櫚嫩葉，蘸巴西堅果與胡椒做成的醬。

——烤Jacu淋糖漿，烤到微焦。

經過這樣暴食狂吃以後，我們也免不了會發誓少吃。我們有時候一連幾天脫不下身上的粗藍布衣服，這種衣服，加上遮陽帽和高及膝蓋的靴子，就是我們的旅行服。然後，我開始計畫旅程的第二部分。從此地開始，沿河旅行比穿越森林更好。加上出發時三十一頭牛組成的牛隊只剩下十七頭，這些牛的情況不佳，即使是在平坦的路面，也不見得能支持多久。我決定把隊伍分成三部分。領隊帶一、兩個人走陸路，到一個採橡膠的集散點把馬和騾子賣掉。其他人留在巴朗迪梅爾加蘇，照顧那些牛，使牛能在肥美草地上恢復體力。老廚師提布齊歐（Tiburcio）願意負責帶領他們，這正好，因為他們都滿喜歡老廚師。他們說他「黑顏色、白品質」——他的血統中有很多黑人血液——這個成語說明巴西農民也並非完全沒有種族偏見。在亞馬遜森林地帶，被黑人追求的白女孩常常說：「難道我是一具白屍嗎？為什麼美洲黑禿鷹會跑來要停在我的內臟上面呢？」這句話指的是常常見到的景象：一隻死鱷魚沿河漂下，上面停著一隻黑色禿鷹，一連幾天的時間都在吃鱷魚的腐肉。

等牛恢復體力以後，他們就往回烏蒂亞里蒂的路上走。我們認為這將不成問題，因為牛不必再載東西，而且雨季已開始把那片沙漠變成一片草原。最後，探險隊中的科學工作人員和其他人負責把那些行李用獨木舟載到有人煙的地方，然後我們分道揚鑣。我自己準備沿著瑪代拉河往前走，進入玻利維亞，搭飛機穿越玻利維亞，經由科倫巴回到巴西，然後再回到庫亞巴，去烏蒂亞里蒂，大約在十二月的時候，和探險隊會合，把整個探險做一結束。

巴朗迪梅爾加蘇電報局長借我們兩艘木板做的輕便船，還派幾個人替我們划船；再也不用和騾子打交道了！我們只要沿著馬查多河順流而下就夠了。在旱季中幾個月下來，使我們粗心大意，沒把吊床放在有遮掩的地方，只吊在河岸的樹中間。午夜的時候，暴風雨突然降臨，聲音有如萬馬奔騰；在我們醒來以前，吊床已變成浴缸；在一片漆黑裡面，我們摸索著想用防水帆布搭個臨時屋頂，但雨勢太大，根本沒有辦法搭起來。覺睡不成了，便蹲在水中，用頭撐著帆布，同時還得隨時注意帆布折疊處，折疊的地方容易積水，得隨時把水傾掉，以免水滲下來。同行的人說故事來打發時間，我記得耶米迪歐（Emydio）所說的一個故事。

耶米迪歐的故事

一個鰥夫有個獨生子，已經十幾歲。有天他把兒子叫來，告訴他該結婚了。兒子問：「要怎樣才能結婚？」他說：「很簡單，去拜訪拜訪鄰居，設法討其女兒歡心。」但我不曉得怎麼討女孩子的歡心！」「唉，彈彈吉他，快快樂樂的歡笑、唱歌就是了！」那兒子照他爸爸的方法去做，跑到女孩家的時候正好碰到女孩的爸爸過世。他的行為觸犯眾怒，被人丟石頭趕走。他回到家，開始抱怨，做爸爸的向他解釋遇到喪事時應該有的舉止。那兒子再一次到鄰居家去，正好碰上他們在殺豬。他記住爸爸的教訓，於是開始哭：「多悲哀呀！他是這麼好的人！我們多喜歡他呀！再也找不到像他這麼好的人了！」鄰居大怒把他趕走。他把這件事說給爸爸聽，爸爸又教他該如何行事才對。他第三次到鄰居家去，鄰居正忙著除掉園中的蛾蝶。這個兒子仍然不知應變，大叫：「多麼美妙多麼豐盛呀！我希望這些動物會在你們的土地上大量繁衍。希望你們永遠不缺乏這種動物！」他又被趕走。

失敗三次以後，爸爸命令兒子建一間小屋。他便去樹林砍樹。狼人在晚上經過他準備建屋的地點，覺得在那裡建間房子不錯，便開始著手進行。第二天早上，那兒子回到建屋地點，看見工作居然大有進展，心想：「上帝在幫我的忙。」心裡很高興。於是他和狼人一起建屋，他在白天蓋，狼人晚上工作，最後屋子建造完成。

為了慶祝新屋落成，年輕人準備殺一頭鹿，狼人準備吃一具屍體。前者在白天把鹿帶去，狼人在晚上把屍體帶去。第二天，年輕人的爸爸去參加落成宴會，發現桌子上擺的是一具屍體，而不是烤鹿肉，便說：「兒子啊，夠了夠了，你一點用也沒有……」

第二天，我們到達皮門塔布埃努（Pimenta Bueno）的時候，雨仍然下個不停，我們得用水桶把水從獨木舟中舀出來。這個電報站位於兩條河匯流之處，一條是和地名同名的河流，另一條是馬查多河。有二十個人左右住在那裡：幾個是內陸來的白人，還有不同部族的印第安人負責維修電報線：其中有瓜波雷河谷來的卡畢夏阿那（Cabixianas）印第安人，有的是馬查多河一帶來的圖皮-卡瓦希普（Tupi-kawahib）印第安人。他們給我提供很有價值的資料，其中的圖皮-卡瓦希普人仍處於野蠻狀態，這些印第安人，根據早期的報告，是被認為已經完全絕種了；稍後我將再描述他們。他們提供的資料中有一個據說是住在皮門塔布埃努河流域不為人知的部族，搭獨木舟要花幾天的時間才到得了他們的地方，我立刻決定去接觸他們，問題是要怎麼去。

正好有個叫做巴伊亞（Bahia）的黑人住在電報站，他是個旅行商人，同時也是個探險家，每年都進行一次奇妙的旅行。他會到瑪代拉河邊的交界站去拿貨，然後乘獨木舟沿馬查多河回來，再沿著皮門塔布埃努河走兩天的時間。從那裡開始，他知道有條森林小路，可以拖著獨木舟和貨物走三天，一直走到瓜波雷河的一條支流，在那裡把貨物以奇高的價格賣掉，因為那個地方沒有任何別的貨源。巴伊亞同意沿著皮門塔布埃努河一直往上走，越過平常他停靠的地點，條件是我得付給他貨物當酬勞，而不是給他現金。在他來說這是很正確的想法，因為亞馬遜流域的批發價格要比我買貨的聖保羅高出許多。我決定給他幾匹紅色法蘭絨布。這些法蘭絨布令我生厭，原因是我曾送給南比夸拉印第安人一匹紅色法蘭絨，第二天早上發現他們從頭到腳都蓋上紅色法蘭絨布，甚至狗、猴子和馴養的野豬身上也披著絨布。南比夸拉人所開的這個玩笑大約過一個鐘頭以後就無趣了，一片片的法蘭絨被丟棄在樹林草叢，再也沒有人加以注意。

我們的隊伍包括四個划槳手，和兩個我們自己的人，向電報站借了兩條獨木舟。開始進行這項臨時起意的旅程。

對一個人類學家來說，再沒有比即將成為第一個到某個土著社會去的白人這件

在皮門塔布埃努河從事調查

事更令人興奮了。到了一九三八年的時候，全世界只有少數幾個地方仍可能得到這項無可比擬的獎賞，數目的確很少，能用一隻手算完。從那之後，這種可能性更是愈來愈少了。我當時就要重新體驗早期旅行者的經驗，透過這種經驗，重新經歷現代思想的一個關鍵性時刻；那時候，由於地理大發現時期的航行結果，一個相信自己是完整無缺並且是在最完美狀態的社會（歐洲）突然發現，好像是藉由一種反啟示（counter-revelation），發現自己原來只是一個更廣大的整體的一部分，並非孤立的；而且，為了自我了解，必須先在這面新發現的鏡子上思考自己那不易辨識的影像。這面鏡子中的一部分，幾世紀以來為人所遺忘，現在就要為我，而且只為我，映出它的第一個也是最後一個影像。

有人也許會認為這一類的熱烈情緒在二十世紀是不合適的。不論關於皮門塔布埃努河的印第安人，我們所知道的是少到什麼程度，我永遠不能期望這些印第安人可能會帶給我和四百年前列維、史塔登和特維第一次登岸巴西時足以比擬的衝擊，再也不可能有西方的眼睛可以有那樣的經驗。雖然他們第一個觀察到的文明發展路線和我們自己的不同，那些文明還是達到了他們的性質所能達到全面發展與完美的地步[2]，然而我們今天所能研究到的社會，卻只不過是些能力已衰頹的社群和被傷害、削弱過的社會形式。今天我們研究的對象，其條件無法和四百年前做比較，任何比較都是虛幻的。不管距離有多遠，也不管這些社會和歐洲文

2 意指曾經達成高度發展的阿茲特克與印加文明。

明之間有多少中間人與中間社會（其間的連鎖關係如果有可能弄清楚的話，應當是非常怪異的），這些社會還是因為歐洲文明而支離破碎。對於一片廣大的無辜的人類來說，歐洲文明等於是龐大無比而且無法理解的大災難。我們歐洲人如果忘記這種大災難正是我們文明的第二面貌的話，將是個大錯誤，我們文明的這一面和我們熟知的第一個面貌同樣真實，同樣無法否認。

人也許不同，但旅行條件卻完全一樣。經歷了令人厭煩的高原之旅以後，溯河而上的經驗使我愉悅，這條河的河道並沒有標示在地圖上，但即使是那些最微小的細節，也令我想起我非常喜歡的老式報導。

首先，必須重新溫習三年前我在聖羅倫斯河學到的那些河中旅行的種種知識，其中包括要對各種獨木舟的優缺點相當熟悉：有的獨木舟是整棵樹幹挖空製成，有的則是幾片木板拼成，又按照規格的大小和形狀的不同而有不同的名字：montaria, canoa, ubá 或 igarité 等等；還得習慣於在水中連續蹲上幾個鐘頭，因為水會由舟縫滲透進去，必須不時用小葫蘆把水舀出去；身體痠痛僵硬的時候必須懂得如何很小心地慢慢移動、舒展身體，因為獨木舟隨時有傾覆的危險，得特別小心（「水沒有頭髮」，這句話是說如果掉進去的話，什麼也抓不著。）；最後，還得有耐心，一旦遇到水道難以航行的時候，得把船上那些精心打包的東西卸下來，帶著它們越過岩石河岸時，也把獨木舟扛過去，心裡很清楚，每經過幾百碼就得重複來一次。

水道的難以航行又分為好幾類：seccos指的是河道乾枯，cachoeiras指的是急流，saltos是瀑布。每一個難以航行的地點都被划槳手很快地安上不同的名字；有的名字可能和地理景觀的某項特色有關，像castanhal（栗子樹叢）或palmas（棕櫚樹叢）；有的則和某次打獵意外事件有關，像veado, queixada或araras；有時候則和旅行者的特性有關，像criminosa是「犯罪者」；或encrenca，這是一個無法翻譯的字，意指被逼到角落；或apertado hora，意即痛苦的一刻（其語源含有焦慮不安的意思）；或者是vamos ver，意即「我們將明白……」。

出發時倒是沒有什麼特別的意外經驗。我們任由划槳手照特定的韻律行動：首先是一連串的短短划動：普羅拍、普羅拍、普羅拍……然後，正式上了水道以後，會在槳葉深入水中的空檔，簡短地在獨木舟緣大力敲兩下，聲音是：鐵普－普羅拍，鐵普；鐵普－普羅拍，鐵普……最後才是正常前進的韻律，槳葉只在每划兩下的時候深入水中一次，另外一次則只輕觸水面，同時輕碰獨木舟，在下一次划動的時候再輕碰二次，其聲音如下：鐵普－普羅拍，虛……虛，鐵普；鐵普－普羅拍，鐵普，虛……虛，鐵普……這樣子往前划，就使槳葉藍色的一面與橙色的一面交替出現，看起來輕得像南美大鸚鵡（aras）在水中的倒影一樣，事實上槳葉和南美大鸚鵡在水中的倒影幾乎難以分辨，這些鳥成群飛越河面，翅膀的拍動完全一致，將牠們金色的腹部或藍色的背部清楚地展現出來。這一帶的空氣已失去旱季特有的那種透明感，在曙光初現的時候，一切事物都被河面慢慢升起的晨霧濃厚的玫瑰色所籠罩。我們一大早就覺得相當熱，但那是間接的熱，等到太陽升起後，就變成比較直接比較確實：本來是一種分散的、四處都有的溫暖的感覺，變成陽光直接攻擊人的臉和手臂，這時候我們了解為什麼會流汗了。本來是粉紅色的霧靄開始加上其他的色調：藍色的島嶼開始出現。霧的顏色在散開的過程中得更為豐富。

溯河而上是艱苦的工作，划槳者需要休息。早上的時間用來釣魚，釣線很簡陋，以野莓子做餌，但仍釣到足夠的魚可以做亞馬遜魚湯；可以釣到淡水白鯧（pacu），顏色金黃，很肥，切片來吃，每片都帶骨頭，像豬牛小排骨一樣，也會釣到piracanjuba，一種紅肉銀鱗的魚；還有豔紅色的dourado；還有cascudo，其殼像龍蝦殼一樣的堅硬，不過顏色是黑的；有斑紋的piapara；還有mandi、plava、curimbata、jatuarama、matrincão……等等。不過，得小心有毒的鱗魚，對電魚（puraké）也得小心，這種魚不用餌就可釣到，但所發出的電擊足以電昏一頭騾子；根據人們的說法，還有比這還危險的是一種小魚，如果有人大膽地直接對著河水小便的話，牠能夠逆著小便往上游，跑進人的腎裡面去……有時候，越過在陡峭的河岸之上森林形成的厚重腐植土，我們可窺見一群猴子的一大堆活動，這些猴子有好多種：guariba（吼猴）、coata（蜘蛛猴）、釘子猴、侏儒狨猴，有一種在曙光初現前一個鐘頭會大吼大叫把整座森林吵醒的猴子，這猴的眼睛形狀像杏仁，舉止像人，毛皮鬆軟光亮，看起來很像蒙古王子；此外還有各種不同的小猴子：saguin（狨）、macaco do noite（夜猴，眼睛像黑膠一樣）、macaco de cheiro（松鼠猴）；gogo de sol（太陽喉嚨猴）等等。往跳躍的猴群隨便射一槍一定會打下一隻猴子；烤過以後的猴子看起來像個變成木乃伊的小孩形狀，兩手握拳；燉來吃的話，味道像鵝肉。

快下午三點的時候，可聽見一陣雷聲，天空布滿烏雲，一片寬寬的、垂直的雨幕把天空遮掉一半。當人們開始猜測雨到底會不會下來的時候，那雨幕會變成條條片片狀，並且開始斷裂，然後出現一片比較淺色的部分，起先閃閃發亮，然後變成淺藍色。這時候，只有地平線的中央仍被雨占住。雲層開始融化不見，其形體先在右邊縮小，然後又在左邊縮小，最後會完全消失。剩下來的只是一片拼湊起來的天空，背景是藍白色，上面有藍黑色的塊塊。這時候就要趕在下次暴雨來臨以前，在森林裡找一個看起來不那麼茂密的地方靠岸。我們會趕快用砍刀砍出一小片空地；把地面清理一下。然後再檢查空地上的樹木，看看裡面有沒有「生手之樹」（pau denovato novice's tree，這指的是有一大堆紅螞蟻的樹，沒有經驗的旅行者把吊床掛到這種樹上以後，一上去睡就全身爬滿紅螞蟻），也要看看有沒有pau d'alho（一種有大蒜味道的樹），或是cannelamerda（大便桂皮糖樹，樹名本身已足以說明箇中原因）。有時候運氣好的話，會發現soveira，在其樹幹上劃一圈，不用幾分鐘的時間就可取得比一頭母牛還多的乳汁。這種乳汁乳白色，多泡沫，如果生喝的話，會在不知內情的人嘴上形成一層橡膠膜；或者是找到araça，這種樹的果子像櫻桃大小，顏色紫藍，有點酸，味道像松脂，其酸性使用來榨這種果子的水起小泡泡；或者是inga，其種子莢裡面充滿細細的甜甜的軟毛；或者是bacuri，其果子好像是從天堂偷出來的仙桃；最後還有assaï，這是森林中的至上美味，摻水以後變成一種濃厚的覆盆子味的糖漿，可以馬上飲用，如果放到第二天的話就會變成一種水果味的、有點辛辣的起司。

我們隊伍裡面的人，有的專心去做這些飲食方面的工作，其他的人則在樹枝底下把吊床掛好，上面覆蓋一層薄薄的棕櫚樹葉。然後就是圍在營火四周說故事的時刻，所有的故事都和幽靈鬼怪有關：lobis-homen，即狼人；無頭馬或有死人頭的老婦人。在每一群人裡面，總會有一個以前出來找鑽石的人，他總是一直嚮往他以前那段貧困得不得了的日子，在貧困中每天卻都有發大財的希望：「我正忙著寫東西（也就是篩沙石）的時候，看見一粒米掉進水槽；那粒米閃閃發光，太美了！我不認為有任何更美的東西存在在這個世界上。當我們注視它的時候，好像電流穿透每個人的身體一樣！」有時候則引發一場討論：「在西羅薩里奧與拉蘭雅爾（Larenjal）之間的一座小山上有塊石頭閃閃發亮。其亮光幾哩之外都看得見，晚上的時候特別亮——也許是水晶吧？——不會，水晶在晚上不會發亮，只有鑽石才會——從來沒有人去找那塊石頭嗎？——哦，像那樣的鑽石，它被發現的時間以及會歸何人所有都是好久以前就已注定了的！」

不想睡覺的人就負責守望，有時守到天明，他們在岸邊觀看野豬、水豚或貘的足跡，試圖用batugue打獵法獵動物，但都不成功：batugue打獵法就是用粗重的棍子敲打地面，每隔一定時間打幾下：碰碰碰。動物會誤以為是水果從樹上掉下來，會按照一定的次序跑來：先是野豬，然後是美洲獅。

我們也常常只是在營火邊簡單地談談當天發生的事情，傳喝馬黛茶，然後每個人就鑽進他的吊床裡去，上面罩著蚊帳，其形狀又像繭又像風箏。蚊帳用棍子和繩子很仔細地搭在吊床上面。躺進吊床裡面以後，每個人會小心地把蚊帳的下垂部分拉起來，使它不致碰到地面，再弄出一個口袋狀的地方，上面放手槍，伸手就可拿到。不用多久的時間，雨就開始下了。

三十一、魯賓遜

我們溯河而上已有四天之久，沿途急流很多，有時在一天之內要把船上的東西卸下再裝上達五次之多。河流流過多岩石的地方，有時被分成好幾條狹窄河道，然後再匯合；河中的暗礁有時把漂流而下的整棵樹絆住，同時也擋住不少泥土和片片塊塊的植物。這樣子形成的小島上面，植物很快生根，連大水所帶來的一片大混亂也對之毫無影響。樹往四面八方長。花在瀑布上面開；很難說到底是這條河在灌溉這個奇妙的植物園，或者是植物和藤類長得太茂密，快把河流悶死。這些植物不但能垂直生長，而且能往空間裡面的任何方向成長，因為地面和河面的界線已經消失了，再也沒有河流，再也沒有河岸，有的只是一片一片亂七八糟的矮樹林，由水流灌溉，這時候，堅實的土地似乎是從泡沫裡浮起生出的。不同的事物如此和諧並存的現象，也存在於動物之間；土著部落需要極大的空間才能生存；但是，此地各種動物如此豐富這件事實，充分證明人並沒有力量擾亂自然界的次序。那些樹搖動不止的原因，並不是因為樹葉受到風吹，而是樹上有很多猴子，好像是有生命的果實在和樹枝共舞。只要把手往水面上有岩石的方向伸出去，就會摸到有琥珀色或珊瑚色巨大硬嘴的野火雞的漆黑羽毛，或者摸到Jacamin像拉長石色澤的藍色羽毛。這些鳥並不躲避我們：牠們像是活寶石，在滴水的藤類植物和滿溢水流的草葉間遊蕩，他們是布勒哲爾[1]所畫的天堂圖的一部分在我眼前活生生重現出來，令人驚訝。布勒哲爾所畫的天堂裡，植物、野獸和人類之間有一種親密的關係，使我們回到以前上帝所創造的一切生物之間尚未有分界的時代。

第五天下午，我們看到一艘窄小的獨木舟停靠在河岸，表示已抵達目的地。附近有片矮樹叢，好像是讓我們紮營的好地方。印第安人的村落離河有一公里的距離，裡面有個農園，最大長度有一百公尺左右，位於一塊蛋形、清理過的地面上，建有三間半圓形的集體住屋，其中央主柱突出於屋頂外面，像桅桿一樣。兩間主屋位於蛋形空間寬邊的

蒙蝶村的田園

兩端，互相面對。第三間位於窄的那一端，這間屋子和跳舞場之間有條小徑穿過農園相通。

全村落人口有二十五人，再加上一個十二歲的男孩子，這男孩子說的語言和其他人不同，據我了解，是個戰俘，不過別人對待他的態度和對待其他小孩沒什麼差別。男人和女人穿的衣服和南比夸拉印第安人一樣少，不過男人都戴一種椎形的陽具護套，像波洛洛人戴的那樣；還有，南比夸拉印第安人有時在陽具上面戴一叢草，這種習慣在這裡比較常見。男性和女性都戴唇塞，用硬樹脂製成，琥珀色；戴項鍊，用珠貝圓盤或塊片串成，甚至用磨亮的貝殼串成。

在蒙蝶村中的空地上

1　老彼得·布勒哲爾（Pieter Bruegel de Oude, 1525-1569），十六世紀荷語區重要畫家。

他們的手腕、手臂、小腿和足踝都綁上棉帶子。還有，婦女在鼻中膈上穿孔，穿上由黑色和白色的圓盤相間排列而成的棒狀物，緊緊地用繩子穿綁在堅硬的纖維上面。

他們的體形外觀和南比夸拉人很不一樣：軀幹粗厚、腿短、膚色很淺。他們的淺色皮膚，再加上有點蒙古種的外觀，使他們之中的有些人看起來像高加索種。他們把全身的體毛都仔細拔除：用手把睫毛拔掉；眉毛則先塗膠，任其硬化好幾天，然後再剝撕開來，連眉毛一起拔掉。頭顱前面的頭髮則剃（更確實的說，是燒掉）成圓圈狀，使前額完全暴露出來。天庭部分則用一種我從未見過的方法把毛髮剃掉：把一條線的兩端扭轉，形成一個圈套，把毛髮放入圈套裡面，線的一端用牙齒咬著，用一隻手把圈套維持開放狀態，另一隻手則去拉線的另一端，這樣子把圈套兩邊的線絞得更緊，在絞緊的過程中也就把毛髮拔除了。

蒙蝶村男子用硬樹脂製成的唇塞

這些印第安人稱呼自己為蒙蝶（Mundé），以前的人類學著作中從沒提到過他們。他們的語言聽起來令人愉快，尾音都加重音，像zip、zep、pep、zet、tap、kat等等，好像是用鐃鈸在打節奏。這種語言和下欣古區（Lower Xingu）的某些方法相近，也和最近記錄到的瓜波雷河右岸支流的語言接近，瓜波雷河右岸支流的河源很接近蒙蝶居住的地域。就我所知，從我那次和他們碰面以後，再也沒有人接觸過他們；唯一的例外，是個女傳教士，一九五〇年之前不久，她在瓜波雷河上游碰見過一、兩個。我在他們那裡待了一個禮拜，相當滿意；我很少碰到像他們這麼好的主人。他們的舉止直接了當，相當簡單、有耐心而又真正的友善。他們帶我去看他們的農園，在農園裡面種著玉米、木薯、番薯、花生、煙草、葫蘆和大大小小不同種類的豆子。他們在清理一片地要種東西的時候，會把棕櫚樹頭留著不清除，樹頭上會生白色的肥蟲，是他們很喜歡吃的美食：他們

蒙蝶族婦女與她的孩子。小孩雙眉塗膠，等膠硬後，連眉毛一起拔掉。

的田園因此不但是種植物的地方，同時也是畜養動物的地方。

圓形小屋裡面有外頭漫射進來的光線，陽光也從縫隙處直接照進去形成斑斑光點。這些小屋的建築過程相當仔細，先把柱子豎立圍成一圈，頂端再彎曲成叉狀排列，都彎成某個角度，形成屋子內部的扶壁，上面掛起十個左右由棉布結成的吊床。所有圓柱在離地四公尺左右的地方碰在一起，和中央的那根穿透屋頂的柱子聯結起來。柱子上面再放上平面的、圍成圈圈的樹枝，樹枝上面再放上棕櫚，棕櫚葉子都編起來向著同一個方向，互相疊起來像瓦片那樣。最大型的屋子直徑十二公尺左右，裡面住四個家族，每個家族各占住兩根扶壁之間的空間。六根扶壁之間一共形成六面牆壁，但其中有兩面相對的牆壁

蒙蝶村圓形小屋內部

上開了門，這裡的空間就沒有人住，以利於來往走動。我整天待在這間屋子裡，坐在土著所用的小木凳上面。木凳由橫切的、中間挖空的棕櫚木頭製成，倒過來放著坐。我們吃用陶製盤子燒烤的玉米粒，喝用玉米製成的叫做chicha的飲料，喝起來又像啤酒又像湯。裝飲料容器是葫蘆，內部塗著一層黑漆，外面則有雕刻出來或燒炙出來的線條、鋸齒、圓形或多邊形的裝飾圖案。

雖然我不懂他們的語言，也沒有通譯，我還是嘗試著捕捉蒙蝶人思考方式的某些面貌，譬如說其群體的組織結構、親屬制度與親屬稱謂、身體各部分的名稱、顏色的名稱等等。我用經常隨身攜帶的顏色表問到了顏色的名稱。親屬稱謂和身體各部分的名稱、顏色與形狀（比方說雕刻

兩位蒙蝶族母親

在葫蘆上面的圖樣形狀）常具有一些共同的特徵，使其性質介於語彙與文法之間：其中每一組字詞都形成一個體系，不同的詞語被用來排列或混淆其所欲表達的關係，使我們可以做出一些假設，即使這些假設只不過和某個個別社會的特殊性質有關。

然而，雖然我懷著熱情著手進行這些工作，做完之後卻留給我一種空虛的感覺。

我以前很想接觸到野蠻的極限；我的願望可以說是達到了，我現在面對著這群迷人的印第安人，在我之前沒有任何白人與他們接觸過，也許以後也不會有白人和他們接觸。經過這一趟迷人的溯河之旅以後，我的確找到我要找的野蠻人了。但是，老天，他們是過分的野蠻了。由於我

蒙蝶人射箭，請注意右手的姿勢，稱為「地中海式」，與波洛洛族及南比夸拉族常用的美洲姿勢不同。

是在探險旅程的尾聲才找到他們，沒有足夠的時間真正去了解他們。我手中有限的資源，我自己和同伴們疲憊至極的身體狀況，更因雨季而引發的熱病變得更糟，使我只能做短暫的停留，像在叢林中學習一小段時間那樣，而不能待幾個月做研究。他們就在眼前，很樂意教我有關他們的習俗與信仰的一切，但是我卻不懂他們的語言。他們就像鏡中的影像一樣近在眼前，我可以觸摸得到，卻不能了解他們。我自己——還有人類學這門專業——或許都犯了錯誤，誤以為人未必都是相同的；誤以為有些人較值得注意，因為他們的膚色或習俗讓我們驚訝；誤以為我只要成功地猜到這是怎麼一回事，他們的奇特性就不復存在，那我大可留在自家的村落就好。抑或，像在這裡的情況，他們保有著奇特性，結果，這對我而言一點用處也沒有，因為我甚至無法窺得這奇特性的一絲端倪。在全然了解與全然不解的兩極之間，我們人類學家是拿什麼樣曖昧含混的案例當作藉口生存下去的呢？歸根究柢，人類學的研究觀察只進行到「可以理解」的程度，然後就中途停止，用一些被某些人（土著）視為理所當然的習慣來使其他人（讀者）感到驚訝——而事實上兩種人是十分相似的。當這麼作使讀者感到迷惑的時候，受騙的到底是那些對我們深信不移的讀者呢？還是我們這些人類學家？在還沒有把我們的虛榮心所依賴的最後那點殘渣完全去除之前，我們都不應該感到自滿。

然而，即使我聽不懂住在這片土地上的人所說的話，土地本身卻能直接對我說話。在那令我神迷不已的沿河景色之外，或許我的祈禱會成真，可以得知這片原始土地及其居民的祕密。這項祕密到底藏在哪裡？這一片混亂的表面，既是所有也是什麼都沒有，在它底下到底隱藏了什麼呢？我可以挑出某些個別的現象，將之抽離開來；但是我所挑出來的這棵樹、這朵花，是不是就是祕密之所在呢？很可能是在別的地方。會不會這令我心醉神迷的整體只是錯覺？如果我將裡面所有東西一件件分開來檢視，就會一件件地失去？如果我必須接受這個事實，我希望至少能夠從整體上來掌握它，也包括所有的構成部分在內。我用檢察官一般的眼睛環顧四周，然後縮減範圍，只注意一片泥濘水湄，或一枝草葉；沒有任何事實可以證明——如果我這麼做了之後再度將視野放寬——我不會在這個意義不明的地帶發現一片每天都有最真實的野蠻人頻繁出沒的布洛涅森林（Boisde Boulogne，位於巴黎附近的森林）——雖然看不到任何屬於禮拜五（《魯賓遜飄流記》中的野蠻人名字）的腳印。

回程沿河而下的航行，速度相當快。這一次，那些仍然深為這些招待我們的印第安人所

順流而下巴拉那河遇到激端，搬船而行。

困惑的划槳手，不願意在任何有急流的地方停留下來卸貨搬船，而是直接讓船頭朝向浪濤洶湧的水面。當兩岸景觀急速倒退的時候——有那麼幾秒鐘——我們以為我們一定會撞到什麼東西而被擋住並劇烈搖晃，然後，一切突然靜寂下來，我們已在越過急流的平靜水面上，這時候我們才會開始感到頭昏目眩。

只花兩天的時間，我們便回到皮門塔布埃努，我訂下一項新計畫，需要一番解釋才能讓人了解。在一九一五年，龍東快結束他的探險以前，發現幾群說圖皮語的人，他和其中三個族群接觸過，但其餘的一直深懷敵意。他們之中最大的一群定居於馬查多河的上流，從左岸起要走兩個鐘頭，位於一條名叫「小豬河」（Igarapé do Leitão）的小支流上面。這個族群就是「塔克瓦提普」（Takwatip）族群或宗族，意即「竹族」。不過，用「宗族」（clan）這個名稱，是否合適是有商榷餘地的。圖皮-卡瓦希普族群都各自形成單一的村落，很具排他性地固守各自的獵場疆界，他們與鄰近族群互通婚姻大抵以結盟為目的，而非因為遵守某些嚴格的婚姻規則。塔克瓦提普族群的首領是阿拔塔拉酋長（Chief Abaitara）。與他們在河岸同一邊的族群包括：北邊有一個其內情外人一無所知而由一位叫皮查拉酋長（Chief Pitsara）所領導的族群；南邊位於塔姆里巴河岸（Rio Tamuripa）的伊波提瓦（Ipotiwat）族群（「伊波提瓦」是一種蔓藤植物的名字），其酋長名叫卡曼德賈拉（Kamandjara）；位於塔姆里巴河與卡古拉河（Igarapé do Cacoal）之間的是賈波提費族群（Jabotifet，意即「龜族」），其酋長名叫麥拉（Maira）。在馬查多河左岸姆貴河（Rio Muqui）河谷則住著巴拉那瓦（Paranawat，意即「川河族」）族群，任何人想與之接觸，他們皆報以一陣箭雨；再往南一點，於伊塔匹西河（Igarapé de Itapici），另有一個不知名的族群。以上就是我在一九三八年所能得到的消息，其來源是得自那些早在龍東委員會時期就定居在這一帶的採橡膠者。龍東本人的報告中，有關圖皮-卡瓦希普族的消息非常零星。

和在皮門塔布埃努電報站已文明化了的圖皮-卡瓦希普人交談，我從而得知了二十個左右的宗族名。此外，學者與人類學田野工作者尼姆衍達朱的研究，也幫助我們了解一些這個部族的歷史。「卡瓦希普」這個名稱頗像以前一個圖皮族的名稱，該圖皮族的名稱為「卡拔希拔」（Cabahiba），十八世紀與十九世紀的文件中常常提到卡拔希拔族，當時他們分布於塔帕若斯河的上游與中游。他們似乎是慢慢的被另一個圖皮族，即孟杜魯古族（Mundurucu）趕出原住地。他們被漸漸往西趕的時候，分裂成幾個部族，其中為人所知的只有帕林廷廷族（Parintintin），分布於馬查多河下游，及更南邊的圖皮-卡瓦希普族。因此，這些印第安人很可能是亞馬遜流域中下游強盛的圖皮族之後代，他們分布於沿海一帶，其文物的輝煌曾為十六、十七世紀的旅行者所親見；他們無意之間所造成的影響，使文藝復興時代的政治與道德哲學踏上後來導致法國大革命的路線。如果成為可能是第一個親身走入仍然維持著原貌的圖皮族村落的白人，就好像搭一座橋，橫跨四百年的裂隙，而與列維、史塔登、蘇沙[2]、特維，甚至是蒙田並駕齊驅。蒙田在《蒙田隨筆》中討論有食人習俗之部族的那篇文章裡，曾就他和在魯昂所遇見的圖皮印第安人的對談寫了不少感想。和圖皮印第安人對談的確是一項莫大的誘惑！

在龍東與圖皮–卡瓦希普印第安人接觸的時候，塔克瓦提普族在一個野心勃勃、精力充沛的酋長領導下，正在擴張其權力，把不少其他族群置於其權威之下。在幾乎像是沙漠一樣的高原上面待了幾個月以後，龍東的夥伴們對於阿拔塔拉酋長領導下的印第安人，在潮溼的森林和在「伊加波斯」（Igapos，意即會泛濫的河岸），所開墾出來的數以哩計（在偏鄉習慣用很誇張的語言）的田園讚賞不止，大為驚訝。這些田園使印第安人有餘糧供應給當時的探險者，那些探險者已處於饑餓的邊緣好一段時間。

和塔克瓦提普族接觸了兩年以後，龍東說服他們將其村落移到馬查多河右岸，直至今天為止仍然在國際地圖上標示著印第安村（Aldeia dos Indios）的地方，位於聖佩德羅河（Rio São-Pedro）河口，南緯十一度五分，西經六十二度三分。這地點做地理普查比較方便，比較容易取得食物供應和幫忙划獨木舟的印第安人；河流均被急流、窄流與瀑布打散成幾條小支流，在這些河流上，印第安人乘著他們輕巧的獨木舟，是在這類河川上面航行的專家。

此外，我還取得一份關於這個新成立的村落的描述，這新村落目前已不存在。龍東抵達那個在森林中的村落時，據他的描述，村落的屋子是長方形的，沒有牆，只不過是以棕櫚葉覆蓋成兩面傾斜的屋頂，架在立於地面的樹幹上。我所取得的有關新村落的描述，其情形與

2 蘇瓦雷斯・德・蘇沙（Gabriel Soares de Sousa, 1540-1591），葡萄牙裔的巴西歷史學者。

龍東所描述的一樣。二十間左右的房屋，每間規格大約是四公尺乘六公尺，排成一個直徑二十公尺左右的圓環，圓環內部只有兩間較寬敞的屋子，規格是十八公尺乘六公尺，其中一間是阿拔塔拉酋長和他的幾個太太以及未成年小孩們的住屋，另一間是他已婚的最小兒子的住屋。他的兩個年紀較長的兒子仍是單身，像其他人一樣住在外面那圈房子裡面，他們像別的單身漢一樣，都到酋長的房子去進食。在中央的屋子與外圈的屋子之間的空間，有家禽走動的小徑。

這種格局的村落和十六世紀作家們所描述的圖皮族村落住屋格局已有很大的不同，不過，阿拔塔拉酋長所率領的五、六百個印第安人的村落，與現在的印地安人的情況比較起來的差異，要比上述差異大得多。一九一八至一九二〇年之間的一場流行感冒，使他的村落人口驟減到只剩二十五個男人、二十二個女人和十八個小孩，阿拔塔拉酋長則在一九二五年被謀殺。馬查多河上游的皇帝阿拔塔拉酋長被謀殺以後，村落中又開始一場暴力爭鬥。包括謀殺阿拔塔拉的兇手在內的四個人都在同一年（一九二五）被殺，動機都是和感情糾紛有關的報復。不久以後，剩下來的人決定拋棄那個村落，遷移到皮門塔布埃努電報站去住，溯河而上，乘獨木舟走兩天。在一九三八年，整個族群只剩下五個男人、一個女人和一個小女孩，他們會講一種葡萄牙方言，似乎已成為當地新巴西社區的一部分。看起來這似乎就是圖皮－卡瓦希普人之歷史的最後一幕了，至少是馬查多河右岸的所有圖皮－卡瓦希普人的最後一幕，除了在姆貴河河谷左岸的那群無人可以接近得了的巴拉那瓦人以外，大概就沒有圖皮－

卡瓦希普人了。

然而，我在一九三八年十月抵達皮門塔布埃努的時候，聽說三年前有一群前此無人知曉的圖皮－卡瓦希普人在河岸出現。過了兩年，同一群人又被人碰見。阿拔塔拉酋長目前僅存的兒子（他名字和他父親一樣，以下的描述中也將稱他為阿拔塔拉），目前待在皮門塔布埃努，他曾去過這群圖皮－卡瓦希普人的村落。村落位於森林中間，完全與外界隔絕，從馬查多河右岸走路進去要兩天時間，沒有任何小徑可尋。這群人的首領向阿拔塔拉做過承諾，說兩年以後他們要到阿拔塔拉居住的地方回拜他。他們回拜的時間，正好差不多就是我們到達皮門塔布埃努的時候。這項承諾對居住在電報站附近的土著而言非常的重要，因為他們嚴重缺乏女性（成年男女比例是五比一）；阿拔塔拉告訴他們說，他所見到的那個前此無人知曉的聚落女性過剩。阿拔塔拉本人的太太已去世多年，很希望藉著與他野蠻的族胞建立友善關係而能續娶。在此情形下，我費了相當大的工夫，說服他答應做我的嚮導，帶我去和他們見面。他對此事的可能結局不樂觀，但仍然答應了。

上岸進入森林的地點，離皮門塔布埃努電報站的距離乘獨木舟順流而下要航行三天，位於一條匯入馬查多河的小河口，那條河是小豬河。從那裡上岸可走路到森林中的圖皮－卡瓦希普人的村落。在離兩河交會地點不遠，我們發現一塊小規模的自然形成的空地，不致淹水，因為該處的河岸高出水面好幾公尺。我們卸下工具和裝備：那是準備送給土著的小箱小箱的禮物：乾肉、豆子和米。我們紮起一個比平常更為結實的營帳，要能維持到我們回來的時候。做這些工作，加上準備行程，共花掉我們一天的時間。情況頗為複雜。我前面已提過，我不得不和一部分的隊員分開。而探險隊的醫生維拉（Jehan Vellard）又不幸染上瘧疾，不得不先到一個採橡膠者的小集散地去休息，到那裡，乘獨木舟順流而下要走三天（在這些不易航行的溪流裡面，溯河而上要花比順流而下長兩三倍的時間）。因此，實際參與工作的人就只剩下我的巴西旅伴法利阿（Luis de Castro Faria）、阿拔塔拉、我自己，再加上五個人。五個人

與圖皮－卡瓦希普族在馬查多河邊紮營

裡面有兩個留下守營，三個和我們一起進入森林。我們人數很少，每人又得帶吊床、蚊帳、毯子、武器和彈藥，因此，除了一點咖啡、乾肉和木薯醬以外，什麼都無法帶。木薯醬是用木薯製成，先泡在河水裡面（這也就是其名稱的來源），然後發酵：變成礫石塊狀，很硬，要吃的時候，如果加適當水分，味道很好，有點像奶油。此外，我們把希望放在沿途發現的巴西堅果，這種堅果在這一帶數量不少。把一顆大堅果（如果從離地二十到三十公尺的樹頂掉下來的話，這種堅果的硬球形殼可以打死一個人）放在兩腳之間，使勁用砍刀敲開，裡面有三十到四十顆三角形的果仁，還有乳狀、帶藍色的汁液，這些果仁和汁液足夠好幾個人飽餐一頓。

我們在黎明前出發。先走過好幾個 lageiros，也就是一片片尚未被沖積土覆蓋的高原岩石，上面幾乎是一片光溜，什麼也不長；然後，走過一片片長著矛形被稱為 sapézals 的高原草地；過了兩個小時以後，我們進入森林裡面。

三十二、在森林中

從孩提時候開始，海洋即令我興起複雜的感想。海岸，以及退潮時候海洋暫時退讓出來的那片額外空間，深深吸引著我；那片每隔一段時間就會出現的額外空間，海潮與人類不停地爭著要控制它；它代表大自然對人類事業的挑戰，也代表一個隱藏著的想像不到的宇宙，因而深深吸引著我；觀察潮間帶時可能發現的事物，對想像力是極大的刺激。切利尼[1]與十五世紀的義大利藝術大師比較起來，我覺得我比較親近切利尼。我像切利尼一樣，喜歡在退潮的時候去海灘漫步，循著陡峻海岸所形成的那條路線，採集多孔的礫石，採集貝殼，它們的形狀和線紋被海洋侵蝕改造，或者被植物的根莖纏繞成奇形怪狀。我用海灘撿拾回來的東西成立一個私人的小博物館，用這些飄浮來的、沖刷來的雜七雜八的東西組成一個博物館，其觀賞性並不低於任何收藏傑作的博物館；更進一步說，博物館那些傑作雖然是人類心靈內部而非外部活動的創造物，基本上可能和大自然界所創造出來的沒什麼太大的差別。

1 譯注：本韋努托．切利尼（Benvenuto Cellini, 1500-1571），十六世紀義大利雕塑家、音樂家、作家。

但我既非船員也非漁人，這一大片的水還是使我覺得受挫，這一大片水偷走我的半個宇宙，甚至在內陸也可感到其存在，而且使整個荒野顯得更為淒涼。在陸地上常見的多樣性，我覺得海洋將之一舉毀滅；海洋提供一大片空間，還有種種不同的色調供我們思索，但其代價是，這麼一大片令人難以忍受的單調，以及這麼一大片的平坦，而其中並無任何縫隙藏著可誘發我想像力的種種驚奇。

還有，我從海洋那裡得到的種種誘人之處，在現代世界中已不復存在。大多數的歐洲國家，都任憑其海岸擠滿別墅、旅館和賭場，好像某些老化中的動物，在身體四周長出一層無法穿透的、愈來愈厚的毛皮那樣，牠們的皮膚已無法呼吸，也因此加速老化的過程。海岸不再像以前一樣，向我們預示海洋的寧靜孤寂性質，它現在已經變成了戰場，人類在此戰場中每隔一段時間就動員一切力量來征服自由，同時把自由的價值否定掉，創造出使大家同意互相剝奪自由的狀態。海灘，一度是海洋向我們展示遠古時期大變動的產物之地，向我們展示一大堆令人驚訝的事物以顯示大自然界永遠是超出人類想像之外的；現在卻被成群結隊的人們踐踏，只成為羅列展示一大堆奇醜無比的垃圾的地方。

因此，我就比較喜歡山，而不那麼喜歡海，幾年以來這種喜愛已成為一種嫉妒性的情感。我討厭那些和我一樣喜歡山更甚於喜歡海的人，因為他們對我們珍愛的孤獨構成威脅；但同時我也看不起那些認為登山只是害身體過度疲累，而且嫌深山密林中視野不夠遼闊的人，他們無法體驗山嶽在我身上所引發的情緒。

只有在整個社會都一致承認山嶽比海洋更好，同時又讓我能單獨擁有山嶽的時候，我才會感到滿足。應該說明的是，我對山的熱情並不包括那些非常非常高的山；那些很高的山所能提供的快樂雖是無法否認的，但我嫌它不夠明確，令我失望；很高的山所提供的快樂，有時是強烈的體質性的，甚至是器官性的，特別是爬那些山所需要的體力，然而，這些快樂卻都停留在形式層面，甚至是抽象的層面，因為那樣的活動需要高度集中注意力，迫使人全心投入很複雜的工作上面，而其性質接近於機械學與幾何學，這也是事物本然的現象。我喜歡的是被稱為「牧牛帶」（la montagne à vaches）那個區間的山地，特別是在海拔一千四百公尺到二千二百公尺之間的部分：這個高度還沒高到會使自然景觀變得貧瘠的地步，不過也已不易種植農作物，但大自然卻在這一帶呈現出一種間歇無常的、灼熱的生命現象。在這個海拔的台地上面，它保存了比山谷底下的土地更少被人征服的面貌，和我們喜歡錯誤地想像它是人類最早知道的土地之樣貌比較接近。

海洋的景觀給我的感受是稀釋的，山嶽則是濃縮的。山嶽的景觀實際上真的就是濃縮的，因為在同樣的直線距離裡面，山的褶疊造成較大的表面積。還有，這個比較濃密的宇宙，其潛在能力比較不那麼容易用盡；山上瞬息無常的天氣，加上高度變化、暴露程度與土壤性質的差異，使不同的山坡、不同的層次、不同的季節之間的對比變得更為明顯。我和很多人不同，當我身處一個狹窄的山谷裡面，兩邊的山接近得像牆一樣，上空只能看到一小片天空，太陽在幾個小時之內就越過了，我很少為此感到沮喪難過。相反的，我覺得這種垂直的景觀充滿生氣。這樣的自然景觀不僅僅是被動地承受我的注視，像一幅圖畫那樣，其細部可以在維持一定距離的情況下，毋須任何親身參與就能了解，這種景觀邀請我前去對談，在對談之中兩者都要盡最大的努力。我必須做出的讓步，是檢視研究這類景觀時所必須耗費的體力，只要做出這樣的讓步，這自然景觀便允許我了解其存在。山嶽的景觀，既難駕馭，又深具吸引力，永遠把它的一半遮蔽起來，不讓我瞧見，但這種遮蔽的目的只是為了讓我在完成了上山與下山的行動之後，可以將這兩半結合互補而獲得全新感受，它似乎在和我共舞，在此舞蹈之中，我感覺到如果我能了解引起這一切的偉大真相的話，我應該能更加悠游自如。

然而，現在的我被迫不得不承認，我雖然不覺得自己有什麼變化，但我對山嶽的愛是在慢慢消逝，好像浪潮沿著沙灘退去那樣。我的思想維持不變，是山嶽本身漸漸離我而去。同樣的快樂現在已不再有那麼鮮明的感覺，因為我享受這種快樂太久又太專注了。在那些我經常走的路徑兩邊，即使本來是驚喜的，都已變得熟悉；我不再從羊齒植物與岩石之中攀爬，而是在回憶中的那些殘影間往上爬。我的記憶也已漸漸喪失其魅力，原因有二：一、使用過度已使其喪失新鮮感；二、更重要的是，這麼幾年下來，我得做愈來愈大的努力，才能取得一種快感，而且這快感本身給我的感覺也一次比一次淡薄。我已開始老了，而我所得到的唯一警告是：我那些一向清晰無比的計畫和藍圖之輪廓，都開始有些模糊了。我仍然有能力完成以前做過的計畫，但是我已沒有能力保證，完成這些計畫會如同以往那樣經常毫無差錯地帶給我滿足感。

現在吸引我的是森林。我發現森林擁有山嶽所具有的魅力，而且是以一種比較和平、比較親人的方式展現出來。花這麼多的時間穿梭於沙漠一般的巴西中部草原以後，我已能夠重新欣賞古代人深深喜愛的粗獷的大自然：新生的草、花以及灌木叢所具有的那種滋潤的清涼。結果是我無法再對多岩石的法國塞文山脈懷抱以前那種無商量妥協餘地的愛情了；我開始明白，我們這一代人對普羅旺斯地區的那份熱烈情感，是我們自己創造出來的奸計，這種奸計已開始在欺騙我們自己了。為了獲得發現新事物的快感——我們的文明正在剝奪我們的這項無上愉悅——我們把那些應該可以用來使新奇事物本身就具有價值的那些事物都犧牲掉了。那一類的大自然已被忽視了這麼久，使人已經失去了充分完全地享受它的能力。現在我們已經喪失了「比較真確」的那一類大自然，我們只好降低我們的野心，把標準降到「目前尚可得到」的那類大自然上面，讚頌它們的乾燥與堅硬，因為從此以後，我們所能掌握的大自然的形式就只有這些了。

然而，在被迫不斷前進時，我們把森林遺忘了。森林的生命密度絲毫不亞於我們的城鎮，而居住其中的生物形成一種社會，它比沙漠更有效地把我們拒斥於森林之外。不論是高原上的荒漠，或是普羅旺斯地區陽光處處的山巒，我們卻都能狂熱地往裡面侵入。而一個由樹木和植物所形成的社區，卻能與人保持一段距離，並且很快地把被人干擾過的痕跡遮蓋起來。森林比較不易侵入，想進入森林裡面的人，得像爬山一樣做出讓步，但森林對人所要求的讓步要比山嶽對人所要求的更為直接了當。森林的範圍沒有龐大的山脈那麼遼闊，會很迅速地把一個有限的世界封閉起來，形成一個和沙漠裡面的荒地一樣完全的隔絕環境。在那片隔絕裡面，一個由草、花、菌、昆蟲等所組成的群體維持著不受干擾的獨立存在，而我們只有在具有足夠程度的耐心和謙卑之情時，才能進入那個世界裡面。幾十碼方圓的森林就足以把外界完全隔絕；進入它就是進入另外一個世界，在那個世界裡面，眼睛所見到的不再是那麼美觀，然而此視覺更接近靈魂的聽覺與嗅覺，卻得以完全獨立發揮。像沉靜、涼快、平和這些我們以為早已消失的恩寵又再一一重現。和植物世界親密的接觸給我們帶來目前的海洋已拒絕提供的，而山嶽只有在我們付出極高代價以後才肯提供的東西。然而，就我而言，要確信以上所講的，必須得先使森林以其最惡毒的形式強加在我身上，然後我才能了解到其普遍的特性。事實上，我現在正要進入其中以便能遇見圖皮－卡瓦希普人，他們的森林與我們歐洲的森林之間差別太大了，大到很難找到字眼加以描述的程度。

由外表看來，亞馬遜森林看起來像是一大堆凝固了的泡泡，是不斷累積的綠色膿腫；好像是某種病變侵襲了整片河流景觀的每一個部位。但是，只要你打破其表皮，往裡面走，一切便都改觀：由內部來看，整個混亂的一團變成一個龐大的宇宙。整座森林不再只是地球上的一處混亂景觀；它可以被視為一個全新的行星世界，像我們自己的星球一樣豐饒，而且正在取代我們的星球。

一旦眼睛習慣於辨識森林裡面各個靠得很近的水平層次以後，一旦心智克服那種被完全遮蔽的最初印象以後，便可看見一個複雜的體系展現在我們面前。即使所有不同的層次並不平均，分界線也有些模糊之處，然而還是可以分辨出互相重疊的層面，都展現同樣的模式：首先是不過一個人高的植物和草叢的頂端；在那上面，則是樹木蒼白的樹幹和一叢叢的蔓藤植物，暫時享受一片還沒被其他植物覆蓋的空間；再往上面，這些樹幹和蔓藤枝都被粗壯矮樹的葉子或野生香蕉樹（pacova）的紫紅色花朵遮住；往上，樹幹與蔓藤枝突然又短暫地從這一片植物泡沫中出現，但往上很快又隱沒到棕櫚葉裡面去了；然後又在更高的地方再出現一次，在這裡可以看到第一批水平伸展的枝幹，沒有葉子，但蓋滿了蘭科和鳳梨科（Bromelinceae）一類的寄生植物，就像船桅上面纏著繩索那樣；然後，在人類視線看不見的地方，這個植物世界以一些龐大的圓頂覆蓋而完成，那些圓頂有的是綠色，有的則一片葉子也沒有，在後者的情況中，上面則蓋覆著白色、黃色、橙色、紫色或紅紫色的花；歐洲來的觀察者會因看到這片世界像春天一般的清新而大感驚訝，這種清新的規模是如此龐大到不成比例的程度，觀察者所能想到的、唯一可資比較的是秋天的歐洲樹木那一片遼闊華麗的鮮豔。

而在旅行者的腳底下，還有一些和這些往上空升起的層次構成對照的另一種層次。認為自己是走在土地上只是一種幻想，因為地面事實上是淹沒在一層深厚的、不穩定的、互相交錯的一大堆根莖、新生的根系萌芽、枝葉叢和苔蘚的底下；每當找不到堅實的落腳處時，都會有往下深陷的危險，有時會陷得很深。而隨身帶著魯西達使得前行的步履變得更加困難重重。

魯西達是一隻小母猴，紫皮灰毛，像西伯利亞松鼠那樣，有條會抓東西的尾巴。她屬於絨毛猴屬（Lagothryx），一般稱之為「大肚子」（barrigudo），因為這種猴子的肚子通常相當大。一個南比夸拉婦人把她送給我，當時她只有幾個禮拜大，婦人用嘴餵她，白天晚上都讓她纏在頭髮上面；這隻小猴子攀附在婦人的頭髮上，把婦人的頭髮當成母猴的毛皮和脊骨（母猴通常會把小猴背在背上）。我設法用奶瓶來取代嘴對嘴的餵食方式，在瓶中摻點威士忌，就能使小猴子呼呼大睡，這樣子我便慢慢的可以在晚上自由行動。但是在白天時，魯西達無論如何只願意接受一種妥協式的安排：她肯放棄我的頭髮，而改成攀附在我的左腳靴子上面，她用四肢緊緊抱住靴子，抱在腳板上面不遠的部位，從早到晚絕不放棄鬆手。這種安排在騎馬或乘獨木舟的時候，都沒有什麼問題。但步行時，問題便大了，因為每根刺，低垂的樹枝或一片沼澤都令魯西達發出刺耳的尖叫。我設法要使她改攀在我手臂上，

小母猴魯西達

我肩膀上，甚至是我頭髮上，全都徒勞無功。她什麼也不要，只要我的左腳靴子，那是她所生長的森林裡面唯一的保護和安全地點。她雖生長於森林，但和人類相伴幾個月的時間，已足以使她對森林感到非常陌生，好像她是在文明世界的種種享受之中成長的一樣。因此，我左腳一跛一跛的走路，每次我不心踩到什麼的時候便被尖叫聲弄得震耳欲聾，同時我還得注意看阿拔塔拉的背影，這個嚮導不停地在綠色的半明半暗之中以急促的腳步前進，有時消失在大樹的背後，用開山刀想在矮樹叢的蔓藤之中開出一條路來，有時候則左彎右拐地踩著一條我們無法理解的路徑前行，一步步帶領我們深入樹林之中。

為了忘掉滿身的疲憊，我讓心思隨意漫想。根據我行走的節奏，在我腦海中一首首小詩不斷成形，在腦中盤旋好幾個小時之久，好像是滿滿一口被過度咀嚼而已全無味道的食物那樣，食物雖然已無滋味，但仍不肯吐出或吞下，因為食物留在口中提供了某種最起碼的陪伴物。森林裡面那水族箱一樣的氣氛使我得到靈感，寫下這首四行詩[2]：

頭足類海底生物的森林裡
一顆巨大的海貝，茸毛
帶著黏涎，在粉紅色的岩石上

2　譯注：法文原詩均押韻，中譯無法兼顧，只能意譯。

被火奴魯魯月魚的肚子磨蝕

或者，應該說是為了與上面一首做對比吧，我構想出對城市郊區令人不快的回憶：

草墊已擦乾淨
肥皂水洗過的石板道正發亮
路旁的樹啊
是被丟棄的大掃把

最後，還有另外一首四行詩，這首詩很適合這情境，但在形式上一直沒有完成；即使到現在每次我去長途散步的時候還是在我腦海中徘徊不去：

亞馬遜河，親愛的亞馬遜河
你缺少右乳房
你告訴我們一大堆吹牛故事
但你的路未免太狹窄了

快到黎明時，我們繞過一片叢林之後，突然發現對面有兩個土著正往相反的方向走去，年紀較大的那個大約四十歲，穿一件破舊的睡衣，髮長垂肩；另一個頭髮很短，身上幾乎全裸，只在陽具上套一個小草蓋；他背著一個用綠色棕櫚葉製成的籃子，緊緊地綁著一隻巨大的角鷹，角鷹被綁得像隻雞那樣，雖然其羽毛灰白相間，黃色的嘴極為有力，頭上還有一頭冠羽聳立，但看起來非常可憐。兩個人手上都拿著弓和箭。

從他們和阿拔塔拉的談話中，知道他們兩人分別是我們要尋找的村落之酋長和酋長隨從；他們走在其他村人的前頭，其他人在森林中的某處游走；他們都走往馬查多的方向，目的是皮門塔布埃努電報站，為了履行他們一年以前許下的諾言；那隻角鷹是要送給主人的禮物。這一點都不符合我們的目的，我們不僅僅是要會見這些土著，而且想去看他們的村落。因此。我們答應他們，到了小豬河營地之後會有一大堆禮物要給他們。我們說服兩個土著往回走，帶我們去他們的村落，把我們當成客人來接待（這一點他們很不願意做）；然後，我們再一起沿河前往電報站。我們一達成協議以後，那隻被綁得死死的角鷹便被毫不客氣地丟在河邊，其命運似乎只有很快餓死或活活被螞蟻咬死一途。以後兩個禮拜的時間內，再也沒人提起過那隻角鷹，唯一的一次是簡短地就事論事說：「角鷹已死。」兩個卡瓦希普人消失於森林之中，他們去告訴族人我們要來的消息，我們則繼續往前走。

角鷹這個小插曲值得思考。早期有好幾位民族誌記錄者都提到圖皮人有養鷹的習慣，用猴子餵鷹，目的是每隔一段時間可以拔鷹羽；龍東提到過，圖皮－卡瓦希普人有此習慣，其他觀察者在提到欣古河和阿拉瓜亞河沿岸的一些部族時，也提到養鷹的習慣。因此，一群殘存的圖皮-卡瓦希普人會有養鷹的習慣便一點也不奇怪，他們會把他們視為最珍貴財產的鷹拿來當作禮物也並不奇怪，特別是如果這群土著真的決定（我當時已開始懷疑到這點，後來事實證明他們的確已決定如此）永遠離開自己的村落，去加入文明世界的行列。但是，這一切卻使人更難理解為什麼他們會把那隻角鷹這樣隨手一丟，任其自生自滅。然而，要考慮這種把傳統價值堅決揚棄的現象，就必須把整個南美洲及其他地區受殖民的歷史考慮在內。當一種生活方式被破壞的時候，一旦失去其中的某些要素，就導致所有其他要素隨著貶值；我剛剛觀察到或許正是這種現象的一個典型個例吧。

一份簡單的晚餐，幾片乾牛肉（charque），燒烤過但沒有去鹽，再加上一些森林產物：巴西堅果；野生的可可樹果子，果肉有酸味，帶泡沫，白色；帕馬樹（pama）的果子；腰果樹的果子和種子。整個晚上，雨不停落在吊床上的棕櫚葉上面。黎明時，整個白天都寂靜無聲的森林，有好幾分鐘的時間到處都是猴子和鸚鵡的叫聲。我們繼續往前走，每個人都想辦法盯緊前面一個人的背影，深信只要在小徑上落後個幾碼就會完全喪失方向感，立刻掉進聽不見同伴叫聲的地方。森林有一項最特殊的性質，它似乎融在一種比空氣更為凝滯的事物之中；能穿透進來的陽光都呈綠色，聲音也無法傳得很遠。森林中的一片異常的沉默，可能是上述條件造成的，這種沉默也感染到森林中的旅行者，而且旅行者由於走路需要特別小心，早已習於保持沉默。他的心理狀態和身體狀態合起來，造成一種幾乎是無法忍受的壓迫之感。

有時候我們的嚮導會在他所選擇的、別人看不見的小徑旁邊彎下腰，很得意地把一片葉子翻過來，讓我們看藏在葉子底下矛狀的竹片，這竹片和地面形成一個角度，會刺穿侵入的敵人的腳。圖皮－卡瓦希普人稱這種裝置為min，用來保護通往他們村落的小徑；古代的圖皮人所使用的竹片形制更為巨大。

下午的時候我們到達一處栗子樹叢，土著（有計畫地使用森林資源）在附近清理出一小片空地，以便能更有效地採摘栗子。整個村落的人即宿營此地；男人赤裸，只戴著我描述酋長同伴時提到的陽具護蓋；婦女也赤裸，只穿一條短短緊緊的土織棉布裙；裙子本來用紅木樹脂染成紅色，但穿過一段時間以後，已變成銹棕色。

整個村落的人口包括六名婦女、七名男性，其中一個只有十多歲，另外有三個小女孩，年齡分別為一、二、三歲。毫無疑問的，這是想像中可以存續下去的最小

竹片守護通往村落之路

族群之一。他們和外界完全隔絕，至少已有十三年之久（也就是自從阿拔塔拉的村落消失以後算起）。此外，這一群人裡面有兩個人的下肢痲痺：一名年輕婦女撐著兩根棍子走路，一個年輕男人則像個無腿的人那樣拖著自己的身體在地面上移動。他的膝蓋突出於萎縮的雙腿上面，底部則高高腫起，好像充滿液體似的；他左腳大拇指癱瘓不能動，但右腳的還能動。然而，這兩個行動不便的人卻都能輕易地在森林中隨群移動，甚至走很長的路程。我在想是不是在他們尚未和文明世界建立起持久性接觸以前，就已感染了小兒痲痺或一些其他的病毒呢？看著這些不幸的可憐者，在人類所可能遭遇到的最惡劣自然環境中完全靠自己而生活，我很難過地想起特維在十六世紀時看過沿岸一帶的圖皮人之後寫下的描述。特維很驚奇地發現一個族群：「由和我們完全相同的要素所構成……卻從來沒染上痲瘋、癱瘓、痙攣、潰爛性的疾病或潰瘍，或者任何其他可在外表皮膚上看得出來的敗壞身體的疾病。」特維完全沒有料到，他自己和他的同伴，正是將上述疾病病原傳給美洲人的先鋒部隊。

三十三、蟋蟀的村落

下午快結束的時候，我們抵達那個村落。村落位於一片人工清理出來的空地上面，可以看見底下一條溪流狹窄的河谷。那條溪我後來查明是小豬河，是匯入馬查多河的一條支流，在馬查多河與姆貴河匯流處下游幾公里處的右岸流入馬查多河。

整個村落由四間大致正方形的房子組成，排成一列與溪流平行。最大的兩間房子是起居處，可由用打結的棉繩吊掛在柱子中間的那些吊床看出來。另外兩間房子有相當時間已無人居住，其中一間位於兩間大房子中間，看起來更像是倉庫或庇護所。乍看之下，會認為這些房子和當地的巴西房子屬於同一類型。實際上，這些房子的設計相當不同，因為由柱子圈圍起來的區塊比用柱子支撐著的由兩層棕櫚樹葉蓋成的屋頂面積要小很多，整個建築看起來像顆正方形的蘑菇。然而，這個基本結構並非一眼就可看得出來，因為還有與屋頂外緣平行的「假牆」，不過並沒有高到和屋頂連接的程度。這些圍籬——事實上是圍籬而不是圍牆——是用剖開的棕櫚樹幹並排綑綁而成的，突出的一面朝向屋外。至於那間主要的住屋，也就是位於兩間倉庫之間的那一間，所使用的棕櫚樹幹都有開出五角形的洞，像是弓箭的射口；外牆上面畫著紅色與黑色的畫，都是粗略用紅木染料和某種樹脂畫成的。依照土著報導人的說法，這些圖畫畫的是一個人、婦女、一隻角鷹、幾個小孩、一個像射口的圖案、一隻蟾蜍、一條狗、一隻龐大的不知名四腳動物、兩條鋸齒狀的線條、兩條魚、兩隻四腳動物、一隻美洲獅，最後還有一幅用正方形、新月形和圈圈所組成的對稱圖案。

雖然這些房子一點都不像鄰近的印第安部族住屋，仍然很可能是依照傳統格式建成的。龍東發現圖皮－卡瓦希普族人的時候，他們的房子已經是正方形或長方形了，而且屋頂也都是雙層的。還有，這種蘑菇狀的結構一點都不像任何新巴西式的建築。值得一提的是，和許多與前哥倫布時期文化有關的各種考古資料裡面，曾提到這類高頂建築住屋。

圖皮－卡瓦希普文化的另外一項原創特質是，他們跟有血緣關係的帕林廷廷印第安人一樣，既不

茅屋外牆壁畫的一部分。

種菸草也不吸菸。看見我們把所帶的香菸取出來的時候，村落酋長挖苦地大叫：「Ianeapit!」（這是大便！）。龍東委員會的報告裡面甚至提到過，當他們剛和圖皮－卡瓦希普建立接觸的時候，後者對有抽菸者在場異常不悅，討厭到強制把雪茄和香菸從吸菸者口中搶奪下來的地步。帕林廷廷語言裡面沒有「菸草」這個名詞，但圖皮－卡瓦希普人有一個名詞來指稱菸草，這就是tabak，和我們的用詞相同，都是從西印度群島土著的語言借用過來的（很可能是加勒比印第安人的語言）。從瓜波雷河沿岸部族所說的各種方言裡面，或許可以找出這個傳遞過程的線索，那些方言也使用同一個名詞來稱呼菸草。又或者是他們從西班牙語借用過去（葡萄牙語稱為fumo，因此不可能來自葡萄牙語），不然就是——很多證據都這麼顯示——瓜波雷河沿岸的文化傳統代表某個古老的圭亞那－加勒比文明（Guyana-Caribbean Civilization）的最西南端。這個文明的蛛絲馬跡也可在欣古河下游一帶找到。必須附帶指出的是，南比夸拉人是無可救藥的老菸槍，而圖皮－卡瓦希普人的其他鄰居族群：克普奇里瓦特族（Kepkiriwat）和蒙蝶族，則用鼻子從中空的筒子裡吸菸。因此，在巴西中部居然會有一群部族不使用菸草，這是一件神祕的事情，特別是如果我們考慮到古代圖皮人曾大量使用菸草，更使這件事實變成一個不可解的謎。

在沒有菸抽的情況下，我們正要被十六世紀的旅行家稱之為cahouin（圖皮－卡瓦希普的語言則說成kaui）的儀式歡迎入村，這種儀式也就是在一起喝玉米製成的飲料chicha。土著在村落四周用火燒出來的空地上面種了很多種玉米，早期的作家描述過煮chicha所使用的鍋子，高度有一個人高，也提到部落的處女在製作中要擔任的工作是把一大堆唾沫吐進鍋中使玉米液體發酵。或許是圖皮－卡瓦希普人所使用的鍋子太小，或許是這個村落處女短缺，這次是找來三個小女孩子，強迫她們吐唾沫在煮過碾碎的玉米裡面。當天晚上就把所釀造出來的汁液喝光，其味道美妙又清心潤口，但是發酵過程不夠完全。

觀看那些田園的時候，我們發現田園裡面有一個巨型的木頭籠子，本來是用來關那隻角鷹的，籠子裡面還有四散的角鷹吃剩的骨頭，在籠子四周種著土豆、豆子、好幾種紅辣椒、小芋頭、番薯、木薯和玉米。除了這些食物以外，土著還採集野果野菜。舉例來說，他們把一種森林野草的頂端綁成一小束一小束，以便其種子會成堆成堆的掉下來。他們將這些種子放在陶片上面燒烤加熱，直到種子爆開，像爆米花一樣，味道也接近爆玉米花。

進行cahouin儀式的時候，必須很複雜地又煮又攪，婦女拿著用半個葫蘆做的長柄勺子攪拌那些液體，我趁著天黑前最後的光線來觀察這些印第安人。

婦女穿棉裙，在手腕和腳踝上緊緊綁著線圈，戴著用貘齒或一片片鹿骨串成的項鍊。她們的臉上刺有花紋，使用的顏料是格尼帕果的青黑色汁液；雙頰上各有一條粗重的斜線從耳垂那裡開始一直延伸到唇角，斜線上還劃著四道垂直線，下巴上則是四條橫列的水平線，每一條的兩端都加上短短的豎線。大體上說來，她們都蓄短髮，經常用耙子似的梳子來梳理，有時候用棉線將一些小木棍綁起來製成較細緻的梳子。

男人身上唯一的服飾是前面已提到過的圓椎狀的護陽套。正好有個土著在自己動手製造這種東西。他把剛摘下來的一片野生香蕉樹葉子中間的桿抽掉，去掉葉片外圍較硬的部分，然後折兩次。每一片的長度約三十公分，寬約七公分，他把兩片穿插在一起，折疊的地方互成直角，因此而變成三角規的形狀，葉片較厚部分有兩個在旁邊，四個在頂端，頂端地方兩片穿插在一起；然後再把這一部分沿著稜線折疊起來，把突出的兩端削下丟掉，這時候他手中就拿著一個小小的由八個葉片較厚部分組成的等腰三角形的東西；他再把這個三角形東西套在大拇指上面，先套前面，再套後面，底端兩角的頂部全部切除，用木針和植物線把兩邊縫在一起。這就大功告成，只要把它套上去就可以了。套的辦法是把包皮拉穿過護陽套的開口，免得它脫落，而且包皮拉長的張力使陽具維持挺起的態勢。每個男人都戴這種護陽套，如果有人把護陽套弄丟了的話，便會立刻把包皮扯長掛在他當做腰帶的繩子上面。

那些房子幾乎是空無一物。裡面能見到的東西只有用棉線編成的吊床、幾隻土製鍋罐、一個用來烤乾玉米或木薯漿的平底鍋、葫蘆容器、木椿和木臼、磨木薯的木製銼子、籃子狀的篩子、用動物牙齒製造的雕刻工具、紡錘、幾把長達一百七十公分左右的弓。箭則有好幾種：有的只是一根竹片，打獵用的是矛形竹片，打仗用的則呈鋸齒形，另外還有一些捕魚用的箭，則有好幾個箭頭。最後還有幾件樂器：十三隻管子的潘神簫和四個洞的簫。

到晚上的時候，酋長慎重其事地端給我們cahouin和一種燉豆，豆子顆粒巨大，和紅辣椒一起燉，非常辣。和南比夸拉人住在一起半年之久以後，能吃到這樣的辣燉豆子實在是令人心滿意足。南比夸拉人既不用鹽，也不用任何調味品，他們的口味清淡到要把所有食物煮好以後先用水泡過才吃。這些土著把鹽放在一個小葫蘆裡面讓大家取用。土著的鹽是一種褐色的液體，和巴西玉蕊木（tauari branco）[1]的灰攪拌在一起吃。酋長本人並不和我們一起進食，只在旁邊看，不過他堅持要在我們面前先自己嘗嘗那些鹽，因為我們很可能會以為那些鹽是什麼毒藥。這一頓雖然相當簡單，但是進食過程中的那份尊嚴氣氛，使我想到古代的圖皮酋長一定曾經有任人隨意吃住的習慣，就像一個早期的旅行家所說過的那樣。

另外還有一件更令人驚奇的小插曲。在倉庫裡面睡了一夜以後，我發現我那條皮帶被蟋蟀啃咬過，在這以前我從來沒被這種昆蟲困擾過，我以前到過的那些部族：卡因岡、卡都衛歐、波洛洛、帕雷西、南比夸拉和蒙蝶所住的地方都沒有蟋蟀。只有和圖皮族在一起的時候，才會發生這種不幸，就像四百年以前，埃夫勒[2]和列維親身經驗過的那樣：「因此，趁我在討論這個題目的時候，我把這類小動物形容一下……它們並不比我們的蟋蟀更大，在晚上的時候，也和我們的蟋蟀一樣成群出現在火堆附近，只要他們發現任何東西，就大肆啃咬。但有一個主要的不同，就是他們會把皮鞍和皮鞋大啃一陣，把皮的表層啃光，使皮鞍皮鞋的主人第二天早上發現皮鞍皮鞋都變成白色，被剝掉一層皮……」由於蟋蟀（和螞蟻或其他具破壞性的昆蟲不同）只咬啃皮件的表層，我的皮帶的確成為「一片白色，被剝掉一層皮」，也因此成為一種昆蟲和一個人類族群之間的一種奇怪的、只有他們才有的、存在了好幾個世紀的關係之見證。

太陽一出來的時候，我們隊中的一個人到森林裡面獵捕森林邊緣飛來飛去的鴿子。沒隔多久，我們聽到一聲槍響，不過沒有任何人多加注意。很快的，有位土著，臉上驚恐蒼白，非常激動地向我們這邊跑來：他想說明一些什麼；當時阿拔塔拉不在場，不能替我們翻譯。不過，我們可以聽見從森林那個方向傳來一陣大喊大叫的聲音，隔了一會兒，那個獵鴿子的人穿過種了農作的土地向我們跑來，他用左手握著右臂，右手的末端都碎了：他靠在槍上，槍走火了。法利阿和我商量該怎麼辦，三根指頭幾乎全斷，手掌似乎已被打碎，看來只有砍掉一途了。但我們無法忍下心來動這手術，因為那會使這位同伴終身殘障。他和他兄弟本來住在庫亞巴郊外的一個小村子裡面，我們把他倆找來參加探險隊，覺得對他倆有份特別的責任，因為他還非常年輕，具有農民的忠誠之心，又非常精明，使我們非常喜歡他。由於他的本行是照顧運貨的牲口，把貨物裝到騾子和牛的背上，需要有雙很精巧的手，把手砍掉對他來說將是大災大難。在心裡充滿不安之感的情況下，我們決定把他那斷了的手指重新安放回原來的地方，用藥布盡我們所能地綁紮妥當，同時立刻回頭。我們一回到營地，法利阿就把受傷的人帶去給留在烏魯帕（Urupa）的探險隊醫生看，如果土著還能相處的話，我就留下來，在河畔和他們一起宿營，一直等到兩個禮拜以後船開回來為止（沿河而下的旅程要三天，溯河而上要花一個禮拜左右）。印第安人被這項意外所震驚，而且害怕或許我們會改變

1 玉蕊科（Couratari）樹種之一，又稱為纖皮玉蕊、南美柚木。

2 伊夫・埃夫勒（Yves d'Évreux, 1577-1632），法國探險家、歷史學家。

原來對他們的友善態度，他們便同意我們提出的所有建議；因此，再次讓他們去做準備工作，我們便開始先走入森林之中。

整個旅程充滿惡夢的氣氛，我所能記得的相當有限。受傷的年輕人一路上向前快速猛衝，我們幾乎跟不上他；他走在最前頭，連嚮導都被拋在後面，他似乎很清楚應該往那個方向走才對一樣，雖然事實上我們先前走過的小徑早已被雜草植物重新封閉掉了。晚上的時候，我們用安眠藥使他入睡。還好他很少使用藥物，因此安眠藥可以充分發揮效用。到第二天下午，我們抵達營區的時候，發現他的手上爬滿蟲子，這些蟲子原來是他會如此疼痛不堪的原因。三天以後我們把他交給醫生時，卻已沒有化膿的危險了，因為那些蟲子一點一點地把腐爛的肉全吃個精光。這時候已經完全沒有必要把手切除了。醫生替他做了一系列費時頗久的小手術，前前後後花了一個月的時間，正好讓維拉醫師可以充分發揮他的活體解剖家與昆蟲學家的高超技巧，結果是，耶米迪歐的手復原成很不賴的形狀。我們在十二月的時候到達瑪代拉河，我便叫他搭飛機去庫亞巴以便能好好恢復體力。但是在一月的時候，我回到那地區去和探險隊的主力會合，順便去探望他父母，沒想到他父母非常不高興地責怪我。責怪的原因並非他們的兒子身受這麼多的痛苦，遭受痛苦在窮鄉僻壤被視為日常生活中的家常便飯，不值一提，他們責怪我的原因是我居然會那麼殘酷，把他們的兒子送上天空。把人送上天空，在他們眼中是件惡魔似的舉動，他們想不通為什麼會有人想得出來要把這種可怕的事情橫加在一個基督徒的身上。

三十四、賈賓鳥的鬧劇

我遇到的新家族由下面幾個成員組成：塔培拉希（Taperahi）酋長和他的四個太太：瑪路阿拜（Maruabai）年紀最長；昆哈津（Kunhatsin）是瑪路阿拜與前夫所生的女兒；塔克瓦美（Takwame）；還有一個年輕的跛腳女人伊安諾帕莫科（Ianopamoko）。這個一夫多妻的家庭養了五個小孩：兩個看來分別是十七歲與十五歲的男孩是卡迷你（Kamini）和普衛累札（Pwereza），還有三個仍是嬰兒的小女孩：帕耶賴（Paerai）、托培契阿（Topekea）和苦培卡希（Kupekahi）。

酋長的副手帕廷（Potien）年約二十，是瑪路阿拜與前夫生的另一個兒子，此外還有一個名叫韋拉卡魯（Wirakaru）的老婦人；她生的兩個兒子大約：塔克瓦里（Takwari）和卡拉穆阿（Karamua），前者仍然未婚，後者則與其侄女偏哈娜（Penhana）結婚，偏哈娜差不多是剛達可婚年齡；最後還有他們的侄表親，一個叫做瓦列拉（Walera）的年輕跛腳者。

和南比夸拉人不一樣的是，圖皮－卡瓦希普並不把他們的名字視為祕密，而且他們的名字實際上都有意義，十六世紀的旅行家就曾指出這一點。列維觀察到：「就像我們給狗及其他動物取名字一樣，他們給自己取名字的時候是隨意用他們所熟悉的事物之名字來命名，比方說沙里歌伊（Sarigoy）這樣的人名，是一種四腳動物的名字，阿里格南（Arignan）則是母雞，阿拉布騰（Arabouten）是一種巴西樹木，品多（Pindo）是一種高草，諸如此類。」

土著向我解釋他們的名字的意思時，所說的正是如此。塔培拉希顯然是一種小鳥，羽毛黑白相間；昆哈津的意思是白皮膚或淺色皮膚的女人；塔克瓦美和塔克瓦里這兩個名字則來自一種叫做塔克瓦拉（Takwara）的竹子；帕廷的意思是一種淡水蝦；韋拉卡魯是一種人體的小寄生蟲；卡拉穆阿是一種植物；瓦列拉是另一種竹子。

圖皮-卡瓦希普族酋長塔培拉希

另外一個十六世紀的旅行家漢斯．史塔登說，婦女「通常以鳥、魚和水果的名稱命名」；他又說，每次丈夫殺死一個俘虜的時候，他太太和他自己都要取一個新名字。我的同伴們遵守這個風俗；舉例來說，卡拉穆阿有另外一個名字叫賈那苦（Janaku），他向我解釋道，因為「他已殺過一個人」。

土著從小孩變成少年的時候也取新名字，到成年時又取新名字。因此每個人都有兩個、三個或四個名字，關於這一點他們並不覺得有任何必要向我隱瞞。這些名字相當值得注意，由於每個家族嗣系傾向於採取由同一類的語根所形成的一組名字，而且和那個氏族（clan）有關聯。我在研究的那個村落的居民大多屬於「迷阿辣」（mialat，野豬）氏族；但在村落形成過程中，其成員曾和巴拉那瓦族、「塔克瓦提普」（Takwatip，竹族）等等氏族的成員通婚。最後要說的是，這個氏族所有成員的名字均由名祖詞[1]衍生出來：塔克瓦美（Takwame）、

圖皮－卡瓦希普族人（帕廷）剝猴子。他戴著陽具護套，腰繫皮帶，皮帶是新得的禮物。

1　譯注：Éponyme是古希臘用語，形容用其名作為城市名或年號的神或英雄等。名祖詞這種現象普遍存在於各種語言中，有待以後有更深一步的研究。總之，本文認為，名祖詞來源廣泛，文化對名祖詞的起源與發展起

塔克瓦魯美（Takwarumé）、塔克瓦里（Takwari）、瓦列拉（Walera，這是一種巨竹）、托培希（Topehi，同為某一屬植物的果實的總稱）和卡拉穆阿（Karamua，也是一種植物，但沒有指認明白）。

這些印第安人的社會組織最令人驚奇的一點是，其酋長幾乎一個人獨自占有整個群體中所有的女人。六個已達青春期的女人裡面有四個是他太太，另外一個（偏哈娜）是他妹妹因而不能嫁給他，最後一個（韋拉卡魯）則是沒有人會感興趣的老婦人，這就表示塔培拉希酋長在生理情況許可範圍之內已擁有他所可能擁有的所有女人做他太太了。他的家庭裡面扮演主要角色的女人是昆哈津，昆哈津

塔培拉希的妻子昆哈津帶著孩子

著推動作用，是其形成的外部因素，轉喻的本質是概念的，它植根於人們的基本經驗之中，建構著人們的思想和行為因此是名祖詞形成的內部機制。

是除了跛腳的伊安諾帕莫科以外最年輕的一個，同時她長得非常非常的漂亮——在這一點人類學家和土著的觀點完全一致。在家庭地位上，瑪路阿拜是第二太太，她自己女兒的地位比她還高。

大太太似乎是用比其他太太更直接的方式在幫助她丈夫，其他的太太負責家庭雜務，像煮東西看小孩等等。所有的小孩都在一起長大，所有的太太輪流給每個小孩餵奶，以至於我一直弄不清楚各個小孩真正的母親是哪一位。而大太太則是整天跟著丈夫到處跑，幫他接待陌生人，管理要送給別人的禮物，指揮整個家庭的活動。這種情況正好和我在南比夸拉社會所觀察到的情形相反，在那裡做家事的是大太太，其他的年輕太太們則很密切的和酋長一起扮演男人的角色。

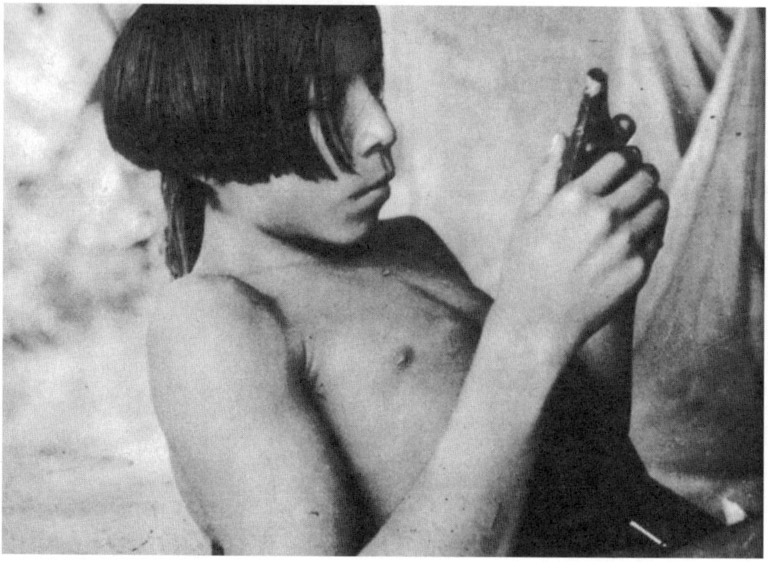

塔培拉希的兒子普衛累札

酋長對其群體中的女人享有特權的主要理由，似乎是基於酋長的本質來得特別傑出這樣的信念。酋長常被認為具有一種無法控制的脾氣，他會陷入恍惚狀態，神靈附體，有時候必須用強制力量才能阻止他殺人（在後面，我將描述一個酋長在神靈附體的情況下真的殺死人的例子）；他擁有預言的能力，還有其他才能；最後，他的性欲遠過常人，為了滿足性欲，他不得不娶好幾個太太。我停留在土著營區的那兩個禮拜裡面，常常注意到塔培拉希酋長的行為，和他同伴的行為比較之下很不尋常。他似乎有一種不得不到處走動的狂烈衝動；每天，他至少把吊床位置搬動三次，同時，把遮蓋在吊床上面用以擋雨的雨篷搬動，而每次他大搬家的時候，他的太太們、孩子們和副手帕廷也跟著搬。每

偏哈娜：一對兄弟的共同妻子

天早晨他帶著太太們、孩子們消失在森林之中，根據土著的說法，是去做愛。過半個小時或一個小時以後，他們一群人又回到營區，馬上準備再大搬家。

其次，酋長這種一夫多妻的特權，在一定程度上，被他不時把女人借給同一社群的土著及陌生人這一習俗所沖淡。帕廷不只是副手；他等於是酋長家族成員，分享其食物，有時幫忙看小孩，同時還享有其他的好處。每個十六世紀的作者，都大力描寫過圖皮南巴（Tupinamba）族的酋長們對陌生人如何大方。我們一到達村落裡，這種好客的習俗馬上使阿拔塔拉享盡好處。酋長把伊安諾帕莫科借給阿拔塔拉，那時候她已懷孕。我留在這個村落的那段時期內，她和阿拔塔拉睡同一吊床，由阿拔塔拉拿食物給她吃。

瑪路阿拜與女兒昆哈津共事酋長塔培拉希

阿拔塔拉祕密的對我說，這種慷慨大方並非毫無目的。塔培拉希建議阿拔塔拉，就把伊安諾帕莫科留做他的女人，條件是以其女兒托培希來交換，當時托培希差不多八歲；阿拔塔拉告訴我說：「Karjiraen taleko ehi nipoka（酋長想娶我的女兒）。」阿拔塔拉對此提案沒有興趣，因為伊安諾帕莫科是個跛子，成不了好幫手，他說：「甚至連去河裡提水都做不來。」此外，拿一個殘障的成人來交換一個前途大有可為的女孩子，一點都不公平。阿拔塔拉他有自己的打算：把托培希給酋長可以，但要拿苦培卡希（Kupekahi）來交換。苦培卡希那時只有兩歲，他特別強調這個女孩子是塔克瓦美的女兒，和他一樣屬於塔克瓦提普氏族，他對這個女孩子擁有舅父般的特權。他同時計畫，應該讓塔克瓦美本人也送給在皮門塔布埃努電報站的一個土著。這樣做的話，可以在一定程度上把婚姻關係平衡過來，因為塔克瓦里自己已和小苦培卡希訂婚，而一旦所有這些交換關係進行完畢以後，塔培拉希酋長就失去兩個太太，但同時也新得到托培希這個太太。

我不曉得這些討論的結局到底如何，但是我們在一起的那兩個禮拜時間內，這些討論讓所有關係人都非常緊張，有時候，情況變得相當令人擔憂。阿拔塔拉非常想要得到那個才只兩歲的未婚妻，要使她將來成為他心愛的太太，雖然他自己的年紀已在三十到三十五之間。他送她一些小禮物，當那小女孩自己一個人在河岸玩的時候，阿拔塔拉不知疲倦地欣賞她，而且要我欣賞她，看她那些強壯的小手小腳：再過十年、十二年她會是多漂亮的一個女孩子啊！雖然他已鰥居好幾年，卻一點都不因為要再等這麼長的一段時間而難過：他無疑是算準伊安諾帕莫科會填補這段等待的時間。那個小女孩在他身上所引起的那些微妙情感是一種對未來的色情白日夢，一種對小孩子負有責任的類似親長關愛之情，以及一個年紀不小的哥哥在年紀相當大以後才得到一個小妹妹的那種深懷愛心的同伴之情，三者的無邪混合。

另外一個因素，也對這種不公平的婦女分配方式提供補償，這就是「夫兄弟婚」[2]──死了丈夫的女人，由丈夫的兄弟承娶。這是阿拔塔拉第一次婚姻的方式，那次婚姻是違反他自己意願的。他不得不娶他哥哥的寡婦，一方面是基於服從父親的命令，另方面則是出於他寡嫂的強烈要求；他寡嫂「老是跟在左右」。除了弟承寡嫂制以外，圖皮－卡瓦希普社會還有兄弟共妻的一妻多夫制，偏哈娜就是一例。她是一個瘦長的小女孩，剛剛進入青春期：她丈夫是卡拉穆阿，但卡拉穆阿和另外兩個男人，塔克瓦里及瓦列拉，共同分享她。這兩個人裡面，塔克瓦里是卡拉穆阿的弟弟，而瓦列拉只是在親屬分類上被視為他們兩人的兄弟，也算是偏哈娜的小叔。「卡拉穆阿把太太借給兄弟」，因為「兄弟之間不會嫉妒」。在平常，雖然兄弟的太太與丈夫的兄弟之間並不故意互相迴避，但他們之間都保持一種相當冷淡的態度。何時有人把太太借給他兄弟是可以看得出來的，因為在出借的那一天裡面，被借出去的太太與她丈夫的兄弟會比較親密，他們在一起嬉笑，說笑話，她丈夫的兄弟會拿食物給她吃。有一天，塔克瓦里把偏哈娜借來，塔克瓦里在我身旁進食，就在他差不多要開始進食的當兒，他叫他兄弟卡拉穆阿去「把偏哈娜找來吃點東西」。偏哈娜並不餓，因她已先和她丈

2 Levirate，也稱利未婚、轉房婚。

夫吃過了；然而偏哈娜還是來了，吃一口然後再走開。同樣的，阿拔塔拉會離開我的營火，帶走他的食物去和伊安諾帕莫科一起吃。

因此，酋長在婚姻方面的特權所引起的問題，圖皮－卡瓦希普人是利用一夫多妻制與一妻多夫制的結合來加以解決。我當時離開南比夸拉人才不過幾個禮拜，竟然發現這兩個在地理上距離這麼近的族群會各自發展出如此截然不同的方式來解決一個完全一樣的問題，感到實在很令人驚訝。南比夸拉族群的酋長，我們已看到過，同樣享有一夫多妻制的特權，同樣因此而造成族群內部年輕男人與可婚年輕女人比例失調的結果。但是，圖皮－卡瓦希普人因此利用一妻多夫制來解決問題，而南比夸拉人則容許他們的青春期男子肆行同性戀來解決問題。在圖皮－卡瓦希普語言裡面，描述同性戀的關係是使用鄙夷性的字眼，他們顯然是對這種行為採取譴責態度。然而，列維卻曾經不懷好意地對他們的祖先做過下面的觀察：「既然他們在吵架時，偶爾也會互罵對方為 tyvire，圖皮－卡瓦希普人則用一個幾乎同義的字眼：teukuruwa，意思就是雞姦者，我們或許可以因此假設（我並不是使用肯定的語氣），他們之中是有人犯著這種可鄙的罪。」

在圖皮－卡瓦希普人的社會裡面，酋長制度是相當複雜的組織型態，我們的村落還仍然象徵性地與這種組織有關聯，很像是在某些小法庭裡面，雖然早已失去以前的光彩，但仍然有個忠心不二的律師在全力扮演管家的角色，以求維持住莊嚴地位的尊嚴，這也正是帕廷伺候塔培拉希的模式。帕廷忠心地替主人服務，充滿敬重之情；而他自己又非常受群體中其他成員的敬重，甚至到了敬畏的程度，使人會誤以為塔培拉希酋長像以前的阿拔塔拉酋長那樣，統治著好幾千人，或有好幾千個家臣在聽他指揮似的。在阿拔塔拉酋長的全盛時代，其統治政團包括四個等級：酋長、侍衛、次要官員和隨從。酋長有權判人死刑。和十六世紀的時候一樣，平常的處刑方式是淹死，由次要官員負責執行。不過，酋長也照顧其人民，同時，如我不久後就發現的，酋長和陌生人進行談判時的技巧相當精明。

我當時有一個燒飯用的大型鋁鍋，有天早晨塔培拉希由阿拔塔拉陪著權充翻譯，兩人一起來找我要那只鋁鍋，他們說，交換條件是在我們停留村內的時期裡，酋長將保證使那只鋁鍋永遠裝滿chicha供我們享用。我試圖向他說明，這只鋁鍋是我必不可少的用具，但在阿拔塔拉把我的話翻給他聽的整個過程中，塔培拉希酋長的臉上一直掛著微笑，好像我的答案正好滿足了他最最珍愛的夢似地，果然不錯，當阿拔塔拉把我拒絕出讓鋁鍋給他的理由陳述完畢以後，塔培拉希臉上仍然堆滿笑容，伸手就拿起鋁鍋，一言不發把鋁鍋算成是他自己的財物。對我而言，除了接受以外別無他法可想。塔培拉希守住他自己的承諾，拿走鍋子以後，整個禮拜的時間我們都有最優質的chicha可喝，是用玉米和巴西堅果（tocari）混合煮成的；我喝了一大堆chicha之後一直想再多喝，唯一使我沒有喝個不停的原因是有點怕幫我們吐口水來釀造飲料那三個小女孩的唾液腺受到損傷。這個插曲令我想起埃夫勒所寫的一段話：「如果有人想要得到他同伴的一件什麼東西，他會很坦白地說出來：除非那件東西的所有人真的是寶貝那件東西到了無可復加的地步，否則會立刻把對方所要的東西送給他，送給他東西的原因是，雙方都明白，如果開口要求的那一方擁有任何給的那一方所想要的東西的話，也會在對方開口要的時候立刻就送給他。」

圖皮－卡瓦希普人對酋長功能的看法和南比夸拉人很不一樣。如果追問他們，要他們解釋對酋長功能的看法的話會他們會回答說：「酋長永遠快樂。」塔培拉希酋長在任何情況下所表現的那種非常特殊的、充滿活力的品質是這項定義的最好說明；然而，這種現象不能單單以他的天生才能來解釋，因為圖皮－卡瓦希普的酋長制度和南比夸拉的制度不同，圖皮－卡瓦希普酋長是依照男性嗣裔來世襲的。普衛累扎將成為塔培拉希的繼任人；事實上，普衛累札看起來比他的兄弟卡迷你更年輕，此外我還注意到一些其他的跡象，較年輕的兒子可能會越過他哥哥而繼承酋長的位置。在過去，酋長的職責之一是舉行宴會，酋長被看做是宴會的「老大」或「所有人」。男男女女身上塗滿顏料（主要是用一種尚未指認出來的葉子的紫色汁液來畫，這種汁液也用於彩繪陶器），除了大吃大喝以外，還跳舞唱歌；伴奏的是四、五支巨型的簫，用長達一點二公尺的竹管製成，頂部有枝小竹管，用纖維固定，在一邊切出一只簧片。當「宴會主席」表示活動開始的時候，男人便搶著要在肩上背一個吹簫者，那種互相競爭、爭先恐後的場面令人想起波洛洛人比賽 Mariddo 舞的遊戲，還有杰族的背樹幹賽跑。

舉辦宴會之前會先發出邀請，使參加者有時間去捕捉老鼠、猴子和松鼠之類的小動物來燻製，他們把這些燻過的小動物串起來掛在脖子上面。他們還玩一種輪子遊戲，把村落成員分成兩隊：年輕者與年長者。兩隊人在一個圓形地區的西邊排列起來，每一隊派出一個投手或擲手，分別占住北方和南方的位置。他們把一種用樹幹橫切製成的實心圈圈滾向對方。這個樹幹圈即是目標，當此目標滾過射手前方的時候，射手們便想法把箭射在上面，每次射中目標的時候，射手便可取得對手隊的一枝箭。這種遊戲比賽和在北美洲的一些部族中所玩的幾乎是一模一樣。

還有另外一種射箭比賽，用假人做靶，玩這種遊戲有相當程度的危險性。他們相信把箭射到支撐假人的柱子上的射手一定會死於巫術；任何人敢用木頭雕刻人形假人，也會遭到相同命運，通常假人要用草做，不然就是做個猴形的假人。

就這樣子，日子一天一天過去，我收集了一些一個曾經令歐洲人覺得無比神奇的、在我離開馬查多河上游右岸時正在漸漸消失的文化之殘餘碎片：時間是一九三八年十一月七日，我在這一天搭上從烏魯帕開回來的船，這個村落的土著也開始往皮門塔布埃努的方向遷移，去和定居在電報站附近的阿拔塔拉家人與同伴會合。

然而，就在這個瀕危文化的最後殘餘就要消除殆盡的時候，我又看到一件令我吃驚的事情。它發生於夜晚完全降臨，大地一片黑暗之後不久，那時候，每個人正在充分利用營火的最後一點光亮，準備入睡。塔培拉希酋長已經躺在他的吊床上面；突然他用一種斷斷續續的、遙遠無比的聲音開始唱歌，這種聲音一點都不像是他會發出的。兩個男人（瓦列拉和卡迷你）馬上跑過去蹲在酋長的腳邊，整個小小的社群充滿一種極度的興奮之情。瓦列拉呼叫幾聲；酋長的歌聲跟著變得比較明晰，歌聲變得比較堅強。突然之間，我明白發生在眼前的是什麼事情了：塔培拉希酋長是在演戲，不，更精確的說，他是在表演一場小歌劇，歌曲與台辭穿插出現。他自己一個人扮演十幾個角色，每個角色的音調都不一樣——尖銳的聲音、假嗓音、喉音或纏綿的聲音；每個角色也都各有其主要的音樂主題，等於是每個人都有其主題曲。酋長所唱出來的曲子非常像是單聲部的額我略聖歌（Gregorian chant）。南比夸拉人以笛子吹奏的音樂令我想起聖樂（Sacre），現在我覺得是在傾聽一場異國情調的婚禮（Noces）。

透過阿拔塔拉的幫忙——他太專注於這場表演，很難使他分心向我多做說明——我對表演的主題有些大致的概念。酋長演出的是一場鬧劇，主角是賈賓鳥（jabim，一種羽毛黃黑相間的鶯鳥，其歌聲很像人聲）；其他角色包括淡水龜、美洲獅、隼、食蟻獸、貘、蜥蜴等等動物；劇中出現的物件包括：棍子、杵和弓；最後還有精靈，像鬼魅馬伊拉（maira）。所有這些角色，其表現方式非常符合這些角色原來的性質，不用多久，我自己就可辨認出來此時出場唱的是什麼角色了。故事情節以賈賓鳥的探險旅程為主軸，賈賓鳥先是飽受其他動物的威脅，然後設計用各種不同方法克服他們，最後終於得勝。有時候，塔培拉希酋長似乎有如神助，歌聲、朗誦爭先恐後地出現，引起四周人一陣陣的笑聲。有時候，他好像筋疲力盡，聲音變成微弱，他嘗試各種不同的主題，但無法決定到底是用哪一個最好。這時候，蹲在他腳下的兩個朗誦者，或單獨一人，或兩個一起幫他忙，重複一段誦詞使酋長可以鬆一口氣，要不就提議某個音樂主題給酋長，或者是暫時扮演某個角色，在這種時候，整場演出就變成是一場真正的對白與對唱。因此而得以恢復精力的塔培拉希酋長接著便開始表演故事中的另一階段。

夜愈來愈深，事情變得很明顯，這一場詩歌創作是在喪失意識的情況下演出的，表演者完全受他自己創造出來的角色左右。他自己唱出來的各種聲音都不是他本來的；每種聲音的性質都如此獨特，毫不混淆，很難相信這些聲音是發自同一個人。在快唱完第二段的時候，塔培拉希酋長唱著唱著突然地跳下他的吊床，開始步履蹣跚的到處亂走動，要求喝chicha；他已「神靈附體」；突然，他抓起一把刀，奔向他的第一太太昆哈津，昆哈津馬上逃進森林裡面才免被酋長所傷，其他男人則抓住酋長，強迫他躺回吊床上去，然後他馬上就睡著了。第二天清晨，一切照常。

三十五、亞馬遜流域

抵達烏魯帕以後，我發現探險隊的同伴住在一間寬敞的草屋裡面，草屋建在架子上，裡面分隔成好幾個房間。從烏魯帕開始，就可行駛機動船。但我們得等河水水位漲高，還得等三個禮拜，機動船才能開到烏魯帕。我們沒有事做，只好把剩下來的裝備賣給當地人，或者和他們交換雞、蛋和牛奶，此地有一兩頭乳牛，然後就是懶散地過日子，恢復體力。每天早上，我們把所剩的巧克力溶入牛奶裡面，吃早餐的時候看著維拉醫師把耶米迪歐受傷的手上的碎片取掉一些，同時設法使那只手恢復原狀。這項手術，使人覺得膽戰心驚，幾乎要昏倒，但同時又非常吸引人，在我腦海裡，這治手的一幕和森林的某種景象無法分開，同樣充滿形狀與威脅。拿我自己的左手做模型，我開始畫風景，全部由各式各樣的手所組成，手從身體伸出來，像蔓藤植物一般扭扭曲曲、纏纏繞繞。畫了一打左右這一類的素描以後我感覺得到解脫，才開始又回去觀察人類與事物。那些素描在二次大戰期間全部掉了，毫無疑問的，目前該是放在一個被人遺忘的德國閣樓裡面。

從烏魯帕到瑪代拉河這一帶，電報線沿線的電報站都和採橡膠者的小村在同一地點，這使河岸人口分布的情形具有一定的邏輯性。這些居民看起來沒有高原上的那麼荒謬，這裡的居民所過的生活也不那麼帶著惡夢性質。或者說，最少，這兒的惡夢還依照各地不同的資源而有些變化，呈現相當程度的多樣性。在這裡可以看見廚房外面的小菜園裡種著西瓜，其瓜肉好像紫紅色的不冷不熱的雪；圍在欄子裡面的一些抓來的龜，給居住此地的人提供類似每個禮拜天吃一次雞肉的美食。在節慶時，甚至可以吃到真正的雞肉，做成一種紅燒雞（gallinha em molho pardo），吃完雞肉以後，就吃「爛蛋糕」（bolo podre），喝「驢茶」（cha de burro，玉米加牛奶），和「少女的唾沫」（baba de moça，一種酸乳酪澆蜂蜜）。另外還有加了紅辣椒的有毒的木薯汁，經過幾個禮拜發酵，是一種味道濃厚、爽口的醬汁。這是一個豐饒的地方。Aqui só falta o que não tem：這裡，除了我們沒有的東西以外，什麼都不缺。

這些食物全都是無法形容的美味，亞馬遜流域的語言喜歡用誇張的語氣。一般說來，一種醫療方法或一種甜點都是「鬼一樣的」好或壞；瀑布一定是「令人頭昏目眩」，一片獸肉就是「一隻怪物」，一種情況必然是「無可救藥」。日常談話裡面充滿了農民對語意的曲解，比方說把音節顛倒：precisa變成percisa；perfeitamente變成prefeitamente；Tiburcio變成Tribucio。言談之中也常會中斷一段時間，其沉默無聲再被嚴肅的突發叫聲所中斷，他們會突然叫Sim Senhor，或Disparate! 這些喊叫和各種不同的想法之間的關係，就像森林一樣的混雜、晦暗。

一兩個流動售貨員，稱為regatão或mascate，大都是敘利亞人或黎巴嫩人，乘獨木舟到各處賣東西，把醫藥和報紙帶到各地，報紙送到的時候已過時好幾個禮拜，潮溼破爛。在被棄置於一個採橡膠者小屋裡的一張舊報紙上面，我才知道四個月前發生過的《慕尼黑協定》與全國總動員。我得附帶指出，住在森林裡面的人，其想像力要比住在草原上的更為豐富，舉例來說，有些人頗具詩人的想像力，有個父親名叫「山多瓦爾」（Sandoval）、母親叫做瑪麗亞（Maria）的家庭，給他們的小孩取名字的時候，利用他們兩人自己名字的音節加以重組，創造出新名字來做小孩的名字！女孩子叫做瓦爾瑪（Valma）、瓦爾瑪麗亞（Valmaria）、瓦爾瑪麗莎（Valmarisa）；男孩子叫做「山多瑪」（Sandomar）和「瑪麗瓦爾」（Marival）；再下一代的人則取「瓦爾多瑪」（Valdomar）和「瓦爾奇瑪」（Valkimar）這樣的名字。好賣弄學問的人則把他們的兒子取亞里士多德和牛頓這樣的名字。亞馬遜森林地帶的人非常喜歡吃一些名字富麗堂皇的成藥，像「寶貝藥酒」、「東方祕藥」、「郭多娜精品」、「布里斯多藥丸」、「英國寶水」和「天堂香膏」等等。他們有時吞食硫酸鈉鹽，不然就是吃二鹽酸奎寧，藥吃太多，到了一點牙痛就得吃整瓶阿斯匹靈才能止痛的地步。馬查多河上游有一個小小的轉運港，很具象徵意味的只往更上游地區運送兩樣貨品：墳墓的欄杆和灌腸器。

在這類「有學理根據」的藥物以外，還另有一類民俗療法，包括禁忌和禱告。在懷孕期間，孕婦並不需禁食任何食物，但生產後一個禮拜之內只能吃雞肉和松雞。產後一個禮拜直到第四十天這段期間，除了雞肉與松雞以外，還可吃鹿肉和某些魚類（淡水白鯧、鈍齒兔脂鯉和沙丁魚）。從第四十五天開始，可以有性關係，也可以吃野豬肉和所謂的「白魚」。產後整整一年的時間內，她不可吃貘、龜、紅鹿、野火雞（moutum）或「皮質」的魚（jatuarama和curimata）。報導人對這些習俗的解釋如下：「上帝的律法規定，從開天闢地以來，女人在第四十天才潔淨。如果不這樣的話，結果可悲。——月經後的女人不潔淨，和此女人在一起的男人也就不潔淨；這是上帝給女人訂的律法。」接著，最後還加上：「女人是很精緻脆弱的。」

此外，還有〈乾蟾蜍的禱詞〉（Oração do sapo secco），差不多已屬黑巫術的範圍，可在廉價的傳奇小說*Livro de São Cypriano*中讀到。找一隻cururu或Sapo leiteiro種的大蟾蜍，埋在土中，一直埋到頸部為止，時間必須是禮拜五：然後用豔紅的火炭餵它，它會把火炭全吞進去。過一個禮拜，你回去埋大蟾蜍的地點，會發現它已消失不見。但在埋蟾蜍的地方，會長出一棵有三叉枝枒的樹，每一枝樹枝的顏色都不同。白色代表愛情，紅色代表絕望，黑色代表哀悼。禱告的名稱來自蟾蜍乾枯掉這項事實，連禿鷹也不會想吃它。那枝符合做此儀式之人願望的樹枝會被折斷，不讓任何人看見。在埋蟾蜍的時候便把〈乾蟾蜍的禱詞〉念出來：

我把你埋在一尺深的地下
我把你踩在腳下越深越好

你必須使我逃過任何危險
我把任務完成以後將把你放掉
我的保護者將受聖阿馬洛庇護
海浪將是我的解救者
大地的灰塵將給我帶來寧靜
保護神啊，永遠和我在一起
魔鬼就永遠不會有力量抓我
在正午時刻
這禱告將被聽明
聖阿馬洛，你，和殘酷動物的最高主宰們
將會是我的保護者瑪里鐵拉
阿門

另外還有兩種禱詞：〈豆子的禱詞〉和〈蝙蝠的禱詞〉。

在此地那幾條可航行小機動船的河流附近，換句話說，在那些像瑪瑙斯之類的地方，文明尚未被消滅到只成為一種遙遠的記憶，仍然是可以在一生中重新與之建立二、三次接觸的真實事物，在這樣的地方可以發現非常具有創意、個性獨特得令人意想不到的人物。一個電報站的經理就是這樣的人物之一，他和太太及兩個孩子住在一起，經由自己的努力，在森林裡面開闢出一大片土地來耕種，同時還製作留聲機，釀整桶整桶的白蘭地。命運不停地和他做對。每天晚上，他的馬都遭受鬼魅蝙蝠攻擊。他用帆布給那些馬做一層保護篷，但馬用樹枝把帆布篷扯下來；他用紅辣椒塗馬身，接著又用硫化銅塗馬身，但那些吸血蝙蝠用翅膀把馬身上所塗的全抹掉，繼續吸馬血。唯一有效的應付辦法是把馬扮成像野豬模樣，把四張野豬皮切開再縫起來穿在馬的身上。他的想像力豐富無比，有一次他去瑪瑙斯，該地的醫生大敲他一筆，旅館任他挨餓，他的小孩子由於生意人的鼓動，看到什麼就買什麼，結果使他的積蓄全部付諸流水，但不久他就把這件曾使他耿耿於懷的事情忘掉了。

我很想多用篇幅來描述這些令人感動的亞馬遜森林人物，描述他們的特異性格與他們的絕望之情。其中有些人，像龍東或其同伴，是英雄與聖徒，他們把實證主義日曆[1]裡面的名字撒在未被探測過的疆域上面，他們有的人寧可被謀殺，也不肯對印第安人的攻擊大肆報復；有的則是猴急的冒險者，跑進叢林深處，看見只有他們才曉得的奇怪部族，搶奪或騙走該部族僅有的少數收成，其下場卻是不用多久就被該部族的箭射死；有的則是夢想家，在遙遠的河谷建造一閃即逝的帝國；還有虛有其表的騙子在寂寞的移民邊區浪費掉一大堆精力，如果是在以前的話，還可能因此贏得副總督的職位；最後還有一些人，成為比他們更強有力的人們所故意製造出來的幻夢之犧牲品，這些犧牲者的古怪命運可以用馬查多河沿岸的冒險者為代表，他們活動的範圍距離圖皮－卡瓦希普族與蒙蝶族居住的森林邊緣不遠。

下面所引的故事，筆法雖奇怪但不失某種富麗的性質，是從亞馬遜地區的一份報紙上面錄下來的，那份報紙名叫 *A Pena Evangelica*，時間是一九三八年：

在一九二〇年，橡膠價格下跌，Patrão（雷穆多．培雷拉，巴西上校）拋棄了seringaes[2]，在聖多美河（Igarapé São Thome）西岸的此地，仍然大致未受影響。光陰似箭。自從我離開巴西上校的莊園以後，關於那裡豐饒森林的記憶一直深深刻印在我少年時代的靈魂上面。後來我已漸漸從橡膠價格猛跌所帶來的漠不關心裡面恢復過來，變得世故，漸漸習慣於種植巴西堅果（Bertholetia Excelsa），在這時候我卻突然想起在聖多美河常常看到的栗子樹。有一天，我去找以前的老闆巴西上校，他住在貝倫的大旅館裡面。仍然可以看出他還是相當富有。我向他請求允許我去「他的」栗子果園工作。他大方地答應，授權給我自己去做；他開口說：「那些莊園均已被棄；那地方太遠，只有逃不開的人才會還留在那裡。我不曉得他們如何過日子，這個問題我也不感興趣。你可以

1　實證主義日曆（Positivist calendar）是由奧古斯特．孔德在一八四九年創造的，用來取代教會曆法。實證主義日曆的每個月都是二十八天，分成四週，每週七天。每個月比公曆少掉的那幾天會累計到年底作為節日，紀念所有死去的人。此外，每一天都由歷史名人或是團體命名。

2　一種橡膠樹的巴西土語，詳見第三十六章。

去。」

我設法弄了一點錢，向J.Adonias公司、Adelino G. Bastos公司和Goçalves Pereira合夥公司等地方要求給我aviação（這是指先提供東西給借貸者使用的專有名詞）。我買了一張亞馬遜河運公司的汽船船票出發前往塔帕若斯。在伊泰圖巴（Itaituba），我和帕爾瑪（Rufino Monte Palma）及門東卡（Melentino Telles de Mendoça）會合。我們三個人都各帶五十個人同行。我們共同合作努力，結果成功了。不久我們抵達聖多美河河口。我們發現到的是一個令人哀傷的、被放棄了的社區：迷糊的老人、半裸的婦女和四肢僵硬、滿面驚恐的小孩。把住處建好，東西都準備妥當以後，我召集帶去的人，再加上這個家庭的成員，我向他們說：「我給你們每一個人一套東西，子彈、鹽和麵粉。在我的小茅屋裡面沒有鐘也沒有日曆；我們在可以看清我們粗硬的雙手形狀時開工，一直做到上帝把黑夜帶給我們為止。不同意的人將沒有東西吃，他們只能吃棕櫚果做的粥和阿拿賈鹽（anaja salt，anaja棕櫚樹的樹芽煮過以後會有一些苦苦鹹鹹的殘渣）。我們的食物可以維持六十天，我們不得不善加利用，這段寶貴的光陰一刻都浪費不得。我的合夥人也照我的榜樣做，六十天以後，我們收穫了一千四百二十桶（每桶大約有一百三十公升）的栗果。把栗果裝在獨木舟上面，我們沿河而下，到達伊泰圖巴。我和帕爾瑪及其他人留在那裡等機動船山鐵爾莫號（Santelmo），我們一等等了兩個禮拜。後來我們終於到達皮門塔爾港（Pimental），便把栗果與其他的東西裝到色塔內若號（Sertanejo）商船上面，在貝倫把栗果以四十七塊巴西銀幣一公石的價錢（合美金二元三角）出售。不幸的是，有四個人在旅途中死亡。我們再也沒回去過那個地方。然而目前價格漲到二百二十銀幣一公石，這是一九三六至一九三七年那一季的最高價格，收穫栗果的確是利潤優厚的。栗果堅實可靠，萬無一失，不像土裡的鑽石永遠無法捉摸，無從預測。我的庫亞巴的朋友們，那就是如何在馬托格羅索州靠「帕拉栗子樹」（Paro chestnuts）謀生的辦法。

在六十天之內，一百五十到一百七十個人左右一共賺了美金三千五百元。然而這樣的報酬，和那些採橡膠的人比起來，已經是收入可觀了。我在最後幾個禮拜的那段時間看到了這個瀕死的行業所喘出來的最後幾口氣，也看到採橡膠工人悲慘的處境。

三十六、橡膠園

產橡膠的主要兩種樹是hevea和castilloa，在當地方言中分別稱為seringa與caucha。第一種比較重要，只長在河流附近，而河堤一帶的土地劃分並不很清楚，由於某些模糊的政府授權手續，並不屬其主人控制，而是歸一些「老闆」（bosses，即patrões de Seringal「橡膠雇主」）控制；每一個老闆都負責一間店，賣食物及雜貨；有時候他是店東，不過大多數情形是生意人的代理或小河運公司的代理，這些河運公司獨占某一河流及其支流的所有貨運。採橡膠的人是「雇工」（clint），事實上也被稱為是他定居附近一帶的那間店之「雇工」或「客戶」（freguêz）；他向那間店購買一切裝備，也就是他的aviação（前一章已解釋過），他把所採的橡膠全賣給那間店；做為交換條件，他取得所需的設備及一季的必需品，全都算在他的帳上，此外，他還分配到一塊採橡膠的地區，叫做collocação。一個collocação包括好幾條叫做estradas的小路，以他的小屋為起始點，主要的產橡膠的樹木都在那些小路附近，這些都是「老闆」及其手下先在森林裡面發現的。

每天一大清早（一般相信在早上天未亮的時候工作比較好），採橡膠的人（seringnero）

手上拿著彎刀（faca），帽子上安一盞燈（coronga），像礦工那樣，沿著小路去採橡膠。他在seringa樹上割個缺口，割的時候很仔細小心，稱為「旗子法」或「魚骨法」；割得不好的話，橡膠樹的橡膠汁就流不出來，或者是從此以後不再有橡膠汁。

到早上十點左右，他就應該割過一百五十到一百八十棵樹；吃過中飯以後，他重新沿著那些小路走一遍，把從清早起一直不停滴進掛在樹上的錫杯裡的橡膠汁收集起來。把錫杯中的橡膠汁倒進一個他自己用粗棉布做的、浸過橡膠汁的袋子裡面。他在晚上五點左右回家，開始第三階段的工作，把準備中的橡膠球「養肥」：在小火上架一根竹竿，上面黏著一塊已凝結的橡膠，竹竿不停地在小火上轉動，此時把「橡膠汁」（milk）慢慢倒在那塊已凝結的橡膠上，小火的煙使橡膠汁繼續在那塊橡膠上凝結成一層層薄薄的橡膠。這種橡膠球如果達到三十到七十公斤左右的標準重量時，就已經是成品了；其重量標準視地點而有差別。如果橡膠樹已沒有多少汁液，要弄好一個橡膠球有時需要幾個禮拜的時間。這些球有很多種，視汁液的品質與製造方法而有差異，全都存放在河流的兩岸，老闆每年去收運一次，帶回店裡面把這些球體壓成「橡膠皮」（peles de borracha），再串綁成筏，沿河流下到瑪瑙斯或貝倫。這些筏一碰到瀑布必定散開，等過了瀑布以後要再耐心地串綁起來。

因此，把這種複雜的情況簡單的說明，我們可以說採橡膠的人依賴老闆，老闆又依賴那些控制主要河道的河運公司。這種體系是橡膠價格猛跌的結果，時間是從一九一〇年開始，當時亞洲出產的橡膠開始與巴西產品競爭。採橡膠這種工作除了真正毫無辦法的人以外，已無人對此還有興趣，然而河流航運仍然利潤頗高，特別是在採膠區賣的東西都比外面市價貴四倍左右。最有力量的人放棄橡膠，但繼續從事河運生意，這使他們可以不冒任何風險地控制整個體系，因為老闆無論如何都得任河運公司擺布，河運公司可以抬高價格，也可以拒絕供應貨品。一個老闆如果店裡無貨就會失去客戶，客戶可以逃走不還債，或者留在原地活活餓死。

老闆依賴河運公司，客戶依賴老闆。到了一九三八年的時候，橡膠價格不及價錢看好時的五十分之一；二次大戰雖然使價格回升了一段時間，但目前的情況並沒好多少。沿著馬查多河兩岸，視當年收成好壞而定，一個人一年可採得二百到一千二百公斤橡膠。用最好的價格去估計，在一九三八年，這些收成可用來買到他一年生活必需品的一半左右：米、黑豆、乾肉、鹽、槍彈、石蠟和棉織品。另外一半的必需品則得靠打獵所得來供應，還有就是負更多的債；採橡膠的人都是以負債開始，然後，絕大多數的情形，都是負債愈來愈多，直到死掉為止。

在這裡可提一下，一九三八年時一個四口之家月支出帳目表的典型。每公斤稻米的價格有差異，這將使有興趣的讀者可以把價格換算成國際黃金標準價格。

一個家庭的年度預算還得加上棉布，一九三八年一匹棉布的價格在三十到一百二十巴西銀幣之間；還有鞋子，一雙四十到六十銀幣；帽子一頂五十到六十銀幣；針線、鈕釦和醫藥。如前所述，此地吃藥量很大，舉例來說，一粒奎寧（每一家庭成員每天要吃一粒）或一粒阿斯匹靈賣一銀幣。還得記住的是，馬查多河兩岸最好的「季節」一季下來（採橡膠季節從四月到九月，雨季的時候森林裡面寸步難行）可得二千四百銀幣（一九三六年在瑪瑙斯的橡膠賣價是每公斤四銀幣，其中一半歸生產者）。即使採膠者沒有年輕小孩，即使他只吃打獵得來的肉類，只吃自己種自己製造的木薯粉，單單最低食品消費就要花掉他在年收成異常好時的全年所得了。

需求物資及數量	每單位巴西銀幣價格	總價
四公斤燒菜用的動物油	十・五	四十二
五公斤糖	四・五	二十二・五
三公斤咖啡	五	十五
一公升石蠟	五	五
四塊肥皂	三	十二
三公斤鹽—醃獸肉用	三	九
二十顆子彈—〇・四四口徑	一・二	二十四
四磅菸草	八・五	三十四
四包捲菸紙	一・五	六
十包火柴	〇・五	五

一百公克胡椒—醃食品用	三	三
二顆大蒜	一·五	三
四罐嬰兒用濃縮煉乳	五	二十
五公斤米	三·五	十七·五
三十公升木薯粉	二·五	七十五
六公斤乾肉	八	四十八
總計		三四一

不論是否自己親手處理生意上的事情，老闆永遠活在破產的陰影之下，如果他的客戶在未償還老闆所預支給他的債務就逃走的話，老闆就會破產。因此，他雇用武裝人員在河上看守。我們離開圖皮—卡瓦希普之後沒有幾天，碰見一件奇怪的事情，它將做為橡膠園的印象本身永遠留在我記憶中。以下是一九三八年十二月三日我在日記上所寫下的關於這件插曲的描述：

十點左右，灰濛濛的天氣。我們的獨木舟隊遇見一個瘦瘦的男人，他的妻子和一個十歲左右的孩子乘著一只打獵用的小舟（montaria），太太是個胖胖的黑白混血兒，頭髮鬈曲。他們全都筋疲力盡，那女人一邊說話一邊掉眼淚。他們已在馬查多河上航行六天之久，通過十一個瀑布，其中有一個得扛著獨木舟越過瀑布地帶，他們是去追一個逃走的客戶和他太太。那客戶帶著一條獨木舟和隨身物品逃走，他們取得店裡賒給的東西以後就跑了，留下一張字條，上面寫著：「東西太貴我沒有勇氣償還。」這幾個人是加耶達諾（Gaetano）老大僱用的人，對他們因此要負的責任深感恐懼，正在設法找回那個逃走的人，要他還債，把他帶回老大那裡。他們帶槍。

帶的是來福槍，通常是點四四的溫徹斯特，平常是打獵用的，但必要時，也做其他用途。幾個禮拜以後，我在一家卡拉瑪公司（Calama Limitada）所開的店門口看到一張布告，這店位於馬查多河與瑪代拉河交匯之處，布告內容如下：

非常上等的貨物，
包括動物油、奶油和牛奶唯經老闆特許，
才能賒賬。
否則，
一律現金交易！
或以等價物品交換！

在這張布告下面，緊貼著另外一張：

順溜溜的秀髮，
不論多鬈曲的頭髮，
甚至黑人的頭髮，
都會變成順溜溜，
只要經常使用最新出品的，
阿里商德，
在「大瓶子」店有售。
瑪瑙斯，烏魯瓜雅那街。

事實上，人們深受疾病與貧窮鍛鍊，橡膠園地帶的生活並非永遠如此沈悶無趣。毫無疑問的，那樣的日子是一去不復返了，當橡膠價格一片看好，人們在河流交匯處建造木頭客棧，整夜燈火輝煌，有些採膠人一夜之間在此把幾年積蓄花個精光，第二天回去向富同情心的老闆借採膠所需的裝備，再重新開始，我看過一個這類客棧的遺跡，名稱仍然叫做梵諦崗，一個令人想起它過去光輝日子的名稱。以前在禮拜天時，人們穿著條紋絲質褲子，戴軟帽，穿皮鞋去「聽」射擊專家用不同口徑的手槍射擊表演，像獨奏者一般。現在，在整個採膠地區已無法買到一條絲質褲子。但是這地方仍具有某種曖昧的魅力，來自那些和採膠者同居過著一種毫無保障之生活的年輕女人。以前用以描述這類「婚姻」關係的說法是「他們在綠色教堂結的婚」。這些女人有時候會開舞會，每個人拿出五銀幣或咖啡或茶，或把她們的屋子借出來，如果那房子比一般大的話，或是她們的燈足夠點一整個晚上。她們穿薄薄的衣服，臉上化妝，做個頭髮，走進跳舞場所時吻主人的手。但她們的化妝與其說是為了造成美麗的幻象，倒不如說是為了看起來健康。在胭脂與粉底下掩藏起來的是梅毒、肺癆和瘧疾。她們穿著高跟鞋從與她們的男人居住的地方（稱為barracô）走來。她們一年到頭穿得破破爛爛，衣衫不整，但在這天晚上看起來嶄新漂亮；不過她們必須穿著晚禮服沿著泥濘的森林小路走兩三公里路才到得了舞會會場。而且為了打點整齊，她們得趁黑暗時在髒兮兮的溪裡面冒著雨洗澡，那天雨一直下個不停。在這薄薄一層的文明與門外的惡劣現實之間存在著絕大的對比。

她們所穿的剪裁不佳的服裝更強調了她們印第安人的體形特徵：乳房很高，幾乎是在腋下，被服裝的料子壓得不成形狀，肚皮突出；臂膀小小的，瘦長的腿，形狀很美，腕和腳踝很細緻。男人穿白褲子，厚鞋子，寬夾克，趨前邀請舞伴共舞。她們有的是「伴侶」（companheiras），有的是「管家者」（amasiadas，即替一個男人管家），有的是「獨立者」（desoccupadas，即沒有特定對象）。男人牽著女人的手，走到舞場（palanque）中間，舞場用「巴巴蘇」（babassu）椰子葉建成，照明的是一盞微微作響叫做「法洛爾」（farol）的煤油燈。要跳舞的人等一兩分鐘以捕捉caracachá所發出來的強烈節奏。caracachá是一盒釘子，由暫時休息的跳舞者負責敲打節拍。抓到節拍以後，一對對便起舞：一，二—三；一，二—三；等等。由於小屋建在架子上面，地板在腳的磨擦踩踏之下搖動不已。

他們所跳的舞屬於另一個時代。特別是desfeitera，由重複的小節組成，在重複之間的空檔，手風琴（有時候還用吉他〔violão〕和小吉他〔cavaquinho〕伴奏）會暫停，讓每個男人輪流即興一段對白，充滿戲謔或性愛暗示，女人也得以類似的方式回應一段。對女人來說，這不是容易的事，因為她們覺得不好意思，尷尬害羞，有的臉紅避免回應，其他的則迅速低聲呢喃些令人聽不懂的對白，好像小女孩在背書一樣。下面是有天晚上在烏魯帕被即興朗誦不停的對白：

一個是醫生，
一個是教授，
另一個是博物館研究員，
這三個裡挑一個妳所要的。

還好，被問這個問題的那個可憐女人沒有回答。

如果舞會一開開好幾個晚上的話，女人每天晚上都換不同的服裝。

南比夸拉人把我帶回石器時代去，圖皮－卡瓦希普人帶我回到十六世紀；在這裡我覺得置身十八世紀，在想像之中，覺得西印度群島上的小河港或沿海小港口情形一定是這個樣子的。我已走過整個大陸，但是這趟很快就要結束的旅程終點，卻首先以從時間的底部往上升的方式進入我的意識裡面。

第九部 | 歸返

三十七、奧古斯都封神記

旅途中有一段特別令人沮喪，是停留在坎普斯諾武斯那一段。同行的人染上流行疫病，因而落後在八十公里以外的地方，動彈不得。和他們分開的結果，我只能整天在電報站外面等待，眼看著十幾個人漸漸步向死亡，有的是死於瘧疾、利什曼病或鈎蟲，但主要的死因還是飢餓。那個我在帕雷西雇來洗衣服的婦人，不但向我要肥皂，還要求食物吃，她的理由是：不然的話她沒有力氣洗衣服。這話是真的：這裡的人已喪失一切生活能力，又弱又病而無法奮鬥，他們便設法減少活動，降低需要，藉此達到一種昏沉的狀態，只需使用最低程度的體力，同時又能鈍化他們對自己悲慘情境的意識。

印第安人以另一種方式使這種令人沮喪的氣氛雪上加霜。那兩個在坎普斯諾武斯碰過面，互相敵對的印第安族群，對我並不見得友善，他們之間也經常處於隨時會爆發肢體衝突的狀態。我得保持高度警覺，任何人類學工作都無法進行。在正常情況下，田野工作本身就已負擔沉重：必須在黎明時起床，一直保持清醒到最後一個土著去睡覺為止；得使自己不受注意，但隨時都在；要什麼都看見，什麼都記得，什麼都注意；要表現出一種頗失顏面的冒味，向一個滿臉都是鼻涕的髒鬼屈尊就教，在別人稍微表現出不得不順你的意思，或者失去戒心的時候，設法加以利用到最大的程度；不然的話，就是由於整個部族突然情緒波動，不得不把一切好奇心壓抑下去，退縮到一種保留的態度，有時一退縮就是好幾天的時間。人類學家在進行本行的工作時，心裡充滿疑慮：他放棄自己的環境，放棄自己的朋友和自己的生活方式，花費相當大筆的金錢和可觀的精力，危害自己的健康，難道這一切的真正目的只是為了使自己能夠被十幾二十個處境悲慘，注定不久就要絕種的人物所接受嗎？何況那些人最主要的工作不過是互相捉蝨子和睡大覺，而人類學者的成功或失敗，卻又完全要視這些人的高興與否而定。當土著毫無疑問地不懷好意時，就會像坎普斯諾武斯發生過的例子，使情況變得更為糟糕。他們甚至拒絕被人看見，會毫無預警就突然失蹤好幾天，去打獵或採集食物。為了希望能重新建立起一個難得建立起來的聯繫，人類學家只好在附近遊蕩、消磨時間、重新咀嚼已經到手的那點有限的資料；他把舊筆記重讀一遍、重抄一遍、設法提出解釋；不然就是給自己安排一些瑣碎的、無意義的工作，譬如測量兩處燒煮食物的地點之間的距離，或者計算一下那些已經被棄置的小屋到底使用多少根樹枝之類，這是一幅標題為「人類學家之功能」的諷刺畫。

然而，最重要的是，他會自問：為什麼我跑到這裡來？我到底是期待些什麼？我的目標到底是什麼？人類學研究的本質到底是什麼？它是不是一種跟其他正常的職業一樣的職業？它和別種職業的區別，是不是僅僅在於人類學者的工作室或實驗室和他們的住宅之間距離幾千公里而已？或者說人類學工作是一種比較激進的選擇，表示人類學者實際上是懷疑他自己所生所長的整個制度？我中斷學院生涯離開法國已有五年之久，在這五年裡，我以前的同事中那些比較聰明的人已開始沿著學院的階梯往上爬：那些像我以前那樣對政治有興趣的人，已經成為國會議員，不久就要當部長。而我自己呢，仍然在沙漠荒原中晃盪，在追蹤幾個瀕危的殘存人類。到底是因為什麼人，或因為什麼事情，使我中斷自己存在的正常途徑？這一切，會不會只是我自己所玩的一種手法？一種聰明的旁門左道，其結果能使我重拾舊業，而且帶著會受到承認的額外優勢？或者這項決定是我自己和自己的社會情境之間存在一種隱性的不適應的表現？這種隱性的不適應會使我不論是做什麼，都無可避免要感到與自己的社會情境愈來愈疏遠？這裡面有一個顯著的弔詭之處，我的探險生涯並沒有向我展現一個新世界，反而將我帶回舊世界去。我一直在找尋的那個世界在我的指掌間消逝無蹤，正如那些我原本出發要去征服的那些人和景觀，一旦我有能力掌握他們時，就失去了我本來以為他們會帶給我的意義。因此，我便用從我的過去中遺留下來的其他影像，取代至今這些令我失望但確實存在於眼前的影像，從前當那些其他影像還是環繞在我四周的真實的一部分時，我並不覺得它們具有什麼特別的重要性。在一個沒有多少人見識過的地區裡面旅行，和那些數千年來沒有什麼變化的社會——其代價就是貧困，而他們早已付出了代價——分享其存在的經驗，結果是我自己已經不再對兩個不同的世界具有完整的意識。鑽進腦海裡來的是那個我自己割捨離開的法國鄉間的一些變幻不定的景象，或者是那個我確信我已經揚棄否定掉了的文化裡最平凡無奇的表現方式，像音樂或詩的片斷。如果不掩飾我自己生命歷程的軌跡的話，我確實相信過自己已經揚棄了那個文化。然而在馬托格羅索西部的高原上，一連好幾個禮拜的時間，如影隨形纏繞腦際的，不是那些羅列在我四周、不會再有第二次機會看見的事物，而是一段十分老舊的，還因為我自己記憶力欠佳而更顯得模糊不清的曲調——蕭邦作品第十號：鋼琴練習曲第三號。這支曲子經過一種我當時已深切意識到的辛酸嘲諷的扭曲，居然成為我遺棄在背後的那一切事物的具體象徵。

為什麼會是蕭邦呢？我自己從來並不特別喜歡他的作品。我在成長過程中所受的教養使我仰慕華格納，不久之前我自己發現了德布西，不過在這以前我已知道史特拉汶斯基的作品《婚禮》（*Noces*），曾聽過其第二場或第三場的演出，那作品展現給我一整個世界，一個在我看來似乎比巴西中部草原更為真實、更為豐富的世界，同時也擊碎在聽到那件作品以前已經形成的關於音樂的一切信念；不過在我離開法國時，提供我所需要的精神支柱的作品是德布西的歌劇《佩利亞斯與梅麗桑德》（*Pelléas and Mélisande*）。因此，為什麼會是蕭邦呢？而且還是他最枯燥無味的不重要作品，居然在我身處一片荒野之中時，硬是跑來纏繞著我呢？給這個問題找答案，比從事將會使我在專業上更說得過去的人類學觀察還令我關心。我想到，從蕭邦到德布西之間的發展過程，如果把它整個顛倒過來的話，可能有更多的領悟。原先德布西給予我的樂趣、使我更喜愛德布西的理由，現在我可以在蕭邦的作品裡面找到；那些理由藏在一種曖昧、不確定、不顯著的形式底下，以至於剛開始的時候我根本注意不到，而直接選擇親近那些用最顯而易見的方式表現出來的作品。如今我正在實踐一種雙向的過程：由於我理解了德布西，因此能夠更深入了解較早期作家的作品，任何人如果不先知道德布西的作品的話，便無法欣賞到這些隱藏起來的美。有些人喜愛蕭邦是因為他們並不了解蕭邦之後的音樂發展，而我是在接觸了比蕭邦更多的東西之後才更喜歡蕭邦。與此同時，我已不需要全面性、完整性的刺激，就能引發某些情感：一點提示，一點隱喻，某些形式的一點預兆，就已經足夠。

走完一哩又一哩，同樣的曲調在我記憶中不停反覆，沒有辦法消除。它似乎不斷地在展示它的新魅力。先是緩慢地出現，然後它似乎在揉著它的線，好像是想把即將來臨的終結掩藏起來似地。揉線打結的舉動變得愈來愈無法抽離開來，以致令人開始懷疑或許整首曲子就要崩潰；突然地，下一個音符帶來完整的終結，整個閃躲的路線顯得更為大膽，特別是前面先出現的那些危險的音符，使得這樣的結束變成必要，也使得這樣的收尾成為可能；一旦最後一個音符被聽見以後，達至最後一個音符之前的所有音符都被映照明白，有了新的意義：那些前行的音符所追尋的，再也不會被視為是隨意而為了，而是一種準備工作，替那個想像不到的結束方式做準備。或許，這也就是旅行的本質吧，它探查的是我自己腦袋中的沙漠，而不是那些在我周遭的沙漠吧？有天下午，當所有的人，所有的事物都在強烈無比的熱度之中熟睡時，我蹲坐在蚊帳覆蓋下的吊床上，蚊帳保護我免受「害蟲」——南美洲人這樣稱呼蚊子——所害，但是蚊帳的網眼太密，使裡面的空氣更難呼吸，這時候，我突然有個主意，我覺得這些正在困擾著我的問題可以做為一齣舞台劇的主題。整齣戲在我腦中清晰無比，好像已經寫好了一樣。印第安人對我而言已不存在：整整六天的時間，我從早到晚在寫滿字彙表、素描和譜系表的紙張背面不停地寫作。但六天過去以後，靈感已經枯竭，劇本仍未寫就，而靈感也一去不再復返。把當時急急寫下的手稿重讀一遍，我不覺得有什麼值得惋惜的。

我的劇本稱為《奧古斯都封神記》，其形式是高乃依[1]的《西拿》（*Cinna*）一劇的改編。劇中有兩個主角，奧古斯都和西拿，從小就是朋友，後來各自追尋不同的事業，在兩人事業的緊要關頭上又重逢。其中一個，自以為已經棄絕了文明世界，卻發現自己原來是在用一種相當複雜的方式重回文明世界，不過，他本來相信自己要去面對的選擇之意義與價值，都被這個方式摧毀了。另外一個人，從出生開始就被挑選出來要進入高級社會生活，享有其中的種種榮耀，後來卻發現他的一切努力都是傾力導向於把上述一切都化為烏有的結局；而這兩個人在試圖毀滅對方的時候，卻都同時是在尋求一種方法，要盡力使自己的過往顯得仍然很有意義，即使是因此而致死也在所不惜。

劇本是這樣開場的：羅馬的貴族院想頒給奧古斯都一項比皇帝更高的榮耀，投票通過替奧古斯都舉行成神的儀式，讓他還在有生之年就位列眾神。在皇宮花園裡面，兩名衛士在討論這項新聞，從各自的觀點來預測將會產生什麼樣的結果：那樣會不會使警察的工作無法進行呢？要如何去保護一個神呢？神可以隨心所欲地變成昆蟲，或使自己隱形，也能隨意使人動彈不得。他們討論到可不可能舉行罷工，最後決定，無論如何他們都應該加薪。

警察首長接著出現，向這兩個衛士解釋，他們的想法是如何地錯誤。警察並沒有被賦予任何使命可以使他們和他們要服務的對象之間有任何差別。他們不應該對最後的目標表示關心，他們與他們的主人之人身及利益是無法分開的，他們是藉著主人的光輝反射才具有光彩。當國家元首神化了之後，為元首服務的警察隊伍本身也就跟著神化了，就像他們的主人一樣什麼事情都辦得到。警察將會達成其真正的本質——以偵察機構的座右銘來說就是——在無人起疑的情況下看到、聽到所有事。

在下一幕裡面，各種角色從貴族院走出來，對剛剛舉行的院會發表評論。有幾場戲用來顯示出對於由人轉變成神的各種互相矛盾的看法：重要利益集團的代言人在想著各種新的賺錢機會；奧吉斯都本人不愧是個皇帝，只關心他的權力要如何鞏固的問題，最後終於可免受陰謀和內鬨的困擾；對他太太莉薇婭（Livia）而言，成神儀式是他生涯中的最高峰：「這正是他該得的！」換句話說，等於是被選入法蘭西學術院（Académie Française）……奧古斯都的妹妹卡蜜爾（Camille）愛著西拿，西拿在外流浪十年之後回到羅馬，卡蜜爾把這個消息告訴奧古斯都，她希望奧古斯都會召見西拿。西拿還是跟以前一樣任性且具詩人氣質，很可能說服奧古斯都，免得他就此倒向既成體制永不回頭。莉薇婭表示反對：西拿一直都給奧古斯都的事業帶來破壞性的影響，西拿是個瘋子，只有和野蠻人在一起的時候才會快樂。奧古斯

1 皮耶・高乃依（Pierre Corneille, 1606-1684），十七世紀上半葉法國劇作家。

都很想接受太太這個想法；但是，他開始因教士、畫家和詩人們所組成的一系列陳情代表的出現而感到困惑，他們都認為奧古斯都成神以後等於是被趕出這個人間世界：教士們認為神化了的奧古斯都會把地上人間的權柄轉移到他們手中，因為教士乃是諸神與人類之間法定的中間人。藝術家們則要把奧古斯都從一具血肉之軀變成一種理念：奧古斯都夫妻想像的是比真人更美更宏偉的大理石雕像，藝術家們卻建議倒不如用各種形式的漩渦和多面體來表現，這想法令這對皇家夫妻甚為惶恐。這場大混亂，更因為一群放蕩女人各種爭執不下的要求而弄得無法收拾：勒達（Leda）、歐羅巴（Europa）、阿爾克墨涅（Alcmena）和達那厄（Danaé）都堅持要把她們與諸神交往的經驗提供給奧古斯都[2]。

然後奧古斯都自己孤獨一個人，和一隻鷹在對話：這鷹不是普通的鳥，不是神性的徽記，而是一隻野鷹，摸起來暖和，聞起來發臭的那種。不過這也正是朱庇特的鷹[3]，那隻把伽倪墨得斯（Ganymede）[4]帶走的鷹，經過一場流血爭鬥之後，年輕的男孩伽倪墨得斯掙扎無效，還是被鷹抓走。這隻鷹向滿臉狐疑的奧古斯都解釋道，他即將取得的神性正好會使他不再感覺到目前所感到的那種厭惡之情，現在因為他還是一個人，所以還籠罩在那種厭惡感之中。奧古斯都將會感到自己已經成神，但並不是經由什麼神采四射的感覺，也不是由於任何可製造奇蹟的能力，而是由於他將會有辦法忍受野獸靠近身旁而不感到厭惡，能夠忍受野獸的臭味，忍受野獸覆蓋在他身上的糞便。腐屍、殘敗和排泄物對他而言將變成非常熟悉：「蝴蝶會飛到你脖子上來做愛，任何地面對你而言都將成為可以安睡之所；你不會再像現在這樣，看見到處豎著刺，布滿蟲子和傳染病。」

由於在第二幕裡和鷹對話過，奧古斯都開始意識到存在於自然與社會之間關係的問題以後，決定再次和西拿見面。西拿在過去比較喜歡自然，不喜歡社會，這正好和導致奧古斯都取得皇帝式的神性所做的選擇相反。西拿感到非常失望。在他十年的流浪生活中，他除了想念那個青梅竹馬的朋友卡蜜爾以外，什麼事也沒做。那時候如果他開口的話，早已娶得卡蜜爾為妻。奧古斯都會非常高興地把妹妹卡蜜爾嫁給西拿。不過，必須依照社會習俗的律法才能得到卡蜜爾，對他來說是無法忍受的事情；西拿想要經由向整個既成秩序挑戰的方式來得到卡蜜爾，而不是通過既成體制。因此他決定取得隱遁者的聲望，以便他能迫使社會攤牌，使社會允許他得到社會本來就準備要給他的女人。

現在西拿終於頭上戴著榮耀的光環回來了，他現在是每一場社交晚宴都最歡迎要求列席的探險家，但只有他自己明白，他付出如此高昂的代價所取得的名聲，其基礎只不過是個大謊言。在人們認為他親身經歷過的那些經驗裡面，沒有一件是真實的；旅行是一場大虛幻，

2　這四個女人都是希臘神話中的人物，勒達是斯巴達皇后，歐羅巴是腓尼基公主，阿爾克墨涅是大力神海克力斯的母親，達那厄為宙斯生了一個兒子。

3　羅馬神話中的朱庇特，就是希臘神話中的宙斯。

4　伽倪墨得斯是特洛伊王子，宙斯愛其年少俊美，因此派老鷹將他帶到天上；有一種說法是宙斯自己化為巨鷹將他擄走。

是一種煩死人的過程；整個過程只會對那些習慣於反射的影像而對真正的現實不熟悉的人才會覺得真實不虛。西拿對奧古斯都命定要得到的那一切感到嫉妒，因此想要擁有一個比他更為廣大的帝國：「我告訴我自己，沒有任何一個人類的心靈，甚至連柏拉圖的都包括在內，能夠想像世界上所有的花卉和葉子的無限多樣性，而我就是要知道這一點；我將要收集恐懼、寒冷、飢餓和疲憊所引起的感覺，那些感覺是你們這些居住在庫藏豐足的穀倉旁精緻舒服的房屋裡的人連想都無法想像得到的。我吃過蜥蜴、蛇和蝗蟲；我在吃這些令你們一想到就會反胃的食物時，懷抱的是一個將要接受入教儀式的人的心情和信念，我深信我將因此而在我自己和宇宙之間建立起新的聯繫。」但是經過這一切的努力之後，西拿意識到他什麼也沒找到。「我失去一切，」他說：「甚至連那些最人性的，對我都變成了不具人性。為了填滿那些無止無盡的空虛時日，我便背誦埃斯庫羅斯[5]或索福克勒斯[6]給自己聽；我後來對其中的一些段落熟悉到無以復加的地步，以至於現在我去戲院的時候，已經無法享受劇場的美了。每一個段落都令我想起灰塵滿天的道路、被烤焦的草和被沙子弄紅的眼睛。」

第二幕的最後幾場戲，表現奧古斯都、西拿和卡蜜爾等人深陷其中的不同的衝突情境。卡蜜爾對她的探險家充滿崇拜之情，探險家則設法要讓她了解旅行家的故事都充滿欺騙，且都徒勞無功：「即使我有辦法把這些事件中每一件的茫然空虛以及不具意義表達出來，我的遊記仍然還是不得不採取說一個令人出神、可以吸引人們注意力的故事的方式才能說得出來。然而那經驗本身根本就是空虛；我所看到的大地和這裡的大地近似，草葉也和這片草地的草葉一模一樣。」卡蜜爾對此深感憤怒，卡蜜爾本來就很明白，在她的愛人眼中，卡蜜爾自己的存在本身，也深受西拿所深感痛苦的那種對一切都失去興趣的病症所苦：西拿對卡蜜爾的興趣已不再是一個人對另外一個人本身的興趣，西拿只是把卡蜜爾視為西拿自己與社會之間唯一可能殘存的聯繫之象徵。奧古斯都自己則警覺到西拿和那隻鷹所說的話並無二致，不過他卻下不了決心來改變已做的決定：太多政治利益都和他的封神牽扯在一起，更重要的是，他要反抗那種認為沒有什麼絕對穩當的結局可以讓行動者既能享受行動後的獎賞又能得到心靈平靜的想法。

第三幕在危機四伏的氣氛中開始；封神大典的前一天晚上，羅馬被神性事物淹沒：皇宮的牆出現裂縫，植物和動物衝進皇宮，整座城市回到原始自然狀態，好像被一場大災變所毀那樣。卡蜜爾和西拿斷絕交往，使西拿得到了最後的確切證明，證明一項他早已意識到的失敗。西拿把一切的不滿發洩在奧古斯都身上。目前在他眼中，和人類社會所能提供的較切實的快樂比較起來，無論那個毫無秩序的繁茂大自然是如何的空虛不實，他依然要單獨一個人去品嘗其滋味：「它什麼也不是，我曉得，但我既然選擇它，這個空虛本身對我還是寶貴

5　埃斯庫羅斯（Aeschylus, B.C.525-456），古希臘悲劇詩人，與索福克勒斯和歐里庇得斯一起被稱為是古希臘三大悲劇作家，有「悲劇之父」的美譽。

6　索福克勒斯（Sophocles, B.C.496-405 or B.C.497-406），古希臘劇作家，古希臘悲劇代表人物之一。

的。」奧古斯都可能會成功地把自然與社會結合起來，而且取得前者做為後者的額外獎賞，而不是必須為了擁有自然而放棄社會，這種可能性對西拿而言是無法忍受的。為了證明所有人都不得不在兩者之間做一選擇，他決定暗殺奧古斯都。

就在這個時候，奧古斯都要求西拿幫他的忙。他如何可以使那些已不再依據他意志推進的事件中止、轉向，同時又能維持他的公共形象於不墜？在一股極度興奮的心情下，他們倆人認為找到了解決的方案：就是讓西拿謀殺奧吉斯都，正如西拿本來計畫要做的那樣。這樣做可以使他們都取得各自夢想的不朽：奧古斯都將能享受以書本、雕像的和公眾崇拜來紀念的不朽名聲；而西拿也可享受到弒君的惡名昭彰之不朽名聲，這種不朽既可使西拿重返社會，又能持續不斷反對社會。

我已經記不清楚這個劇本在原來計畫中到底是怎麼收尾的，因為最後幾場仍然沒有寫完。我想是卡蜜爾不甘不願地提供了一個總結局。卡蜜爾又重燃起原來的情感，說服她哥哥，是奧古斯都自己誤解了整個情況，事實上西拿才是諸神的使者，而不是那隻鷹。如果卡蜜爾說得沒錯的話，奧古斯都覺得也許可以使用政治方法把整個問題解決掉。他只要能欺騙西拿，就能同時欺騙諸神。他們商量好要把衛士撤走，然後奧古斯都自願成為西拿短劍下的無助犧牲品。但實際上奧古斯都卻做了安排，增加雙倍的貼身衛士，使得西拿根本就無法接近他。這正好符合他們兩人一生的不同事業之方向，奧古斯都的最後一項行動還是圓滿成功：他成為神，卻是人世間的神，同時他會赦免西拿。對西拿而言，這只是又一次的失敗。

三十八、一小杯蘭姆酒[1]

前一章描述的戲劇寓言，只表現出一個道理：說明一個在不正常的生活條件中度過好長一段時間以後的旅行者所顯露出來的心理失調。但是問題仍然存在：人類學家如何克服他的選擇所造成的矛盾？他眼前就有一個現成社會可以作為研究對象——他自己的社會——那麼他為何決定放棄這個社會，把他的耐心和熱誠保留給另外一個，而且通常是最遙遠、最陌生的社會？他選擇人類學為職業，就是把他的耐心和熱誠從本國同胞身上移開，人類學家對自身群體的態度很少是中立的，這並非意外。如果他是行政官員或傳教士，我們可以因此推論說，他選擇認同一個制度，到了奉獻一生來推廣宣傳那個制度的地步；如果他的職業是科學性的或學院性的工作，我們又很可能在他過去的歷史中發現一些客觀因素，顯示他對他出生

1　英譯注：傳統上，將被送上斷頭台的法國罪犯，都可以在行刑之前抽一根菸，喝一小杯蘭姆酒。李維史陀在這裡使用這個標題，一方面是指本章所討論到的蘭姆酒的重要意義，另一方面也是指人類學家自己和整個人類的可能命運。

的社會適應不良。他選擇了他的角色，或者是想找到一個實際的方法來調和他對一個群體的忠誠和有所保留之處，或者只是很單純地把本來就已感覺到的對自己社會的疏離感變成一種長處，使他能較容易地接近不同的社會，因為他實際上已經在走向那些不同社會的半路上了。

但是，如果他誠實，他就面對著一個問題：他所賦予異地社會的價值——那個異地社會與他自己的社會愈不一樣，他似乎就認為那個社會的價值愈高——這並沒有單獨成立的基礎：事實上是由於他厭惡或敵視自己土生環境的習俗風尚，而在另外一個社會裡看到價值。人類學家和自己的同胞在一起的時候，往往傾向於顛覆既有體制、反叛傳統行為，但是，當他處理一個和他本身社會截然不同的社會時，他不但看起來充滿尊敬之情，甚至到了採取保守主義觀點的地步。這種現象，並不是單純出於偏見；事實上，和偏見大異其趣：我就認識幾位遵行自己社會規範的人類學家。但是，這些人類學家之所以遵奉自己社會的習俗，是走了一段迂迴路以後的結果，也就是把自己本身的社會和他研究的異地社會作了一種同化。他們的忠誠所在還是後者，而他們之所以放棄最初對自己社會的反叛，原因是他們對異地社會又作了讓步，也就是說，他們像處理所有社會那樣處理自己的社會。這種兩難處境，並沒有任何兩全其美的解脫之道：人類學家或者是遵行自己社群的規範，而其他所有社群在他心中最多只能引發一種一閃即逝、也還帶有些許不贊同的好奇心；不然的話，就是人類學家能夠全心全意把自己奉獻給其他社群，而使自己的客觀性受損，因為，不論有心或無意，他都不得不把自己至少從一個社會裡面抽離出來，才能全心全意把自己奉獻給所有社會。這樣做的結果也就使他自己犯下了一項罪過，這項罪過和他認為那些不同意人類學工作有其特殊價值的人所犯的重大罪過之性質完全一樣。

我第一次被這種自我懷疑所困擾，是在這本書開頭描述的那段被迫停留在西印度群島的時候。在馬丁尼克島，我去看過一些銹跡斑斑、缺少保養的蘭姆酒廠，其設備和造酒方法從十八世紀以來未做任何改變。在波多黎各，我則在那家幾乎獨占全島蔗糖生產的工廠裡看見一大堆琺瑯材質酒槽和鍍鉻管線。但是，我在那些一大堆廢料覆蓋下的古老木頭酒桶子前面嘗到的各種馬丁尼克蘭姆酒，都是又香又醇，而在波多黎各現代酒廠中嚐到的，則是粗糙低劣。我們也許可以因此假定，馬丁尼克蘭姆酒之所以香醇，是因為使用古老過時的造酒方法，在造酒過程中免不了滲入各種不純的雜質。對我而言，兩地酒質的對比，正說明了文明的矛盾：文明的迷人之處主要來自沈澱於其中的各種不純之物，然而這並不表示我們就可藉此放棄清理文明溪流的責任。由於兩方面都對，我們也就必須承認錯誤。要照理性辦事，設法增加產量以便能降低單位生產成本，這是對的。但是去頌讚那些我們正努力要清除掉的各種不完美，這也是對的。社會生活就是一種毀滅掉使社會生活有味道之東西的過程，一旦我們不再考慮自己的社會而改研究其他異社會的時候，似乎這種矛盾就消失了。我們深陷在自己社會的純化過程之中，因此在某種意義上來說，乃是利害相關的一方。我們根本沒有辦法不去追求那些我們本身的處境逼著我們去達成的事物；而當我們面對的是異社會時，情形就完全改觀：在第一種立場下根本無法維持的客觀性，無須任何代價地就送到我們手中。由於我們只是那個異社會正在進行中的轉型的旁觀者，而不是其活動參與者，我們也就更能比較評估其未來與過去，因為這些都只是美學沉思或知性思考的課題，而不是深深印在我們心靈上的靈魂的焦慮。

在以上的討論方式裡，或許我已在一定程度上點明矛盾的性質；我指出其根源，也說明我們要如何面對它。但是我也沒有解決這矛盾。是不是這種矛盾乃是恆久性的呢？有時候確實有人如此認為，而且用這種觀點來譴責人類學家。由於我們的職業使我們偏好和我們自己的社會結構、文化結構大不相同的異社會，常常高估了他者，而低估我們自己的價值，因此有人說我們犯了一項根本性的罪惡，說我們標準不一致；我們怎麼能夠宣稱異社會的確有價值呢？如果不是以這個促使我們去做研究工作的自身社會之價值為標準，我們還能夠依據什麼做判斷呢？由於我們自己永遠無法逃出制約我們的社會規範，我們想把包括我們自己社會在內的所有社會都拿來比較研究的種種努力，被認為追根究柢只不過是一種欲遮還羞的自以為自己社會比所有其他社會更為優越的手法罷了。

在這些假裝老實的批評者所做的推論的背後，除了一個不高明的雙關語以外什麼也沒有：他們只不過是試圖把神祕化（mystification，他們自己耽溺其中）裝扮成神祕主義（mysticism，他們錯誤地指控我們相信這一套）的反面罷了。考古學研究或人類學研究已證明，有些文明，不論是當代的或是已消失的，知道——或曾經知道——如何比我們更好地解決某些我們自己一直在致力解決的問題。只需舉一個例子：最近幾年我們才發現愛斯基摩人的衣服和住屋所根據的原料上以及生理上的原則，我們才明白這些我們以前一無所知的原則，使他們能夠生活於艱困的氣候條件之下，他們對那種惡劣環境的適應並非依靠或利用他們體質上的什麼特別之處。了解這些事實以後，同時我們也就明白，為什麼那些由探險家們以改進之名引介給愛斯基摩人的服裝，事實上比一無是處更為糟糕，事實上造成與原初想像完全相反的結果。土著的解決辦法完美無缺；而我們一旦掌握了其解決方法所根據的理論以後，就可馬上明白這一點。

不過真正的問題並不在此。如果我們用我們自己給自己定下的目標為標準去衡量其他社會群體所取得的成就的話，我們有時候不得不承認，別的社會群體的成就更為可觀；但是在這樣做的時候，我們自己就占有了評斷他們的權利，也就因此而鄙夷他們所有的那些並不和我們自訂的目標吻合的目標。如此一來，我們就在隱約之間自認為我們的社會、習慣與規範享有一種特殊的優越地位，因為來自另外一個社會群體的觀察者會對同樣的事例做出不同的評斷。事實既是如此，人類學研究又怎麼可以宣稱是科學的研究呢？為了建立一項客觀的研究，我們必須避免做這一類的評斷。我們必須接受下面這個事實：每一個社會都在既存人類的各種可能性範圍之內做了它自己的某種選擇，而那些各種不同的選擇之間無從加以比較：所有那些選擇全都同樣真實有效。但這樣的立場又引出一個新問題；在前述的第一種裡面，我們有墜入蒙昧主義（obscurantism）的危險，採取的方式是對一切異國異事完全視若無睹，但採取第二個立場，我們又有接受一種折衷主義（eclecticism）的危險，使我們對某個文化中的任何習俗都無法加以譴責，連殘酷、不義和貧窮這些任何為之所困所苦的社會本身都會提出抗議的現象，都無法施以譴責。還有，由於這一類的毛病也存在我們自己的社會裡面，如果我們竟然能把出現於別的社會裡的這一類毛病視為無可避免而接受的話，我們又有什麼權利要在我們自己社會裡面對此類毛病大加攻擊，欲將之消除呢？

一個人類學家的兩種不同態度——在自己社會是批評者，在其他社會是擁護隨俗者——這樣的態度背後還有另外一個矛盾，使他覺得更難以找到脫逃之路、解決之道。如果他希望對改進自己的社會有所貢獻的話，他就必須譴責所有一切他極力反對的社會狀態，不論那些社會狀態是存在於哪一個社會裡面，這樣做的話，他也就放棄了他的客觀性和超然性。反過來說，基於道德上應該立場一致，以及應該追求科學精確性，這兩種考慮加在他身上，將他限制在一種超脫立場（detachment）之內，使他不能批判自己的社會，理由是，他如果要取得有關所有社會的知識，他就必須避免對任何一個社會做評斷。在自己的社會中參與改革運動，就會使他不能了解其他的社會；如果要滿足全面性了解所有人類社會的渴望，就不能不放棄一切進行改革的可能性。

如果這個矛盾真是無法克服的話，人類學家應該毫不遲疑地決定他要做什麼樣的選擇：他是一個人類學家，或選擇成為一個人類學家，他因此必須接受從事這項專業所不得不做的割捨。他寧可偏愛其他的社會，他必須接受這項偏愛所帶來的後果：他的功用只能是去了解這些其他的社會，而沒有能力以那些社會的名義有所行動。基於這些社會是異社會這個簡單事實，使他不能代替他們思考，不能代替他們做決定；那樣做的話等於是把自己完全與他們同化。更進一步來說，他還必須放棄在他自己社會之內的所有行動，因為他很怕就某些價值問題採取立場，那些價值問題可能在不同的社會中都會出現，他如果就這些問題採取立場的話，也就是允許他自己的思想被偏見所感染。最後剩下來的就只有最初所做的那項選擇，而為了那項選擇，他將不認為需要任何理由：那是一項純粹的、無動機的行動，或者，如果有任何動機的話，也只能是一些和個性或者個人之生命史有關的一些外在的考慮而已。

幸而情況並沒有糟到以上所討論那樣的程度；窺視過橫列在我們面前的深淵以後，我們或許能夠找到一條可以避免掉入其中的道路。這樣的一條道路是可以找到的，如果我們在做評斷的時候能夠持平，並且把問題打散成兩個不同的階段。

沒有一個社會是完美的。每一個社會都存在著一些和他們自己所宣稱的規範無法並存的不純雜質，這些雜質會具體表現成為相當分量的不公不義、麻木不仁與殘酷，這是社會的天性。如果我們要問：如何評估雜質的分量？則人類學研究能提供一個答案。如果只把少數幾個社會拿來比較，容易使人覺得其間的差異實在太大，一旦擴大比較的範圍之後，那些差異就變得愈來愈小。然後我們就會發現，沒有一個社會從根本上就是好的，也沒有一個社會是絕對壞的；所有的社會都提供其成員某些好處，只是毫無例外地附帶含有一定分量的罪惡，所含的罪惡總量似乎大致上相當穩定，沒有多大差異，這或許是和社會生活之中的某種特別的惰性正好吻合，任何組織上的努力都無法清除。

這樣的斷言會使旅遊故事書的讀者大吃一驚，這些讀者都記得曾讀過的某些土著社會裡各種「野蠻的」習俗，想起來就厭惡。然而這一類的膚淺反應經不起精確認知過的事實的考驗，只需將之置於較廣闊的視野中考察即可成功地精確認知那些事實。讓我們拿食人的風俗為例，在所有野蠻習俗之中，食人無疑地引起最強烈的懼怖與厭惡。首先，我們得先把食人風俗與純粹為了補充營養而食人區分開來，也就是要把它和那些因為長期吃不到任何動物的肉而導致想要吃人的個別案例區別開來，在某些玻里尼西亞島嶼上頭，就曾出現過這一類的例子，沒有任何一個社會的道德足以使其成員不至於產生這類的飢餓慘狀：饑荒會迫使人類什麼都吃，晚近的大屠殺集中營裡發現的案例足以證明這一點。

除了上述的情形下所發生的例子以外，尚有一些可稱之為確實是食人風俗的例子，而其食人的原因是基於一種神祕的、巫術的或宗教的理由：比方說，吃下父親或母親的身體之一部分，或是吃下敵人身體之一部分，其目的是為了因此得到被吃者的美德，或因此而使被吃者的威力消失於無形；這類食人儀式通常很隱祕地進行，而且也只食用人體的一小部分，將之磨碎或將之與其他食物混合食用。但是，即使這類行為是以一種比較公開的方式進行時，我們還是得承認，對這類習俗施予道德譴責也就意味著對肉體復活這種事情的信仰（肉體如果可以復活的話，對屍體加以損傷就會妨礙其復活，因此該受到譴責），不然就是意味著相信靈魂與肉體之間有關聯，這樣子也就不得不相信與之有關的肉體與靈魂二元論；這也就是說，無論是相信前者還是後者，其信念的性質基本上和導致儀式性食人風俗背後的信念沒有什麼不同。那麼，我們也就沒有任何理由偏愛我們自己的靈肉二元論而又譴責他們的二元論信仰了。我們可能會指控有食人風俗的社會絲毫不敬重追念逝者這件事，但事實上他們對逝者的不敬程度，一點都不會超過我們自己社會在解剖台上所忍受下來的對逝者的不敬，考慮到這一層的話，前面所申論的也就更見其真確了。

然而最重要的是，我們必須理解，雖然我們會覺得食人風俗必定與文明的理念格格不入，但是我們自己的某些習慣，在一個來自不同社會的觀察者眼中，可能會被看成與食人風俗的性質沒有什麼兩樣。我腦中想到的例子包括我們的法律與監獄體系。如果我們站在旁觀的立場去研究社會，我們很可能會把所有的社會大別為兩類，形成明顯的對比：有一類具有食人風俗，這種社會認為，要處理那些具有危險能力的人，唯一辦法是把那一類人吃掉，吃掉一點就可以把那些人的危險力量中立化、消弭於無形，甚至能把那些力量轉化成為有利的力量；另外一類社會或許可以稱之為具有吐人肉風俗（anthropemy，這個名詞來自希臘文的émein，嘔吐），我們自己的社會就屬於這一類；面對相同的問題，這一類社會採取一種完全相反的解決辦法，其具體內容是把危險性人物排斥出社會體之外，把那些人永久性的或暫時性的孤立起來，使他們失去與其同胞接觸的機會，把他們關在特別為達到這項目的而建造的機構裡面。絕大多數我們稱之為原始的社會都認為這種習俗萬分恐怖；具有這種風俗，使我們在他們眼中犯下我們常會指控他們所犯的同樣野蠻的罪行，因為這兩種行為雖然相反，卻也正是互相對稱的兩個極端。

那些在我們看來似乎是在某些方面相當野蠻的社會，如果我們從另一個角度考慮，可能會變成相當仁慈而且人道。讓我們拿北美洲平原區的印第安人為例子，以他們為例來討論這個問題具有雙重意義，因為他們既有一些輕度的食人風俗，同時還有在原始社會中甚為少見的組織化了的警察制度。他們的警察（同時也是司法人員）永遠不會想到以切斷罪犯的社會關係來懲罰罪犯。如果某個土著觸犯部族的法律，處罰他的辦法是把他的一切財產全都毀壞，包括他的營帳和馬匹在內。但在處罰他的過程中，執法的警察卻也同時等於欠他一筆債：警察必須負責組織社會成員去集體償還他因為犯罪而遭到的所有損失。集體償還罪犯的一切損失，就使那個罪犯有負於整個社會，罪犯也就不得不對他們表示感激，表示感激的辦法是由整個社會——包括警察在內——的一切成員幫助他累積一大堆禮物來送給償還他損失的人，這樣子也就把整個取予關係又倒轉過來；這樣的一來一往接二連三繼續下去，致送禮物、歸還禮物，一直到由該項犯罪行為所引起的失序狀態漸漸消失於無形，整個社會又回復到以前秩序井然的時候為止。這樣的習慣不但遠比我們自己的辦法人道，這種做法之邏輯也更完整一致，即使我們把整個問題用現代歐洲心理學的名詞陳述出來，他們的辦法還是更完整一致；從邏輯的觀點來看，既然「施予懲罰」這樣的概念表示把罪犯「孩童化」（infantilization），罪犯也就理所當然有權得到獎勵，如果光只有處罰而不加以獎勵的話，原來的處罰程序便不會有效，甚至會產生出和我們所預期的完全相反的結果。我們的制度是最高程度的荒謬，因為我們既把罪犯當做小孩，以使我們有權對罪犯施加懲罰，同時又把罪犯當做大人，目的是為了拒絕給他任何安慰；同時我們卻相信我們在精神上大為進步，而所依據的理由只不過是：我們不把我們的幾個同胞吃掉，而是使他們飽受身體上與道德上的割體斷魂。

這一類的分析，如果誠懇地、一步一步毫不退縮地執行下去的話，就會得到兩項結果：首先，它使我們在評價和我們自己相當不同的習俗與生活方式時，帶著一份不急躁的緩和性，以及一份誠懇之情，同時卻也不至於絕對地溢美他們，沒有一個社會具有絕對性的美德。其次，它會消除掉我們那種自以為本來就是正確的高傲的習慣，這種高傲的、自以為是的感覺常常出現於那些並不熟悉其他社會習俗的人身上，也常常出現在那些對其他社會的習俗只有片面知識與偏見的人身上。因此，事實上人類學分析的確是偏向於偏愛其他的社會，偏向於反對自己的社會；就這一點而言，人類學分析的確存在著自我矛盾。但是更進一步分析的話，就會發現這種矛盾的表面性大過於實質性。

有時候有人說，歐洲社會是唯一產生出人類學家的社會，而且歐洲社會的偉大之處正在於此。人類學家可能會否定歐洲社會在任何其他方面的優越性，但是他們必須尊重此處提出的這一項優越性，因為如果連這項優越性都不存在的話，人類學家自己也就不會存在了。但是，事實上，人們也可以做出正好相反的陳述：西歐之所以會產生人類學家，正是因為西歐深受強烈的自責所苦，這種強烈的自責迫使它將自己的形象和其他不同的社會做比較，希望在比較之後，揭露那些社會也具有西歐社會的種種缺陷，或者是可以藉此幫助解釋西歐社會的種種缺陷是如何從自己社會內部發展出來的。然而，即使把我們的社會和所有其他的社會加以比較——包括過去的和現在的在內——真的會動搖我們的社會基礎的話，其他的社會也會遭受相同的命運。我在前面提到過大多數社會的普遍性，與此種平均的普遍性形成對比的是一些食人魔社會，而碰巧我們自己的社會即是其中之一；這並非出於意外，因為如果我們自己不是食人魔社會之一的話，而且如果我們不是在這種不光采的食人魔競賽中得到第一名的話，我們就不會是人類學的發現者了，因為我們也就不會有發明人類學的需要了。人類學家比別人更無法忽略他自己的文明，更無法認為自己和自己社會的錯誤缺點毫無關係，因為人類學家本身的存在除了是一種取得救贖的努力以外根本就無法理解，人類學家就是贖罪的象徵。然而還有一些其他社會也同樣沾染了這種原罪；這類社會的數目或許並不很多，而當我們把進步的標尺愈往下移的時候，其數目也變得愈來愈少。我只需舉出阿茲特克文化來做例子。阿茲特克文化是美洲歷史上一個癒合不了的傷口，它對血與酷刑的那種病狂性的嗜好（這種嗜好事實上是全人類性的，不過在阿茲特克人裡面，在我們所能界定的範圍之內來做比較，這種嗜好是十分顯著地以非常過分的方式表現出來）——即使可以用「克服對死亡的恐懼」這種需求來提出合理解釋——將阿茲特克人與我們相提並論，並不是因為他們具有嗜血的惡習，而是因為我們和阿茲特克人同樣「不知節制」。

然而我們自己這樣譴責自己，並不表示我們準備把一張完美無缺證書頒給任何一個過去的或現在的、存在於特定時空之中的社會。那樣做的話，就是犯下一項貨真價實的不義行為，因為我們就會因此而無法了解以下的事實：如果我們真是那個完美無缺社會的成員的話，我們會覺得那個社會無法忍受，我們會以如同我們譴責自己社會的理由來譴責那個社會。這是不是表示我們因此不得不批判任何形式的社會組織呢？是不是我們就要歌頌一種自然狀態，一種免不了會遭受社會組織破壞的自然狀態呢？當狄德羅（Diderot）寫下「對任何跑來強加秩序的人提高警覺」時的想法，他覺得人類「簡史」可以這樣寫：「先是有一個自然人；然後在自然人身體裡面引進一個人為的人，接著在人所住的洞穴裡面就產生永無止息的戰鬥，直到生命結束為止。」這是一個荒謬的想法。人無法和語言分開，有語言就表示有社會。布干維爾的玻里尼西亞人（狄德羅在他的《布干維爾遊記補遺》（*Supplément au Voyage de Bougainville*）中提出這個理論）社會化的程度和我們不相上下。採取任何別的觀點都是違反人類學分析，而不是邁向那本書鼓勵我們去探討的、做人類學分析的方向。

對這些問題思考越多，使我越確信，對這類問題的答案，除了盧梭所提出的那個答案以外，別無其他答案。盧梭遭受了太多的中傷，目前受人誤解的程度遠甚於任何其他時候，被荒謬地指控為曾經歌頌自然狀態——狄德羅的確犯下歌頌自然狀態的錯誤，但是盧梭並沒有——事實上盧梭所說的正好相反，他是唯一可以告訴我們如何逃出那個矛盾的思想家。到今天為止，我們仍然被反對盧梭的人牽著走，陷在那個矛盾裡摸索亂撞。盧梭是所有十八世紀哲學家裡面最接近人類學的：雖然他從未到過遠方的土地，但他的引證資料是他那時代的人所能做到的程度之內最完整的，他和伏爾泰不同，盧梭讓那些引證資料得到活潑的生命，因為他對農民的習俗和流行的大眾思想懷有一份熱情的好奇。盧梭是我們的大師和弟兄，我們卻對他是如此不知感恩，要不是這份敬意和他偉大的名聲並不相稱，這本書的每一頁都應該可以說是獻給他的。我們想從人類學家處境本身帶來的矛盾中脫離出來的唯一辦法是，經由我們自己的努力，來重複盧梭所採取的步驟。盧梭的步驟使他得以從《論不平等的起源》（*Discours sur l'origine de l'inégalite*）所留下的一片廢墟之中往前邁進，而建造出《社會契約》（*Contrat Social*）這樣宏偉的結構，其中的祕密則在《愛彌兒》（*Emile*）裡面表露出來。是盧梭教導我們，把所有的社會組織形式都拆散以後，我們仍然可以發現能讓我們用來建造一個新組織形式的各項原則。

盧梭從來沒犯過狄德羅所犯的錯誤——把自然人理想化。他從來不會有過混淆了自然狀態與社會狀態的危險；他知道社會狀態本來就存在於人類身上，但社會狀態導致罪惡；唯一的問題是要去弄明白，到底這些罪惡本身是否本來就存在於社會狀態之中？要弄明白這點，就表示得越過種種腐敗與犯罪，去找出人類社會無法動搖的基礎。

對於這樣的追尋工作，人類學的比較研究可以在兩方面有所幫助。首先，人類學指出那個無法動搖的基礎無法在我們的文明裡面找到：在所有已知的社會裡面，我們的社會無疑是距離那個基礎最為遙遠的一個。其次，經由梳理出大多數人類社會所共有的特徵，可以幫助我們提出一個範型，而且沒有任何一個社會是那個範型的真實體現，不過那個範型指出我們的研究工作所該追尋的方向。盧梭認為，我們今天稱之為新石器時代的生活方式，代表著最接近那個範型的一種具體實踐。人們也許會，也或許不會同意他的想法。我自己則傾向於相信他是對的。到新石器時代的時候，人類已經發明了人類安全所需的大部分發明。我們已討論過，為什麼可以把書寫文字排除在那些「必須的發明」之外；將書寫文字視為一柄雙刃劍並不代表原始主義，當代的「控制論專家」（cyberneticians）已經再度發現這種想法的真確性。在新石器時代，人類知道如何使自己免於寒冷與飢餓，人類也已擁有休閒時間可用來思考；人類當時真的對疾病仍然束手無策嗎？但是我們仍然不能確定，衛生進步除了把維持人口均衡的責任由流行病的身上（流行病這種維持人口均衡的辦法並不會比任何其他辦法更恐怖）轉移到廣泛遍布的飢荒以及滅種戰爭等等現象之上以外，還產生了什麼別的結果出來。

在那個神祕的新石器時代，人類並不比目前更自由；但是他只不過是受到原始本性的限制。由於他對自然的控制力仍然相當有限，他也就受到做夢這個安全墊的保護，也在相當程度上從限制中解放出來。當這些夢都變成知識以後，人類的力量也就增加，變成是值得自傲的原因之一；然而，這個我們曾經引以為傲的、驅動我們走向世界的力量，其本質是什麼？或換句話說，這種主觀意識是經由人性與物質世界逐漸融滙而來的，在這進程裡那些強大的因果決定論不再奇特令人生畏，而是透過思想本身作為中介將我們殖民，使我們成為其代理人，形塑出一個無聲的世界。

盧梭相信，如果人類能夠「在原始社會狀態的懶惰與我們自尊自大所導致的無法抑制的忙忙碌碌之間維持一個快樂的調和狀態」，會對人類的幸福更為有利，他相信這種情況對人類最好，而人類之所以離開那種狀態，乃是由於「某些不愉快的意外發展」，這發展當然就是指「機械化」，機械化是雙重的意外現象，因為它是特殊唯一的，同時又是晚近才出現的。毫無疑問，盧梭這個想法是正確的。然而，無論如何，這個中間狀態很清楚的並不是一種原始狀態，因為它含有並承認一定程度的進步，但是沒有任何一個已知的社會可以視為這種狀態的準確具體之呈現，即使（盧梭認為）：「以野蠻人為例，已知的野蠻社會都處於此一階段，似乎也證實人類本來就一直想要停留在這個階段裡」。

研究這些野蠻人，並不會使我們發現一種烏托邦式的自然狀態，也不會讓我們在叢林深處發現完美的社會；它只能幫助我們建構一個人類社會的理論模型，這個模型不會和任何可以觀察得到的現實完全一致，不過藉著它的幫助，我們也許可以成功區分「在人類目前的天性中，哪些是始原性的，哪些是人為的；如果我們要能夠對我們目前的狀態做一個正確有效的評斷的話，就必須取得有關一種狀態的知識，那種狀態已不存在，可能從來沒存在過，將來也可能永遠不會存在，不過仍然必須對那種狀態具有正確的概念，這非常重要」。我已引過這一段話來指出我研究南比夸拉社會的意義所在。盧梭的思想一直都是走在他時代的前面，並不把理論社會學、實驗室裡的或田野中的研究分開，使其不相關聯，他了解田野工作是必要的。自然人並不是先於社會而存在，也不是在社會之外存在。我們的任務是重新發現人類處於社會狀態之內的那些形式，我們無法想像有人類存在於社會之外；這表示要設計出一套實驗計畫，為了得到關於自然人的知識，便不得不設計那些實驗計畫，還要決定「一些方法以便於能夠在社會內部去進行那些實驗」。

然而那個模型——這是盧梭的解決方法——是恆久性的、普遍性的。其他社會或許並不比我們自己的更好，即使我們傾向於相信他們事實上確實是更好，但我們手邊並沒有任何方法可以證明這一點。然而，能夠提高對其他社會的了解的話，就能使我們從自己的社會割離開來。這並不是因為我們的社會特別壞，或是其他社會比較好，而是它是唯一一個我們有責任要將自己從其中解放出來的社會：依照定義，我們和其他社會之間的關係是自由的，這樣我們就可以進入第二階段，就是藉著所有的社會——但並不從其中任何社會採取任何特定性質——來說明社會生活的原則，我們可用來改革我們自己的習俗，但不是用來改革異社會的習俗：我們處於一個完全相反的、有優勢的位置，可以改造自己所屬的那個社會，而不必冒任何在改造過程中將其毀滅的危險，因為那些改變既然是我們自己所引發的，也就是來自我們的社會本身。

用一個獨立於時空之外的模型做靈感之源，我們當然是冒著一項危險：我們可能低估了進步的真實性。這就好像我們是在宣稱人類一直都是——而且在任何地方都一樣——在進行同樣的工作、想要達成同樣的目標，因而在整個人類的歷史過程中，不同的只是所使用的方法罷了。我承認這種看法並不使我憂慮；我認為這種看法似乎和事實最為符合，和歷史與人類學所顯明出來的事實最為符合，但最重要的是，這種看法似乎是最有結果的想法。那些熱切擁抱進步概念的人，大有無法了解人類所累積的無比財富之危險。由於他們並不怎麼了解，便低估了人類在他們狹隘視野注目的那條窄窄的軌道兩旁所累積的可觀財富；由於他們低估過去所取得的成就，他們也就把那些仍然需要完成的價值全部貶值。如果人類所關心的一直都只有一件事——如何創造一個可以在其中生活的社會——那些啟示過我們的遠古祖先的力量就也存在我們身上。沒有任何事情是已成定局，一切都還可以改變。已經做過的，但卻發現是做錯的那些，可以重新來過。「我們盲目迷信地認為黃金年代只存在於過去（或在我們見不到的未來），事實上它就在我們自己裡面。」如果全人類都是兄弟，這樣的話就會有實際意義，如果它能使我們在最窮困的社會中找到我們自己影像的一種確證、找到一種經驗，我們可以吸收同化其中的教訓，和很多其他的教訓一樣被吸收同化。我們甚至可能在這些教訓裡面發現到一種始原性的清新感。既然我們知道，好幾千年下來，人類只不過是成功地一再重複自己，我們將可達到一種思想上的尊貴，其中包括追溯到所有那些一再重複的背後，把人類在最開始時那種無法界定的華麗偉大看做是我們思考的起點。做為人類，對我們每一個個別的人而言，也就表示我們屬於一個階級、一個社會、一個國家、一塊大陸和一個文明；而對我們這些歐洲土地的居民來說，在新世界的中心所進行的冒險之意義是：首先，那個世界不是我們的，我們對那個世界被毀滅的這項罪惡要負責任；其次，再也不會有另外一個新世界：既然舊世界與新世界的對立使我們因此意識到我們自己，讓我們至少用它原本的名詞把它表達出來，表達的地點則是那個地點，在那裡，我們的世界失去新世界所提供的一次機會，沒能在各個不同的傳教站之間做選擇。

三十九、塔克西拉遺址

在喀什米爾山脈的山腳下，位於拉瓦爾品第（Rawalpindi）和白沙瓦（Peshawar）之間，離鐵道幾公里的地方是塔克西拉（Taxila）考古遺址。我搭火車去那裡，因此而成為一場不嚴重的戲劇性場面非自願的肇因者。火車上只有一個一等包廂，屬於老式的那種，可睡四個人，坐六個人，像運牛的貨車，又像是休閒室，還像監牢，因為窗戶上都有保護用的鐵窗格。我走進包廂的時候，車中已坐了一個伊斯蘭家庭，其成員包括丈夫、太太和兩個小孩。太太蒙面紗，雖然她試圖藉著全身裹罩袍（burkah）蹲在床上讓自己與其他人隔離，很誇張刻意地背對著我，但還是很不能接受與陌生人這麼接近，因此這個家庭得拆散開來。太太和小孩去「婦女專用」包廂，丈夫則留在訂了座的位子上，眼睛瞪著我。我還是勉強對這段插曲進行哲學性的思考；這段插曲實際上遠比不上我到站時所遇上的那個奇怪場面那麼令人不快：候車室有扇打開的門通往另外一個房間，那房間有棕色的木板牆壁，還有一打左右的椅子排在牆邊，好像是準備給腸病學會之類的組織開會用似的。在我雇的車子來到之前，我還得在候車室待上相當長一段時間。

我搭的是那種叫做gharry的小馬車，乘客和車夫背對而坐，每次車子顛簸時均有被拋下車的危險。小馬車載我到考古遺址去，走的是一條漫天塵土的道路，兩旁是用晒乾的土磚蓋成的矮屋子。房子附近有尤加利樹、檉樹、桑樹以及辣椒。在一座青綠色的石頭山腳下，有橘子和檸檬果園，山上有些野生橄欖樹。我越過穿著輕柔色彩衣服的農民，衣服顏色有白色、紫色、粉紅和黃色。頭上戴著像鍋餅一樣的頭巾。最後終於抵達博物館四周的行政建築。我出發前已談妥會在此地停留一小段時間，只要能夠去看看遺跡就行。然而，由於旁遮普鬧水災，拉合爾拍發的「官方緊急」電報在我抵達之後五天才傳到此的，當初我實在大可什麼也不必多說就自己闖進去。

塔克西拉的考古遺址，以前的名字是梵文的「塔克夏西拉」（Takshasilâ），意即採石工人之城。這個城市位於兩道弧形山坡之間，山谷縱深有十公里左右，由兩條河的河谷匯集而成，兩條河分別是哈羅河（Haro）和塔木拉那拉河（TamraNala，也就是古代的提伯里歐波塔模斯〔Tiberio Potamos〕）。這兩個河谷，以及河谷之間的山脊，歷經十到十二個世紀之久，持續有人居住其中，挖掘出來的最古老村落的地基，其年代可上溯至西元前六世紀，一直延續到白匈奴[1]把佛教寺院毀壞為止。白匈奴在西元後第五世紀與第六世紀之間侵入貴霜（Kushan）和笈多（Gupta）王國。沿著河谷往上走，也就是順著歷史發展的方向往下移動，位於中間山脊下方的皮爾丘古城（Bhir Mound）是年代最古老的遺址；其上游幾公里的地方即是錫爾卡普鎮（Sirkap），這地方最繁榮的時候是帕提亞人統治的時候，而在離城牆不遠的地方可看到詹迪亞拉鎮（Jandial）的瑣羅亞斯德教寺廟，提亞那的阿波羅尼奧斯[2]曾到過這個寺廟；再往更遠一點的地方走就是色蘇克的貴霜城（the Kushan city of Sirsuk），在城四周的高地上面則是佛教的紀念性建築物和佛教的僧院，墨赫拉・墨拉都（Mohra Moradu）、賈烏里安（Jaulian）和達瑪拉吉卡（Dharmarâjikâ）等僧院即在此地，到處都可看見塑像，本來是用未燒過的土塑成的，然而因為遭到匈奴點燃的火炬燒烤過，意外地保存到了今天。

西元前五世紀左右，有一個村落被納入阿契美尼德帝國（Achemenedean empire）的疆域裡面，後來成為一個大學中心。西元前三二六年，亞歷山大在向亞穆納河進軍的途中，曾經在目前是皮爾丘廢墟遺址所在的地點停留好幾個禮拜。再過一個世紀以後，孔雀王朝（Maurya）的皇帝們統治著塔克西拉，阿育王[3]在這裡大事鼓勵傳播佛教，建造了最雄偉的佛塔（stupa）。他在西元前二三一年死亡以後，孔雀王朝跟著瓦解，被巴克特里亞（Bactria）的希臘國王政權[4]所取代。西元前八十年左右，塞西亞人在這一代定居下來，然後他們又被帕提亞所取代。後者所建立的帝國，在西元三十年左右的時候，從塔克西拉一直延伸到杜拉

1　白匈奴（White Huns），又稱嚈噠人（Hephthalites）或挹怛、挹闐。
2　提亞那的阿波羅尼奧斯（Appollonius of Tyana, 15-100），希臘哲學家。
3　阿輸柯・孔雀（Ashoka Maurya, BC304-BC231），較為人知的名字為阿育王。
4　中國史籍稱為大夏王國。

歐羅普斯（Doura-Europos）。一般認為阿波羅尼奧斯差不多是在這個時候到過此地。然而在此之前兩百年左右，貴霜族群已開始從中國西北部往這個方向移動。他們在西元前一七〇年左右離開中國西北，一直移動，經過巴克特里亞省、阿姆河（Oxus）、喀布爾，最後抵達印度北部，西元六十年左右占據該地，在帕提亞帝國附近停留相當一段時間。早在西元第三世紀的時候，貴霜王朝即開始沒落，再過兩百年便被入侵的匈奴完全消滅。當玄奘在第六世紀抵達塔克西拉的時候，這個中國朝聖者只能找到貴霜那已經消失的榮耀輝煌的一點蛛絲馬跡而已。

在錫爾卡普鎮中心，有一座紀念性建築充分顯現出塔克西拉的重要性。錫爾卡普的城市計畫是四邊形的，街道絕對筆直，目前的廢墟仍可清楚的看出其痕跡。那座有重大意義的建築物是一座神壇，一般稱之為「雙頭鷹的神壇」，神壇底座有三個柱廊的淺浮雕：一個有希臘羅馬風格的山形牆，另一個是孟加拉風格的鈴形，第三個則接近在帕魯德（Bharhut）大門上所見的那種古老的佛教風格。但即使是如此，我們如果只把塔克西拉視為好幾個世紀以來古代世界三個最偉大的精神傳統——希臘精神、印度教及佛教——曾經並存過的地方的話，我們將低估了塔克西拉的意義。信奉瑣羅亞斯德教的波斯帝國也曾存在此地，再加上帕提亞人、塞西亞人這些草原地帶的文明，曾與希臘的靈感結合過，因而創造出珠寶商所接觸過最美麗的飾物；而有關這一切的記憶，當伊斯蘭教進入此地再也不曾離開之後，仍然沒有完全被人遺忘。除了基督教以外，所有一切曾塑造影響過舊世界的力量均匯合於此地。相距遙遠的泉源，使其水在此混合。我自己是個在廢墟上沉思的歐洲訪客，代表著那個不曾到過此地的傳統。除了這個地點以外，這個提供舊世界文化縮影的地點以外，如何能夠找到一個更合適的地點，可以讓舊世界的一個居民來重新建立起他與他的過去之聯繫，來思考他的命運呢？

有天晚上，我在皮爾丘周圍逛。皮爾丘的範圍是以一道亂石廢物堆成的牆為分界。這個規模不大的村落，現在只剩下地基，其建築物的高度並沒有超出那些我現在走在其中的幾何形街道之上。我覺得自己是從很高的地方或從很遠的地方在俯視這個村落的格局規劃，而這種幻覺——由於此地缺乏植物而更為增強的幻覺——倒是給歷史視野增添了深度。這些房子可能曾經被那些跟隨亞歷山大遠征腳步而來的希臘雕塑家住過，他們是犍陀羅（Gandhara）藝術的創造者，他們引發古代佛教徒的勇氣，使他們敢於塑造他們的神之形象。有樣東西在我腳邊閃閃發光令我止步：原來是個小銀幣，被最近下的雨沖刷出來，銀幣上面刻著希臘字母：MENANDRU BASILEUS SÔTEROS。如果當初（亞歷山大）想把地中海世界與印度聯結成一體的嘗試，成功地維持下來的話，今天的西方世界，會是什麼樣的情況呢？在那種情形之下，基督教或伊斯蘭教還會出現嗎？困擾我的主要是伊斯蘭教的出現，而這並不是因為過去幾個月以來我一直身處於伊斯蘭教的環境之中。在此地，當我在看著這些希臘化佛教藝術（Graeco-Buddhist）的偉大成就時，我的眼睛和我的心靈卻一直牽掛著過去幾個禮拜以來在德里、阿格拉和拉合爾等地花時間精力拜訪過的蒙兀兒王宮（Mogul Palaces）所留下來的記憶。我對東方歷史與典籍一無所知，因此其工藝就給我強有力的衝擊（就像我到那些我不懂得他們語言的原始民族去訪問時所發生過的那樣），這些工藝提供給我唯一的一項明顯特徵可以讓我用以思考。

到過加爾各答、看過那些塞滿貧民的邋遢郊區以後，那一切似乎只是把赤道地區雜亂的繁茂叢生轉化到人類層面罷了，看過這些之後，到達德里時我曾希望可以找到歷史的寧靜。我想像自己安住於城堡旁邊的一間老式旅館裡，像在法國卡爾卡松（Carcassonne）或瑟米（Semur）那樣，我可以在那裡的月光下沉思；當被問及是要住在新城還是舊城待，我毫不遲疑地隨便挑了一間位於舊城的旅館。當計程車在一片毫無任何形貌特質的地區開了三十多公里路之後，可以想像我心情之驚訝，計程車駛過的地區，看起來很像是一個古戰場，廢墟在荒草中隱約可見，在這裡突出一塊，那裡竄出一團，看起來又很像是一個被棄置的建築工地。當我們最後終於到達所謂的舊城時，我更加失望；像其他地方一樣，德里舊城就像個英國的軍營要塞。以後的幾天裡面，我發現德里並不是像歐洲的城市那樣集中於一個有限的小地區，而是像一片裸露在風中的矮樹林區，城市遺跡四處散布，像丟在賭桌上的骰子那樣。每個國王都把以前國王的城鎮拋棄掉，或是拆毀以便取得建築材料，試圖建造一座他自己的城鎮。德里並非只有一個，而是有十二、十三個，每個德里之間隔著幾十公里遠，全部連在一塊散布著古墳、紀念性建築與巨塚的平原上面。伊斯蘭教對待歷史的態度已開始令我驚訝，那種態度和我們的完全相反，本身又自相矛盾：伊斯蘭教有建立一個傳統的欲望，同時卻又有種壓抑不住的強烈衝動，想把先前的一切傳統都毀滅，每個國王都企圖創造一些永不磨滅的東西，採取的辦法是把時間銷毀。

因此，像個盡責識理的觀光客，我開始長距離徒步以便看遍所有的紀念性建築物，每個建築物好像都是建在沙漠裡一樣。

紅堡（Red Fort）不像是紀念性建築，更像皇宮，其風格包含了文藝復興時代風格的一些影響（Pietra dura風格的鑲嵌藝術即是一例），還有路易十五時代初期風格，後面這一種風格似乎是得自蒙兀兒風格的影響，使用的材料非常富麗，裝飾也非常精緻，但我仍有一種沒得到滿足的感覺。這整座建築物並沒任何「建築感」，認為這是一座皇宮的印象得加以修正：這更像是一堆帳篷的集合，用堅硬的材料搭在一個花園裡面，而花園本身又只不過是一個理想化的營區。所有裝飾理念似乎全來自於紡織工藝：大理石的天頂像窗簾的摺紋，而鏤空屏幕（jali）實際上（真的是實際上，而非只是比喻）是「石頭蕾絲」。懸在皇宮寶座上面的大理石華蓋則是原先有帷幔、可以折疊的木製華蓋的翻版；這頂華蓋一點都不像是這間接待室的一部分，就像木製華蓋一樣不調和。甚至連胡馬雍[5]的墳墓，在參觀者心目中還是引起一種雖然很古老但似乎少了什麼必要部分的雙重感覺。整座墳墓形成一個令人印象深刻的龐然大物，其中每一細節都精緻無比，但是在各個細節與整座墳墓建築之間，卻無法找出任何有機的關聯出來。

5 納斯爾・烏德丁・穆罕默德・胡馬雍（Humayun, 1508-1556），蒙兀兒帝國皇帝。

那座偉大的賈瑪清真寺（Jamma Masjid），年代可追溯至十七世紀，在結構與顏色上都比較令西方的訪客覺得可親，大致可以同意，這整座建築的理念和格局都把清真寺視為一個整體。在這裡，付了四百法郎的代價後，我可以看到最古老的一本《可蘭經》，一根先知穆罕默德的鬍子，放在一塊蠟片上面，蠟片放在一個有玻璃蓋的盒子底部，盒子裡面放滿玫瑰花瓣，還有他穿過的拖鞋。我在看這些東西的時候，有個禮拜者，一個窮人，挨過來想藉機窺看一下這些展覽品，管理人員滿臉厭惡地把那個窮人推開。或許是那個人沒有付四百法郎的緣故，或許是這些遺物具有過分厲害的神力，不能讓伊斯蘭信徒瞧見吧。

想要感受這個文明的吸引力的話，得去阿格拉。任何讚美之辭都可適用於泰姬瑪哈陵（Taj Mahal），都可適用於其簡易可親的、彩色風景明信片似的魅力。甚至可以帶著嘲諷的口氣，指出那一對對的英國新婚夫婦享受特權，可以在右邊那座粉紅砂岩的廟裡度蜜月，還有那些年紀較大的，也同樣是盎格魯-薩克遜的老處女，一直到她們死的那一天為止都會珍愛她們記憶中在星空底下閃耀的泰姬瑪哈陵在亞穆納河中映出其白色的倒影。這是印度在一九〇〇年左右的一面；但如果仔細想一想，很快就會發現，這些現象是奠基於深刻的親緣性，而不是因為歷史事件與征服的事實所帶來的。毫無疑問的，印度從一九〇〇年左右開始歐洲化，其徵象仍可從語彙和維多利亞時代的習慣看得出來（糖果稱為lozange，便桶椅稱為commôde）。但反過來說，人們在這裡也會開始了解到二十世紀初期也正是西方的「印度期」：這段時期的特色包括：大量展現財富、對貧困漠不關心、喜歡疲軟陰沉過分繁複的形狀、感性、喜歡花卉和香水，甚至細長的小鬍子、髮捲和小玩藝兒。

我去看加爾各答著名的耆那教（Jain）寺廟時，發現這座廟是十九世紀時某個百萬富翁在一個充滿塑像的公園中建造的，那些雕塑有的是生鐵做的，上面再鋪銀，其他的則用大理石，表現粗糙的義大利工匠手法。在我看來，此地的石膏閣樓，外面飾有各式各樣的玻璃鏡子，到處都可聞到香水味，這是我們祖父母那一代人在年輕時所想像的高級妓院最具企圖心的表現。但是我這麼說，倒不是責怪印度這個文明把廟蓋得像妓院一樣，而是責怪我們的文明沒有提供任何其他場所可讓我們顯示我們的自由、探索我們的感性極限，這一類功能事實上是適合由廟宇來擔任的。印度人，我們的印歐弟兄，似乎是映照出我們自己的一幅色情形象；他們在另一種天候條件下與不同的文明接觸發展，不過他們的人性誘惑和我們的是如此相同，有些時候，像一九〇〇年左右即是一例，這些誘惑也重新在歐洲社會中浮上表面。

沒有一個地方像阿格拉這樣，中古波斯與古典阿拉伯文化的影響在此同時俱見，所表現出來的方式很多人認為是相當傳統的。然而，我懷疑一個仍保有清醒心智的參觀者在通過時能不感到震驚：在泰姬瑪哈陵內，時間和空間同時都進入到一千零一夜的世界裡去了。毫無疑問的，泰姬瑪哈陵沒有伊特瑪烏得道拉陵（Itmad ud Daulah）那麼微妙細緻，後者是白色、灰褐色和黃色所構成的寶藏；泰姬瑪哈陵也比不上阿克巴[6]的粉紅色墓塚，墓塚四周只

6 傑拉爾-丁·穆罕默德·阿克巴（Jalal ud-din Muhammad Akbar, 1542-1605），蒙兀兒帝國第三任皇帝。

能見到猴子、鸚鵡和羚羊，位於一片沙地景觀中央，金合歡樹的淺綠與地面的色調混而為一，晚上的時候，因綠色的鸚鵡、土耳其藍的櫃鳥、飛行笨重的孔雀和樹底下猴子的嘈雜聲使整個景觀活躍了起來。

但泰姬瑪哈陵像紅堡或拉合爾的賈漢吉爾[7]墓塚那樣，只不過是一座覆蓋了帷幔的鷹架之大理石複製品，支撐那些帳幔的柱子仍然明晰可辨。在拉合爾，甚至還有鑲嵌的複製品。各層建築只不過是一層一層的重複與重疊，並沒有形成結構性的整體。這種美感上的貧乏，其潛在的理由是什麼？值得深思，目前伊斯蘭世界對造型藝術的輕蔑，追根究柢也來自同樣的理由。在拉合爾大學，我認識一位嫁給伊斯蘭教徒丈夫的英格蘭女士，她負責該大學的藝術系。只有女生才能聽她的課，不准做雕塑，音樂變成一種地下活動，畫畫只是一種消遣。由於印度與巴基斯坦的分裂是以宗教來劃分界限，人們對清教主義和苦修的傾向更為強烈。本地的人告訴我，藝術「已走入地下」。究其原因這恐怕並不真只是為了忠實於伊斯蘭教，而是為了棄絕印度。搗毀偶像這個教條固然可以溯源於亞伯拉罕[8]，但目前的現象帶著當代的政治與民族國家的意義在內。把藝術踩在腳下是一種宣誓絕不再與印度結合的方式。

偶像崇拜的原意是指神本身存在於偶像之中的信仰，這類崇拜在印度仍然生猛鮮活。這種信仰存在於加爾各答郊區用強化水泥建造的信徒集會所裡面，在那裡，一些新興教派的教士，剃光頭、赤足、著黃袍，在寺廟旁邊很現代的辦公室裡接見信徒，同時坐在打字機旁邊處理他們最近到加州傳教時所得到的捐獻；這種信仰也存在於卡里喀（Kali Ghat）的貧民窟裡面：「這是一間十七世紀的寺廟。」那些商賈一樣的教士兼嚮導對我說；然而，寺廟上面蓋的是十九世紀末的飾瓦。我去的時候，寺廟關閉著，不過如果我在某天早晨回去的話，站在某個特別的地點，我將可以從兩柱之間的一扇半敞的門窺見女神一眼。在此地，就像位於恆河岸邊的黑天（Krishna）[9]神廟一樣，寺廟本身就是一位活神的住所，只有在慶典節日才見得到，平常時日的崇拜方式是在寺廟的走廊過夜，聽那些神的僕人傳遞幾句有關活神心情如何的閒言耳語。我決定到寺廟四周走走，走進那些小巷子，裡面擠滿乞丐，等著教士施捨食物，這些施捨也就是教士們以極具敲詐性的高價販賣神像和神的彩色照片之藉口，同時偶爾可以看見神存在的比較具體的證據，榕樹幹裡面擺著一根紅色的三叉戟和一些石頭，代表濕婆神（Siva）；全面漆紅的神座，代表吉祥天女（Laksmi）；一棵樹的樹枝上掛滿各種供品，像礫石或其他東西的斷片之類，代表這棵樹是拉瑪克利師那神（Ramakrishna）的居所，這神祇能治不孕；一座蓋滿鮮花的神壇則是黑天（Krishna），愛之神。

和這類一方面粗陋不堪一方面生氣蓬勃的宗教藝術比較起來，伊斯蘭教卻只有一個正式

7 賈漢吉爾（Jahangir, 1569-1627），蒙兀兒帝國第四任皇帝。

8 猶太教、基督教、伊斯蘭教均承認的先知。

9 又名奎師那、克里希那、可哩史納、哥文達……是印度教中最重要的神祇之一。

認可的畫家名叫查格泰（Chagtai），他是英格蘭水彩畫家，從拉其普特人[10]的毫芒畫（miniature）吸取其創作的靈感。為什麼伊斯蘭藝術在達到頂峰以後衰敗得如此不留餘地？這藝術從宮殿直接沒落到市集上去，中間絲毫沒經過任何轉型階段。這個現象必定是揚棄偶像與造像的結果之一。被剝奪了與現實接觸的一切機會以後，藝術家便不斷重複一種毫無生氣的老套，嚴重到既無法新生也無法再賦予生命的地步。這種俗套只有依賴金錢為支柱，不然就完全崩潰。在拉合爾，伴隨我去的學者對於錫克教那些裝飾城堡的壁畫充滿鄙夷態度：「太誇張，毫無色彩概念，過分擁擠。」毫無疑問的，那些壁畫的確是遠比不上什希瑪哈勒（Shish Mahal）那個像滿天星辰閃爍美麗無比的玻璃天花板。不過，如果把當代的印度宗教藝術與當代伊斯蘭藝術做個比較，前者常常是庸俗、誇張、俗氣而迷人的。

除了城堡以外，伊斯蘭教徒在印度就只蓋了些寺廟和墳墓；而城堡不過是有人居住的宮殿，墳墓與寺廟則無人居住。在這一點也可看出，要伊斯蘭教去想像孤獨是如何困難。伊斯蘭教把生命首先而且最重要的看做是一種群體性的事物，而一個死者則被安放入一個無人得以參與的群體裡面。

而那些規模龐大的墓塚，其格局與華麗和墓塚中沒花多少心思的墓碑形成明顯的對比。墳墓本身很小，死者在裡面應該會覺得空間不足。而環繞在墳墓四周的走廊和廳堂，除了給路人享受以外一無用處。在歐洲，墳墓與所葬的人成比例，巨型墓塚（mausoleums）極為少見，但是對墳墓本身花不少心力和藝術工作，目的是使其看起來華麗美觀，使死者覺得安適。

伊斯蘭教把墳墓分劃成兩部分：一部分是紀念性豪華建築物，而死者無法從其中得到任何好處，一部分是卑微的小停棺處（其中一半是可見到的紀念塔碑，另一半是見不到的葬身處），似乎把死者關閉其中。死後的休憩這個問題，用一種雙重矛盾方法來解決：一方面是過度無效果的舒適，另一方面是實際真正的不舒適，前者是後者的某種補償。這似乎象徵了伊斯蘭的文化，這種文化收集最精美細緻的事物——用寶石建的宮殿、玫瑰香水噴泉、食物外面包上金葉片、菸草裡面摻入磨碎的珍珠粉——然後用這些精緻的事物做為一層薄薄的掩飾，以遮蓋粗陋的習俗和貫穿布滿整個伊斯蘭道德思想與宗教思想的頑固執迷。

在美學的層面上，伊斯蘭教的禁欲主義（puritanism）在放棄完全取消感性的企圖以後，便滿足於把感性簡約到種種次要的表現方式上：香味、花邊、繡花和花園。在道德層面上也可看見同樣的拿不定主意、意思含混的特色：一方面表示容忍，同時卻又具有一種明顯的強迫性宣教衝動。這種態度背後的真相是，伊斯蘭教徒與非伊斯蘭教徒的任何接觸，都令伊斯蘭教徒充滿焦慮。他們屬於外來的生活方式固然保存完整，但都不時受到更自由、更富彈性的（印度本地）生活方式所威脅，光是接近而已就是在冒著被改變的危險。

這種現象與其說是真正的容忍，倒不如說伊斯蘭教的容忍代表的是他們不停地在克服他

10 譯注：Rajput，英國統治印度時期文獻中對原印度拉其普他那地區居民的稱呼。

們自己來得更為真確。伊斯蘭先知建議他們要容忍，使他們陷入一種永遠處於危機之中的狀態。先知的啟示具有普遍性意義，與接受各種不同宗教信仰得以並存之間造成矛盾。這種矛盾是巴夫洛夫[11]意義的矛盾，既導致焦慮又導致自滿自足，自滿自足的原因是伊斯蘭教徒覺得，由於擁有伊斯蘭教，所以他們可以克服上述矛盾。然而他們錯了——正如某天一位印度哲學家告訴我的——伊斯蘭教徒很以他們相信諸如自由、平等與容忍這些大原則的普遍意義而自豪，然而緊接著又說他們是「唯一」實行這類大原則的人，如此一來就把他們很想算在自己頭上的那些優點一下都抵消掉了。

在喀拉蚩，有一天我和一群伊斯蘭教領導人與學院領導人在一起。我聽他們極力頌揚自身體系的優越性，聽著這些頌讚詞時，我很吃驚地發現，他們一再強調一個論點：他們的體系很簡易。在繼承法方面，伊斯蘭教法律系統比印度教法律系統好，因為比較簡單；迴避傳統上不准放高利貸的規定之辦法是，讓銀行家與客戶成立合夥關係，因此，前者所拿的利息就不過是合夥所得利益的分紅罷了；至於土地改革，在土地尚未完全分配光的時候，可應用伊斯蘭教有關可耕地的繼承規定辦理，等到分配完畢以後便不再應用那些法律規定，以免造成土地過分零散劃分的流弊，反正那項法律規定並非基本教義的一部分：「辦法非常的多……」

整個伊斯蘭教可以說事實上是一種在其信徒心中製造各種無法克服的衝突之辦法，再加上一項附加說明：只要採取非常簡單（簡單到過分簡單）的方法就可以解決那些衝突。用一隻手把他們推到危險邊緣，再用另一隻手把他們從深淵的邊緣拉回。如果男人在出外露營的時候擔心太太們和女兒們是否能維持貞德，還有比給她們戴上面紗鎖閉起來更簡單的解決辦法嗎？這就可以解釋現代罩袍的發展：剪裁異常複雜，兩個使眼睛能看得見的有線邊的眼洞，加上容易綁緊的繩帶，看起來好像是整形用具；所使用的原料質地厚重，可以沿著身體輪廓精確地披下，卻又把身體輪廓線條盡可能地遮掩起來。然而這樣的服飾只是把焦慮的界線拉高，因為另外一個男人只要不經意地輕輕接觸到一個女人，就足以使其丈夫覺得深受汙辱，這使問題變得更為煩人。和一些伊斯蘭年輕人懇談之後，有兩件事相當明顯：一，他們深切關心婚前貞操及婚後貞德的問題；二，purdah——也就是隔離女人——這一方面對愛情冒險造成阻礙，另方面由於把女人封閉在女人自己的世界中，更提高了她們對愛情冒險的興趣，而其中的微妙之處只有女人懂得。那些在年輕的時候習慣於衝入妓院的男人，有很好的理由要在婚後密切監視自己的女人。

印度的伊斯蘭教徒和印度教徒都用手進食。印度教徒很精巧地用手抓食物，放在印度麥餅（Chapati）上面吃，印度麥餅是一種大的薄煎餅，其作法是把陶土製的寬口瓶埋在土裡，瓶中裝三分之一的熱炭，再把薄餅平貼在瓶子內壁快速烤製而成。伊斯蘭教徒則把整套用手

11　伊凡·彼得羅維奇·巴夫洛夫（Иван Петрович Павлов, 1849-1936），俄羅斯生理學家、心理學家、醫師，他最著名的成就是用狗做實驗得出古典制約理論。

進食的程序變成一種體系：不可以抓著骨頭來啃上頭的肉，這些只能使用右手的進食者（左手被視為不潔，因為它要用來處理方便後的衛生問題）又捏又拔，以取下骨頭上的碎肉片，口渴的時候便用那隻油膩不堪的手抓杯子。看到這樣的進食禮節，雖然不能說和其他的進食禮節有何高下之分，但從西方人的觀點不免會覺得，這幾乎是一種故意邋遢的進食方式，難免會懷疑這並不是古老舊習的遺留，而是先知所訂下的改革結果：「不要做那些用刀子進食的人所做之事。」他可能是受到一種毫無疑問是無意識地要有系統地嬰兒化（infantilization）的欲望所驅使，同時要把整個社會加上同性戀的負擔。進食完畢以後要執行清淨儀式，所有男人親近地一起洗手、漱口、打嗝、吐口水到同一個痰盂裡面，這種參與帶著一種強烈自閉性的漠不關心，和對於與暴露有關的不潔之恐懼是一樣的。這種要和別人完全不可分辨的欲望，和必需做為一個與眾不同的群體之需要，是同時存在的。因此而有隔離女人的制度：「讓你們的女人戴上面紗，以使她們和其他女人有所區別。」

伊斯蘭教的「兄弟友好」具有文化與宗教的基礎，但不具經濟或社會的性質。由於我們信的神一樣，好伊斯蘭教徒可以隨時和清道夫分享其水煙斗（hookah）。乞丐的確是我的兄弟，但此兄弟之誼的主要意義是，我們對於存在於我們之間的不平等具有同樣的兄弟式的認可。因此而有兩個社會學上很值得注意的種屬：德國迷的伊斯蘭教徒和伊斯蘭化的德國人。如果有人要找一個最適合於軍營的宗教的話，伊斯蘭教就是最好的答案：嚴格遵守規則（每天祈禱五次，每次祈禱要跪拜五十次）、仔細的檢查和毫無瑕疵的潔淨（儀式沐浴）、男性親密（這包括精神上的事情與身體有機功能的事情在內），再加上沒有女人。

這些充滿焦慮的人同時也是行動者；由於被困在無法並存的情感之間，他們以傳統的種種升華方式來補償他們的自卑感，這些升華方式一直都和阿拉伯人的靈魂分不開：嫉妒、自傲和英雄主義。然而，他們欲求孤立在自己世界中的決心，還有他們結合了慢性無根病的地域主義（parochialism）（烏爾都語〔Urdu〕被稱為一種軍營語言是很恰當的），是成立巴基斯坦這個國家的基本原因，光用宗教信仰所結合成的社區與歷史傳統並不能做出充分的解釋。巴基斯坦國家是當代的一項社會事實，必須把它當做一項社會事實來解釋：它起源於一種集體的道德危機，迫使數以千計的個人做出一項無法挽回的選擇，放棄他們的土地，常常包括放棄財富在內，有時還得放棄親人、職業以及對將來的計畫，放棄先人的土地、祖先的墳墓，目的只為了在伊斯蘭教徒中間做個伊斯蘭教徒，因為他們只有和自己人在一起才感到舒適。

這個偉大的宗教，其基礎建立於天啟真理的程度，還沒有比無法與外在世界聯繫的程度更大：和佛教普世同仁的慈悲相比，或和基督教期望對談的欲望相比，伊斯蘭教的不容忍，在那些犯了不容忍毛病的人裡面是以一種無意識的方式存在著；他們雖然不是經常不斷地採用殘暴強制的方式要與別人人分享他們的真理，他們卻仍然無法忍受（而這是更嚴重的）其他的人以其他方式存在。他們要保護自己，使自己免於自我懷疑和受辱的唯一方式是把其他人「負面化」（negativization），把其他人視為一種相異的信仰與相異的生活方式的見證。伊斯蘭式的兄弟親和，是一種不願意向異教徒承認自己具有排他性的偽裝；伊斯蘭教無法承認自己有此排他性存在，因為這樣就等於是認知了異教徒有它們自己存在的充分理由。

四十、緬甸佛寺之旅

我自己很明白為什麼在接觸到伊斯蘭教的時候，我會如此不安，原因是我在伊斯蘭世界中重新發現自己出身的那個世界；伊斯蘭教是東方的西方。或者，更明確地說，親身體驗過伊斯蘭教的世界以後，我才能了解到今日法國思想界所面臨的危險。我不能輕易原諒伊斯蘭教，因為它顯示出我們自己的影像，因為它迫使我了解到法國已開始愈來愈像一個伊斯蘭國家的程度。伊斯蘭教徒與法國人都具有同樣的書卷氣，同樣的烏托邦理想主義精神，也都同樣固執地相信，只要能在紙上把問題解決，就等於已經消除問題了。在一層法律與拘泥形式的理性主義之掩護下，我們把世界與社會描繪成其中所有問題都可經由邏輯詭辯去解決，一點都沒注意到宇宙早已不是由我們津津樂道的實體所組構成的了。伊斯蘭教一直把眼光停滯於七個世紀以前真實存在過的社會上面——它曾為當時真實的社會問題提出過有效的解決方案，同樣的，我們（法國人）無法讓我們的思考跳出一個半世紀以前就已消失的時代的架構之外，那個如今已不存在的時代是我們唯一和歷史同一步調的時代——然而它也沒能持續多久，因為拿破崙這個西方的穆罕默德並沒有像穆罕默德一樣成功，拿破崙失敗了。如同伊斯蘭世界，法國社會的後革命時代遭遇了洗心革面的革命者逃避不掉的命運：他們曾經活力十足地參與眼前的事務，如今卻只是某些事物狀態的懷舊的保存者。

目前仍然有些民族與文化對法國有依賴關係，我們對他們所採取的態度正困在矛盾之中，伊斯蘭教對待其徒眾及非伊斯蘭世界的態度也有矛盾，這兩種矛盾完全一致。我們似乎無法理解，那些對我們自己的發展曾經發揮莫大作用的原則，其他人可能不至於崇敬到不敢拿去供他們自己使用[1]；別人不會因為我們是最先發明那些原則的人，就對我們充滿感激，因而不把那些原則拿來自己使用。同樣的，伊斯蘭教首先在近東地區發明宗教寬容的原則，他們覺得，既然穆罕默德能夠尊重其他一切宗教，就證明伊斯蘭教比其他宗教高明。因此他們很不能原諒非伊斯蘭教徒居然不因此而放棄自己的宗教，改信穆罕默德。最詭譎的是，以我們自己為例，大部分依賴法國的人口都是伊斯蘭教徒，[2]他們和我們都有強迫別人接受我們的文化之傾向，這一點實在是太相似了，以致我們很難不互相敵視——我意指在國際層次上互相敵視，因為一切差異都來自兩個資產階級的互相對抗。政治迫害與經濟剝削沒有任何權利將責任歸咎於受害者身上。然而，如果人口四千五百萬的法國能大方地給予二千五百萬名伊斯蘭教徒平等的公民權的話，即使大部分伊斯蘭教徒並不識字[3]，這樣做也不會比美國人當年那一步大膽。當年那一步，使美國不再只是盎格魯-薩克遜世界裡一個微不足道的省分。一個世紀以前，新英格蘭的公民決定允許歐洲最落後地區的人移民美國，允許歐洲社會中最窮困的階層移民美國，任由自己被移民的狂潮淹沒。他們大膽一賭，賭贏了，其賭注之龐大和我們手中的籌碼相當。

我們永遠做不到嗎？把兩股倒退的力量結合起來，是否能夠扭轉倒退的趨勢？或許我們將得以自救。還是說我們傾向不計損失，讓一個性質相近的錯誤更加強化我們本有的錯誤，任由自己把舊世界的遺產窄化成十個至十五個世紀的精神貧困化（舊世界的西半部正是這種精神貧困化的背景和媒介）[4]？在塔克西拉遺址，在那些由於希臘的影響而四處充斥著塑像

1 可能暗示法國人在大革命時高喊「自由、平等、博愛」等原則，卻吝於讓北非殖民地享受它們。

2 這裡討論的是法國的北非殖民地問題。一九四五年五月至六月，法國戴高樂政權一邊歡慶二戰勝利，一邊向爭取自由獨立的阿爾及利亞人開火，死亡人數在一萬人至四萬五千人之間。到了一九五四年，就在李維史陀撰寫此書的同時，阿爾及利亞人發起獨立戰爭，最終在一九六二年獲得獨立建國。

3 英譯注：讀者應該了解，這本書是在一九五四到一九五五年之間寫成的，有一些觀點現在已經過時了。

4 李維史陀在在第三十九章提到塔克希拉是西方與東方的連結之地，融合了希臘、佛教與印度三種文化精神傳統，那是一個文明的烏托邦，但是伊斯蘭文明入侵將這個舊世界完美的原型打破，造成歷史的退化。這裡所說的十或十五個世紀的精神匱乏，指的就是塔克希拉在西元五世紀遭到破壞乃至滅亡之後，直到李維史陀寫作的二十世紀這段時間。如果塔克希拉不曾毀滅的話，這個融合地中海希臘羅馬、印度的文明之地，或許能阻止伊斯蘭、基督教這種單一排外教派的出現，單一排外正是一種精神貧乏化的表現。李維史陀在撰寫這本書的時候（一九五四年十月到一九五五年三月），阿爾及利亞爭取獨立的戰爭剛剛爆發，塔克希拉正好作為李維史陀思索殖民脈絡的一個範例，以它作為理想原型，法國有機會變成另一個塔克希拉。（專職法文譯者陳文瑤提供）

的佛殿中，我體認到我們的舊世界還有一線機會可以聯合起來——舊世界的裂痕還未到完全無法彌補的地步。這另一種未來是可能的——伊斯蘭所反對的未來——伊斯蘭在東方與西方之間築起了一道障礙，這項障礙不存在的話，西方和東方可能不會喪失其對同根源所在的那塊土地的依戀。

毫無疑問的，伊斯蘭教與佛教，各自以其不同的方式與東方這個背景形成對立，同時他們之間也對立。然而，兩者相互接觸時，伊斯蘭教已存在了五個世紀，而佛教已存在了將近二十個世紀，即使兩者之間存在著這種差距，如果我們要了解兩者之間的關係，就不能拿他們互相接觸當時各自的歷史狀態來比較，而是要拿兩者在其各自歷史上最輝煌的時刻來比較。以佛教而言，在它最早的遺跡裡所感受到的清新氣息，與它今日較簡陋的崇拜場所是一樣的。

在我的記憶裡面，緬甸邊境的鄉下簡陋佛寺與帕魯德的那些可上溯到西元前兩世紀以前的石柱無法分開，在加爾各答和德里都可見到這些古老的石柱殘跡。這些石柱被雕成的年代與地點，尚未受任何希臘文化的影響，我一見稱奇；對一個歐洲來的觀察者而言，這些石柱似乎存在於時空之外，好像其雕刻者曾擁有一架能抹消時間的機械，把三千年的藝術史匯集於他們的作品裡面。他們的作品完成於古埃及到歐洲文藝復興時代的中點，居然將這整段藝術史發展過程融聚於創作的一剎那——這些雕刻者不可能擁有任何關於古埃及藝術的知識，而文藝復興時期開始之前很久，這些石柱就已完成了——如果有何藝術可以稱為永恆，這就是了，它可能是五千年以前製作的，也可能是昨天才完成的，沒有任何方法可以確定何者為是。它和金字塔類似，也和我們家屋建築類似；那些雕刻在粉紅色、細顆粒的石塊上面的人體形像可以從石塊上走下來，混入活生生的人群之中。沒有任何的雕塑藝術能夠像它一樣引發這樣深沉的情感與親切感，這些女體雕塑既純潔又充滿情慾，這種母性的性感介於母親愛人與純潔少女的對比之間，而這兩者都與非佛教的印度中的蒙面愛人（指伊斯蘭女性）對立。佛教這種沉著的女性特質，超脫了性別所引起的衝突。這種女性特質也可在佛教僧侶身上見到，那些男僧剃光頭，和女尼簡直難以區分，兩者似乎形成一種第三性別，一半是寄生性的，一半是不得自由的。

如果佛教曾經像伊斯蘭教一樣試圖控制過度激烈的原教旨信仰的話，佛教採取的辦法是透過承諾返回母性乳房所隱含的信心保證；用這種辦法，佛教把性欲的狂潮與焦慮消除後，會重整於人體本身。伊斯蘭教所採取的是相反的步驟，順著男性取向發展。伊斯蘭教把女人隔絕在一旁，不使人接觸母性乳房：男人把女人世界轉變成一個封閉的個體。毫無疑問的，伊斯蘭教這樣做的目的，也是希望得到寧靜，但這種寧靜的基礎是隔離：把女人隔離出社會生活之外，把不信者隔離出精神共同體之外。佛教則是完全相反，佛教把寧靜看做是一種融合：與女人融合，與全人類融合，同時把神性表現成一種無性的面貌。

聖人（Sage）與先知（Prophet）的對比是最強烈的。兩者之間唯一的共同點是「兩者都不是神」，而在所有其他方面都形成明顯對照：前者貞潔，後者強欲（娶四個太太）；前者女性化，後者有大鬍子；一個是詳和的，另一個是好戰的；一個是以身作則的模範，一個要當彌賽亞式的救世主。然而，兩者之間有一千二百年的時代落差；對西方世界的思想發展過程來說，很不幸的是基督教沒有能晚一點出現。如果基督教出現得更晚的話，就能在佛教與伊斯蘭教之間達成一種綜合。不幸的是基督教出現太早，沒有能成為前兩者之間的調合者，而事實上成為兩者之間的轉型過渡者！基督教成為兩者之間的中途點，基於其內部邏輯性，還有地理的與歷史的因素，命定要朝著伊斯蘭教的方向發展；伊斯蘭教代表著——其教徒老是以此為傲——宗教思想最高層次的發展，雖然不見得就是最好的發展；我甚至要主張，由於它是宗教思想的最高發展，它成為三大宗教裡面最令人不安的一種。

人類為了免受死者的迫害，免受死後世界的惡意侵襲，免受巫術帶來的焦慮，創發了三種大宗教。大致是每隔五百年左右，人類依次發展了佛教、基督教與伊斯蘭教；令人驚訝的一項事實是，每個不同階段發展出來的宗教，不但不算是比前一階段更往前進步，反而應該看做是往後倒退。佛教裡面並沒有死後世界的存在：佛教的所有教義可歸納為對生命的嚴格批判，這種批判的嚴格程度，人類再也無法達到。釋迦認為一切生物與事物都不具任何意義：佛教是一種取消整個宇宙的學問，它同時也取消自己做為一種宗教的身分。基督教再次受到恐懼所威脅，重建起死後世界，包括其中所含的希望、威脅還有最後的審判。伊斯蘭教做的，只不過是把生前世界與死後世界結合起來：現世的與精神的合而為一，在伊斯蘭世界裡，社會秩序取得了超自然秩序的尊嚴地位，使政治變成神學。最後的結果是，精靈與鬼魅這些所有迷信都無法真正賦予生命的東西，全都用真實無比的老爺大人來取代，這些老爺大人還更進一步被容許獨占死後世界的一切，使他們在原本就負荷過重的今生今世的擔子上面，又加添了來世的重擔。

這個例子充分支持了人類學家老是想追溯事物制度之源頭的野心。人類除了在最開始的時期之外，從來沒有能創造出任何真正偉大的東西；不論哪一個行業或哪一門學問，只有最開始的起步才是完全正確有效的，其後的所有作為，都躊躇遲疑，多有遺憾，都是試圖一步步、一片片的再掌握那些早已被拋在腦後的事物。我先去過紐約，然後才去佛羅倫斯，在佛羅倫斯所看到的，沒有任何東西令我大吃一驚：其建築、其造形藝術，都使我覺得是一條十五世紀的華爾街。當我拿原始派畫家的作品和文藝復興時代的大師們做比較，或者把西恩納畫家（Siena，位於義大利中部）與佛羅倫斯畫家做比較的時候，我覺得後兩者代表一種沒落：後兩者做的全是些不應該做的事。然而後兩者的作品還是值得敬佩。創始者的作品是如此輝煌，如此無可否認，以至於後來者即使犯了各種錯誤，只要其錯誤仍然是創新的結果，就依然會美得讓我們沒有話說。

現在我能越過伊斯蘭，看見印度，不過是佛陀的印度，穆罕默德以前的印度。我做為一個歐洲人，而且因為我是歐洲人，穆罕默德的干預顯得異常粗糙笨拙，橫阻於我們的思想和與之很接近的印度理念之間，以致東方與西方無法攜手，如果沒有穆罕默德，這種合作可能會順利和諧。當某些人自稱基督徒與西方人，並在他們的東方設下邊界阻隔伊斯蘭教徒，形成兩個世界之後，我將會犯下什麼樣的錯誤呢？事實上，東方世界與西方世界互相接近的程度，遠超過兩者與伊斯蘭教這個時代錯誤之間的接近程度。理性的演化過程應該是和歷史上實際發生的過程相反：伊斯蘭教把一個比較文明的世界一分為二，伊斯蘭教徒眼裡的現代事物，事實上是屬於一個早已消逝的時代，他們落後了長達一千年。伊斯蘭教得以完成一項革命使命，然而這項使命所影響到的是人類中比較落後的一部分，因此它育成了現實，卻扼阻了潛力：它確實完成了的事情，與它的計畫恰好相反。

如果西方將其內部張力追溯到原始根源的話，就會發現，伊斯蘭教出現於佛教與基督教之間，使大家都伊斯蘭化了；而其發生的時代，又正好是西方世界由於加入聖戰行列來反對伊斯蘭，卻變得愈來愈接近伊斯蘭。如果伊斯蘭沒有出現的話，西方世界有可能與佛教世界發生一項緩慢的互相滲透影響，會使我們的基督教化程度更為深化，使我們能夠超越基督教本身而變得更加基督教化。喪失這樣的機會，也就使西方世界喪失保持其女性特質的機會。

基於上述的省思，我更能了解蒙兀兒藝術的那種曖昧性。蒙兀兒藝術所激起的感情根本不是建築性的，而是詩和音樂的。也正因為這些理由，伊斯蘭藝術永遠停留於陰影夢幻的層次。導遊手冊描述泰姬瑪哈陵是「大理石的夢」，這個字詞含有一項深刻的真理。蒙兀兒人夢出藝術，他們確確實實創造出夢中的宮殿，他們並不是在建築宮殿，而是把夢境一筆一畫地實現出來。因此，他們所留下的巨型建築物令人不安，其原因並不是由於其田園詩的風味，而是因為其外表令人覺得不實在，好像是由紙牌或貝殼疊起來的城堡。這些建築物並不是堅實矗立於地面的宮殿，而只是一些模型，想方設法要利用珍貴而堅硬的材料來取得真實存在的地位，但終究無法達成。

印度教的廟宇裡面，偶像（dol）即是神自身；廟宇即是神的住所；神是真實存在的，廟宇因此珍貴且令人敬畏，而信徒採取的種種禁忌也就有其道理，例如只有在神接見其崇拜者的日子才打開廟門，其他日子則大門深鎖等等。

伊斯蘭教與佛教的構想與印度教不同，分別創造出兩種截然不同的反應。前者嚴禁偶像、毀滅偶像，其清真寺內部空無一物，只由聚集寺內的崇拜者們賦予它生命。印度教每座神殿只供奉一座偶像，伊斯蘭教的神殿什麼都不供奉，佛教的神殿則供奉一大堆神的模擬像。佛教用神像（images）來取代偶像，並不限制神像的數量，因為佛教的神像並不是神自身，只是神的象徵，讓人想起神，神像數目愈多，人的想像力就愈受到刺激。希臘化佛教中心的雕塑、神殿和佛塔數目繁多，多到使人寸步難行的地步，這樣的經驗使人得到充分的準備，以迎接緬甸邊境簡陋的佛寺（Kyong）裡面那些一排一排大量製造出來的神像雕塑。

一九五〇年九月，我到吉大港山地的一個莫格族（Mog）村落去住了一段時間。每天早上我都看見婦女帶食物去給廟宇中的僧侶吃。午睡的時候，聽見敲鑼的聲音，這些鑼聲使祈禱和兒童誦讀緬文字母的聲音維持一定的節奏。那間小寺廟位在村子外面不遠，建在一座小山頂上，西藏畫家特別喜歡用這座小山作為畫面背景。山腳下是一座佛塔（jédi）：這個村子很窮，佛塔只不過是一座圓形的土造建築物，有七層，位於竹圍圈成的一片正方形空地裡面。開始爬山之前我們把鞋子脫掉，赤著腳接觸到質地細緻的潮溼地面，給人一種柔軟的感覺。坡路兩旁種著鳳梨，但那些鳳梨在前一天已被村民摘走了，村民覺得僧侶的生計已由村民供給，他們不應該再自己種水果。山頂的形狀接近正方形，其中三邊有茅草建築物，都沒有牆壁，建築物裡面放著巨大的竹器，上面覆蓋五顏六色像風箏一樣的紙製品，這是遊行用的裝飾物。寺廟就在剩下的那一邊，建在高架上，跟村子裡的房子一樣，建築式樣也幾乎相同，只是規模稍大一點，屋頂上面還另外蓋一層正方形的茅草頂建築。沿著泥巴山坡爬上來以後，入廟前的洗淨儀式變成非常自然而不具有什麼宗教意義。我們進入廟內，裡面的光線，除了茅草牆自然透露進來的天光以外，就只來自一盞燈籠，位於神壇上方，用布條或草繩懸掛著。神壇上面堆了五十多個銅製神像，神像旁邊掛一面鑼；牆上掛著幾張彩色的宗教版畫和一具鹿頭。地板是用剖開的竹子編製而成，比地毯更有彈性，被信徒的光腳磨得很亮。整個室內有乾草的味道，氣氛很平和安詳，像穀倉一樣。這個簡單寬敞的房間很像是一垛中空的草堆，兩名僧侶站在鋪著草席的床邊，舉止彬彬有禮，他們兩人把崇拜所需的物件擺放在一起時，或者是製作崇拜所用物件時所表現出來的那份令人感念的誠意——所有這一切，使我覺得，這裡的一切最接近我想像中的敬神場所該有的樣子，這一切使我覺得這間簡陋的寺廟比我體驗過的任何其他地方更接近真正禮敬神明的場所。「你不必跟著我做。」一陪伴我的人對我說，同時跪倒地，向神壇拜了四次。我照他的話做，沒有跟他一起跪拜。然而，我沒有跪拜的原因，倒並不是因為我自覺不須那樣做，而是為了禮貌！他知道我並沒有和他一樣的信仰，如果我跟著跪拜的話，可能會對他的宗教儀式構成侮辱，因為他會覺得我把他的崇拜儀式看做只不過是一種習俗罷了；然而，我當時如果俯身跪拜，心中不會存有任何尷尬之感，這是很少有的一次經驗。在我自己和這種型態的宗教之間，不可能產生任何誤解，這並不是在向偶像俯身跪拜，也不是崇拜假想中的超自然秩序，而只是向一個思想家的決定性智慧表示敬意，或者是向創造出那個思想家之故事傳說的社會致敬。這位思想家和這個社會在二十五個世紀前就已出現，而我自己所屬的文明對這位思想家及其社會所能做的唯一貢獻是肯定其智慧與成就。

那些教導過我的大師們傳授的知識、我讀過的哲學家的著作、我訪問研究過的那些社會，甚至是西方所最引以為傲的科學本身，我從以上這一切所學到的，除了一點點智慧以外，可以說什麼也沒有；而那些智慧，如果一一攤開來看，難道不是和聖者佛陀在樹下沉思所得的結論吻合嗎？每一項志在了解的舉動，都會毀掉那被了解的對象本身，同時對另一項性質不同的事物有利；而這第二種事物又要我們再努力去了解它，又再將之毀掉，又再對另外一種事物有利，這種過程反反覆覆永無休止，直到我們面對最後的存在，到那個時候，意義的存在與毫無意義之間的區別完全消失：那也就是我們的出發之處。人類最早發現並提出這些真理已經有二千五百年了。在這二千五百年之間，我們沒有發現任何新東西，我們所發現的，就像我們一個一個地試盡一切可能逃出此兩難情境的方法那樣，只不過是累積下更多更多的證明，證實了那個我們希望能迴避的結論。

這並不表示我不清楚過分匆促的放棄及無所事事所可能帶來的種種危險。這個非智（non-knowledge）的偉大宗教並非奠基於「我們沒有能力了解事物」上面。這個偉大宗教本身就是我們有能力了解的明證，並提升我們，使我們可以發現種種真理，這些真理以「實存（being）與知識（knowledge）互不相容」的方式存在。經過一種特別大膽的行動，它把形上學問題化約到人類行為的層面，在思想史上只有馬克思主義也曾做到這一點。其宗派分別只存在於社會學的層面，大乘與小乘的區別，在於個人的救贖到底是不是奠基在全人類的救贖上。

然而，佛教的道德觀在歷史上所提出的解決方式，使我們必須面對兩個同樣令人不安的選擇：任何人如果覺得個人救贖必須奠基在全人類的救贖上的話，便會把自己封閉在修道院裡面；任何對此問題提出否定答案的人（即認為個人救贖不必和全人類均得到救贖有關），則在唯我主義的美德中得到廉價的滿足自得。

然而不公不義、貧窮困頓和痛苦確實存在於人間；他們給以上兩類選擇之間提供一項居中調和的手段。即使我們對人類的處境裝聾作啞，或者只相信我們自己擁有的人性，我們都不是獨立存在的。佛教可以在跟外面的世界有所互動的同時維持住自身的完整性，甚至可能已經發現了兩者之間在世界上許多地方已失去的鏈結。如果達到大澈大悟的辯證法之最後一步是合理的話，那麼，此前的一切辯證思維，還有一切與之雷同的思維，也就是合理的。最後完全否認意義，乃是一連串步驟的最後一步。那些步驟一步步地從較有限的意義走向較廣泛的意義，沒有經過先前的那些步驟，便無法達到最後的一步，而最後一步的完成本身，就使前面的所有步驟都在事後被認定其有效性——每一步驟的本身都以自己的方式和一種真理吻合。馬克思主義的批判使人類從原始奴役狀態中解放出來，教導人類，只要能把事物放在較宏觀的脈絡中來思考，那些只從他的立場看來似乎很明顯的意義便會消失於無形；佛教的批判使人類得到完全的解放，在此兩種批判之間既不存在著對立，更不存在任何矛盾。兩種批判所做的是同一件事情，只是運作的層次不同罷了。過去兩千年來人類知識不斷增進，就無可避免地使一個極端走向另一極端，而這些知識之所以能增進，得歸功於思想由東方往西方不斷地移動，然後再由西方往東方移動——後面這種移動的唯一理由或許只是回頭去證實知識的源泉起點罷了。人們一旦開始以人與人之間的現實關係去思考，信念與迷信便消散於無形，倫理學融化於歷史過程中，變易不居的形式被結構所取代，創世被空無所取代。只要把最原始的過程折疊起來，就能發現整個過程的均質性；整個過程的各個部分都可互相重合。每一個完成了的階段都沒有摧毀先前階段所具有的意義，它們只是證實其意義。

人類在其自身的心理思想與歷史的脈絡中行動，在他身上不但存在著他以前所曾採取過的種種立場，而且還帶有一切他將來會採取的種種立場。他同時存在於一切地點，他是往前衝的群眾之一，不斷重現以前出現過的所有一切階段。因為我們存在於一層層包裹著的世界裡面，每層世界都比包含於其中的世界更真實，但又比將之包含在內的外層世界更不真實一些。有些世界能經由行動而被我們認知；有些則只在思想中經歷過；然而要如何解釋不同的世界並存時在表面上顯示出的矛盾呢?那是由於我們都覺得有責任要為最親近的世界賦予意義,而拒絕承認較疏遠的世界有任何意義;實際上,真理存在於一步步讓意義擴大的過程中,這個過程與我們的感覺正好相反,一直到意義本身漲大到爆裂為止。

情形既如上述,我做為一個人類學家,和其他一些人類學家一樣,已深深被影響到全人類的一項矛盾所困擾,這項矛盾有其自身存在的內在理由。只有在把兩個極端孤立起來的時候,矛盾才存在:如果引導行動的思想會導致發現意義不存在的話,那麼行動又有何用?然而,並不是馬上就可以發現意義不存在:我必須經過思想過程才能達到那個結論,而且我無法一步就完成整個過程。不管整個過程是像釋迦所說的有十二個步驟,或者是有更多或更少的步驟,這些步驟均同時存在。為了達到上述的結論,我便要不停地生活在各種不同的情境裡面,而每一種情境都對我有所要求:我對其他人類負有責任,正如我對知識負有責任。歷史、政治、經濟世界、社會世界、物理世界,包括圍繞著我的一圈一環的天空,所有這一切對我而言,都是無可逃避的;要在思想上脫離它們,就不得不把我自身的一部分割讓給他們的每一個。像一塊擊中水面形成圈圈漣漪的圓石一樣,為了到達水底,我不得不跳入水中。

這個世界開始的時候,人類並不存在,這個世界結束的時候,人類也不會存在。我將要用一生的生命去設法了解、描述的人類制度、道德和習俗,只不過是一閃即逝的光輝花朵,對整個世界而言,這些光輝花朵不具任何意義;如果有意義的話,也只不過是整個世界在它的生滅過程中,允許人類去扮演人類所能扮演的那個角色罷了。然而人類的角色並沒有使人類具有一個獨立於整個衰敗過程之外的特殊地位，人類的一切作為，即使都避免不了失敗的命運，也並沒有能力扭轉全宇宙性的衰亡程序，相反的，人類自己似乎成為整個世界事物秩序瓦解過程裡最強有力的催化劑，急速地促使愈來愈強有力的事物進入惰性不動的狀態，一種有一天將會導致終極的惰性不動狀態。從人類開始呼吸開始進食的時候起，經過發現火和使用火，一直到目前原子與熱核的裝置被發明出來為止，除了生兒育女以外，人類所做的一切事情，就只是不斷地破壞數以億萬計的結構，把那些結構支解分裂到無法重新整合的地步。沒錯，人類建造城鎮、墾殖土地，然而，仔細想想，我們會發現城市化與農業本身就是創造惰性不動的工具，城市化與農業所引導創造出的種種組織，其速率與規模遠比不上兩者所導致的惰性與靜止不動。至於人類心靈所創造出來的一切，其意義只有在人類心靈還存在的時候才能存在，一旦人類心靈的本身消失了以後，便會陷入普遍性的混亂混沌裡。因此，將整個人類文明做為一個整體去考慮的話，可以說是一種異常繁複的架構和過程，其功用如果不是為了創造、產生物理學家稱之為熵（entropy），也就是惰性這種東西的話，我們可能會很想認為它給人類世界提供了可以繼續存在下去的機會。每一句對話，每一句印出來的文字，都使人與人得以溝通，溝通的結果就是創造出平等的層次，而在未溝通以前，有信息隔閡存在，因為隔閡的存在而同時存在著較大程度的組織性，人類學實際上可以改成為「熵類學」（entropology），改成為研究最高層次的解體過程的學問。

然而我存在。我當然不是以一個個體的身分存在，因為就這方面而言，我只不過是一個賭注與戰場，一個永遠處於危險之中的賭注與戰場；只不過是一個社會，由我腦殼中數以億萬計的神經細胞所組成的社會，與我的身體這具機械兩者之間鬥爭的賭注與戰場。心理學、形上學和藝術都無法提供我任何庇護所，那些全都是神話，只是一種即將出現的新社會學之研究標的，這種新社會學處理以上種種神話的方式不會比傳統社會學更客氣。自我不僅僅是可厭：在「我們」與「空無」之間，根本沒有自我得以容身的處所。如果我在最後選擇了「我們」（us）的話——雖然這個「我們」也只不過是一種表象的雷同——我還是會投入其中，其理由不外是，除非我毀滅我自己——這樣做就不用再做選擇了——否則我在表象雷同與空無之間只能做一項選擇。我只能有一種選擇，這選擇代表我毫無保留地接受人類的處境，使我從知識的傲慢之中解脫出來，知識的傲慢毫無用處，這一點我可由其目標的毫無結果看得出來。做出選擇的同時，我就同意順從於可以讓大多數人類獲得解放的種種真實需求，他們連做出選擇的機會都無法獲得。

就像個人並非單獨存在於群體裡面一樣，就像一個社會並非單獨存在於其他社會之中一樣，人類並不是單獨存在於宇宙之中。當有一天人類所有文化所形成的光譜或彩虹終於被我們的熱狂推入一片空無之中；只要我們仍然存在，只要世界仍然存在，那條纖細的弧形，使我們與無法達致之點聯繫起來的弧形就會存在，就會展示給我們一條遠離奴役的道路；人類或許無法追隨那條道路前行，但光是思考那條道路，就會使人類獲得特權，使自己的存在有了價值；至於中止整個過程本身，控制那些驅力——那些逼迫人類把需要之牆的裂縫一塊塊地堵塞起來，把自己關在自己的牢籠裡面耽溺於自己工作成績的驅力——這是每個社會都想取得的特權，不論其信仰是什麼，不論其政治體系如何，也不論其文明程度的高低，每個社會都把它的閒暇、它的快樂、它的心安自得以及它的自由聯繫在這種特權上；這種對生命不可或缺的、可以解開聯繫的可能性——哦！對野蠻人說聲心愛的再見了，告別探險！——這種可能性就是去掌握住，在我們人類這個種屬可以暫時跳脫如螞蟻般庸碌重複的活動時——在思想的世界之中、在社會的界限之外——想一想存在以及繼續存在的意義：對著一塊遠比任何人類創造物更美麗的石頭沉思一會兒；聞聞水仙花深處散發出來的味道，這香味裡隱藏的學問比我們所有書本加起來還要多；或者是在某種並非刻意要了解對方，而是充滿耐心、寧靜與互諒的短暫凝視之中——有時候，一個人與一隻貓對望時，就像那樣。

一九五四年十月十二日——一九五五年三月五日

李維史陀年表

一九〇七年　坎迪多·龍東上校探索巴西馬托格羅索州及亞馬遜流域西部，架設電報線。

一九〇八年　十一月二十八日，李維史陀出生於比利時布魯塞爾。

一九一四年　第一次世界大戰爆發，父親被徵召入伍，母親帶著李維史陀離開巴黎避難。

一九一五年　瑞士語言學家索緒爾的學生集結授課內容出版《普通語言學教程》。

一九一七年　俄國共產革命成功。

一九二〇年　進入巴黎冉松德薩耶中學就讀。

一九二三年　觀賞史特拉汶斯基芭蕾舞劇《婚禮》，深受震撼。

一九二五年　開始接觸社會主義經典作品。前往位於比利時的工人黨黨部參觀作客，返回巴黎後開始閱讀《資本論》。

通過中學畢業會考，進入孔多賽中學預科，準備畢業後投考高等師範學院。

一九二六年　接受哲學科教師克雷松建議，同時向巴黎法學院及索邦大學哲學系註冊，計畫攻讀雙學位。

在索邦大學結識第一任妻子Dina Dreyfus。

一九二八年 擔任「社會主義大學生聯盟」總書記。籌辦「法國社會主義大學生第三屆大會」。為左派刊物《社會主義大學生》撰稿。

一九二九年 擔任國會議員Georges Monnet的助理。
爆發全球經濟大蕭條。

一九三〇年 成立左派智庫「十一人小組」。主編《社會主義大學生》的書評專欄。
受到全球不景氣影響，巴西農產品價格暴跌，經濟困頓。Getúlio Vagas發動政變，推翻代表大莊園主和大資產階級利益的軍人專制政府，成為巴西總統。
受到法國前衛思想之影響，巴西藝術家開始以本土素材為創作主題，持續了整個一九三〇年代。

一九三一年 法國舉辦「萬國殖民地博覽會」，李維史陀協助畫家父親負責裝飾「馬達加斯加館」。
取得哲學科中學教師資格。
閱讀美國人類學家羅伯．哈利．羅維的《原始社會》。

一九三二年 與Dina Dreyfus結婚。
九月前往蒙德馬桑的Lycée Victor-Duruy中學任教。

一九三三年 轉往拉昂的學校任教。

一九三四年 離開「十一人小組」，結束了政治生涯。

秋天，布格列邀請李維史陀前往巴西聖保羅大學任教。

開始大量閱讀關於美洲印第安人的研究作品。印象最深刻的是十六世紀法國牧師暨探險家Jean de Léry撰寫的《巴西遊記》。

Vagas頒布新憲法，第一次規定婦女享有選舉權。

一九三五年

二月與妻子一起搭乘門多薩號輪船前往巴西，同伴中有尚未成名的歷史學家布勞岱爾。

前往桑吉羅尼莫保留區初次見識印地安人生活型態。

十一月展開第一次田野調查，持續到一九三六年初。

一九三六年

從前一年底開始的第一次田野調查，過程寫入《憂鬱的熱帶》。李維史陀在這趟旅行中觀察了卡都衛歐人（第五部）、波洛洛人（第六部）。

十一月，與妻子返回法國度假，攜帶田野調查所得的文物，以人類博物館名義舉辦「馬托格羅索州印地安人」展覽會。在《美洲印第安人研究學會期刊》上發表第一篇論文〈試論波洛洛印地安人的社會組織〉，正式進入人類學領域。

一九三七年

三月，返回聖保羅。

七月，李維史陀與經濟學家René Courtin、哲學家Jean Maugüe前往戈亞尼亞州旅行。

Vagas以社會動盪為藉口，解散國會，取締政黨，廢除一九三四年憲法，形成獨裁局面。

十一月，返回巴黎度假。

一九三八年　六月六日，進行第二次田野調查「北山考察行動」，成員包括Dina Dreyfus，里約熱內盧博物館的Luis de Castro Fara，醫生Jean Vellard。這次調查構成了《憂鬱的熱帶》後半段主要內容。李維史陀遇見了南比夸拉人（第七部）、圖皮－卡瓦希普人與蒙蝶人（第八部）。

法國成立人類學研究所，位於巴黎的夏瑤宮內。

一九三九年　巴西獨裁情勢愈形嚴峻，李維史陀返回巴黎，在人類學博物館整理標本。與Dina Dreyfus離婚。

歐洲戰事爆發，李維史陀被徵召入伍，駐守於馬其諾防線接近盧森堡邊界處。

一九四〇年　五月，在盧森堡邊界健行時初次獲得結構主義的靈感。

法國戰敗，李維史陀離開部隊，先後在佩皮尼昂（Perpignan）和蒙彼利埃（Montpellier）任教。

閱讀葛蘭言（Marcel Granet）《古中國的婚姻範疇和親屬關係》，深受啟發。

十月，因猶太人身分被學校解雇。設法尋求離開法國的機會。

獲得美國新社會學院邀請，前往紐約。

一九四一年　三月二十五日乘船離開法國，經馬丁尼克島、多明尼加，五月抵達紐約。

一九四二年　法國戴高樂流亡政權在紐約創辦「高等研究自由學院」，李維史陀獲聘講授人類學。
結識俄國流亡語言學家雅各布森，共同發展結構主義基礎理論。

一九四五年　第二次世界大戰結束。李維史陀短暫返回法國，再度赴美。
於《文字：紐約語言學圈期刊》發表結構主義論文〈語言學與人類學中的結構分析〉，確立理論方向。
年底開始擔任法國駐美大使館文化參事。
巴西發生軍事政變，Vagas下台。

一九四六年　與Rose-Marie Ullmo結婚。

一九四八年　返回巴黎，擔任人類博物館副館長。
向索邦大學提交兩篇論文：《南比克瓦拉印地安人的家庭與社會生活》與《親屬關係的基本結構》，六月獲頒博士學位。

一九四九年　出版《親屬關係的基本結構》，立刻獲得各界重視。

一九五〇年　擔任高等研究實用學院第五組主任，研究方向由親屬關係擴展到宗教思想。

一九五二年　出版《人種與歷史》。
開始涉足神話學領域。
兼任聯合國教科文組織社會科學委員會祕書長。

一九五五年　出版《憂鬱的熱帶》。
一九五六年　獲選為荷蘭皇家科學院外籍院士。
一九五八年　出版《結構人類學》。
一九五九年　擔任法蘭西學院社會人類科主任。
一九六〇年　創立社會人類學實驗室，位於巴黎第五區。
一九六二年　出版《野性的思維》、《圖騰制度》。前者引發了李維史陀與存在主義思想家沙特的論戰。
一九六四年　出版《神話學之一：生食與熟食》。
一九六六年　出版《神話學之二：從蜂蜜到灰燼》。
一九六八年　出版《神話學之三：餐桌禮儀的起源》。巴黎學運爆發。
一九七一年　出版《神話學之四：裸人》、《種族與文化》。
一九七二年　出版《面具之道》。
一九七三年　出版《結構人類學第二卷》。
一九七三年　五月十四日當選法蘭西學院院士。
一九七八年　出版演講集《神話與意義》，收錄五篇廣播對談。
一九八一年　首度訪問南韓。

一九八二年　從法蘭西學院退休。
一九八三年　出版《遙遠的目光》，收錄一九七一年以來的短文。
一九八四年　出版《人類學講演集》。
一九八五年　出版《嫉妒的製陶女》，此書為《神話學》補遺。
一九八七年　出版《日本民俗學中的三個意象》。
一九八八年　第五次訪問日本，發表《告東京人民書》、訪談集《咫尺天涯》。
一九八九年　巴黎人類博物館舉辦「李維史陀美洲回顧展」。出版《象徵和替代物》。
一九九一年　出版《猞猁的故事》。
一九九三年　出版《看、聽、讀》。
一九九四年　出版《懷念巴西》。
一九九六年　出版《處決聖誕老人》。
二〇〇五年　接受傳記作家派翠克・威肯訪問，日後寫成《實驗室裡的詩人》。
二〇〇九年　十一月一日過世。
二〇一一年　身後出版文集《月的另一面：一位人類學家的日本觀察》，收錄一九七〇至二〇〇一年之間的文章、《人類學面對現代世界的問題》。
二〇一三年　身後出版文集《我們都是食人族》，收錄一九八九年至二〇〇〇年間登載於義大利《共和報》的十六篇文章。

聯經經典
憂鬱的熱帶

2015年9月二版　　定價：新臺幣680元
2021年11月二版六刷

著者	克勞德・李維史陀
譯者	王志明
叢書主編	陳逸達
封面設計	顏伯駿
校對	曾琴蓮

出版者	聯經出版事業股份有限公司
地址	新北市汐止區大同路一段369號1樓
叢書主編電話	(02)86925588轉5305
台北聯經書房	台北市新生南路三段94號
電話	(02)23620308
台中分公司	台中市北區崇德路一段198號
暨門市電話	(04)22312023
郵政劃撥帳戶第	0100559-3號
郵撥電話	(02)23620308
印刷者	世和印製企業有限公司
總經銷	聯合發行股份有限公司
發行所	新北市新店區寶橋路235巷6弄6號2F
電話	(02)29178022

副總編輯	陳逸華
總編輯	涂豐恩
總經理	陳芝宇
社長	羅國俊
發行人	林載爵

行政院新聞局出版事業登記證局版臺業字第0130號

本書如有缺頁，破損，倒裝請寄回台北聯經書房更換。　　ISBN 978-957-08-4599-0 (精裝)
聯經網址 http://www.linkingbooks.com.tw
電子信箱 e-mail:linking@udngroup.com

國家圖書館出版品預行編目資料

憂鬱的熱帶 / 克勞德・李維史陀著．王志明譯．二版．
新北市．聯經．2015年9月．640面．14.8×21公分．(聯經經典)
ISBN 978-957-08-4599-0（精裝）
[2021年11月二版六刷]

1.社會人類學 2.印地安族 3.巴西

541.3 104013127